AULA C1

Silvia López López
Ana Martínez Lara
Arancha Pastor Haro
Adolfo Sánchez Cuadrado
Carlos Soler Montes
Carmen Soriano Escolar
Juan Francisco Urbán Parra

Conoce Aula C1

AULA C1 es el colofón de un proyecto, el de las ediciones *Aula internacional Plus* y *Aula Plus*, que, ahora, por primera vez, ofrecen un manual de nivel C1.

Con él, nuestro objetivo es ofrecer una herramienta moderna, eficaz y comprensible con la que llevar a las aulas de español los enfoques comunicativos más avanzados atendiendo a las especiales características del nivel C1: la preocupación por el dominio del léxico, la atención a los fenómenos textuales y pragmáticos, la necesidad de avanzar en el conocimiento de los registros y las variantes, el desarrollo de la mediación, el afianzamiento de la competencia gramatical, etc. Y todo ello mediante una secuencia didáctica sólida y coherente, que se despliega de manera natural en clase y que es una evolución de la exitosa unidad didáctica de *Aula*.

Para crear esas unidades, un extraordinario equipo de autores y autoras ha volcado en este manual su saber hacer. Gracias a su labor y a un compromiso con la calidad de la enseñanza que compartimos, **AULA C1** llega ahora a las manos de estudiantes y docentes con una ambiciosa vocación: propiciar auténticos momentos de aprendizaje.

ASÍ SON LAS UNIDADES DE **AULA C1**

EMPEZAR

En esta primera doble página, se anuncia qué tarea vamos a realizar al final de la unidad y qué recursos comunicativos, gramaticales y léxicos vamos a incorporar. Entramos así en la temática de la unidad mediante una actividad que nos ayuda a activar nuestros conocimientos previos y nos permite familiarizarnos con algunos de los recursos lingüísticos que vamos a necesitar.

AUDIOS, VÍDEOS, DOCUMENTOS ALTERNATIVOS, ETC., DISPONIBLES EN campusdifusión

1

¿A TI TE SUENA BIEN?

EN ESTA UNIDAD VAMOS A
HACER UNA PRESENTACIÓN SOBRE UNA TENDENCIA LINGÜÍSTICA

RECURSOS COMUNICATIVOS
- presentar contraargumentos y matizar
- expresar acuerdo rotundo y parcial
- describir fenómenos lingüísticos y hablar de su evolución

RECURSOS GRAMATICALES
- marcadores contraargumentativos
- recursos para argumentar
- recursos para expresar acuerdo
- marcadores para zanjar una argumentación
- perífrasis aspectuales de gerundio: **ir** / **venir** + gerundio

RECURSOS LÉXICOS
- lingüística
- describir palabras
- léxico para hablar de tendencias
- combinaciones con la palabra **cuenta**
- creación de neologismos

El árbol de la lengua

La lengua es un árbol, y su fruto, la palabra. Apreciaremos su grandeza cuando nos esforcemos por hablar con la justeza que cada entorno nos exige, sin confundir pedantería con riqueza lingüística ni imprecisión con llaneza. Cuando no observemos la ortografía como corsé, sino como consenso, como el mejor código para que nuestros libros y textos viajen por todo el mundo sin visado previo. Cuando nos creamos de verdad que no hay lenguas mejores que otras. Cuando no liguemos la capacidad de un idioma a su número de hablantes. Cuando aceptemos que la lengua que no cambie será la próxima dueña del cementerio. Cuando asumamos que muchos de los extranjerismos que hoy usamos se irán y que otros muchos se quedarán. Cuando nos olvidemos de la idea de que a un país le ha de corresponder una sola lengua. Cuando comprendamos que, aunque nuestra lengua nació en Castilla, es mucho más que ese castellano de los orígenes.
Entonces, y solo entonces, estaremos como hablantes a la altura de ese árbol gigante que nosotros mismos hemos creado.

Empezar

1. LA LENGUA ES UN ÁRBOL /MÁS EJ. 1

A. MAP Lee este fragmento del artículo "El árbol de la lengua", de la lingüista española Lola Pons. ¿Con qué frase o frases del texto relacionas cada una de estas afirmaciones?

1. Ninguna lengua es superior a otra.
2. El español tiene múltiples variedades.
3. La norma lingüística debe ser un acuerdo entre la comunidad de hablantes.
4. La lengua que no evoluciona muere.
5. Una palabra nueva puede permanecer en la lengua o acabar desapareciendo.
6. Cada situación comunicativa exige un registro lingüístico diferente.
7. Las lenguas minoritarias no son inferiores.
8. Un Estado puede tener varias lenguas.

B. En las afirmaciones de Lola Pons están implícitas algunas ideas extendidas entre mucha gente. ¿Cuáles crees que son? ¿Están presentes en tu entorno? ¿Cómo se manifiestan en tu país?

- *Pues, por ejemplo, está implícita la idea de que las lenguas con muchos hablantes y las lenguas oficiales son mejores.*

C. ¿Entiendes la metáfora de la lengua como un árbol gigante? Piensa en las características que comparten los árboles con las lenguas. ¿Se te ocurren otras metáforas?

once 11

COMPRENDER Y REFLEXIONAR

Esta sección consta de seis páginas. En ellas, encontramos textos y documentos muy variados (vídeos, páginas web, correos electrónicos, artículos periodísticos, textos humorísticos, viñetas, reseñas, infografías, etc.) con los que vamos a trabajar. Estos textos contextualizan los contenidos lingüísticos y comunicativos básicos de la unidad. Con ellos, primero se desarrollan actividades de comprensión. Luego, se realiza un trabajo activo de observación de la lengua.

En algunas actividades de esta sección hay referencias a las secciones de **Léxico** y **Gramática y comunicación** de la unidad, donde se pueden encontrar explicaciones sobre los recursos lingüísticos con los que se está trabajando. De este modo, descubrimos el funcionamiento de la lengua en sus diferentes aspectos (morfológico, léxico, sintáctico, funcional, textual, etc.) y reforzamos nuestro conocimiento explícito de la gramática.

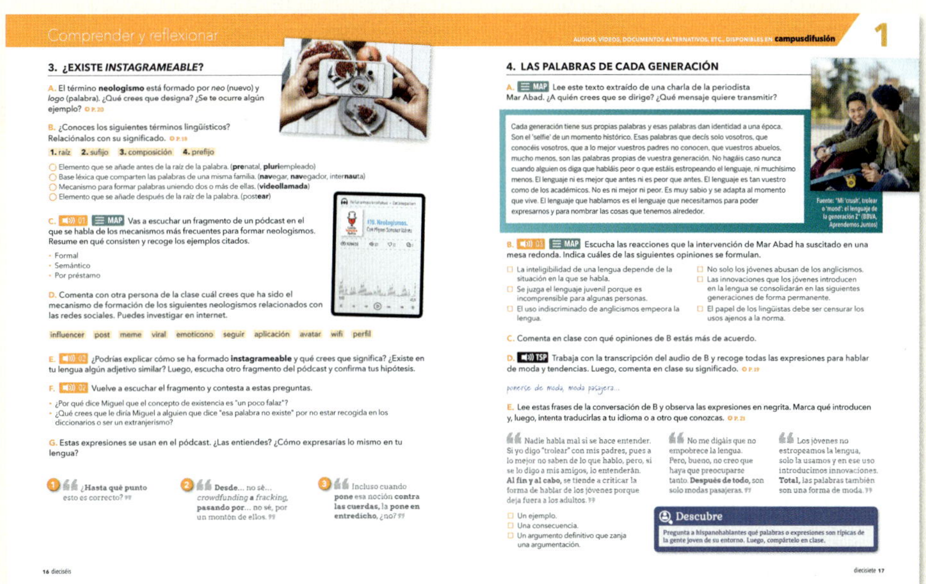

Conoce Aula C1

LÉXICO

Aquí encontramos el léxico básico de la unidad, que, organizado en distintos apartados, se presenta de forma visual o se contextualiza en muestras de uso de la lengua. En esta sección también descubrimos colocaciones léxicas que nos ayudan a aprender cómo se combinan las palabras en español.

La mayoría de los apartados de esta sección cuentan con actividades en las que se anima a usar el léxico aprendido de forma significativa o a ampliarlo.

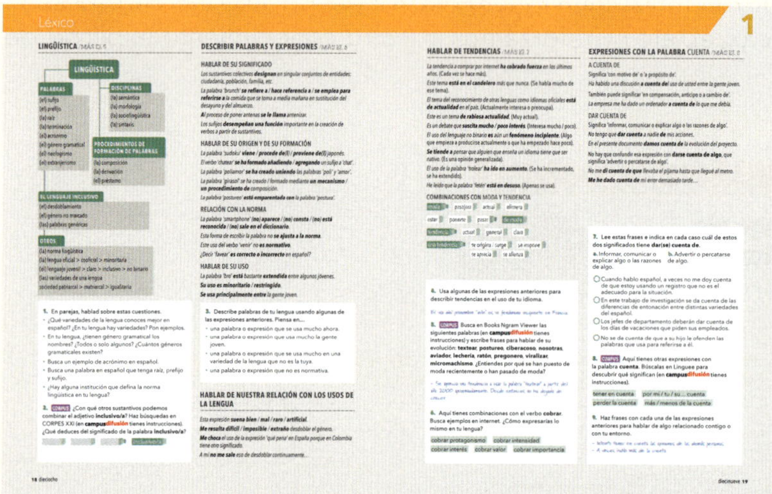

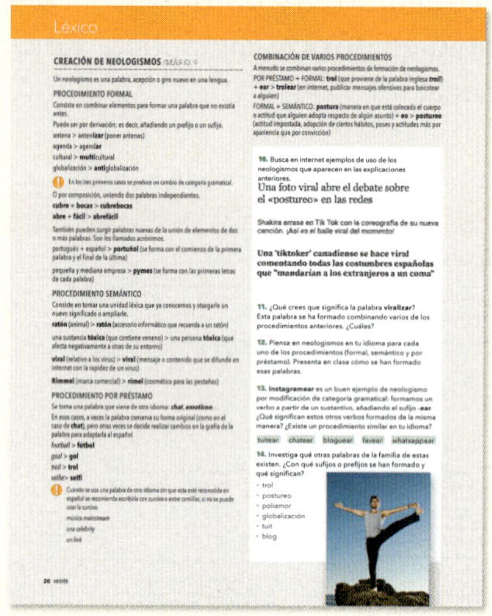

GRAMÁTICA Y COMUNICACIÓN

En estas páginas disponemos de explicaciones y esquemas gramaticales y funcionales que nos permitirán entender cómo funciona la lengua española y cómo se usa en la comunicación.

La mayoría de los apartados de esta sección cuentan con actividades diseñadas *ad hoc*.

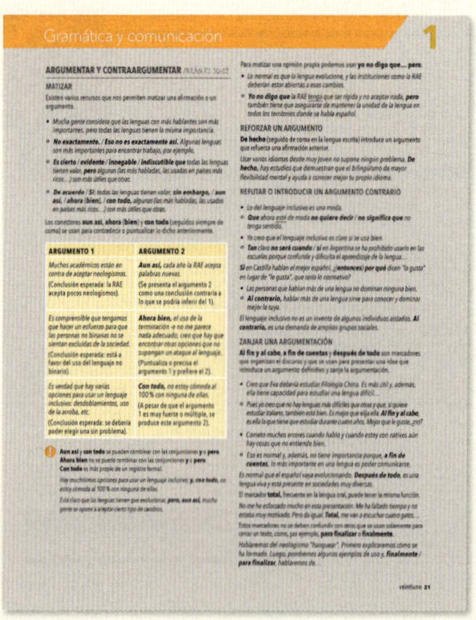

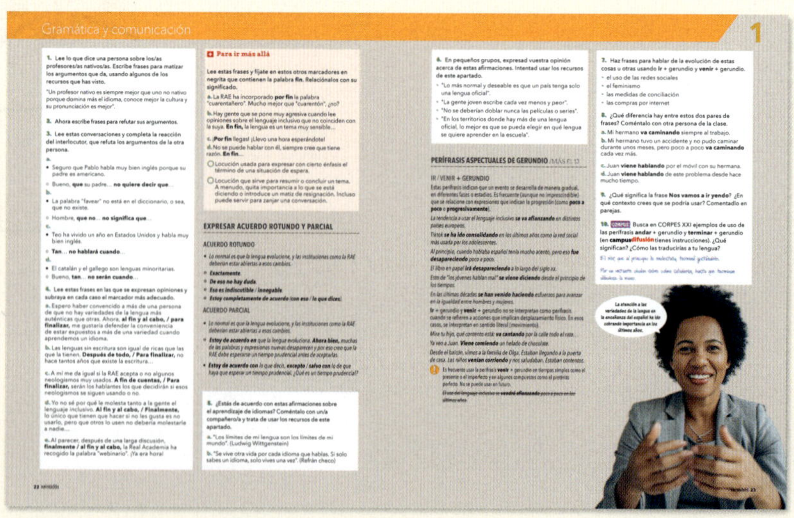

PRACTICAR Y COMUNICAR

Las cuatro páginas de esta sección están dedicadas a la práctica lingüística y comunicativa, e incluyen propuestas de trabajo muy variadas. Aquí experimentamos el funcionamiento de la lengua a través de microtareas comunicativas en las que activamos los contenidos de la unidad. Muchas de esas actividades están ancladas en nuestro bagaje como personas, como aprendientes y como grupo; así, usamos nuestras experiencias y nuestra percepción del entorno para llevar a cabo interacciones comunicativas reales y llenas de significado.

Al final de esta sección, el manual propone una o varias tareas que implican diversas destrezas y que se concretan en un producto final –escrito u oral– que nos permite conocer nuestro progreso y comprobar qué somos capaces de hacer en español.

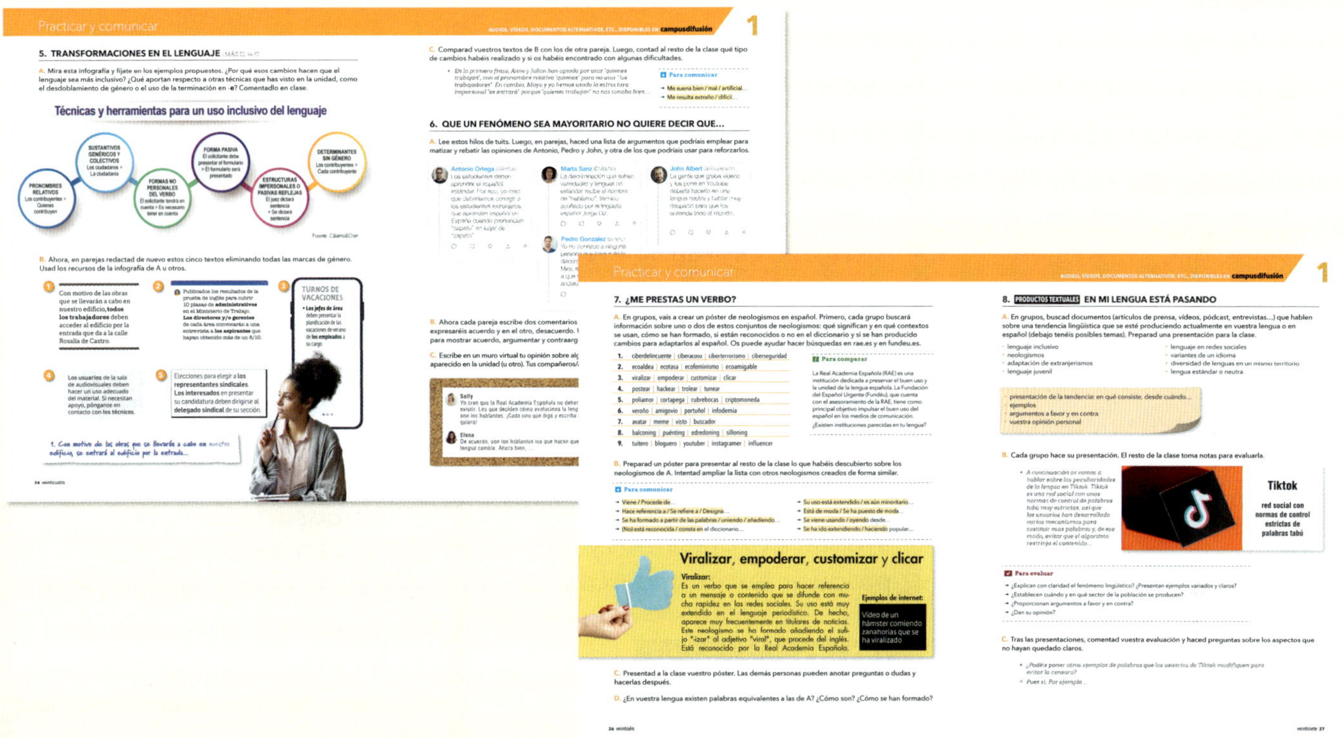

LAS UNIDADES SE COMPLETAN, AL FINAL DEL LIBRO, CON LA SECCIÓN **MÁS EJERCICIOS**

Aquí encontramos siete páginas por unidad con actividades de práctica formal que ayudan a fijar los aspectos lingüísticos abordados. Si bien los ejercicios están diseñados para el trabajo autónomo, también se pueden usar en clase.

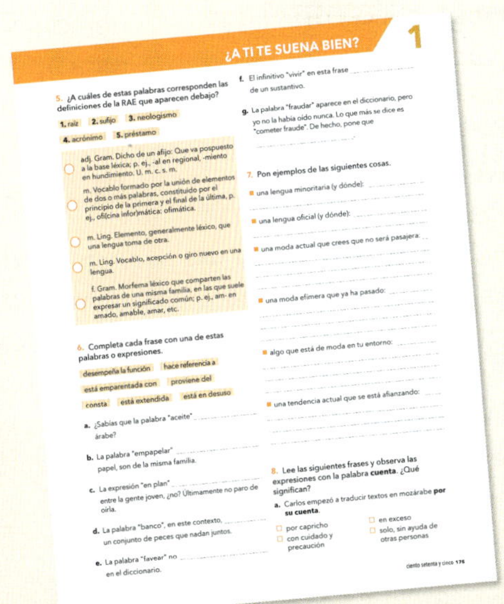

Conoce Aula C1

PARA ENTENDER EL MANUAL

Este icono indica en qué actividades se debe escuchar un audio, disponible en **campus**difusión.

TSP

Las actividades marcadas con este icono proponen trabajar con la transcripción del audio, que se encuentra en **campus**difusión.

/MÁS EJ. 9-10

Esta referencia indica qué ejercicios de la sección **Más ejercicios** están relacionados con una actividad o la complementan.

P. 21

Esta referencia indica en qué lugar de las secciones de **Léxico** y de **Gramática y comunicación** se proporciona información sobre algún aspecto lingüístico con el que se está trabajando.

CORPUS

Las actividades marcadas con este icono proponen el uso de corpus para descubrir cómo funcionan algunos recursos lingüísticos en contextos reales. En **campus**difusión se ofrecen instrucciones para guiar este trabajo.

Para comparar

Estos cuadros nos ofrecen notas sobre cuestiones diversas (lingüísticas, socioculturales, etc.) y nos proponen un trabajo de observación y de comparación con nuestra propia lengua o cultura.

Para recordar

En estos cuadros se invita a revisar contenidos de niveles precedentes mediante explicaciones y actividades disponibles en **campus**difusión.

Para comunicar

En estos cuadros encontramos recursos lingüísticos que nos ayudan a expresarnos y a producir textos más ricos.

Descubre

Estas actividades están pensadas para sacar el máximo partido a las relaciones con personas de habla hispana y para aprender fuera del aula consultando fuentes en español.

Para ir más allá

Actividades para trabajar contenidos léxicos y gramaticales que no aparecen en los textos de la unidad.

MAP

Los textos marcados con este icono cuentan con una versión mapeada en **campus**difusión. Estos documentos nos permiten observar el uso de las colocaciones léxicas y de las preposiciones en español, y facilitan su aprendizaje.

Este icono indica que se va a trabajar con un documento audiovisual.

PRODUCTOS TEXTUALES

Este icono remite a unas fichas (disponibles en **campus**difusión) con información sobre las características de diferentes tipos de textos y pautas para producirlos.

Para evaluar

Estos cuadros proporcionan criterios que permiten evaluar nuestras producciones y nos ayudan a mejorarlas.

Aula C1 y Campus Difusión

Todos los recursos digitales de **AULA C1**, para vivir una experiencia aún más interactiva, se encuentran disponibles en:

Elige la opción más adecuada para completar cada una de estas frases.

1. Yo no digo que el lenguaje inclusivo ▾ perfecto, pero sin duda es un paso en la dirección correcta.
2. No cabe duda de que el lenguaje inclusivo ▾ una herramienta clave en la lucha por la equidad de género y la inclusión social.
3. No hay duda de que la diversidad lingüística ▾ cualquier sociedad.

campus difusión

- ✓ Audios
- ✓ Vídeos
- ✓ Transcripciones de los audios y de los vídeos
- ✓ Textos mapeados
- ✓ Instrucciones para guiar el trabajo con corpus
- ✓ Fichas "Productos textuales"
- ✓ Revisión de contenidos de niveles precedentes
- ✓ Libro digital interactivo en dos formatos (flipbook y HTML)
- ✓ Edición anotada para docentes
- ✓ Exámenes autocorregibles
- ✓ Evaluaciones
- ✓ Itinerarios para programar los cursos

campus.difusion.com

Recursos para estudiantes y docentes
campus difusión

PÁG. 10

1/ ¿A TI TE SUENA BIEN?

HACER UNA PRESENTACIÓN SOBRE UNA TENDENCIA LINGÜÍSTICA

RECURSOS COMUNICATIVOS

presentar contraargumentos y matizar · expresar acuerdo rotundo y parcial · describir fenómenos lingüísticos y hablar de su evolución

RECURSOS GRAMATICALES

marcadores contraargumentativos · recursos para argumentar · recursos para expresar acuerdo · marcadores para zanjar una argumentación · perífrasis aspectuales de gerundio: **ir** / **venir** + gerundio

RECURSOS LÉXICOS

lingüística · describir palabras · léxico para hablar de tendencias · combinaciones con la palabra **cuenta** · creación de neologismos

PRODUCTOS TEXTUALES

la presentación oral

PÁG. 28

2/ MAPAS SONOROS

GRABARNOS PRESENTANDO LA CANCIÓN DE NUESTRA VIDA

RECURSOS COMUNICATIVOS

hablar de música y sonidos · hablar de recuerdos y de experiencias transformadoras · relativizar la exactitud de lo que se dice · mostrar preferencia

RECURSOS GRAMATICALES

el gerundio independiente · los marcadores **de pronto** y **de repente** · rasgos de los registros formal e informal

RECURSOS LÉXICOS

sonidos y música · expresar sensaciones y emociones · verbos de movimiento con sentido metafórico (**llevar**, **llegar**, **mover**, **transportar**...) · la intensificación

PRODUCTOS TEXTUALES

la reseña

PÁG. 46

3/ ¡QUE NO TE LA CUELEN!

HACER UN PÓDCAST SOBRE UNA TEORÍA DE LA CONSPIRACIÓN

RECURSOS COMUNICATIVOS

expresar ironía · expresar acuerdo y desacuerdo · corregir y cuestionar una información

RECURSOS GRAMATICALES

que + subjuntivo · el condicional de conjetura · cuantificadores · **incluso** y **ni siquiera**

RECURSOS LÉXICOS

información y desinformación · algunos verbos con preposición · expresiones con pronombres posesivos · el verbo **acabar**

PRODUCTOS TEXTUALES

el reportaje periodístico

PÁG. 118

7/ EL VALOR DEL ARTE

COMISARIAR Y PRESENTAR UNA EXPOSICIÓN DE ARTE

RECURSOS COMUNICATIVOS

describir y comentar obras de arte · reflexionar acerca de la función y la finalidad del arte · expresar gustos e intereses · opinar y valorar · hacer hipótesis

RECURSOS GRAMATICALES

pronombres y adjetivos relativos · expresar acuerdo y desacuerdo · tipos de argumentos · el presente histórico · las perífrasis **encontrarse** / **verse** + participio

RECURSOS LÉXICOS

léxico del ámbito artístico · los colores y sus significados · términos compuestos para nombrar colores · adjetivos para nombrar colores

PRODUCTOS TEXTUALES

el debate

PÁG. 136

8/ PLATOS DE IDA Y VUELTA

IDEAR UNA EXPERIENCIA GASTRONÓMICA

RECURSOS COMUNICATIVOS

hablar de alimentos o platos: descripción, historia... · valorar la calidad de algo · atenuar las críticas · expresar sorpresa

RECURSOS GRAMATICALES

reforzar un argumento con los conectores **en realidad** y **de hecho** · la perífrasis **venir a** + infinitivo · **lo mismo... que / como...** · valores de **hasta**

RECURSOS LÉXICOS

el nombre de algunos alimentos en distintas variedades del español · técnicas de cocina · sabores y texturas · adjetivos para definir nuestra relación con la comida

PRODUCTOS TEXTUALES

el informe

MÁS EJERCICIOS

1 ¿A TI TE SUENA BIEN?

El árbol de la lengua

La lengua es un árbol, y su fruto, la palabra. Apreciaremos su grandeza cuando nos esforcemos por hablar con la justeza que cada entorno nos exige, sin confundir pedantería con riqueza lingüística ni imprecisión con llaneza. Cuando no observemos la ortografía como corsé, sino como consenso, como el mejor código para que nuestros libros y textos viajen por todo el mundo sin visado previo. Cuando nos creamos de verdad que no hay lenguas mejores que otras. Cuando no liguemos la capacidad de un idioma a su número de hablantes. Cuando aceptemos que la lengua que no cambie será la próxima dueña del cementerio. Cuando asumamos que muchos de los extranjerismos que hoy usamos se irán y que otros muchos se quedarán. Cuando nos olvidemos de la idea de que a un país le ha de corresponder una sola lengua. Cuando comprendamos que, aunque nuestra lengua nació en Castilla, es mucho más que ese castellano de los orígenes.

Entonces, y solo entonces, estaremos como hablantes a la altura de ese árbol gigante que nosotros mismos hemos creado.

Fuente: adaptado de "El árbol de la lengua", Lola Pons (*El País*)

AUDIOS, VÍDEOS, DOCUMENTOS ALTERNATIVOS, ETC., DISPONIBLES EN **campusdifusión**

EN ESTA UNIDAD VAMOS A

HACER UNA PRESENTACIÓN SOBRE UNA TENDENCIA LINGÜÍSTICA

RECURSOS COMUNICATIVOS

- presentar contraargumentos y matizar
- expresar acuerdo rotundo y parcial
- describir fenómenos lingüísticos y hablar de su evolución

RECURSOS GRAMATICALES

- marcadores contraargumentativos
- recursos para argumentar
- recursos para expresar acuerdo
- marcadores para zanjar una argumentación
- perífrasis aspectuales de gerundio: **ir** / **venir** + gerundio

RECURSOS LÉXICOS

- lingüística
- describir palabras
- léxico para hablar de tendencias
- combinaciones con la palabra **cuenta**
- creación de neologismos

Empezar

1. LA LENGUA ES UN ÁRBOL /MÁS EJ. 1

A. MAP Lee este fragmento del artículo "El árbol de la lengua", de la lingüista española Lola Pons. ¿Con qué frase o frases del texto relacionas cada una de estas afirmaciones?

1. Ninguna lengua es superior a otra.
2. El español tiene múltiples variedades.
3. La norma lingüística debe ser un acuerdo entre la comunidad de hablantes.
4. La lengua que no evoluciona muere.
5. Una palabra nueva puede permanecer en la lengua o acabar desapareciendo.
6. Cada situación comunicativa exige un registro lingüístico diferente.
7. Las lenguas minoritarias no son inferiores.
8. Un Estado puede tener varias lenguas.

B. En las afirmaciones de Lola Pons están implícitas algunas ideas extendidas entre mucha gente. ¿Cuáles crees que son? ¿Están presentes en tu entorno? ¿Cómo se manifiestan en tu país?

- *Pues, por ejemplo, está implícita la idea de que las lenguas con muchos hablantes y las lenguas oficiales son mejores.*

C. ¿Entiendes la metáfora de la lengua como un árbol gigante? Piensa en las características que comparten los árboles con las lenguas. ¿Se te ocurren otras metáforas?

2. LENGUAJE INCLUSIVO /MÁS EJ. 2-4

A. ¿Sabes qué es "el lenguaje inclusivo"? ¿Te parece que la siguiente frase es inclusiva? Coméntalo con otras personas de la clase. P. 18

Todos los profesores de mi universidad son muy simpáticos.

B. En estas frases se usan mecanismos de lenguaje inclusivo. ¿En qué crees que consisten? Coméntalo con un/a compañero/a.

1. Todos los profesores y todas las profesoras de mi universidad son muy simpáticos y simpáticas.
2. Todes mis profesores son muy simpátiques.
3. Todxs mis profesorxs son muy simpáticxs.
4. Todo el profesorado de mi universidad es muy simpático.
5. Tod@s mis profesor@s son muy simpátic@s.
6. Todo el equipo docente de mi universidad es muy simpático.

- *En la frase 1 se usa el género masculino y también el femenino.*
- *Sí, y en la 2 se usa otra terminación, la -e.*

C. MAP Lee el texto de la derecha, en el que Elena Álvarez Mellado, lingüista computacional, aporta algunas claves sobre el lenguaje inclusivo. Elige el final de cada frase que exprese mejor las ideas de la autora.

1. El lenguaje inclusivo es un tema...
   - ☐ que está de actualidad.
   - ☐ que no interesa a la clase política.
2. El masculino es el género no marcado...
   - ☐ porque la lengua es reflejo de la sociedad patriarcal.
   - ☐ porque tiene la función de referirse a grupos mixtos.
3. El desdoblamiento de género...
   - ☐ debería formar parte del lenguaje político.
   - ☐ es un fenómeno que no altera el funcionamiento de la lengua.
4. Se usa el femenino en algunas profesiones...
   - ☐ porque en este caso el masculino no funciona como término no marcado.
   - ☐ por la influencia de la realidad en la percepción de las palabras que la representan.
5. La RAE piensa que el morfema -**e**...
   - ☐ no es propio de la lengua española.
   - ☐ no es muy usado entre los hablantes.
6. La autora piensa que el morfema -**e**...
   - ☐ aunque sea minoritario, forma parte del español.
   - ☐ es algo novedoso que no va a prosperar.

D. Fíjate en las frases destacadas en naranja e intenta sustituir las palabras o expresiones en negrita por otras de significado similar. P. 19

Ya sea a cuenta de alguna declaración política
= Ya sea debido a alguna declaración política...

E. ¿Estás de acuerdo con lo que dice la autora en esta frase en negrita? Coméntalo en clase.

"Es cierto que el morfema -e tiene un uso restringido y que para la mayoría de los hablantes es desconocido o novedoso, **pero, si hay una parte de los hablantes que lo usa o lo reconoce, entonces ajeno al español no es.**"

Lenguaje inclusivo:
alguna claves lingüísticas

El lenguaje inclusivo es uno de los temas lingüísticos que más interés suscitan en la sociedad desde hace algunos años. Ya sea **a cuenta de** alguna declaración política o la polémica de turno en redes sociales, no hay mes sin que el lenguaje inclusivo **esté en el candelero**. Aquí van **un puñado de** claves seguramente parciales que quizá puedan ayudar a matizar algunas de las cuestiones puramente lingüísticas que surgen cuando se habla del fenómeno.

"El masculino es el género neutro en español"

No exactamente. El español tiene dos géneros gramaticales: el masculino (el botón) y el femenino (la grúa). No existe un género neutro como tal en oposición al femenino y al masculino, como sí existe en alemán o en latín. Esa función "por defecto" que vemos desempeñar al masculino para referirnos a grupos mixtos (los españoles) no es un género neutro, sino que es lo que en lingüística se llama "no marcado" y que no solo afecta el género gramatical.

Sí, existen los desdoblamientos de género (todos y todas): son muletillas[1] habituales en el lenguaje político y forman parte de la retórica del discurso público. Pero se pueden entender sin problema como elementos de cortesía, como parte de la jerga[2] política o como guiños[3] que dan a entender que un determinado orador es uno de los nuestros. **Nada fuera de lo** esperable en las liturgias del lenguaje público y, desde luego, nada que desestabilice la lengua o por lo que haya que preocuparse.

"El masculino genérico invisibiliza a las mujeres"

Es difícil contestar a esto. El masculino es el género no marcado en castellano, pero podría haberlo sido el femenino. Existen, de hecho, lenguas con distinción gramatical entre masculino y femenino que tienen el femenino como género no marcado. Eso sí, son escasísimas. Aun así, no parece que las comunidades cuyas lenguas tengan el femenino como no marcado sean necesariamente matriarcales o más igualitarias. Establecer una relación inequívoca entre que el masculino sea el género no marcado y el machismo estructural es tentador, pero resbaladizo. Podemos tener la convicción íntima de que es demasiada casualidad que justo el masculino sea el género no marcado cuando vivimos en un mundo que toma al varón como ser humano por defecto. La duda es razonable, pero que algo nos cuadre no quiere decir que se corresponda con la realidad, o que podamos respaldarlo.

"¿Médicos y enfermeras? ¿Médicos y enfermeros? ¿Médicas y enfermeras?"

De acuerdo, el masculino es el género no marcado en castellano. ¿Entonces por qué se usa el femenino para referirse a colectivos mayoritariamente femeninos? Tan "no marcado" no será el masculino cuando se oye abrumadoramente hablar de "las enfermeras" o "las amas de casa". Es cierto: es posible que en estos casos el femenino se explique porque en nuestra cabeza se nos esté cruzando la idea prototípica que tenemos de quién suele ser la persona que trabaja en enfermería o en las tareas domésticas (mujeres), y eso nos lleve a utilizarlos en femenino.

"Todes"

Por si fuera poco, en los últimos años **ha ido cobrando fuerza** la terminación -e, un neomorfema que se ha venido utilizando por un lado como posible genérico que evita la marca de femenino o masculino (todes) o como morfema para aquellas personas que no se identifican como hombre o mujer (guape). La RAE ha rechazado tajantemente el reconocimiento del género -e, que considera "ajeno"[6] al español, a pesar de que no es difícil verlo usado en determinadas situaciones comunicativas y en algunos colectivos.

Es cierto que el morfema -e tiene un uso restringido[4] y que para la mayoría de los hablantes es desconocido o novedoso. Pero, si la labor de las gramáticas es **dar cuenta del** español que se usa, "todes" **no deja de ser** un uso más, por muy incipiente[5] que sea. Si hay una parte de hablantes que lo usa o lo reconoce, entonces ajeno al español no es.

La propuesta del género en -e no solo propone un nuevo morfema, sino que introduce todo un valor morfológico nuevo que sí tendría un valor neutro en oposición al masculino y femenino. No es moco de pavo. Está por ver cuál es **la deriva** de este género en -e, que por ahora es minoritario y vive al margen de la morfología *mainstream*.

[1] **muletilla:** palabra, frase o expresión que alguien repite mucho

[2] **jerga:** lenguaje especial que usan entre sí las personas de ciertas profesiones o grupos

[3] **guiño:** mensaje implícito

[4] **restringido:** reducido

[5] **incipiente:** que empieza

[6] **ajeno:** impropio, extraño

Fuente: Elena Álvarez Mellado (*Eldiario.es*)

Comprender y reflexionar

F. Lee estas frases del texto de la página anterior. ¿Qué función tienen las expresiones marcadas en negrita? P. 21

1 Aceptar un argumento
2 Reforzar un argumento
3 Matizar un argumento
4 Refutar un argumento

◯ "El masculino es el género neutro en español". **No exactamente**. Esa función que vemos desempeñar al masculino para referirnos a grupos mixtos no es un género neutro, sino que es lo que en lingüística se llama "no marcado".

◯ **Tan** no marcado **no será cuando** se oye abrumadoramente hablar de "las enfermeras" o "las amas de casa".

◯ **Es cierto que** el morfema -e tiene un uso restringido, **pero**, si la labor de las gramáticas es dar cuenta del español que se usa, "todes" no deja de ser un uso más.

◯ **De acuerdo**, el masculino es el género no marcado.

◯ **Es cierto**: es posible que en estos casos el femenino se explique porque en nuestra cabeza se nos esté cruzando la idea prototípica que tenemos de quién suele ser la persona que trabaja en enfermería.

◯ El masculino es el género no marcado en castellano, pero podría haberlo sido el femenino. Existen, **de hecho**, lenguas con distinción gramatical entre masculino y femenino que tienen el femenino como género no marcado.

◯ **Que** algo nos cuadre **no quiere decir que** se corresponda con la realidad.

G. ¿Qué opinas del uso del lenguaje inclusivo? Coméntalo con un/a compañero/a. Puedes usar algunas de las expresiones de F y las de debajo. P. 21-22

Para comunicar

→ Es cierto / verdad / (más que) evidente que… pero / sin embargo, / ahora bien, …
→ No hay duda / No cabe duda de que… pero / sin embargo, / ahora bien, …
→ Me parece / Es importante / necesario / una tontería / ilógico… que…
→ Yo no digo que no sea / haya / tengamos que… pero / sin embargo, / ahora bien, …

- *A mí me parece importante que se use el lenguaje inclusivo, ya que hay personas que no se sienten representadas con el masculino genérico.*
- *Yo no digo que no sea un uso interesante, pero a mí me resulta difícil usarlo. No me suena bien "todes"…*

Para recordar

Ve a **campusdifusión** si necesitas revisar cuándo usamos el indicativo y cuándo el subjuntivo en expresiones como estas:

***Es cierto que** estamos más sensibilizados con el uso del lenguaje inclusivo.*

***No es verdad que** cuando decimos "médico" pensemos solo en hombres y no en mujeres…*

H. ¿En tu lengua (o en otra que conozcas) existen mecanismos de lenguaje inclusivo? ¿Los usas?

- *En italiano algunas personas usan la letra* schwa, *pero yo no la uso, me parece artificial hacerlo.*
- *Ah, pues en sueco se usa el pronombre neutro* hen…

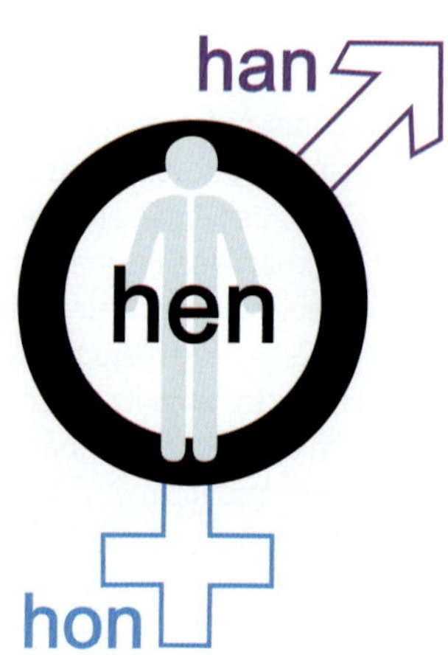

Descubre

Investiga (a través de internet o hablando con personas que conoces) cuál es la situación del lenguaje inclusivo en Argentina. Resume en clase la información que has encontrado.

I. Lee lo que dicen estas personas sobre cuestiones que aparecen en el artículo de la página 13 y marca qué introducen estos tres conectores. P. 21

Pablo: Es comprensible que tengamos que hacer un esfuerzo para que las personas no binarias no se sientan excluidas de la sociedad. **Ahora bien,** el uso de -e en lugar de -o / -a no me parece adecuado; creo que hay que encontrar otras opciones que no supongan un ataque al lenguaje.

Mar: Es cierto que en los últimos años las sociedades se han sensibilizado muchísimo con el uso del lenguaje inclusivo. **Aun así,** los académicos de la lengua en general se muestran reacios a aceptar estos cambios.

Estrella: Es verdad que hay varias opciones para usar un lenguaje inclusivo: desdoblamientos, uso de la arroba, etc. **Con todo,** no me siento cómoda al 100 % con ninguna de ellas.

- ☐ Una explicación.
- ☐ Un argumento contrario.
- ☐ Una consecuencia.

J. ¿Estás de acuerdo con alguna de las opiniones de I? Coméntalo con un/a compañero/a.

K. Observa la diferencia entre estos dos pares de frases. ¿Con cuál de los esquemas de abajo relacionas cada frase? ¿Entiendes el matiz de significado que aportan las perífrasis **ir** / **venir** + gerundio? P. 23

1. ☐ En los últimos años **ha ido cobrando fuerza** la terminación en -e.
2. ☐ En los últimos años **ha cobrado fuerza** la terminación en -e.
3. ☐ En los últimos años **se ha venido utilizando** como posible genérico.
4. ☐ En los últimos años **se ha utilizado** como posible genérico.

A Hace unos años 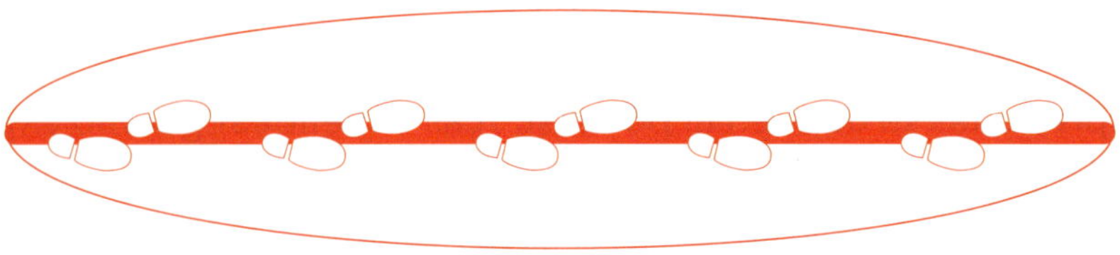 Ahora

B Hace unos años 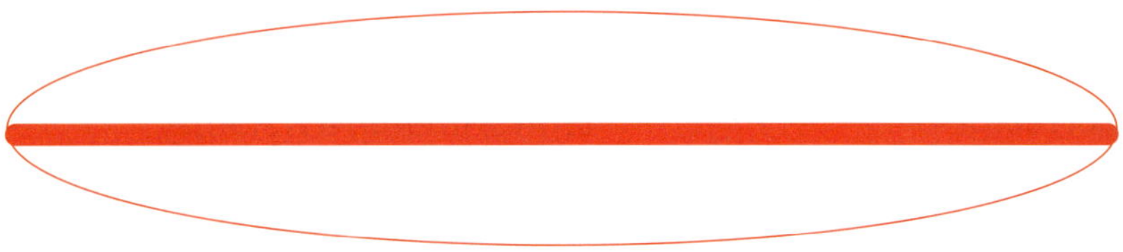 Ahora

L. ¿Existe en tu lengua alguna forma de transmitir el matiz que diferencia los pares de frases de K?

3. ¿EXISTE *INSTAGRAMEABLE*?

A. El término **neologismo** está formado por *neo* (nuevo) y *logo* (palabra). ¿Qué crees que designa? ¿Se te ocurre algún ejemplo? ➲ P. 20

B. ¿Conoces los siguientes términos lingüísticos? Relaciónalos con su significado. ➲ P. 18

1. raíz **2.** sufijo **3.** composición **4.** prefijo

- ◯ Elemento que se añade antes de la raíz de la palabra. (**pre**natal, **pluri**empleado)
- ◯ Base léxica que comparten las palabras de una misma familia. (**nav**egar, **nav**egador, inter**nau**ta)
- ◯ Mecanismo para formar palabras uniendo dos o más de ellas. (**videollamada**)
- ◯ Elemento que se añade después de la raíz de la palabra. (post**ear**)

C. 01 MAP Vas a escuchar un fragmento de un pódcast en el que se habla de los mecanismos más frecuentes para formar neologismos. Resume en qué consisten y recoge los ejemplos citados.

- Formal
- Semántico
- Por préstamo

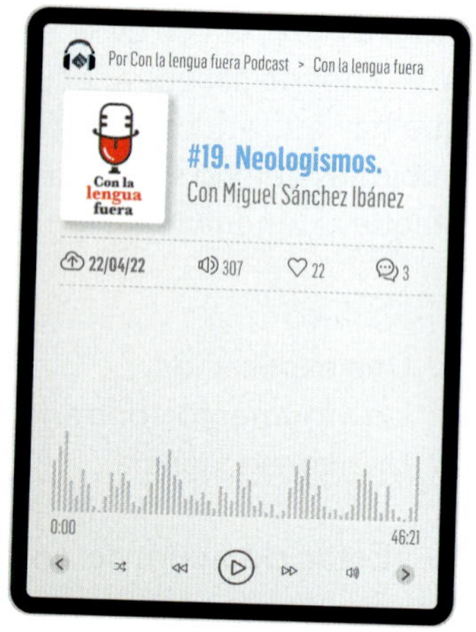

D. Comenta con otra persona de la clase cuál crees que ha sido el mecanismo de formación de los siguientes neologismos relacionados con las redes sociales. Puedes investigar en internet.

influencer | post | meme | viral | emoticono | seguir | aplicación | avatar | wifi | perfil

E. 02 ¿Podrías explicar cómo se ha formado **instagrameable** y qué crees que significa? ¿Existe en tu lengua algún adjetivo similar? Luego, escucha otro fragmento del pódcast y confirma tus hipótesis.

F. 02 Vuelve a escuchar el fragmento y contesta a estas preguntas.

- ¿Por qué dice Miguel que el concepto de existencia es "un poco falaz"?
- ¿Qué crees que le diría Miguel a alguien que dice "esa palabra no existe" por no estar recogida en los diccionarios o ser un extranjerismo?

G. Estas expresiones se usan en el pódcast. ¿Las entiendes? ¿Cómo expresarías lo mismo en tu lengua?

1. “**¿Hasta qué punto** esto es correcto?”
2. “**Desde**... no sé... *crowdfunding* **a** *fracking*, **pasando por**... no sé, por un montón de ellos.”
3. “Incluso cuando **pone** esa noción **contra las cuerdas**, la **pone en entredicho**, ¿no?”

4. LAS PALABRAS DE CADA GENERACIÓN

A. MAP Lee este texto extraído de una charla de la periodista Mar Abad. ¿A quién crees que se dirige? ¿Qué mensaje quiere transmitir?

Cada generación tiene sus propias palabras y esas palabras dan identidad a una época. Son el 'selfie' de un momento histórico. Esas palabras que decís solo vosotros, que conocéis vosotros, que a lo mejor vuestros padres no conocen, que vuestros abuelos, mucho menos, son las palabras propias de vuestra generación. No hagáis caso nunca cuando alguien os diga que habláis peor o que estáis estropeando el lenguaje, ni muchísimo menos. El lenguaje ni es mejor que antes ni es peor que antes. El lenguaje es tan vuestro como de los académicos. No es ni mejor ni peor. Es muy sabio y se adapta al momento que vive. El lenguaje que hablamos es el lenguaje que necesitamos para poder expresarnos y para nombrar las cosas que tenemos alrededor.

Fuente: "Mi 'crush', trolear o 'mood': el lenguaje de la generación Z" (BBVA, Aprendemos Juntos)

B. 03 MAP Escucha las reacciones que la intervención de Mar Abad ha suscitado en una mesa redonda. Indica cuáles de las siguientes opiniones se formulan.

- ☐ La inteligibilidad de una lengua depende de la situación en la que se habla.
- ☐ Se juzga el lenguaje juvenil porque es incomprensible para algunas personas.
- ☐ El uso indiscriminado de anglicismos empeora la lengua.
- ☐ No solo los jóvenes abusan de los anglicismos.
- ☐ Las innovaciones que los jóvenes introducen en la lengua se consolidarán en las siguientes generaciones de forma permanente.
- ☐ El papel de los lingüistas debe ser censurar los usos ajenos a la norma.

C. Comenta en clase con qué opiniones de B estás más de acuerdo.

D. TSP Trabaja con la transcripción del audio de B y recoge todas las expresiones para hablar de moda y tendencias. Luego, comenta en clase su significado. P. 19

ponerse de moda, moda pasajera...

E. Lee estas frases de la conversación de B y observa las expresiones en negrita. Marca qué introducen y, luego, intenta traducirlas a tu idioma o a otro que conozcas. P. 21

"Nadie habla mal si se hace entender. Si yo digo "trolear" con mis padres, pues a lo mejor no saben de lo que hablo, pero, si se lo digo a mis amigos, lo entenderán. **Al fin y al cabo,** se tiende a criticar la forma de hablar de los jóvenes porque deja fuera a los adultos."

"No me digáis que no empobrece la lengua. Pero, bueno, no creo que haya que preocuparse tanto. **Después de todo,** son solo modas pasajeras."

"Los jóvenes no estropeamos la lengua, solo la usamos y en ese uso introducimos innovaciones. **Total,** las palabras también son una forma de moda."

- ☐ Un ejemplo.
- ☐ Una consecuencia.
- ☐ Un argumento definitivo que zanja una argumentación.

Descubre

Pregunta a hispanohablantes qué palabras o expresiones son típicas de la gente joven de su entorno. Luego, compártelo en clase.

LINGÜÍSTICA /MÁS EJ. 5

LINGÜÍSTICA

PALABRAS
(el) sufijo
(el) prefijo
(la) raíz
(la) terminación
(el) acrónimo
(el) género gramatical
(el) neologismo
(el) extranjerismo

DISCIPLINAS
(la) semántica
(la) morfología
(la) sociolingüística
(la) sintaxis

PROCEDIMIENTOS DE FORMACIÓN DE PALABRAS
(la) composición
(la) derivación
(el) préstamo

EL LENGUAJE INCLUSIVO
(el) desdoblamiento
(el) género no marcado
(las) palabras genéricas

OTROS
(la) norma lingüística
(la) lengua oficial > cooficial > minoritaria
(el) lenguaje juvenil > claro > inclusivo > no binario
(las) variedades de una lengua
sociedad patriarcal > matriarcal > igualitaria

1. En parejas, hablad sobre estas cuestiones.

- ¿Qué variedades de la lengua conoces mejor en español? ¿En tu lengua hay variedades? Pon ejemplos.
- En tu lengua, ¿tienen género gramatical los nombres? ¿Todos o solo algunos? ¿Cuántos géneros gramaticales existen?
- Busca un ejemplo de acrónimo en español.
- Busca una palabra en español que tenga raíz, prefijo y sufijo.
- ¿Hay alguna institución que defina la norma lingüística en tu lengua?

2. CORPUS ¿Con qué otros sustantivos podemos combinar el adjetivo **inclusivo/a**? Haz búsquedas en CORPES XXI (en **campusdifusión** tienes instrucciones). ¿Qué deduces del significado de la palabra **inclusivo/a**?

inclusivo/a

DESCRIBIR PALABRAS Y EXPRESIONES /MÁS EJ. 6

HABLAR DE SU SIGNIFICADO

Los sustantivos colectivos ***designan*** *en singular conjuntos de entidades: ciudadanía, población, familia, etc.*

La palabra 'brunch' ***se refiere a*** */* ***hace referencia a*** */* ***se emplea para referirse a*** *la comida que se toma a media mañana en sustitución del desayuno y del almuerzo.*

A *l proceso de poner antenas* ***se le llama*** *antenizar.*

Los sufijos ***desempeñan una función*** *importante en la creación de verbos a partir de sustantivos.*

HABLAR DE SU ORIGEN Y DE SU FORMACIÓN

La palabra 'sudoku' ***viene*** */* ***procede de(l)*** */* ***proviene de(l)*** *japonés.*

El verbo 'chatear' ***se ha formado añadiendo*** */* ***agregando*** *un sufijo a 'chat'.*

La palabra 'poliamor' ***se ha creado uniendo*** *las palabras 'poli' y 'amor'.*

La palabra 'girasol' se ha creado / formado mediante ***un mecanismo*** */* ***un procedimiento de*** *composición.*

La palabra 'postureo' ***está emparentada con*** *la palabra 'postura'.*

RELACIÓN CON LA NORMA

La palabra 'smartphone' ***(no) aparece*** */* ***(no) consta*** */* ***(no) está reconocida*** */* ***(no) sale en el diccionario****.*

Esta forma de escribir la palabra no ***se ajusta a la norma****.*

Este uso del verbo 'venir' no ***es normativo****.*

¿Decir 'favear' ***es correcto o incorrecto*** *en español?*

HABLAR DE SU USO

La palabra 'bro' ***está*** *bastante* ***extendida*** *entre algunos jóvenes.*

Su uso es minoritario */* ***restringido****.*

Se usa principalmente entre *la gente joven.*

3. Describe palabras de tu lengua usando algunas de las expresiones anteriores. Piensa en...

- una palabra o expresión que se usa mucho ahora.
- una palabra o expresión que usa mucho la gente joven.
- una palabra o expresión que se usa mucho en una variedad de la lengua que no es la tuya.
- una palabra o expresión que no es normativa.

HABLAR DE NUESTRA RELACIÓN CON LOS USOS DE LA LENGUA

Esta expresión ***suena bien*** */* ***mal*** */* ***raro*** */* ***artificial****.*

Me resulta difícil */* ***imposible*** */* ***extraño*** *desdoblar el género.*

Me choca *el uso de la expresión 'qué pena' en España porque en Colombia tiene otro significado.*

A mí ***no me sale*** *eso de desdoblar continuamente...*

HABLAR DE TENDENCIAS /MÁS EJ. 7

La tendencia a comprar por internet ***ha cobrado fuerza*** *en los últimos años.* (Cada vez se hace más).

Este tema ***está en el candelero*** *más que nunca.* (Se habla mucho de ese tema).

El tema del reconocimiento de otras lenguas como idiomas oficiales ***está de actualidad*** *en el país.* (Actualmente interesa o preocupa).

Este es un tema ***de rabiosa actualidad****.* (Muy actual).

Es un debate que ***suscita mucho / poco interés****.* (Interesa mucho / poco).

El uso del lenguaje no binario ***es*** *aún un* ***fenómeno incipiente****.* (Algo que empieza a producirse actualmente o que ha empezado hace poco).

Se tiende a *pensar que alguien que enseña un idioma tiene que ser nativo.* (Es una opinión generalizada).

El uso de la palabra 'trolear' ***ha ido en aumento****.* (Se ha incrementado, se ha extendido).

He leído que la palabra 'fetén' ***está en desuso****.* (Apenas se usa).

COMBINACIONES CON MODA Y TENDENCIA

moda — pasajera, actual, efímera

estar, ponerse, pasar — **de moda**

tendencia — actual, general, clara

una tendencia — se origina / surge, se impone, se aprecia, se afianza

4. Usa algunas de las expresiones anteriores para describir tendencias en el uso de tu idioma.

El uso del pronombre "iel" es un fenómeno incipiente en Francia.

5. CORPUS Busca en Books Ngram Viewer las siguientes palabras (en **campusdifusión** tienes instrucciones) y escribe frases para hablar de su evolución: **textear**, **postureo**, **ciberacoso**, **nosotras**, **aviador**, **lechería**, **ratón**, **pregonero**, **viralizar**, **micromachismo**. ¿Entiendes por qué se han puesto de moda recientemente o han pasado de moda?

– Se aprecia una tendencia a usar la palabra "textear" a partir del año 2000 aproximadamente. Desde entonces no ha dejado de crecer.

6. Aquí tienes combinaciones con el verbo **cobrar**. Busca ejemplos en internet. ¿Cómo expresarías lo mismo en tu lengua?

cobrar protagonismo · cobrar intensidad · cobrar interés · cobrar valor · cobrar importancia

EXPRESIONES CON LA PALABRA CUENTA /MÁS EJ. 8

A CUENTA DE

Significa 'con motivo de' o 'a propósito de'.

Ha habido una discusión ***a cuenta de****l uso de usted entre la gente joven.*

También puede significar 'en compensación, anticipo o a cambio de'.

La empresa me ha dado un ordenador ***a cuenta de*** *lo que me debía.*

DAR CUENTA DE

Significa 'informar, comunicar o explicar algo o las razones de algo'.

No tengo que ***dar cuenta*** *a nadie* ***de*** *mis acciones.*

En el presente documento ***damos cuenta de*** *la evolución del proyecto.*

No hay que confundir esa expresión con **darse cuenta de algo**, que significa 'advertir o percatarse de algo'.

No me ***di cuenta de que*** *llevaba el pijama hasta que llegué al metro.*

Me he dado cuenta de *mi error demasiado tarde...*

7. Lee estas frases e indica en cada caso cuál de estos dos significados tiene **dar(se) cuenta de**.

a. Informar, comunicar o explicar algo o las razones de algo.

b. Advertir o percatarse de algo.

- ◯ Cuando hablo español, a veces no me doy cuenta de que estoy usando un registro que no es el adecuado para la situación.
- ◯ En este trabajo de investigación se da cuenta de las diferencias de entonación entre distintas variedades del español.
- ◯ Los jefes de departamento deberán dar cuenta de los días de vacaciones que piden sus empleados.
- ◯ No se da cuenta de que a su hijo le ofenden las palabras que usa para referirse a él.

8. CORPUS Aquí tienes otras expresiones con la palabra **cuenta**. Búscalas en Linguee para descubrir qué significan (en **campusdifusión** tienes instrucciones).

tener en cuenta · por mi / tu / su... cuenta · perder la cuenta · más / menos de la cuenta

9. Haz frases con cada una de las expresiones anteriores para hablar de algo relacionado contigo o con tu entorno.

– Intento tener en cuenta las opiniones de las demás personas.
– A veces hablo más de la cuenta.

CREACIÓN DE NEOLOGISMOS /MÁS EJ. 9

Un neologismo es una palabra, acepción o giro nuevo en una lengua.

PROCEDIMIENTO FORMAL

Consiste en combinar elementos para formar una palabra que no existía antes.

Puede ser por derivación; es decir, añadiendo un prefijo o un sufijo.

antena > anten**izar** (poner antenas)

agenda > agend**ar**

cultural > **multi**cultural

globalización > **anti**globalización

! En los tres primeros casos se produce un cambio de categoría gramatical.

O por composición, uniendo dos palabras independientes.

cubre + **bocas** > **cubrebocas**

abre + **fácil** > **abrefácil**

También pueden surgir palabras nuevas de la unión de elementos de dos o más palabras. Son los llamados acrónimos.

portugués + español > **portuñol** (se forma con el comienzo de la primera palabra y el final de la última)

pequeña y mediana empresa > **pymes** (se forma con las primeras letras de cada palabra)

PROCEDIMIENTO SEMÁNTICO

Consiste en tomar una unidad léxica que ya conocemos y otorgarle un nuevo significado o ampliarlo.

ratón (animal) > **ratón** (accesorio informático que recuerda a un ratón)

una sustancia **tóxica** (que contiene veneno) > una persona **tóxica** (que afecta negativamente a otras de su entorno)

viral (relativo a los virus) > **viral** (mensaje o contenido que se difunde en internet con la rapidez de un virus)

Rimmel (marca comercial) > **rímel** (cosmético para las pestañas)

PROCEDIMIENTO POR PRÉSTAMO

Se toma una palabra que viene de otro idioma: ***chat***, ***emoticon***...

En esos casos, a veces la palabra conserva su forma original (como en el caso de **chat**), pero otras veces se decide realizar cambios en la grafía de la palabra para adaptarla al español.

football > **fútbol**

goal > **gol**

troll > **trol**

selfie> **selfi**

! Cuando se usa una palabra de otro idioma sin que esta esté reconocida en español se recomienda escribirla con cursiva o entre comillas, si no se puede usar la cursiva.

música *mainstream*

una *celebrity*

un *link*

COMBINACIÓN DE VARIOS PROCEDIMIENTOS

A menudo se combinan varios procedimientos de formación de neologismos.

POR PRÉSTAMO + FORMAL: **trol** (que proviene de la palabra inglesa ***troll***) + **ear** > **trolear** (en internet, publicar mensajes ofensivos para boicotear a alguien)

FORMAL + SEMÁNTICO: **postura** (manera en que está colocado el cuerpo o actitud que alguien adopta respecto de algún asunto) + **eo** > **postureo** (actitud impostada, adopción de ciertos hábitos, poses y actitudes más por apariencia que por convicción)

10. Busca en internet ejemplos de uso de los neologismos que aparecen en las explicaciones anteriores.

Una foto viral abre el debate sobre el «postureo» en las redes

Shakira arrasa en Tik Tok con la coreografía de su nueva canción. ¡Así es el baile viral del momento!

Una 'tiktoker' canadiense se hace viral comentando todas las costumbres españolas que "mandarían a los extranjeros a un coma"

11. ¿Qué crees que significa la palabra **viralizar**? Esta palabra se ha formado combinando varios de los procedimientos anteriores. ¿Cuáles?

12. Piensa en neologismos en tu idioma para cada uno de los procedimientos (formal, semántico y por préstamo). Presenta en clase cómo se han formado esas palabras.

13. **Instagramear** es un buen ejemplo de neologismo por modificación de categoría gramatical: formamos un verbo a partir de un sustantivo, añadiendo el sufijo -**ear**. ¿Qué significan estos otros verbos formados de la misma manera? ¿Existe un procedimiento similar en tu idioma?

tuitear | chatear | bloguear | favear | whatsappear

14. Investiga qué otras palabras de la familia de estas existen. ¿Con qué sufijos o prefijos se han formado y qué significan?

- trol
- postureo
- poliamor
- globalización
- tuit
- blog

ARGUMENTAR Y CONTRAARGUMENTAR /MÁS EJ. 10-12

MATIZAR

Existen varios recursos que nos permiten matizar una afirmación o un argumento.

- *Mucha gente considera que las lenguas con más hablantes son más importantes, pero todas las lenguas tienen la misma importancia.*
- ***No exactamente.** / **Eso no es exactamente así.** Algunas lenguas son más importantes para encontrar trabajo, por ejemplo.*
- ***Es cierto** / **evidente** / **innegable** / **indiscutible que** todas las lenguas tienen valor, **pero** algunas (las más habladas, las usadas en países más ricos…) son más útiles que otras.*
- ***De acuerdo** / **Sí**: todas las lenguas tienen valor; **sin embargo,** / **aun así,** / **ahora (bien),** / **con todo,** algunas (las más habladas, las usadas en países más ricos…) son más útiles que otras.*

Los conectores **aun así**, **ahora** (**bien**) y **con todo** (seguidos siempre de coma) se usan para contradecir o puntualizar lo dicho anteriormente.

ARGUMENTO 1	ARGUMENTO 2
Muchos académicos están en contra de aceptar neologismos. (Conclusión esperada: la RAE acepta pocos neologismos).	***Aun así,** cada año la RAE acepta palabras nuevas.* (Se presenta el argumento 2 como una conclusión contraria a lo que se podría inferir del 1).
Es comprensible que tengamos que hacer un esfuerzo para que las personas no binarias no se sientan excluidas de la sociedad. (Conclusión esperada: está a favor del uso del lenguaje no binario).	***Ahora bien,** el uso de la terminación -e no me parece nada adecuado, creo que hay que encontrar otras opciones que no supongan un ataque al lenguaje.* (Puntualiza o precisa el argumento 1 y prefiere el 2).
Es verdad que hay varias opciones para usar un lenguaje inclusivo: desdoblamientos, uso de la arroba, etc. (Conclusión esperada: se debería poder elegir una sin problema).	***Con todo,** no estoy cómoda al 100 % con ninguna de ellas.* (A pesar de que el argumento 1 es muy fuerte o múltiple, se produce este argumento 2).

Aun así y **con todo** se pueden combinar con las conjunciones **y** o **pero**.
Ahora bien no se puede combinar con las conjunciones **y** o **pero**.
Con todo es más propio de un registro formal.

*Hay muchísimas opciones para usar un lenguaje inclusivo; **y, con todo,** no estoy cómoda al 100 % con ninguna de ellas.*

*Está claro que las lenguas tienen que evolucionar, **pero, aun así,** mucha gente se opone a aceptar cierto tipo de cambios.*

Para matizar una opinión propia podemos usar **yo no digo que... pero**.

- *Lo normal es que la lengua evolucione, y las instituciones como la RAE deberían estar abiertas a esos cambios.*
- ***Yo no digo que** la RAE tenga que ser rígida y no aceptar nada, **pero** también tiene que asegurarse de mantener la unidad de la lengua en todos los territorios donde se habla español.*

REFORZAR UN ARGUMENTO

De hecho (seguido de coma en la lengua escrita) introduce un argumento que refuerza una afirmación anterior.

*Usar varios idiomas desde muy joven no supone ningún problema. **De hecho,** hay estudios que demuestran que el bilingüismo da mayor flexibilidad mental y ayuda a conocer mejor tu propio idioma.*

REFUTAR O INTRODUCIR UN ARGUMENTO CONTRARIO

- *Lo del lenguaje inclusivo es una moda.*
- ***Que** ahora esté de moda **no quiere decir** / **no significa que** no tenga sentido.*
- *Yo creo que el lenguaje inclusivo es claro si se usa bien.*
- ***Tan** claro **no será cuando** / **si** en Argentina se ha prohibido usarlo en las escuelas porque confunde y dificulta el aprendizaje de la lengua…*

***Si** en Castilla hablan el mejor español, ¿**(entonces) por qué** dicen "la gusta" en lugar de "le gusta", que sería lo normativo?*

- *Las personas que hablan más de una lengua no dominan ninguna bien.*
- ***Al contrario,** hablar más de una lengua sirve para conocer y dominar mejor la tuya.*

*El lenguaje inclusivo no es un invento de algunos individuos aislados. **Al contrario,** es una demanda de amplios grupos sociales.*

ZANJAR UNA ARGUMENTACIÓN

Al fin y al cabo, **a fin de cuentas** y **después de todo** son marcadores que organizan el discurso y que se usan para presentar una idea que introduce un argumento definitivo y zanja la argumentación.

- *Creo que Eva debería estudiar Filología China. Es más útil y, además, ella tiene capacidad para estudiar una lengua difícil…*
- *Pues yo creo que no hay lenguas más difíciles que otras y que, si quiere estudiar italiano, también está bien. Es mejor que elija ella. **Al fin y al cabo**, es ella la que tiene que estudiar durante cuatro años. Mejor que le guste, ¿no?*
- *Cometo muchos errores cuando hablo y cuando estoy con nativos aún hay cosas que no entiendo bien.*
- *Eso es normal y, además, no tiene importancia porque, **a fin de cuentas**, lo más importante en una lengua es poder comunicarse.*

*Es normal que el español vaya evolucionando. **Después de todo**, es una lengua viva y está presente en sociedades muy diversas.*

El marcador **total,** frecuente en la lengua oral, puede tener la misma función.

*No me he esforzado mucho en esta presentación. Me ha faltado tiempo y no estaba muy motivado. Pero da igual. **Total,** me van a escuchar cuatro gatos…*

Estos marcadores no se deben confundir con otros que se usan solamente para cerrar un texto, como, por ejemplo, **para finalizar** o **finalmente**.

*Hablaremos del neologismo "hanguear". Primero explicaremos cómo se ha formado. Luego, pondremos algunos ejemplos de uso y, **finalmente** / **para finalizar**, hablaremos de…*

1. Lee lo que dice una persona sobre los/as profesores/as nativos/as. Escribe frases para matizar los argumentos que da, usando algunos de los recursos que has visto.

"Un profesor nativo es siempre mejor que uno no nativo porque domina más el idioma, conoce mejor la cultura y su pronunciación es mejor".

2. Ahora escribe frases para refutar sus argumentos.

3. Lee estas conversaciones y completa la reacción del interlocutor, que refuta los argumentos de la otra persona.

a.
- Seguro que Pablo habla muy bien inglés porque su padre es americano.
- ○ Bueno, **que** su padre... **no quiere decir que**...

b.
- La palabra "favear" no está en el diccionario, o sea, que no existe.
- ○ Hombre, **que no**... **no significa que**...

c.
- Teo ha vivido un año en Estados Unidos y habla muy bien inglés.
- ○ **Tan**... **no hablará cuando**...

d.
- El catalán y el gallego son lenguas minoritarias.
- ○ Bueno, **tan**... **no serán cuando**...

4. Lee estas frases en las que se expresan opiniones y subraya en cada caso el marcador más adecuado.

a. Espero haber convencido a más de una persona de que no hay variedades de la lengua más auténticas que otras. Ahora, **al fin y al cabo, / para finalizar,** me gustaría defender la conveniencia de estar expuestos a más de una variedad cuando aprendemos un idioma.

b. Las lenguas sin escritura son igual de ricas que las que la tienen. **Después de todo, / Para finalizar,** no hace tantos años que existe la escritura...

c. A mí me da igual si la RAE acepta o no algunos neologismos muy usados. **A fin de cuentas, / Para finalizar,** serán los hablantes los que decidirán si esos neologismos se siguen usando o no.

d. Yo no sé por qué le molesta tanto a la gente el lenguaje inclusivo. **Al fin y al cabo, / Finalmente,** lo único que tienen que hacer si no les gusta es no usarlo, pero que otros lo usen no debería molestarle a nadie...

e. Al parecer, después de una larga discusión, **finalmente / al fin y al cabo,** la Real Academia ha recogido la palabra "webinario". ¡Ya era hora!

Para ir más allá

Lee estas frases y fíjate en estos otros marcadores en negrita que contienen la palabra **fin**. Relaciónalos con su significado.

a. La RAE ha incorporado **por fin** la palabra "cuarentañero". Mucho mejor que "cuarentón", ¿no?

b. Hay gente que se pone muy agresiva cuando lee opiniones sobre el lenguaje inclusivo que no coinciden con la suya. **En fin,** la lengua es un tema muy sensible...

c. ¡**Por fin** llegas! ¡Llevo una hora esperándote!

d. No se puede hablar con él, siempre cree que tiene razón. **En fin**...

○ Locución usada para expresar con cierto énfasis el término de una situación de espera.

○ Locución que sirve para resumir o concluir un tema. A menudo, quita importancia a lo que se está diciendo o introduce un matiz de resignación. Incluso puede servir para zanjar una conversación.

EXPRESAR ACUERDO ROTUNDO Y PARCIAL

ACUERDO ROTUNDO

- *Lo normal es que la lengua evolucione, y las instituciones como la RAE deberían estar abiertas a esos cambios.*
- ○ ***Exactamente.***
- ○ ***De eso no hay duda.***
- ○ ***Eso es indiscutible / innegable.***
- ○ ***Estoy completamente de acuerdo (con eso / lo que dices).***

ACUERDO PARCIAL

- *Lo normal es que la lengua evolucione, y las instituciones como la RAE deberían estar abiertas a esos cambios.*
- ○ ***Estoy de acuerdo en** que la lengua evoluciona. **Ahora bien,** muchas de las palabras y expresiones nuevas desaparecen y por eso creo que la RAE debe esperarse un tiempo prudencial antes de aceptarlas.*
- ***Estoy de acuerdo con** lo que decís, **excepto / salvo con** lo de que haya que esperar un tiempo prudencial. ¿Qué es un tiempo prudencial?*

5. ¿Estás de acuerdo con estas afirmaciones sobre el aprendizaje de idiomas? Coméntalo con un/a compañero/a y trata de usar los recursos de este apartado.

a. "Los límites de mi lengua son los límites de mi mundo". (Ludwig Wittgenstein)

b. "Se vive otra vida por cada idioma que hablas. Si solo sabes un idioma, solo vives una vez". (Refrán checo)

6. En pequeños grupos, expresad vuestra opinión acerca de estas afirmaciones. Intentad usar los recursos de este apartado.

- "Lo más normal y deseable es que un país tenga solo una lengua oficial".
- "La gente joven escribe cada vez menos y peor".
- "No se deberían doblar nunca las películas o series".
- "En los territorios donde hay más de una lengua oficial, lo mejor es que se pueda elegir en qué lengua se quiere aprender en la escuela".

PERÍFRASIS ASPECTUALES DE GERUNDIO /MÁS EJ. 13

IR / VENIR + GERUNDIO

Estas perífrasis indican que un evento se desarrolla de manera gradual, en diferentes fases o estadios. Es frecuente (aunque no imprescindible) que se relacione con expresiones que indican la progresión (como **poco a poco** o **progresivamente**).

La tendencia a usar el lenguaje inclusivo ***se va afianzando*** *en distintos países europeos.*

Tiktok ***se ha ido consolidando*** *en los últimos años como la red social más usada por los adolescentes.*

Al principio, cuando hablaba español tenía mucho acento, pero eso ***fue desapareciendo*** *poco a poco.*

El libro en papel ***irá desapareciendo*** *a lo largo del siglo XX.*

Esto de "los jóvenes hablan mal" ***se viene diciendo*** *desde el principio de los tiempos.*

En las últimas décadas ***se han venido haciendo*** *esfuerzos para avanzar en la igualdad entre hombres y mujeres.*

Ir + gerundio y **venir** + gerundio no se interpretan como perífrasis cuando se refieren a acciones que implican desplazamiento físico. En esos casos, se interpretan en sentido literal (movimiento).

Mira tu hijo, qué contento está: ***va cantando*** *por la calle todo el rato...*

Ya veo a Juan. ***Viene comiendo*** *un helado de chocolate.*

Desde el balcón, vimos a la familia de Olga. Estaban llegando a la puerta de casa. Los niños ***venían corriendo*** *y nos saludaban. Estaban contentos.*

! Es frecuente usar la perífrasis **venir** + gerundio en tiempos simples como el presente o el imperfecto y en algunos compuestos como el pretérito perfecto. No se puede usar en futuro.

~~*El uso del lenguaje inclusivo se* ***vendrá afianzando*** *poco a poco en los últimos años.*~~

7. Haz frases para hablar de la evolución de estas cosas u otras usando **ir** + gerundio y **venir** + gerundio.

- el uso de las redes sociales
- el feminismo
- las medidas de conciliación
- las compras por internet

8. ¿Qué diferencia hay entre estos dos pares de frases? Coméntalo con otra persona de la clase.

a. Mi hermano **va caminando** siempre al trabajo.
b. Mi hermano tuvo un accidente y no pudo caminar durante unos meses, pero poco a poco **va caminando** cada vez más.

c. Juan **viene hablando** por el móvil con su hermana.
d. Juan **viene hablando** de este problema desde hace mucho tiempo.

9. ¿Qué significa la frase **Nos vamos a ir yendo**? ¿En qué contexto crees que se podría usar? Comentadlo en parejas.

10. CORPUS Busca en CORPES XXI ejemplos de uso de las perífrasis **andar** + gerundio y **terminar** + gerundio (en **campusdifusión** tienes instrucciones). ¿Qué significan? ¿Cómo las traducirías a tu lengua?

El olor, que al principio le molestaba, terminó gustándole.

Por un instante dudan sobre cómo saludarse, hasta que terminan dándose la mano.

5. TRANSFORMACIONES EN EL LENGUAJE /MÁS EJ. 14-17

A. Mira esta infografía y fíjate en los ejemplos propuestos. ¿Por qué esos cambios hacen que el lenguaje sea más inclusivo? ¿Qué aportan respecto a otras técnicas que has visto en la unidad, como el desdoblamiento de género o el uso de la terminación en -**e**? Comentadlo en clase.

Técnicas y herramientas para un uso inclusivo del lenguaje

Fuente: Cálamo&Cran

B. Ahora, en parejas redactad de nuevo estos cinco textos eliminando todas las marcas de género. Usad los recursos de la infografía de A u otros.

1. Con motivo de las obras que se llevarán a cabo en nuestro edificio, **todos los trabajadores** deben acceder al edificio por la entrada que da a la calle Rosalía de Castro.

2. Publicados los resultados de la prueba de inglés para cubrir 10 plazas de **administrativos** en el Ministerio de Trabajo. **Los directores y/o gerentes** de cada área convocarán a una entrevista a **los aspirantes** que hayan obtenido más de un 8/10.

3. TURNOS DE VACACIONES
   - **Los jefes de área** deben presentar la planificación de las vacaciones de verano de **los empleados** a su cargo.

4. **Los usuarios** de la sala de audiovisuales deben hacer un uso adecuado del material. Si necesitan apoyo, pónganse en contacto con **los técnicos**.

5. Elecciones para elegir a **los representantes sindicales**. **Los interesados** en presentar su candidatura deben dirigirse al **delegado sindical** de su sección.

1. Con motivo de las obras que se llevarán a cabo en nuestro edificio, se entrará al edificio por la entrada...

C. Comparad vuestros textos de B con los de otra pareja. Luego, contad al resto de la clase qué tipo de cambios habéis realizado y si os habéis encontrado con algunas dificultades.

- *En la primera frase, Anne y Julian han optado por usar "quienes trabajan", con el pronombre relativo "quienes" para no usar "los trabajadores". En cambio, Maya y yo hemos usado la estructura impersonal "se entrará" porque "quienes trabajan" no nos sonaba bien...*

Para comunicar

→ Me suena bien / mal / artificial...
→ Me resulta extraño / difícil...

6. QUE UN FENÓMENO SEA MAYORITARIO NO QUIERE DECIR QUE...

A. Lee estos hilos de tuits. Luego, en parejas, haced una lista de argumentos que podríais emplear para matizar y rebatir las opiniones de Antonio, Pedro y John, y otra de los que podríais usar para reforzarlos.

Antonio Ortega @Anton
Los estudiantes deben aprender el español estándar. Por eso, yo creo que deberíamos corregir a los estudiantes extranjeros que aprenden español en España cuando pronuncian "sapato" en lugar de "zapato".

Marta Sanz @Martita
La discriminación que sufren variedades y lenguas no estándar recibe el nombre de "hablismo", término acuñado por el lingüista español Jorge Diz.

Pedro Gonzalez @Peter
Yo no conozco a ninguna persona que haya sufrido discriminación por su acento. Mira, si tú llamas #hablismo a que no me guste el acento andaluz, es tu problema.

John Albert @Awesome
La gente que graba vídeos y los pone en Youtube debería hacerlo en una lengua neutra y hablar muy despacio para que los entienda todo el mundo.

B. Ahora cada pareja escribe dos comentarios para responder a Antonio, Pedro y John: en uno expresaréis acuerdo y en el otro, desacuerdo. Usad las expresiones que habéis visto en la unidad para mostrar acuerdo, argumentar y contraargumentar.

C. Escribe en un muro virtual tu opinión sobre alguno de los temas relacionados con las lenguas que han aparecido en la unidad (u otro). Tus compañeros/as tienen que reaccionar escribiendo un comentario.

Sally
Yo creo que la Real Academia Española no debería existir. Los que deciden cómo evoluciona la lengua son los hablantes. ¡Cada uno que diga y escriba lo que quiera!

Elena
De acuerdo, son los hablantes los que hacen que la lengua cambie. Ahora bien, ...

Descubre

Pregunta a hispanohablantes si conocen casos de hablismo y qué variedades creen que sufren más discriminación.

7. ¿ME PRESTAS UN VERBO?

A. En grupos, vais a crear un póster de neologismos en español. Primero, cada grupo buscará información sobre uno o dos de estos conjuntos de neologismos: qué significan y en qué contextos se usan, cómo se han formado, si están reconocidos o no en el diccionario y si se han producido cambios para adaptarlos al español. Os puede ayudar hacer búsquedas en rae.es y en fundeu.es.

1. ciberdelincuente | ciberacoso | ciberterrorismo | ciberseguridad
2. ecoaldea | ecotasa | ecofeminismo | ecoamigable
3. viralizar | empoderar | customizar | clicar
4. postear | hackear | trolear | tunear
5. poliamor | cortapega | cubrebocas | criptomoneda
6. veroño | amigovio | portuñol | infodemia
7. avatar | meme | visto | buscador
8. balconing | puénting | edredoning | silloning
9. tuitero | bloguero | youtuber | instagramer | influencer

Para comparar

La Real Academia Española (RAE) es una institución dedicada a preservar el buen uso y la unidad de la lengua española. La Fundación del Español Urgente (Fundéu), que cuenta con el asesoramiento de la RAE, tiene como principal objetivo impulsar el buen uso del español en los medios de comunicación.

¿Existen instituciones parecidas en tu lengua?

B. Preparad un póster para presentar al resto de la clase lo que habéis descubierto sobre los neologismos de A. Intentad ampliar la lista con otros neologismos creados de forma similar.

Para comunicar

- → Viene / Procede de...
- → Hace referencia a / Se refiere a / Designa...
- → Se ha formado a partir de las palabras / uniendo / añadiendo...
- → (No) está reconocida / consta en el diccionario...
- → Su uso está extendido / es aún minoritario...
- → Está de moda / Se ha puesto de moda...
- → Se viene usando / oyendo desde...
- → Se ha ido extendiendo / haciendo popular...

Viralizar, empoderar, customizar y clicar

Viralizar:
Es un verbo que se emplea para hacer referencia a un mensaje o contenido que se difunde con mucha rapidez en las redes sociales. Su uso está muy extendido en el lenguaje periodístico. De hecho, aparece muy frecuentemente en titulares de noticias. Este neologismo se ha formado añadiendo el sufijo "-izar" al adjetivo "viral", que procede del inglés. Está reconocido por la Real Academia Española.

Ejemplos de internet:

Vídeo de un hámster comiendo zanahorias que se ha viralizado

C. Presentad a la clase vuestro póster. Las demás personas pueden anotar preguntas o dudas y hacerlas después.

D. ¿En vuestra lengua existen palabras equivalentes a las de A? ¿Cómo son? ¿Cómo se han formado?

8. PRODUCTOS TEXTUALES EN MI LENGUA ESTÁ PASANDO

A. En grupos, buscad documentos (artículos de prensa, vídeos, pódcast, entrevistas...) que hablen sobre una tendencia lingüística que se esté produciendo actualmente en vuestra lengua o en español (debajo tenéis posibles temas). Preparad una presentación para la clase.

- lenguaje inclusivo
- neologismos
- adaptación de extranjerismos
- lenguaje juvenil
- lenguaje en redes sociales
- variantes de un idioma
- diversidad de lenguas en un mismo territorio
- lengua estándar o neutra

- presentación de la tendencia: en qué consiste, desde cuándo...
- ejemplos
- argumentos a favor y en contra
- vuestra opinión personal

B. Cada grupo hace su presentación. El resto de la clase toma notas para evaluarla.

- *A continuación os vamos a hablar sobre las peculiaridades de la lengua en Tiktok. Tiktok es una red social con unas normas de control de palabras tabú muy estrictas, así que los usuarios han desarrollado varios mecanismos para sustituir esas palabras y, de ese modo, evitar que el algoritmo restrinja el contenido...*

Tiktok

red social con normas de control estrictas de palabras tabú

Para evaluar

→ ¿Explican con claridad el fenómeno lingüístico? ¿Presentan ejemplos variados y claros?
→ ¿Establecen cuándo y en qué sector de la población se producen?
→ ¿Proporcionan argumentos a favor y en contra?
→ ¿Dan su opinión?

C. Tras las presentaciones, comentad vuestra evaluación y haced preguntas sobre los aspectos que no hayan quedado claros.

- *¿Podéis poner otros ejemplos de palabras que los usuarios de Tiktok modifiquen para evitar la censura?*
- *Pues sí. Por ejemplo...*

2 MAPAS SONOROS

¿Qué es el ASMR y para qué sirve?

Un hormigueo que recorre la parte superior de la espalda, avanza por el cuello y llega a la cabeza, un escalofrío placentero, un cosquilleo agradable o un orgasmo de baja intensidad... El ASMR es una experiencia física y psicológica que se ha convertido en fenómeno viral desde su aparición en redes hace poco más de una década.

Miles de personas se conectan a plataformas como YouTube, Instagram o Tiktok para relajarse sintiendo alguno de los vídeos que los denominados *ASMRtists* suben a sus redes, contenidos que han convertido en millonarios a un puñado de ellos.

El término ASMR surge del acrónimo inglés *autonomous sensory meridian response*, que se traduce como respuesta sensorial meridiana autónoma. Se trata de un neologismo un tanto equívoco que sirve para expresar un fenómeno experiencial que ha cautivado a millones de personas.

Fuente: publico.es

AUDIOS, VÍDEOS, DOCUMENTOS ALTERNATIVOS, ETC., DISPONIBLES EN **campus difusión**

EN ESTA UNIDAD VAMOS A

GRABARNOS PRESENTANDO LA CANCIÓN DE NUESTRA VIDA

RECURSOS COMUNICATIVOS

- hablar de música y sonidos
- hablar de recuerdos y de experiencias transformadoras
- relativizar la exactitud de lo que se dice
- mostrar preferencia

RECURSOS GRAMATICALES

- el gerundio independiente
- los marcadores **de pronto** y **de repente**
- rasgos de los registros formal e informal

RECURSOS LÉXICOS

- sonidos y música
- expresar sensaciones y emociones
- verbos de movimiento con sentido metafórico (**llevar**, **llegar**, **mover**, **transportar**...)
- la intensificación

Empezar

1. FENÓMENOS VIRALES /MÁS EJ. 1

A. ¿Sabes en qué consisten los vídeos ASMR y qué efectos producen? Coméntalo con tus compañeros/as.

Para comunicar

→ Creo que es / son algo así como...
→ Tengo entendido que es / son...
→ ¿Te refieres a...?
→ Es / Son eso, ¿no?

B. MAP Lee el texto de la izquierda sobre los vídeos ASMR y comprueba si tus hipótesis de A eran correctas.

C. 04 MAP Dos amigas hablan sobre los vídeos ASMR. Marca cuáles de estos sonidos escuchan. P. 36, 40

- ☐ Una persona susurrando algo al oído.
- ☐ El tintineo rítmico de gotas de lluvia impactando en una ventana.
- ☐ Un gato ronroneando mientras cae la lluvia.
- ☐ El traqueteo de un vagón de tren antiguo.
- ☐ El sonido ensordecedor de un trueno.
- ☐ Unos dedos que tamborilean suavemente sobre la mesa.
- ☐ El crepitar de una hoguera chisporroteando.

D. Busca ejemplos en internet de los sonidos de la lista anterior que no escuchan las dos amigas.

E. ¿Los sonidos de C y D te parecen relajantes? ¿Te provocan alguna otra sensación?

F. Haz una lista de sonidos que te provocan sensaciones agradables y busca en internet si existen ASMR de ellos.

2. LA MÚSICA LATINOAMERICANA

A. Mira el mapa de músicas latinoamericanas de la derecha. ¿Hay algo que te sorprenda? ¿Qué artistas o géneros musicales conocías? ¿Añadirías otros en el mapa? Coméntalo en clase.

- *Yo no sabía que la bachata era originaria de la República Dominicana.*
- *Pues a mí me sorprende que no aparezca el reguetón. Y yo habría puesto a...*

B. En el mapa se localizan géneros de música y baile que forman parte del patrimonio inmaterial de la UNESCO. En parejas, investigad sobre uno de ellos y escribid una breve definición.

La rumba cubana es un género de música de origen africano que surgió en Cuba en el siglo XIX. Se baila solo o en pareja. Los instrumentos que se usan, como las congas o tumbadoras, son de percusión. Se considera que la salsa viene de la rumba cubana.

C. ▶ 1 MAP Ve este vídeo realizado en el festival de música Somos Latinoamérica hasta el minuto 2:36 y contesta a estas preguntas.

- ¿Existe una identidad musical latinoamericana común según las personas entrevistadas? ¿Qué características tiene?
- ¿Qué acontecimientos históricos han marcado la música de Latinoamérica?

D. ▶ 1 Ve el resto del vídeo y toma notas de lo que entienden las personas entrevistadas por "música popular". Luego, escribe una definición de "música popular latinoamericana" basándote en lo que has visto en el vídeo. Compárala con la de otras personas de la clase y, si es necesario, mejora tu definición.

E. Fíjate en las palabras en negrita de estas frases del vídeo y marca para qué crees que sirven. P. 41

“ El folclore, como se utiliza en Colombia, no es un término tan claro para nosotros. Nosotros utilizamos más como músicas tradicionales de la región andina, **digamos**, que es la que hago yo específicamente. ”

“ Hay músicas que se mantienen en ese estado folclórico, **por decirlo**,* y que no llegan a tener una masividad. ”

* La lengua oral se caracteriza por la presencia de vacilaciones. En este caso, el hablante dice **por decirlo**, aunque la expresión más habitual es **por decirlo así** / **por así decirlo**.

- ☐ Presentar lo que se ha dicho o lo que se va a decir como una información o idea aproximada, quizás no del todo adecuada.
- ☐ Justificar lo dicho anteriormente o lo que se va a decir.

F. Fíjate en este fragmento. ¿Qué crees que significa aquí **de repente**? ¿Conoces otro significado de esta expresión? P. 41

“ La llegada de los españoles definitivamente marcó una diferencia. El mestizaje no solamente de los españoles, los chinos en el Perú... **De repente** por esa zona, si no me equivoco, los italianos... ”

Descubre

Pregunta a hispanohablantes qué festivales de música en países de habla hispana conocen. Luego, busca información sobre ellos y preséntalos en clase.

MAPA SONORO DE LATINOAMÉRICA

- MESTIZAJE
- ORIGEN AFRICANO
- ORIGEN INDÍGENA
- INFLUENCIA EUROPEA

Descubre

Pregunta a hispanohablantes qué músicos emblemáticos de Latinoamérica conocen y completa el mapa.

3. UN HOMENAJE AL FOLCLORE LATINOAMERICANO /MÁS EJ. 2-3

A. MAP Lee esta reseña del álbum *Musas*, de Natalia Lafourcade. Según el texto, ¿quiénes o qué son las "musas" de Lafourcade?

Las musas de la inspiración de Natalia Lafourcade

Por 100 % pop español
6 de febrero, 2017

Natalia Lafourcade busca las musas de su inspiración en el pasado. La compositora mexicana ha entendido que este proceso de búsqueda constante la lleva a explorar su esencia a través de las canciones e historias que se esconden noblemente entre palabras, acordes y melodías. Así, después de *Hasta la raíz*, llega *Musas*. Un disco que resalta la belleza de México: la naturaleza, los sabores, los colores, la cultura, la historia y la manera en la que los mexicanos aman. Y que trata de llegar a lo más profundo, compartiendo algo que en estos tiempos hay riesgo de perder: las raíces.

Pero no solo en México encuentra la inspiración que está buscando, también la encuentra en los mexicanos que más admira. Esos artistas que a lo largo de los años la han movido a ofrecer lo mejor de ella. En esta nueva producción, conviven en armonía su gran voz y la calidez de dos guitarras acústicas: las de Los Macorinos (Juan Carlos Allende y Miguel Peña), el cuatro venezolano y la jarana de Gustavo Guerrero, las percusiones de Martín Bruhn, el armonio de Cheche Alara y el contrabajo de Luri Molina.

La mexicana es, sin duda, una de las artistas más influyentes de la industria musical hispanoamericana. "Tú sí sabes quererme", el primer sencillo del álbum, representa para ella una celebración al amor valiente. Ese momento decidido en el que con audacia y entereza se voltea al ver al ser querido y se comienza a disfrutar del camino juntos. Se trata de un tema autoría de la propia Natalia, con arreglos de Gustavo Guerrero y Cheche Alara, que nació en una habitación de hotel junto al mar, como resultado del sentimiento de satisfacción y tranquilidad personal que está viviendo actualmente la artista.

Lafourcade siempre ha tenido un gran espíritu aventurero. Eso quedó más que comprobado con *Las 4 estaciones del amor*, álbum instrumental que fue grabado al lado de la Orquesta Sinfónica Juvenil de Veracruz y donde logró afinar su forma de expresarse sin uso de la letra. También tiene la conciencia de representar y rescatar todo el bagaje musical netamente mexicano. La mejor prueba de ello es el disco homenaje a Agustín Lara, en el que rescataba canciones llenas de valores para hacerlas llegar a las nuevas generaciones eliminándoles la etiqueta de "antiguos".

Parte del éxito que tuvo con su disco *Hasta la raíz* tiene que ver con que consiguió alejarse un poco de la nostalgia para crear canciones nuevas, pero manteniendo ese sabor mexicano que queda impregnado en acordes acústicos y arreglos renovados y frescos. *Musas* es la culminación de ese trabajo, un disco hecho con la finalidad de rescatar tesoros escondidos u olvidados, homenaje al folclore latinoamericano de grandes compositores latinos como Violeta Parra, Augusto Polo, Roberto Cantoral, María Grever, Agustín Lara, Margarita Lecuona, Alberto Domínguez, Frank Domínguez, Atahualpa Yupanqui o Simón Díaz, entre otros, enriquecidos con la visión musical de Natalia Lafourcade.

Fuente: pop100.es

B. ¿La reseña te parece elogiosa o lo contrario? Señala los fragmentos más significativos en ese sentido.

Descubre

En el álbum *Musas*, Lafourcade versiona algunas canciones de los músicos del mapa de la página 31. Escucha las canciones originales y las versiones. Comenta en clase qué te parecen.

C. Resume la reseña mediante un mapa mental como este que recoja lo esencial del texto.

D. ¿Cómo expresarías en una frase la opinión del autor sobre *Musas*?

E. La reseña habla de la canción "Tú sí sabes quererme". Ved el vídeo de esa canción y, en pequeños grupos, comentad qué aspectos de la reseña veis reflejados en él (y cuáles no).

- *Realmente, tiene una gran voz, ¿no os parece?*

F. En español, como en muchas otras lenguas, es normal usar verbos de movimiento para hablar, de manera metafórica, de acciones en las que no hay movimiento físico. En la reseña hay varios ejemplos de eso. ¿Los entiendes? ¿En tu lengua se podrían usar expresiones equivalentes? P. 38

“ Este proceso de búsqueda constante **la lleva** a explorar su esencia a través de las canciones e historias que **se esconden** noblemente entre palabras, acordes y melodías. ”

“ ... **rescataba** canciones llenas de valores para **hacerlas llegar a** las nuevas generaciones eliminándoles la etiqueta de "antiguos". ”

“ Y trata de **llegar a lo más profundo**. ”

“ ... artistas que a lo largo de los años **la han movido** a ofrecer lo mejor de ella. ”

“ Consiguió **alejarse** un poco de la nostalgia para crear canciones nuevas. ”

G. Fíjate en estas frases (la primera aparece en el texto de A). ¿Qué significa la estructura **más que** + participio? ¿Cómo expresarías lo mismo sin usar **más que**? P. 39

1. Lafourcade siempre ha tenido un espíritu aventurero. Eso quedó **más que comprobado** con *Las 4 estaciones del amor*.
2. Está **más que demostrado** que Lafourcade es una de las mejores cantantes de este país.
3. Este truco de magia está **más que visto**.
4. Hemos ensayado a conciencia y estamos **más que listos** para el concierto.
5. Dada la previsión de lluvia, está **más que justificado** que se cancele el concierto de esta noche.

H. En parejas, intentad reformular estas frases en un registro más informal, usando un léxico más común o cotidiano. P. 41

1. *Musas* es un disco que resalta la belleza de México y que trata de llegar a lo más profundo compartiendo algo que en estos tiempos hay riesgo de perder.
2. En esta nueva producción, conviven en armonía su gran voz y la calidez de dos guitarras acústicas.
3. También tiene la conciencia de representar y rescatar todo el bagaje musical netamente mexicano.

4. EL DISCO DE MI VIDA /MÁS EJ. 4-5

A. MAP Lee el texto de la página derecha hasta el final del primer párrafo. ¿De qué se trata? ¿Quién está detrás de esta iniciativa? ¿Qué fin crees que busca?

B. Lee los testimonios de los cinco entrevistados. ¿Encuentras alguna información que puedas hacer tuya (con respecto a un disco, una canción, una película...)? P. 37

- *Yo conecto con lo de escuchar la música que ponía mi madre cuando era pequeño. Siempre ponía...*
- *Yo me identifico con lo que dice Maria Rodés de que ya no conecta de la misma manera con el disco. A mí también me pasa con...*

C. Todos los testimonios comienzan situando en el tiempo el primer contacto con el disco correspondiente. ¿Es una localización exacta o aproximada? ¿Cómo lo expresan en cada caso?

D. Fíjate en estas frases de los textos, en las que se usan palabras que pretenden intensificar el mensaje. Reescríbelas para expresar lo mismo de una manera menos intensa. P. 39

1. Fue un **flechazo**.
   Me gustó inmediatamente.
2. **Marcó** mucho mi visión del arte.
3. Fue una **catarsis**.
4. **Abracé** su música y su historia como una biblia.
5. Fue un viaje **puro**.
6. Este disco **transpira** esa fusión.
7. Es algo que me **apasiona**.
8. Fue un descubrimiento **total**.
9. Un disco que **ha definido** mi manera de entender la música.

E. En el texto de la derecha se dan dos procedimientos de intensificación muy habituales: la metáfora (**M**) y la comparación (**C**). ¿Sabes identificarlos en estos ejemplos? P. 39

1. Fue un flechazo.
2. El concierto fue un viaje puro.
3. (La sensación) era algo parecido a "¿pero qué mierda está pasando aquí?".
4. Esta piba es Dios.
5. Abracé su música y su historia como una biblia.
6. *The Who* es buen puente entre...

F. Observa este fragmento, en el que Ed Is Dead habla de su desconcierto al escuchar un álbum de Björk. ¿Qué recurso usa? ¿Qué intenta transmitir con él? P. 39

"(...) porque me mol**aba**... **pero no**; cant**aba** una tía... **pero no**; y **era** como electrónica, **pero... no**."

G. Piensa en canciones, discos, cantantes, películas, libros, etc., de los que podrías decir lo siguiente.

1. Marcó / Marcaron a toda una generación.
2. Me atrapó desde la primera vez que la vi / la escuché / lo leí...
3. Me sigue acompañando con el paso de los años.
4. Me retrotrae a un momento muy especial / duro...
5. Si me dieran a elegir, me quedaría con...
6. Me emociona igual que la primera vez.
7. Lo he intentado, pero no me acaba/n de llegar.

H. En dos de los testimonios aparecen estas palabras o expresiones propias de un registro muy coloquial (en ocasiones, vulgar) en España. ¿De qué otra manera podrías expresar cada una?

1. **garito**
2. me **molaba**
3. una **tía**
4. qué **mierda** está pasando
5. me **voló la cabeza**
6. un momento **jodido**
7. **colega**
8. **piba**
9. **rollo** 1995
10. ese **rollo** pausado
11. un **mejunje *to* guapo**

Fuente: fnac.es

Eventos

El disco de mi vida, fotografías de Alfredo Arias y textos de Luis Miguel Flores

Por Culturafnac. El 14/06/2021

Casi todos tenemos canciones y discos que nos han acompañado a lo largo de nuestra vida o que relacionamos con los momentos más importantes. Esta muestra itinerante nos revela cuáles son los discos esenciales para algunos de los músicos más relevantes de la escena nacional. En un homenaje a la música y a los que la hacen posible, el fotógrafo Alfredo Arias retrata a más de veinte artistas con los álbumes que les marcaron de alguna manera y el periodista Luis Miguel Flores nos hace llegar sus testimonios.

Rocío Márquez
Lole y Manuel, *Nuevo día* (1975)
La primera vez que escuché *Nuevo día* fue en casa. Tenía 7 u 8 años. [...] Lo tenía puesto mi madre (era uno de sus favoritos) y fue un flechazo. En gran medida, parte de por qué me enamoré del flamenco es por este disco. [...] Viéndolo en perspectiva, también marcó mucho mi visión del arte y del flamenco: esa libertad con la que ellos entendieron la raíz. [...] Esa renovación del flamenco para mantenerlo vivo y otorgarle la libertad de ser hijo de su tiempo..., en eso fueron unos valientes.
Quizá lo que más me llega de este disco es ese "darse permiso". Lole y Manuel eran muy auténticos, y esa autenticidad es lo que más flamenco me parece. *Nuevo día* fue un punto de inflexión cuatro años antes de *La leyenda del tiempo* (1979), de Camarón, pero yo incluso me iría antes, a Smash. De hecho, dudé entre Lole y Manuel y Smash, pero *Nuevo día* me conecta más a nivel emocional con mi infancia.

Ed Is Dead
Björk, *Post* (1995)
La primera vez que escuché a Björk fue en un garito de Malasaña que se llamaba Chill Out, sobre 1997. Yo tenía 16-17 años. [...] De repente sonó "Enjoy", de Björk, y no entendía nada, porque me molaba... pero no; cantaba una tía... pero no; y era como electrónica, pero... no. [...] Fue la primera vez que hice un esfuerzo consciente por comprender un disco que no entendía, pero me obligaba a intentar entenderlo. [...] No puedo retrotraerme con exactitud a la sensación de entonces, era algo parecido a "¿pero qué mierda está pasando aquí?". Me voló la cabeza. Fue una catarsis.
Abracé su música y su historia como una biblia: era un adolescente que estaba en un momento jodido, a punto de irse de casa. Y de repente me entero de que viene al Festival de Benicàssim de 1998. Yo no había ido a un festival en mi vida. Me escapé a casa de un colega en Alicante y de ahí me fui solo al festival. [...] El concierto fue un viaje puro de endorfinas y dopamina, sin alcohol ni drogas. Pensé: "Esta piba es Dios". Ha sido un disco que ha definido mi manera de entender la música.

Maria Rodés
Lhasa, *La llorona* (1997)
Debí escuchar *La llorona* por primera vez en 2010, más o menos. Me sorprendió mucho la producción del disco: es muy natural, muy orgánica; tiene sonido de agua, de viento.
Eso me atrapó desde un inicio. [...] Me atrajo también porque era algo parecido a lo que yo venía haciendo: grabar sonidos naturales. Hubo una conexión y una afinidad desde el principio. [...]
Me cuesta, pero me gusta, encontrar artistas que tengan un sello tan identitario, con tanta personalidad. Además, este disco transpira esa fusión, esa mezcla de identidades de la propia Lhasa. Está mirando a esa cultura mexicana tan mágica desde la óptica de una mujer estadounidense y a la vez francófona.
A día de hoy ya casi no escucho *La llorona*. No conecto con él de la misma forma. Me sigue acompañando, pero no con la misma intensidad. El enamoramiento más pasional ya pasó, ahora es un amor más tranquilo.

Marc Ros (Sidonie)
The Who, *Sell Out* (1967)
Lo descubrí en 1994/1995. Tenía veinte y muy pocos. En esa misma época descubrí *The Piper at the Gates of Dawn*, de Pink Floyd, el *Sgt. Peppers*..., de los Beatles, *Their Satanic Majesties Request*, de Rolling Stones, u *Ogdens' Nut Gone Flake*, de Small Faces. Cualquiera de ellos podría haber sido el elegido. Pero me quedo con este porque me llamó la atención desde la portada hasta su conexión con el pop-art.
Fue una época de descubrir una serie de discos de 1967 [...]. Concebidos como si fueran un todo, una novela o una película. Te invitan a tumbarte en el sofá, ponerte los cascos y que te cuenten una historia. Que cada canción esté perfectamente secuenciada, bien pensada para que haya una trama, es algo que me apasiona. [...]
The Who es buen puente entre la generación de los grupos de garaje y la psicodelia más fina de los Beatles y del *underground*. Aparte, conciben este disco como un programa de radio con sus *jingles*, lo que me parece muy original. [...] Cada vez que escucho el disco me dejo llevar por su magia y me emociona igual que la primera vez.

Mala Rodríguez
Digable, Planets *Reachin' (A New Refutation of Time and Space)* (1993)
Tengo el recuerdo de haber escuchado estas canciones rollo 1995. Fueron de las primeras de hip hop que me volaron la cabeza. Había una chica y me encantaba su estilo: ese rollo pausado, una onda nueva. Metían muchos elementos jazzeros, y a mí me encantaba el jazz. Fue un descubrimiento total y, de hecho, yo lo que quería era ser ella, quería rapear como Ladybug Mecca y la cogí como mi referente. [...] ella me dio pie a saber cómo se podían hacer las cosas. Es de los primeros discos de rap que simbolizaron algo genuino para mí, que marcaron mi camino. [...]
Antes de llegar internet una casi no podía elegir sus influencias. Yo escuchaba básicamente la música que ponía mi tío en casa: mucho jazz, rock progresivo, copla y flamenco. Un mejunje *to* guapo. Además de lo que cogíamos en la radio en Cádiz: música rai de Argelia y música de Marruecos. También empecé a escuchar r'n'b de En Vogue o Mc Lyte, y eso me volvió loca. De ahí pasé al hip hop. Ahí descubrí mi lenguaje. Tenía amigas que tocaban flamenco e incluso un amigo del instituto que hacía death metal. Me parecían cosas interesantes, pero no me acababan de llegar. El hip hop te hacía escribir y encontrar tu estilo: me parecía muy libre y yo quería contar algo profundo.

SONIDOS /MÁS EJ. 6-8

1. Busca en un diccionario los verbos correspondientes a los sustantivos que designan sonidos en las ilustraciones de arriba.

silbido: silbar

2. Busca en un diccionario estos verbos y sustantivos. Luego, en parejas, una persona hace un sonido y la otra adivina a qué verbo o sustantivo corresponde.

a. ronc**ar** > ronqu**ido**
b. bram**ar** > bram**ido**
c. chasc**ar** > chasqu**ido**
d. ladr**ar** > ladr**ido**
e. maull**ar** > maull**ido**
f. berre**ar** > berr**ido**
g. chill**ar** > chill**ido**
h. sopl**ar** > sopl**ido**
i. estall**ar** > estall**ido**
j. grazn**ar** > grazn**ido**
k. rug**ir** > rug**ido**
l. gem**ir** > gem**ido**

3. Fíjate en la primera frase, en la que **zumbar** se usa como verbo sustantivado. Completa las demás también con verbos sustantivados.

a. Se oye **el zumbar** de los insectos en el jardín.
b. Recuerdo el .... de las campanas en mi pueblo.
c. Me relaja el .... de la lluvia cayendo sobre el tejado.
d. Solo se escuchaba el .... del tren.

4. Fíjate cómo se emplean estos verbos sustantivados en las siguientes frases para hablar de sonidos que no son propios de humanos. Luego, haz una búsqueda en internet para encontrar otras muestras de uso parecidas.

- Me gusta escuchar **el susurrar** de las olas.
- Solo se oía **el murmullar** de unas hojas.

El susurrar del viento...

5. CORPUS Busca en CORPES XXI (en **campusdifusión** tienes instrucciones) con cuáles de estas palabras se pueden usar los verbos de abajo (a-e). Escríbelo.

los dientes | las rodillas | los frenos (de un vehículo) | los oídos | una cañería | unas monedas | unas llaves | el microondas cuando termina el tiempo | unas tazas | los huesos | unas pulseras | la cisterna | la nevera cuando se deja abierta

a. pitar: el microondas pita cuando termina el tiempo
b. chirriar: ....
c. gotear: ....
d. crujir: ....
e. tintinear: ....

6. Nombra un sonido que te gusta y otro que no te gusta. Usa alguna de las palabras que has visto en este apartado.

- *No me gustan nada los pitidos de los coches. Desde mi casa los oigo todo el rato.*
- *Pues yo no soporto el zumbido de las abejas...*

MÚSICA /MÁS EJ. 9

DESCRIBIR MÚSICA

una canción – pegadiza

arreglos – orquestales, musicales

música – tradicional, folclórica, popular, de masas, urbana, rap, pop, clásica

la letra, la melodía, el ritmo – **de una canción**

dúo de – guitarras, violines, violas

álbum – vocal, instrumental

instrumentos de – percusión, cuerda, viento

PROYECTOS MUSICALES

grabar / lanzar / publicar / componer – un disco, una canción, un álbum, un sencillo

rendir – homenaje*, tributo

* Se puede decir también **hacer un homenaje a alguien** u **homenajear a alguien**.

7. En parejas, pensad en ejemplos representativos de...

- canciones pegadizas
- música de masas

8. ¿Conoces algún disco o canción con el que el / la artista rinda homenaje a algún/a otro/a artista? ¿Cuál?

EXPRESAR SENSACIONES Y EMOCIONES /MÁS EJ. 10-11

Cuando escuché aquella música ***se me pusieron los pelos de punta*** */* ***me voló la cabeza****.*

Componer esta canción ***fue una catarsis*** *para mí.*

Me quedé fascinado/a */* ***maravillado/a*** *con la voz de la cantante.*

El primer álbum de Rosalía ***me flipó****.*

La primera vez que escuché esta canción me encantó: ***fue un flechazo****.*

Me enamoré de *ese disco y no paraba de escucharlo.*

El sonido del borboteo del agua de una fuente ***me relaja*** */* ***me hipnotiza*** */* ***me adormece*** */* ***me irrita****...*

Me atrae *la rumba cubana, pero no sé demasiado de ella.*

Escuchar cantar a Miley Cyrus ***me emociona*** */* ***me vuelve loco/a****.*

La música new age ***me produce la sensación de que*** *puedo con todo. /* ***una sensación de*** *felicidad.*

Todo lo que canta ***me llega****. No sé,* ***conecto*** *mucho* ***con*** *él.*

La serie Mad Men es buenísima, ***me atrapó*** *desde el primer minuto.*

Me gusta mucho hablar de música con María porque tenemos gustos parecidos. La verdad es que ***tenemos*** *mucha* ***afinidad****.*

* Estas expresiones son propias de un registro informal. **Volar la cabeza** se usa frecuentemente en el ámbito de la música.

9. Busca en internet frases en las que se utilicen estas dos expresiones. ¿A qué sensación física se refieren? ¿Existen en tu lengua frases con el mismo significado?

- ponérsele a alguien los pelos de punta
- ponérsele a alguien la piel de gallina

10. Haz una lista de estilos de música, discos o canciones que conoces. Luego, cuéntale a un/a compañero/a qué sensación te produce escucharlos. ¿Siente lo mismo que tú?

- Lana del Rey
- la música rap
- Billie Eilish

- *Cuando escuché la canción "Ride", de Lana del Rey, se me pusieron los pelos de punta. Fue un flechazo. Desde entonces, escucho todo lo que saca. Sus letras me llegan un montón.*

REFERIRSE A RECUERDOS /MÁS EJ. 12

Intento ***retrotraerme a*** *aquel momento, pero mis* ***recuerdos son borrosos***... (No lo recuerdo con claridad).

Pasó hace mucho tiempo, pero ***tengo recuerdos*** *muy* ***nítidos*** *de aquel viaje.* (Muy claros, lo recuerdo muy bien).

Esta canción ***me recuerda a*** *mi abuela.*

El canto de los grillos ***me trae recuerdos de*** *los veranos de mi infancia.*

Esta canción ***me evoca*** *momentos muy felices que viví con mis hijos.*

VERBOS DE MOVIMIENTO CON SENTIDO METAFÓRICO /MÁS EJ. 13-14

A veces usamos verbos de movimiento para hablar, de forma metafórica, de acciones en las que no hay movimiento físico.

LLEVAR (A)

Todo eso que decís me ***lleva a*** *pensar que la música que más nos marca es la que escuchamos en la juventud.* (Me hace pensar).

La conversación que tuve con Marco me ***llevó a*** *decidir que tenía que cambiar de trabajo.* (Me hizo decidir, provocó una decisión).

Aquel libro me ***llevó a*** *querer descubrir la literatura irlandesa.* (Leer el libro produjo un deseo de descubrir la literatura irlandesa).

Su música fue un gran descubrimiento para mí: ***me llevó a*** *un lugar totalmente desconocido que me encantó.* (Me hizo descubrir algo nuevo).

❗ Es muy común la expresión **dejarse llevar por** (**algo o alguien**):

Me sentí muy bien con aquella gente en aquel bar y ***me dejé llevar por*** *el momento y por lo que querían hacer los demás.* (No impuse mi voluntad, seguí a los demás).

Creo que Arturo no actuó de manera racional: ***se dejó llevar por*** *sus sentimientos.* (Fue impulsivo y no pensó de forma racional).

LLEGAR

Este documental ***nos hace llegar*** *los testimonios de todas las personas que participaron en el concurso.* (Nos permite conocer).

Las películas que hace este director son buenas, lo reconozco, pero a mí no ***me llegan***. (No me emocionan, no me dicen nada).

MOVER (A)

Lo hago porque me gusta; no ***me mueve*** *ningún interés económico.* (No lo hago por interés económico).

Creemos que en la escuela no se enseña a disfrutar de la música. Esta es la razón que ***nos mueve a*** *lanzar este proyecto.* (La razón por la que hemos ideado el proyecto).

TRANSPORTAR A

Esta música ***me transporta a*** *algún lugar exótico, no sé... como una playa del Caribe.* (Me hace pensar en un lugar exótico y tener las sensaciones que se tienen en una playa del Caribe).

Me gustan las novelas que ***me transportan a*** *otros mundos.* (Que me hacen descubrir otros mundos).

ESCONDERSE

Detrás de su fría apariencia ***se esconde*** *un ser sensible.* (Detrás de su fría apariencia hay un ser sensible).

¿Qué ***se esconde*** *detrás de nuestro miedo? La psicóloga Ana Torres nos da algunas claves.* (¿Qué hay detrás de nuestro miedo? ¿Por qué tenemos miedo?).

ALEJARSE (DE)

El estilo de esta obra ***se aleja de*** *lo que ha venido haciendo la cantante hasta este momento.* (Es diferente de lo que ha hecho hasta ahora).

El trabajo está muy bien, pero ***te has alejado*** *un poco* ***de*** *lo que había que hacer.* (Has hecho algo distinto a lo que había que hacer).

IMPULSAR

La letra de esta canción dice que muchas veces en la vida sentimos que no tenemos ganas de continuar, pero que siempre hay algo que ***nos impulsa a*** *seguir viviendo.* (Nos ayuda a seguir viviendo, nos motiva).

RESCATAR

Esta canción me ***rescató*** *de la tristeza que sentía después de separarme.* (Hizo que me sintiera mejor).

En esta nueva novela ***rescata*** *personajes del primer libro que escribió.* (Vuelven a aparecer personajes del primer libro).

ATRAPAR

Casi todos los libros de Maggie O'Farrell me ***atrapan*** *desde la primera página.* (Siento muchas ganas de seguir leyendo el libro).

11. Escribe frases usando algunos de los verbos de este apartado con sentido metafórico para hablar de una canción, un/a cantautor/a, un/a compositor/a, un grupo, un disco...

Cuando era joven escuchaba mucho The Cranberries. Recuerdo escuchar una y otra vez en mi habitación la canción "Dreams", que me llevaba a un estado de exaltación total.

HABLAR DE EXPERIENCIAS TRANSFORMADORAS

Hablar con Sven ***me hizo darme cuenta de*** *que tenía que independizarme.*

Aquella experiencia ***me hizo sentir*** *libre,* ***me hizo pensar*** *que necesitaba un cambio.*

Este libro ***me marcó**** *mucho.*

Aquel viaje ***me impactó**** *mucho y, a la vuelta, decidí escribir un libro para contar todo lo que había visto.*

Aquel concierto ***marcó un antes y un después*** */* ***fue un punto de inflexión (en mi vida)*** *porque descubrí mi verdadera vocación.*

Estudiar en el extranjero ***me abrió (las puertas) a**** *un mundo maravilloso: nuevos amigos y experiencias inolvidables.*

* Muchos de los verbos que usamos para hablar de experiencias transformadoras son, en realidad, verbos de movimiento usados en sentido metafórico.

LA INTENSIFICACIÓN /MÁS EJ. 15-17

La intensificación es una estrategia discursiva expresiva que se utiliza para realzar y maximizar lo que se quiere expresar. Es un recurso que revela la actitud de la persona que habla respecto a lo que dice.

Es un buen disco. (valoración positiva, expresada sin intensificación)

Es un disco ***buenísimo****.* (valoración positiva con intensificación)

Es ***el*** *disco* ***de mi vida****.* (valoración positiva con intensificación)

La valoración del disco es positiva en los tres ejemplos, pero en los dos últimos (y, sobre todo, en el último) se realza mucho más y se hace mucho más explícita la idea de que se trata de una valoración subjetiva.

La intensificación se manifiesta mediante diferentes procedimientos: léxicos, morfológicos, sintácticos, fonéticos, etc., que pueden combinarse entre sí.

LÉXICO INTENSIFICADO

En algunos casos, para intensificar un rasgo o una característica de algo podemos usar una palabra que incorpora en su significado un rasgo de intensidad.

El cuadro es ***bonito****.* (valoración positiva no intensificada)

El cuadro es ***precioso****.* (valoración positiva intensificada)

El rasgo de intensidad está presente en los significados de algunas palabras; ese rasgo se puede percibir sin necesidad de relacionarlas o compararlas con otras.

Luces, llamaradas e incluso campanas: el grupo hizo una puesta en escena ***imponente****.* (**imponente** significa que algo es extraordinario y produce una sensación de admiración; su propio significado está intensificado)

El rasgo de intensidad puede encontrarse en sustantivos, adjetivos, verbos, adverbios o expresiones.

La actuación de la soprano fue ***soberbia*****.*

Es un disco ***fascinante***** de la primera a la última canción.*

La primera vez que lo escuché, me ***fascinó****.*

El rapero encadenó ***rabiosamente*** *un tema tras otro.*

La sala de conciertos estaba ***de bote en bote****. La gente tenía unas* ***ganas locas*** *de bailar y disfrutar.*

Está más que demostrado *que es de los mejores músicos de este momento.* (Lo ha demostrado muchas veces, está muy demostrado).

Tocaron en un garito ***de mala muerte****, pero* ***no cabía ni un alfiler****.* ***Pusieron toda la carne en el asador*** *y fue un éxito. A mí* ***se me pusieron los pelos de punta****.*

* Si queremos intensificar estos adjetivos, podemos usar **realmente** / **verdaderamente** (realmente soberbio/a / fascinante / maravilloso...). No solemos usar **muy** en este tipo de expresiones (~~fue muy fascinante~~).

COMPARACIONES

Al hacer una comparación, establecemos un símil entre dos elementos en torno a una característica común. Esa característica puede servir para intensificar un rasgo del elemento que es objeto de comparación. En las comparaciones, se suelen usar nexos como **igual que**, **como**, **semejante a**, **parecido a**, **tal que**, **tal como**, etc.

Su música es ***como un soplo de aire fresco****.*

METÁFORAS

Al igual que las comparaciones, las metáforas también pueden tener una función intensificadora.

En la metáfora, los dos términos que se comparan se presentan como equivalentes, sin necesidad de conjunciones.

Este disco es ***un puñetazo sobre la mesa****.*

REPETICIONES

Se busca una mayor expresividad (refuerzo del concepto o idea expresada) mediante la repetición de palabras, expresiones o estructuras.

Este cantante es ***muy muy muy*** *bueno. Tienes que escucharlo.*

ENUMERACIONES

Una enumeración es una serie o acumulación de elementos. Este recurso puede tener un efecto intensificador, que afecta a la fluidez y expresividad del mensaje.

El concierto lo dejó fascinado: ***la energía, las luces, el sonido****...*

PERSONIFICACIONES

Es un recurso estilístico que consiste en asignar características o acciones humanas a animales, objetos o conceptos abstractos con el fin de conseguir mayor intensidad afectiva o riqueza expresiva.

Con este disco ***te sientes abrazado*** *por la música.*

Hay películas que ***te invitan*** *a tumbarte en el sofá y no moverte de allí en toda la tarde.*

12. Escribe en un papel una frase como las de los ejemplos, usando intensificadores. Luego, pásasela a otra persona de la clase, para que la complete.

> ________ es una serie buena buena buena.
> ________ es una película horrorosa.

> Los Soprano es una serie buena buena buena.
> ________ es una película horrorosa.

13. Busca en internet ejemplos de uso de estos adjetivos.

maravilloso/a · alucinante · bestial · brutal · desastroso/a · espantoso/a · bárbaro/a

14. CORPUS Busca en CORPES XXI (en **campusdifusión** tienes instrucciones) ejemplos de frases en los que se usen los adjetivos **bestial**, **brutal** y **bárbaro/a** con connotación negativa.

15. En parejas, pensad en música que se corresponda con las siguientes descripciones. Luego, compartidlo con el resto de la clase. ¿Estáis de acuerdo?

- Una melodía que **respira** felicidad.
- Una voz que te **acaricia**.
- Una música que te **susurra** al oído.

ACTIVAR LOS CONOCIMIENTOS PREVIOS

INVITAR A COMPARTIR CONOCIMIENTOS SOBRE UN TEMA

¿Alguien sabe algo sobre / de *los boleros?*

¿Sabéis algo sobre / de *Violeta Parra?*

¿Os suena *el grupo de música Nebraska?*

¿Os suena algo sobre *un festival de música electrónica muy famoso en Bélgica?*

¿Has oído hablar de *los vídeos ASMR?*

PRESENTAR UNA INFORMACIÓN SOBRE LA QUE NO TENEMOS TOTAL CERTEZA

¿La marimba? ***Creo que es algo así como*** *un piano, pero con teclas de madera, ¿no?*

- *¿Qué son Los Llanos?*
- ***Tengo entendido que*** *es una región de Colombia y de Venezuela.*

- *¿Sabéis que es el vallenato?*
- ***Me suena que es*** *un estilo de música...*

PEDIR CONFIRMACIÓN

- *¿Sabes esa música típica de Corrientes?*
- ***¿Te refieres a****l chamamé?*

- *¿Has oído hablar de los vídeos ASMR?*
- *Sí, esos que relajan, como el sonido de la lluvia, de una aspiradora...* ***Es eso, ¿no?***

- *¿Habéis oído hablar de los sonidos blancos?*
- ***Es eso de*** *los bebés,* ***¿no?*** *Los sonidos que tranquilizan a los bebés...*

1. Haz una lista de tipos de vídeos en internet que se hayan popularizado últimamente. Luego, pregúntale a un/a compañero/a si los conoce y, si es necesario, descríbele cómo son.

- *¿Te suenan los* haul*?*
- *No estoy segura... ¿Es eso de los* influencers *que muestran lo que han comprado?*

2. Piensa en un/a cantante o un grupo que no sea especialmente popular. Muéstrales fotos a tus compañeros/as y ponles un fragmento de alguna canción. ¿Les suena? Confirma o corrige sus hipótesis.

- *¡Ah! A mí me suena que es un cantante africano... Un senegalés, ¿puede ser?*
- *¿Te refieres a ese de "Seven Seconds"?*
- *No, no, ese es Youssou N'Dour...*

MOSTRAR PREFERENCIA

Si tengo que elegir, me quedo con *su primer disco. Es el mejor.*

Si tengo que elegir entre *el concierto de Rozalén* ***y*** *el de Leiva, creo que* ***me quedo con*** *el de Rozalén.*

Si hay que darle un premio a uno de los dos, ***me inclino por / opto por*** *Jorge.*

No cambio *a los Beatles* ***por nada (del mundo)****. Para mí sigue siendo el mejor grupo de la historia.*

3. Haz una lista de pares de opciones en las que haya que elegir un componente. Muéstrasela a tus compañeros/as y pídeles que muestren preferencia por una de ellas usando los recursos de este apartado.

- Volver al pasado o poder conocer el futuro.
- En el coche, escuchar música clásica o escuchar jazz.

  - *Si tengo que elegir entre volver al pasado o poder conocer el futuro, prefiero volver al pasado.*

EL GERUNDIO INDEPENDIENTE /MÁS EJ. 18

El gerundio suele subordinarse a un verbo principal, que puede estar conjugado o ir en infinitivo.

Hubo un par de veces durante el concierto que lo vi ***llorando*** *de emoción.* (Gerundio subordinado a un verbo conjugado).

En algunos cines no puedes entrar ***llevando*** *comida.* (Gerundio subordinado a un verbo en infinitivo).

Los gerundios independientes se caracterizan gramaticalmente por no estar subordinados a un verbo principal.

Es muy típico usarlos en pies de foto o de cuadros, en los que se describe una imagen.

Julia ***desayunando*** *en la terraza de un bar.* (El gerundio **desayunando** no está subordinado a otro predicado y se presenta como un verbo independiente. La frase equivaldría a *Julia* ***está desayunando*** *en la terraza de un bar*).

También se usa el gerundio independiente para expresar una causa o condición para que se cumpla la acción principal.

Ensayando *cada día, seguro que progresarás mucho.* (= Si ensayas cada día).

Viéndolo *en perspectiva, este disco marcó mucho mi visión del arte y del flamenco.* (= Si lo miro con perspectiva, desde la distancia).

Cantando *tan bien es lógico que le hayan dado un premio.* (= Como canta tan bien).

***Ayudando** todos un poco, acabaremos antes.* (= Si ayudamos todos un poco).

❗ Se puede usar también para expresar un obstáculo que no impide que se cumpla la acción principal.

***Teniendo** poco tiempo para prepararse, lograron hacer un concierto genial.* (= Aunque tuvieron poco tiempo).

RELATIVIZAR LA EXACTITUD DE LO QUE SE DICE

Las expresiones **digamos** y **por así decirlo** / **por decirlo así** / **por decirlo de alguna manera** / **de algún modo**, muy comunes en el discurso hablado, se usan para avisar de que no nos estamos expresando de forma precisa, sino aproximada; bien porque no podemos encontrar una formulación mejor, o bien porque queremos suavizar lo dicho (y que no se considere una información rotunda).

*El reguetón es, **digamos**, una evolución de muchos ritmos latinos.*

*Ya no me gusta su música ahora, antes me encantaba. No sé, se volvió muy comercial, **por así decirlo**.*

LA EXPRESIÓN DE LA CONJETURA CON DE REPENTE Y DE PRONTO /MÁS EJ. 19

Los conectores **de pronto** o **de repente** se utilizan para indicar que algo sucede repentinamente.

*Estaba haciendo cola para pagar el disco y **de pronto** / **de repente** se dio cuenta de que había olvidado el monedero en casa.*

*Me iba a ir de vacaciones y, **de repente**, ¡me entero de que viene a tocar a mi ciudad!*

En algunos países hispanohablantes de América, los marcadores **de repente** y **de pronto** se utilizan, en registro coloquial, con un significado similar a **posiblemente** o **quizás**. En esos casos, el verbo puede ir en indicativo o en subjuntivo, aunque es más frecuente que esté en indicativo. La elección de indicativo expresa un mayor grado de convicción que la de subjuntivo.

*Me parece que **de pronto** / **de repente** este concierto le puede gustar.* (Conjetura fuerte o un mayor grado de convicción).

***De pronto** / **De repente** no le vaya a gustar ese concierto.* (Conjetura más débil o un menor grado de convicción).

Lo mismo ocurre con otras expresiones con el mismo valor, como **quizás**, **tal vez**, **posiblemente**, **seguramente** o **probablemente**.

4. Indica en cuáles de estas frases el significado de **de pronto** o **de repente** es el mismo que el de **quizás**.

a. Estaba escuchando música en el metro cuando, de pronto, mi móvil se quedó sin batería.

b. Siete cosas que de repente no sabías sobre la música urbana latina.

c. Me lo estaba pasando superbién y, de repente, un apagón obligó a cancelar el concierto.

d. Pues no sé, la rumba cubana de pronto viene de África, ¿no?

RASGOS DE LOS REGISTROS INFORMAL Y FORMAL /MÁS EJ. 20

INFORMAL O COLOQUIAL (+ ESPONTANEIDAD)	FORMAL (– ESPONTANEIDAD)
+ CERCANÍA: se apela a los/as interlocutores/as de forma directa. ***Te** / **Os** / **Les** va a encantar.*	**+ DISTANCIA:** no se apela a los/as interlocutores/as de manera directa. *Encantará a los amantes del pop latino.*
– DETALLADO (SÍNTESIS): brevedad o simplificación de elementos con el objeto de que el mensaje o la narración sea fluida y clara.	**+ DETALLADO:** exposición extensa o narración con numerosos detalles para evitar ambigüedades.
– LÉXICO: común o más cotidiano. *La primera canción del álbum habla del amor de verdad, que le hace sentir bien.* *Es un disco que no es perfecto, pero que tiene un montón de cosas interesantes.* *La canción se parece a un clásico porque es universal, no es de ninguna época en concreto.*	**+ LÉXICO:** más preciso, especializado o bello. *El primer sencillo del álbum representa una celebración al amor valiente.* *Es un disco repleto de detalles que no lo hacen un disco redondo en el sentido clásico, sino imperfecto y tremendamente interesante.* *La canción tiene aroma de clásico, de una de esas canciones atemporales.*
– PLANIFICACIÓN: mayor desorganización de las partes en textos escritos, sin agrupación clara de ideas o temas en párrafos.	**+ PLANIFICACIÓN:** mayor organización de las partes. Particularmente en textos escritos, se agrupan las ideas o temas en párrafos claramente diferenciados.
– CONECTORES: sencillez en la estructura de las oraciones (predomina la coordinación y la yuxtaposición). *Ha elegido muy bien el primer sencillo**:** se entiende bien **y** representa perfectamente lo que va a venir después en el álbum.* *Natalia Lafourcade quiso seguir investigando sobre su identidad latinoamericana**.** Llamó a Los Macorinos de Chavela Vargas **y** reinterpretó a algunos clásicos con ellos. **Además, también** compuso canciones propias.*	**+ CONECTORES:** presencia de conectores que señalan el orden de las partes y su relación lógica (predomina la subordinación). ***Y desde luego** el primer sencillo no podría estar mejor elegido, **tanto por** accesibilidad **como por** representación, **si no** del sonido, **sí** de la temática y **de lo que** podemos encontrar aquí.* *Lafourcade no se limitó a versionar algunas canciones de clásicos latinoamericanos con Los Macorinos, un dúo de guitarras **que** habían acompañado durante un tiempo a Chavela Vargas, **sino que**, además, empezó a componer canciones.*

5. MAPAS SONOROS

A. Vas a escuchar un fragmento de un pódcast que presenta los sonidos más representativos de algunas ciudades y pueblos de España. Haz una lista con los posibles sonidos que se podrían escuchar en estas situaciones. Luego, contrástala con la de otras personas de la clase.

1. Manoli prepara una tortilla de patatas en Murcia.
2. Una explotación ganadera en la parroquia de Camanzo (Pontevedra).
3. Un acantilado en Tossa de Mar (Girona).
4. Un cine de verano en Córdoba.
5. Un río en la comarca de Somontano (Huesca).

1. Casa de Manoli, en Murcia: el aceite chisporroteando en la sartén...

Sociedad

Los sonidos de este verano, en solo 10 minutos

Hacemos un recorrido por todas las provincias de España y sus sonidos

B. 05 MAP Escucha los sonidos y toma nota de lo que dicen sobre ellos. Luego, en grupos, describidlos de la forma más precisa posible.

C. ¿Dirías que los sonidos que has escuchado se parecen a los de lugares que conoces en verano? ¿Cuáles son similares? ¿Y diferentes?

- *En mi país no se oyen los tañidos de las campanas porque no hay iglesias, pero sí que se oye el aire acondicionado o el ruido de los ventiladores en las tiendas...*

D. Vas a grabar o buscar en internet tres sonidos relacionados con tu vida. Reprodúcelos en clase para que tus compañeros/as traten de adivinar de qué sonido se trata. Confirma sus hipótesis o proporciónales pistas para que puedan hacerlo.

Para comunicar

→ El tintineo del tenedor al golpear rítmicamente el vidrio del plato en el que se baten los huevos.

→ El tenedor golpeando el plato rítmicamente, batiendo los huevos.

- *Es gente abucheando a alguien, ¿no? Y también se ha escuchado un pitido, ¿verdad?*
- *Puede que sea el griterío en un estadio tras una falta...*
- *Sí, está grabado en una instalación deportiva... ¿Habéis escuchado también chirridos en un suelo de madera?*

6. PRODUCTOS TEXTUALES DAN GANAS DE ESCUCHARLO

A. En parejas, vais a hacer una reseña de un álbum de música. Primero, elegid el álbum sobre el que vais a escribir y comentad por qué os gusta o no os gusta.

- *¿Has escuchado* Motomami, *de Rosalía?*
- *No sé si todas las canciones, pero muchas. Aunque la verdad es que a mí me gustó más el anterior.*
- *Ay, ya, es que* El mal querer *es brutal... Y tuvo mucho éxito. Pero justamente por eso creo que es alucinante cómo ha cambiado de estilo y ha conseguido...*

B. Recopilad datos y buscad información sobre el álbum que habéis elegido en A. Luego, realizad una primera versión de la reseña. Aquí tenéis las partes de las que suele constar una reseña.

- **Datos de identificación de la obra** (ficha técnica)
- **Presentación de la obra reseñada:** sitúa la obra en su contexto de creación y la relaciona con la trayectoria del artista y con otras obras suyas.
- **Síntesis comentada de la obra:** define el concepto de la obra y describe los aspectos más relevantes de la misma.
- **Valoración crítica:** se pronuncia sobre las fortalezas o debilidades de la obra. La valoración está argumentada de forma detallada.
- **Conclusión:** sintetiza el veredicto de la reseña en pocas palabras, a modo de cierre del texto.

C. Intercambiad vuestra reseña con otra pareja de la clase. La otra pareja se encargará de revisar vuestro texto y os hará sugerencias para mejorarlo.

Para evaluar

→ ¿Se identifican bien las distintas partes de la reseña?
→ ¿Se da suficiente información sobre el álbum (objetivos, características)?
→ ¿Las ideas son claras?
→ ¿Queda clara cuál es la valoración que se hace del álbum? ¿Se aportan argumentos que apoyan esa valoración?
→ ¿La gramática y el léxico utilizados se adecúan al registro?

- *Creo que esto que habéis puesto aquí de que es brutal es un poco informal, ¿no? Yo pondría quizás que es un disco fascinante o algo así...*

D. Con las sugerencias y consejos, realizad una versión final de los textos.

E. Juntad todas las reseñas. ¿Tienen características parecidas?

Descubre

Pide a hispanohablantes que conoces que te recomienden canciones en español que les gusten. Escucha las canciones y llévalas a clase. Comentad qué os parecen.

7. UN PUNTO DE INFLEXIÓN

A. Piensa en algún momento en tu vida en el que descubriste algo que transformó tu manera de pensar o actuar (un libro, una película, un viaje...). Toma notas breves sobre qué sucedió. Después, cuéntaselo a otra persona de la clase.

- *Lo que voy a contarte está relacionado con cuando me fui de Italia. Yo estaba en el último año de la universidad. Estaba un poco desanimada, la verdad, no sabía qué pasos dar. Y, de repente, en una de las últimas clases, el profesor...*

Para comunicar

→ Me marcó / Me impactó... una novela / viajar a Japón / lo que me dijo...
→ Fue un antes y un después / un punto de inflexión en mi vida.
→ Me abrió a otros mundos / otra forma de pensar...
→ Me hizo entender (que) / sentir (que) / (que) / reflexionar (sobre)...
→ De repente, vi / entendí / me di cuenta...
→ Me llevó a...

Para recordar

Ve a **campusdifusión** si necesitas revisar los tiempos del pasado: cómo se forman, cuándo se usan y cómo se combinan.

B. ¿Vuestras narrativas tienen momentos o puntos en común? Explica al resto de los/as compañeros/as qué has descubierto escuchando a la otra persona.

- *¿Te has fijado en que en nuestras historias hay alguien que nos presenta una oportunidad?*
- *Bueno, en la mía realmente todo empieza con una página web que leí por casualidad...*

8. MAPEANDO MÚSICAS

A. En grupos, vais a realizar un mapa representativo de las músicas de un país o región, similar al de la página 31. Primero, elegid el lugar y consensuad qué géneros musicales, bailes, artistas o instrumentos creéis que tendrían que componer el mapa.

- *Si tengo que elegir un **instrumento tradicional, me quedo con el*** taiko.
- *Pues yo optaría por el* shakuhachi.

B. Realizad el mapa y, luego, presentadlo en clase.

- *En nuestra presentación **os queremos hablar sobre** las músicas tradicionales **de Japón, pero desde** la perspectiva **de los músicos que las tocaban o** componían, porque **nos ha parecido un enfoque** interesante...*

Las *goze*: mujeres con discapacidad visual a las que se permitía tocar y componer música en el periodo Edo (ss. XVI-XIX).

***Taiko*:** instrumento de percusión a menudo tocado en bandas con muchos músicos.

***Shakuhachi*:** una serie de flautas de bambú, en ocasiones tocadas por monjes zen que pedían limosna (ss. XV, XVI).

9. LA CANCIÓN DE TU VIDA

A. Vas a participar en esta promoción de una empresa de reproducción de música en línea. Lee el texto y piensa de qué canción vas a hablar y qué vas a contar. Anota tus ideas.

"Renacimiento", de Kase.O:

- Me ayudó a romper con una situación de desánimo.

B. Haz un borrador de lo que vas a decir y, luego, redacta el guion del audio que vas a enviar.

C. Muéstrale a otra persona de la clase lo que has escrito en B. Juntos/as, revisadlo e intentad mejorarlo.

Para evaluar

- ¿Explica a qué momento del pasado le recuerda la canción y por qué fue importante para él / ella?
- ¿Describe la canción y el efecto que le provoca?
- ¿Las partes de la narración enganchan al oyente?
- ¿El final de la historia genera un momento de reflexión?
- ¿Se usan intensificadores para reforzar lo que se expresa?
- ¿Se utiliza un tono informal para acercarse al público?

D. Grabad el audio que vais a subir a la nube.

E. Antes de hacer oír tu grabación en clase, activa los conocimientos previos de tu público sobre el tipo de música del que hablas.

- *¿Qué sabéis sobre el hip hop español? ¿Alguien escucha este tipo de música, aunque sea en otra lengua?*

F. Cread una lista de reproducción con todas las canciones de la clase. ¿Tienen puntos en común?

3 ¡QUE NO TE LA CUELEN!

REFLEXIONES DE UNA **profesora comprometida**

INICIO EMPIEZA POR AQUÍ BLOG COMUNIDAD

Publicado el 18 de abril de 2023

El caos de la desinformación y cómo navegar en él

A raíz de la pandemia del covid-19 se han empezado a usar con frecuencia las palabras *infodemia* y *desinformación*. Pero ¿qué significan y qué diferencia hay entre ellas?

Según la Fundéu, *infodemia* se emplea para referirse a la sobreabundancia de información (alguna rigurosa y otra falsa) sobre un tema. La palabra está formada a partir de la unión de *información* y *epidemia*. Se trata, en definitiva, de una epidemia de la información (¡un problema de salud!). Esa sobreabundancia de información hace difícil distinguir lo útil de lo que no lo es, lo verdadero de lo falso. Creo que todos nos hemos sentido abrumados ante tal bombardeo de información, ¿no?

Por otro lado, *desinformación*, según la organización First Draft, alude a un "contenido deliberadamente falso diseñado para causar daño", es decir, que tiene el objetivo de engañar para obtener algún beneficio (político, económico, personal...).

Según el MIT, la mitad de la información que circula por internet es falsa. Estamos mucho menos informados de lo que creemos y lo peor de todo es que a veces contribuimos a la desinformación.

Por eso, es importante que aprendamos a contrastar contenidos y a combatir la desinformación. Ese es el objetivo de Learn to Check, que ofrece materiales didácticos y talleres para aprender a navegar en esa maraña de informaciones. Os recomiendo que echéis un vistazo a su página web. ¡Seguro que encontraréis ideas y recursos interesantes para usar en clase!

Para conocerlos un poco, ¡ved este vídeo!

AUDIOS, VÍDEOS, DOCUMENTOS ALTERNATIVOS, ETC., DISPONIBLES EN **campusdifusión**

EN ESTA UNIDAD VAMOS A

HACER UN PÓDCAST SOBRE UNA TEORÍA DE LA CONSPIRACIÓN

RECURSOS COMUNICATIVOS

- expresar ironía
- expresar acuerdo y desacuerdo
- corregir y cuestionar una información

RECURSOS GRAMATICALES

- **que** + subjuntivo
- el condicional de conjetura
- cuantificadores
- **incluso** y **ni siquiera**

RECURSOS LÉXICOS

- información y desinformación
- algunos verbos con preposición
- expresiones con pronombres posesivos
- el verbo **acabar**

Empezar

1. COMBATIR LA DESINFORMACIÓN

/MÁS EJ. 1-2

A. ¿Qué entiendes por **desinformación** e **infodemia**? Comentadlo en parejas. P. 54

B. Lee la entrada de este blog y comprueba tus respuestas de A. ¿Con qué otros términos que conoces podrías relacionar esos conceptos?

C. ▶ 2 MAP Ve el vídeo y responde a las preguntas.

- ¿Qué efecto está produciendo la desinformación?
- ¿Quiénes contribuyen a la desinformación?
- ¿Qué ejemplo se pone del daño que puede hacer difundir una noticia falsa?
- ¿Qué podemos hacer para luchar contra la desinformación?

D. Lee estas frases del vídeo y sustituye las palabras o expresiones en negrita por otras de significado parecido.

1. ¿Crees que a ti no **te tomarán el pelo**?
2. Hay que **separar el grano de la paja**.
3. Nos encantan **los rumores**, **el morbo**.
4. La noticia **corrió como la pólvora**.
5. ¿Por qué **te tragas** cualquier cosa en internet?

E. ¿Qué opinión tienes sobre estos dos datos que se dicen en el vídeo? ¿Te sorprenden?

> “Un 83 % de los ciudadanos considera las *fake news* una amenaza para la democracia.”

> “Un tuit falso tiene un 70 % más de probabilidad de ser retuiteado que uno real.”

2. ¡QUE TE LO DEMUESTRE! /MÁS EJ. 3-4

A. Busca en internet qué significa **magufo/a** y comenta con otras personas lo que has encontrado.

B. MAP Lee el texto. ¿Quién habla en este texto y a quién se dirige? Comentadlo en parejas.

C. Ahora, completa el perfil de una persona magufa, según lo que se dice en el texto.

- ideas que rechaza
- ideas que defiende
- palabras y expresiones que usa
- pseudociencias o pseudoterapias en las que cree

D. ¿Cómo definirías el tono de este texto? ¿Qué reacción ha causado en ti? Coméntalo en clase.

sarcástico | divertido | intransigente | ofensivo | científico | irónico | serio | humorístico | agresivo | ...

MANUAL PRÁCTICO DEL BUEN MAGUFO

Si quieres ser un buen magufo, deja de buscar: te ofrecemos la guía definitiva para que defiendas como Dios manda esas cosas tan locas en las que crees.

¿Eres un apasionado de las pseudomedicinas? ¿Desconfías de todo lo que huela a conocimiento científico o aparentemente racional? ¿Repudias las religiones, pero te sientes atraído por otros credos irracionales?
Si has respondido que sí a alguna de las preguntas anteriores, hoy te traemos la guía definitiva para que defiendas todas tus locas ideas en 10 cómodos pasos.

1 LA CIENCIA ES EL MAL.

Eso de la ciencia suena a probetas, a informes tediosos, a poder establecido. En definitiva, suena a todo aquello que una mente sensible y humanista como la tuya no es capaz de entender. Así que nada, fuera.

2 LO NATURAL ES BUENO.

Da igual que lo que tú entiendes por natural en realidad no tenga nada de natural; da igual que "lo natural" incluya las setas venenosas; da igual que hace dos siglos "lo natural" fuera morir de una gripe, de una gastroenteritis o en un parto. Todo eso da igual: lo natural es bueno y a callar.
Si descubres que eso de "lo natural" no acaba de encajarte, puedes tirar de otra expresión más arriesgada, pero que quizá funcione: lo tradicional. Lo tradicional es bueno porque es "lo que se ha hecho toda la vida". Eso quiere decir que "lo tradicional" es aquello que tú viviste. O, como mucho, lo que vivieron tus padres o tus abuelos.
Vaya, hombre, qué casualidad, ¿eh? Millones de años de evolución y resulta que el punto óptimo de la humanidad te ha pillado justo al lado.

3 LA "OTRA CIENCIA".

Frente a la ciencia que defiende el *establishment*, tú vas a defender la "otra ciencia". Digamos que nos referimos a una ciencia más humana, más empática. Aquella que, contradiciendo todo conocimiento racional, potencia unas teorías que encajan bastante bien en tu cabeza y que, mira tú por dónde, refuerzan la idea preconcebida de la que has partido: lo natural es bueno.
Recuerda que las conclusiones *a posteriori* son una cosa rancia y obsoleta: lo suyo es formarse una idea en la cabeza y encontrar las aparentes evidencias que la refuercen.

E. Fíjate en lo que dicen estas personas. ¿Compartes alguna de sus posturas? Comentadlo en clase.

> **Paula:** El texto es divertido, pero es demasiado exagerado e insulta a muchas personas. Por ejemplo, parece que esté diciendo que recurrir a la homeopatía sea de locos. Yo a veces tengo mareos terribles y con unas pastillas homeopáticas me desaparecen. No veo qué hay de malo en eso.

> **Alejandro:** A mí me parece que el que escribe este texto es un poco prepotente. No entiendo esta superioridad de todo lo supuestamente científico.

> **Mia:** Me gusta el texto porque ridiculiza creencias y afirmaciones que son peligrosas y que pueden hacer mucho daño a la sociedad.

> **Inés:** A mí me ha hecho reír este texto porque es una parodia de un tipo de persona. Casi nadie es completamente así (no es lo mismo el reiki que creer en teorías de la conspiración) y, de hecho, creo que todos nos podemos sentir identificados en algunas cosas con el buen magufo de este texto...

4 PALABRA PROHIBIDA: QUÍMICA.

Si lo natural es bueno, lo químico, indudablemente, es malo. Da igual que la simple agua sea un compuesto químico (¡peligro, monóxido de dihidrógeno!), todo lo que pueda ser susceptible de estar en un probeta es malo.

Una vez que superes este nivel, puedes añadir una nueva palabra maldita a tu lista: ondas. Sí, amigo, las ondas son uno de los mayores peligros de la humanidad. Y, por tanto, las grandes antenas de telefonía móvil, las conexiones wifi o incluso un simple microondas pueden amenazar la salud mundial.

5 PALABRA FAVORITA: ENERGÍA.

Si tienes una palabra temida, tranquilo, también tienes una favorita: energía. ¿Y qué es la energía, exactamente? Ay, chico, qué sé yo. Es lo que notas cuando un amigo te da un abrazo o cuando sientes que la persona que está a tu lado te está enviando sentimientos positivos...

Además, mira, te sirve para todo: puedes decir frases como "La energía fluye" o "Todos somos energía" y quedarte tan ancho.

Una vez que adoptes esta, y en función de lo aventurero que te sientas (o lo divertidamente chiflado que quieras parecer), puedes adoptar otras: magnetismo, holístico, cuántico, biónico...

6 "PUES A MI VECINO LE FUNCIONA".

¿Alguien te ha dicho que eso de la homeopatía o el reiki no es más que un timo? Imposible... si a tu amigo le funciona, ¿no? Y a tu vecino ese que le dolía no sé qué, y que no se le iba con nada, hizo no sé cuántos y se le fue, ¿no? DEMOSTRADO.

7 CORRELACIÓN = CAUSALIDAD.

Si ves que con el anterior argumento no has convencido a tu interlocutor, rápido, echa un ojo al móvil y busca algún estudio (ejem) que defienda tu teoría. Y, si no lo encuentras, desarrolla un poco más lo de tu vecino: "Pues mi vecino tenía un catarrazo tremendo, que la medicina no le hacía nada, y tomó homeopatía y en cinco días estaba como una rosa".

¡Ja! Ahora sí: DEMOSTRADO. Quizá él te responda algo de que correlación no significa causalidad, pero no te fíes: te está soltando esa jerga rara para liarte.

8 DEMUÉSTRAME QUE NO FUNCIONA.

Parece que tu interlocutor se está poniendo chulito, ¿no? Pues, a ver, si tan listo se cree y tanto dice que la homeopatía, el reiki, las flores de Bach y todas esas cosas en las que crees no funcionan, que te lo demuestre, ¿no?

Vaya, acaba de enseñarte varios estudios que demuestran que la homeopatía no funciona más allá del efecto placebo... Sí, pero ¿y las energías? ¿Y el reiki? ¡Que te demuestre que no existen! Uy, claro, es que te dice que la carga de la prueba recae sobre ti, no sobre él, ¡menudo listillo!

9 "¿A TI QUIÉN TE PAGA?".

Mira, se acabó. Con lo optimista y empático que habías empezado, ya se te están empezando a hinchar las narices. ¿A qué se dedica el listillo que tanto te está cuestionando? ¡Ojo, que hay profesiones peligrosas! Si es periodista, médico, científico, investigador... ¡Claro, ahora lo entiendes todo! ¿Por qué se empeñaba tanto en defender a quien tú tanto combates? ¿No le estará pagando alguien para que defienda todo lo que defiende?

10 CONCLUSIÓN: TODO ES UNA CONSPIRACIÓN.

Mira, oye, ahora sí que se acabó. Está todo claro: esto es una conspiración. Se han compinchado la NASA, el Pentágono, los Illuminati, las farmacéuticas, los reptilianos, los médicos, los medios de comunicación y los Power Rangers para enfermarnos, envenenarnos, desinformarnos y, básicamente, así, *grosso modo*, acabar con la raza humana en su totalidad para instaurar un nuevo orden mundial.

Ahora que has descubierto el pastel... ¡¡corre a difundirlo!! Y no olvides acompañarlo de frases del tipo "Lo que las farmacéuticas no quieren que sepas" o "La cura contra el cáncer que los Gobiernos te ocultan".

Fuente: adaptado de C. Otto (hipertextual.com)

Comprender y reflexionar

F. En el texto de la página anterior, se recurre a la ironía, una burla que consiste en dar a entender algo distinto de lo que se dice. Subraya en el texto frases en las que se expresa la idea contraria a lo que se piensa. P. 57

G. Ahora busca en el texto frases en las que haya hipérboles o exageraciones, que refuerzan el efecto de la ironía y contribuyen a crear la parodia del típico magufo.

H. Lee estas tres frases del texto. En todas aparece el verbo **acabar**. ¿Puedes explicar qué significa en cada una de ellas? P. 56

“Mira, **se acabó**.”

“**Acaba de** enseñarte varios estudios que demuestran que la homeopatía no funciona más allá del efecto placebo.”

“Si descubres que eso de "lo natural" **no acaba de** encajarte, puedes tirar de otra expresión más arriesgada, pero que quizá funcione: lo tradicional.”

I. Estos son algunos verbos con preposición que aparecen en el texto. ¿Entiendes qué significan? ¿Cómo los traducirías a tu lengua o a otra lengua que conozcas? P. 55

desconfiar de	*¿**Desconfías de** todo lo que huela a conocimiento científico?*
empeñarse en	*¿Por qué **se empeñaba** tanto **en** defender a quien tú tanto combates?*
referirse a	*Digamos que **nos referimos a** una ciencia más humana, más empática.*
tirar de	*… puedes **tirar de** otra expresión más arriesgada, pero que quizá funcione.*
sonar a	*Eso de la ciencia **suena a** probetas, a señores con bata, a informes tediosos…*
oler a	*¿Desconfías de todo lo que **huela a** conocimiento científico?*

J. ¿Entiendes el significado de la expresión **lo suyo es** en esta frase del texto? P. 56

“Recuerda que las conclusiones *a posteriori* son una cosa rancia y obsoleta. **Lo suyo es** formarse una idea en la cabeza y encontrar las aparentes evidencias que la refuercen.”

K. Lee estos fragmentos del texto y reformúlalos sin usar las expresiones en negrita. P. 57

“Sí, pero ¿y las energías? ¿Y el reiki? ¡**Que te demuestre** que no existen!”

“Si tan listo se cree y tanto dice que la homeopatía, el reiki… y todas esas historias en las que cree no funcionan, **que te lo demuestre**, ¿no?”

L. Mira estos ejemplos. ¿Qué significa el verbo **cuestionar**: **dudar de algo** o **preguntar algo**? P. 54

“¿A qué se dedica el listillo que tanto te **está cuestionando**?”

“Si no queremos que nos engañen, tenemos que **cuestionar** lo que leemos.”

M. ¿Crees que la ironía tiene un fuerte componente cultural? ¿Cuáles pueden ser los efectos de la ironía si no se entiende?

3. ¿SON PATRAÑAS?

A. ¿Has oído hablar de alimentos o prácticas alimentarias beneficiosos para la salud? Haz una lista.

– *Beber agua con limón al levantarse: quema grasas y ayuda a adelgazar.*

B. Compartid en clase la lista de A y comentad si creéis que hay evidencias científicas de los beneficios de esos alimentos o prácticas alimentarias. Podéis hacer búsquedas en internet.

- *Lo del agua con limón no está demostrado.*

Para comunicar

→ Hay estudios científicos que lo avalan. / No hay estudios científicos que lo avalen.
→ (No) Hay evidencia científica. / (No) Hay pruebas. / (No) Está demostrado. / (No) Se ha demostrado que…
→ Es un mito / un bulo / un timo.

C. 06 MAP Escucha la conversación entre tres amigos y anota en la tabla lo que dice cada persona sobre la kombucha y el ayuno intermitente. ¿Con quién estarías tú más de acuerdo?

	DIANA	CARLOS	JORGE
KOMBUCHA 			
AYUNO INTERMITENTE 			

D. TSP Trabaja con la transcripción. Subraya con diferentes colores las frases que se corresponden con cada una de estas funciones. P. 58

1. Expresan desacuerdo
2. Expresan acuerdo
3. Corrigen una información previa
4. Muestran escepticismo
5. Confirman una información

E. 07 MAP Escucha al nutricionista Julio Basulto. ¿Con cuál de los tres amigos de C estaría más de acuerdo? ¿Por qué?

F. 07 MAP Escucha otra vez y anota qué dicen los estudios científicos, según Basulto, sobre la kombucha y el ayuno intermitente, y qué efectos adversos podrían tener.

G. TSP Busca en la transcripción…

- la palabra inventada *amimefuncionismo*. ¿Qué significa?
- una expresión que avise de que no nos tenemos que dejar engañar.

4. PODRÍA SER UN BULO

A. MAP Lee el titular y el inicio de estas dos noticias. ¿Habías oído o leído algo sobre estos temas? ¿Crees que estas noticias son fiables? ¿Por qué? Coméntalo con otra persona de la clase.

1

CONTAMINACIÓN ELECTROMAGNÉTICA

Cada vez hay más evidencia de que una elevada exposición a radiaciones electromagnéticas generadas por el ser humano podría provocar problemas de salud. La OMS ha clasificado ya los campos electromagnéticos de radiofrecuencia como posible cancerígeno. Los expertos reclaman con urgencia que se limite el uso de las radiaciones electromagnéticas producidas por la telefonía móvil o las redes wifi.

Fuente: cuerpomente.com

2

Con moderación, el vino podría ser un aliado de la salud cognitiva en personas mayores

En el Día Mundial del Alzhéimer, que se celebra hoy 21 de septiembre, la Fundación para la Investigación del Vino y la Nutrición (FIVIN) comparte los resultados de un estudio de la Universidad de Castilla-La Mancha que mostraría un posible efecto protector del consumo moderado de vino en el desarrollo cognitivo.

Fuente: lacienciadelvino.com

B. En las noticias de A, ¿qué tiempo verbal se usa para expresar un hecho no comprobado? P. 58

C. MAP Lee estos consejos para detectar las noticias falsas. Luego, comenta con otras personas de la clase qué te parecen y cuáles tendrías que seguir más.

¡NO PIQUES!

1 Actúa con suma cautela a la hora de compartir una noticia: si albergas la más mínima duda de su veracidad, corta la cadena y no la compartas.

2 **Cuestiona** la autenticidad de las fotografías. Existen herramientas *online* de verificación de imágenes, como TinEye.

3 **Recela de** calificativos exagerados o impactantes en los titulares.

4 Analiza la lengua: las faltas de ortografía, el uso de determinados tiempos verbales o las exageraciones nos dan pistas sobre el tipo de información.

5 **Desconfía de** informaciones que carecen de argumentos o si su argumentación es débil: que una noticia sea verosímil no quiere decir que sea verdadera.

6 **Indaga** en el medio en el que se publica: ¿es un medio confiable y digno de crédito?

7 **Verifica** siempre las fuentes: las noticias falsas carecen de referencias externas y autorizadas en el tema.

8 **Contrasta** la noticia: si es verdadera, otros medios confiables se habrán hecho eco del asunto.

9 **Confirma** la veracidad de una noticia acudiendo a agencias de verificación de datos.

10 **Averigua** a quién pertenece el medio donde aparece la noticia y cuáles son sus intereses, así como cuál es la línea editorial (social y política).

11 Considera tu sesgo: ten en cuenta que solemos dar por válida la información que confirma lo que creemos.

D. ¿Entiendes el significado de los verbos en negrita de C? ¿Cómo los traducirías a tu lengua? P. 54

E. Fíjate en esta frase del texto de C. ¿Qué diferencias existen entre las palabras **verosímil** y **verdadero/a**? Explícalo con tus palabras y pon ejemplos. ¿Existe en tu lengua esta diferencia? P. 54

> “Que una noticia sea **verosímil** no quiere decir que sea **verdadera**.”

5. CULTURA CIENTÍFICA

A. Lee este dato. ¿A qué crees que se debe el alto porcentaje de bulos científicos? Coméntalo con un/a compañero/a. Luego, haced una lista de bulos de carácter científico que conocéis.

"El 70 % de los bulos que se difunden en España son de carácter científico".

B. MAP Lee ahora esta entrevista con un científico. ¿Menciona algunas de las cosas sobre las que habéis hablado en A? ¿Cuáles son las causas de la difusión de bulos?

ENTREVISTAMOS A

Juan José Blanco

Doctor en Física
Responsable del Observatorio de Rayos Cósmicos en la Antártida

"Los medios de comunicación y las redes sociales son el altavoz de mucha de esta desinformación científica"

¿Por qué se difunden los bulos?

En ciencia, los bulos se difunden porque, en general, existe una falta de cultura científica entre la población. Y, cuando existe desconocimiento, es fácil apelar al miedo. Es lo que lamentablemente ha pasado durante la pandemia: miedo y falta de conocimiento científico ha sido el terreno abonado para la propagación de bulos y teorías de la conspiración.

Otra cosa que sucede es que los medios pueden difundir cuantas informaciones no contrastadas quieran y propagar cuantos bulos se les antojen, que las consecuencias son inexistentes.

¿De dónde surgen? ¿Quién los difunde?

En ocasiones, detrás de los bulos hay intereses económicos y políticos y es difícil saber su origen. A veces hay personajes famosos que ayudan a expandirlos; otras veces son personas anónimas, gente que cree saber de todo, pero que realmente no sabe de nada.

Por supuesto, los medios de comunicación y las redes sociales son el altavoz de mucha de esta desinformación científica, ya que, como he dicho, cualquiera puede publicar un post o incluso una noticia en un medio "serio" sobre un tema de carácter científico y quedarse tan ancho. En ocasiones, ni siquiera mencionan las fuentes o estas son directamente poco fiables. La gente piensa que esto es ciencia y no es así. Todo estudio científico debe pasar por diferentes fases: experimentación, observación, análisis de casos, contraste de hipótesis y publicación de las conclusiones. No es de recibo que hoy en día haya supuestos expertos que van diseminando sin pudor noticias falsas sobre ciencia.

¿Se propagan muchos bulos relacionados con su especialidad?

Sí… bueno, menos de los que existen en otros campos de la ciencia, como por ejemplo en la medicina. Pero sí, en física hay bulos bien conocidos como el de que las ondas electromagnéticas producen cáncer e incluso hay algunos que han llegado a convertirse en teorías de la conspiración, como el terraplanismo.

C. Fíjate en las palabras y expresiones destacadas en el texto de B. Completa la tabla. P. 59

CUANTIFICADOR	CÓMO SE CONSTRUYE	TU PROPIO EJEMPLO
cualquiera	cualquiera + verbo	Cualquiera puede aprender una lengua.
cuanto / cuanta / cuantos / cuantas		
todo		
de todo / de nada		
menos / más de el / la / los / las / lo **que**		
bien		

D. Fíjate en las palabras en negrita. ¿Cómo expresarías lo mismo en tu lengua? P. 58-59

“Cualquiera puede publicar un post o **incluso** una noticia en un medio "serio" sobre un tema de carácter científico y quedarse tan ancho. En ocasiones, **ni siquiera** mencionan las fuentes o estas son directamente poco fiables.”

INFORMACIÓN Y DESINFORMACIÓN /MÁS EJ. 5-7

PALABRAS RELACIONADAS CON LAS INFORMACIONES FALSAS

un bulo	una patraña	una noticia falsa
un timo	una mentira	un mito
un fraude	un rumor	la desinformación

COMBINACIONES

propagar / difundir / extender | dar crédito a → un bulo / un rumor / una noticia falsa

creer(se) | tragarse* → un bulo / un rumor / una noticia falsa

combatir | luchar contra → la desinformación

defender → una teoría | una opinión | un argumento

respaldar → una teoría | una afirmación | una evidencia

información → falsa | veraz | (poco) fiable

medio → confiable | digno de crédito

* Expresión coloquial.

EXPRESIONES

tomar el pelo: engañar.

vender la moto: convencer a alguien de algo exagerando y engañando.

colársela a alguien: hacer que alguien se crea algo falso.

separar el grano de la paja: distinguir lo esencial de lo que no lo es.

VERBOS RELACIONADOS CON EL ANÁLISIS CRÍTICO DE LA INFORMACIÓN

ANALIZAR ALGO: hacer un estudio detallado de algo.

*Tengo que **analizar** bien este estudio para ver cuántas personas han participado, quién está detrás…*

CONFIRMAR ALGO: corroborar la verdad, certeza o el grado de probabilidad de algo.

*Después de leer el artículo, mis sospechas sobre ese alimento se **confirmaron**.*

CONFRONTAR ALGO CON ALGO: poner en relación dos cosas que se enfrentan o contraponen, generalmente para analizar las diferencias o resolver un conflicto.

*Los periodistas **confrontaron** los datos aportados por el Gobierno **con** los resultados de las encuestas.*

CONTRASTAR ALGO: comprobar la exactitud o autenticidad de algo.

*Es aconsejable consultar varias fuentes y **contrastar** la información.*

CONTRASTAR ALGO CON ALGO:

1. Comparar dos hechos para comprobar sus diferencias o similitudes.

*__Hemos contrastado__ los mensajes que nos han enviado **con** las noticias publicadas y las informaciones no coinciden.*

2. Señalar una discrepancia entre dos informaciones.

*Lo que me he leído esta tarde sobre las vacunas **contrasta con** la información que me ha dado mi médico.*

COTEJAR ALGO: confrontar algo con otra u otras cosas, o compararlas teniéndolas a la vista.

*Tienes que **cotejar** los datos de este informe con los de este estudio y asegurarte de que coinciden.*

CUESTIONAR A ALGUIEN: poner en tela de juicio sus afirmaciones o actuaciones.

*Álex siempre **cuestiona a** sus profesores.*

DEMOSTRAR ALGO: probar la validez o veracidad de algo.

*¿Puedes **demostrar** con datos científicos que el chocolate adelgaza?*

CUESTIONAR ALGO O A ALGUIEN: poner en duda una información.

*Ana **ha cuestionado** la veracidad de esta noticia.*

INDAGAR: intentar averiguar algo.

*Cuando empecé a **indagar**, me di cuenta de que la revista en la que se publicaba el estudio estaba financiada por grandes empresas cafetaleras.*

RECELAR: desconfiar o sospechar.

*María dice que **recela** de estos estudios financiados por empresas alimenticias.*

VERIFICAR ALGO: comprobar o examinar la verdad de algo.

__Verifica__ las fuentes de información que compartes.

PALABRAS RELACIONADAS CON LA VERDAD

verosimilitud	verosímil	realismo	realista
veracidad	veraz	realidad	real
certeza	cierto/a	autenticidad	auténtico/a

- *Los resultados de este estudio me parecen bastante **verosímiles**.*
- *Ya, pero ¿dónde están las fuentes?*
- *Tienes razón, para afirmar la **veracidad** de algo es necesario verificar las fuentes.*

- *Esta imagen creada con inteligencia artificial es bastante **realista**.*
- *Sí, la verdad es que en estos momentos es difícil distinguir la imagen **real** de la creada.*

- *Me han enviado un mensaje con un vídeo en el que un cantante anima a beber un té para adelgazar.*
- *Yo no estoy segura de que ese vídeo sea **auténtico**, me parece muy raro que alguien con tanta fama se preste a estas cosas.*

LA TRANSMISIÓN DE LA INFORMACIÓN

*En WhatsApp **circulan** muchas **noticias falsas**.*

*El problema de la desinformación tiene mucho que ver con la velocidad a la que los periodistas se ven obligados a **publicar las noticias**.*

*Todos tenemos el impulso de **compartir** inmediatamente **una noticia** que consideramos novedosa o de interés.*

*Las noticias falsas **corren como la pólvora** porque nos gusta compartir lo novedoso.*

Durante la pandemia del covid-19 ***se propagaron / se difundieron / se extendieron**** *toda clase de* ***bulos*** *relacionados con su origen.*

* Esta frase también es posible: *Durante la pandemia del covid-19* ***se propagó / se difundió / se extendió*** *toda clase de bulos.* El verbo concuerda con **toda clase de**, mientras que en el ejemplo de arriba concuerda con **bulos**. Esto mismo sucede con expresiones como **todo tipo de** o **la mayoría de**.

1. CORPUS Busca en Linguee las siguientes expresiones (en **campusdifusión** tienes instrucciones). ¿Cómo aparecen traducidas a tu lengua?

- tomar el pelo
- vender la moto
- tragarse una mentira
- separar el grano de la paja

2. ¿Con cuáles de los siguientes adjetivos puedes combinar las palabras de la lista?

cierto/a · verosímil · realista · real · auténtico/a · sincero/a · veraz

- Una noticia
- Un cuadro
- Un periódico
- Una teoría
- Una pareja
- Un rumor

3. Relaciona cada frase con el significado que tiene la palabra **mito** en cada una de ellas.

a. Leyenda simbólica cuyos personajes representan fuerzas de la naturaleza o aspectos de la condición humana.

b. Persona o cosa altamente admirada y estimada.

c. Información falsa que mucha gente admite como verdad.

◯ Maradona es un mito en Argentina.
◯ Me encanta el mito griego de Prometeo.
◯ Eso de que el desayuno es la comida más importante del día es un mito.

Para ir más allá

En cada una de estas frases hay una expresión relacionada con la metáfora conceptual de que las ideas y la información son comida. ¿Entiendes qué significan? ¿Cómo expresarías lo mismo en tu idioma?

a. Se me ha atragantado este texto, no soy capaz de terminarlo.

b. No acabo de **digerir esta noticia**.

c. Te la han colado, Miguel. ¿Cómo **te lo has tragado**?

d. Se está cociendo algo en su cabeza, lo noto.

e. Las ideas de esta autora son interesantes, pero muy difíciles. Tengo que **hincarles el diente**.

f. Este trabajo aún **está verde**. Tienes que desarrollar más algunas partes.

g. No sabes lo que dices, **te han comido el coco**.

h. Deberíamos **madurar la idea** antes de presentarla.

ALGUNOS VERBOS CON PREPOSICIÓN /MÁS EJ. 8-9

apelar a	*Los bulos sobre salud se propagan fácilmente porque* ***apelan a*** *nuestras emociones.*
confiar en	*Podemos* ***confiar en*** *los datos que aporta esta noticia, ya que proceden de fuentes fidedignas.*
desconfiar de	***Desconfía de*** *noticias cuyos titulares son alarmantes o exagerados.*
empeñarse en	*No sé por qué* ***te empeñas en*** *convencerme para que no vaya a una sesión de reiki, si sabes que a mí me va bien…*
oler a	*Este mensaje que he recibido* ***me huele a*** *timo: ¿quién va a querer regalarme algo?*
recelar de	***Recela de*** *cualquier terapia o alimento que prometa curar el cáncer u otra enfermedad grave.*
referirse a	*Cuando hablas de bebidas saludables, ¿****te refieres a*** *la kombucha?*
sonar a	*La noticia* ***suena a*** *estrategia de propaganda política, no me parece un informe objetivo de los hechos.*
tirar de*	*Cuando no sabe qué decir,* ***tira de*** *tópicos y estereotipos.*

* Es de registro coloquial.

4. En las siguientes frases, sustituye el elemento marcado en negrita por uno de los verbos de la tabla anterior. En los casos en los que puede haber más de una opción, ¿entiendes el matiz de cada una de ellas?

a. Ciertos estudios que **insisten en** convencernos de que el vino es bueno para la salud están financiados por empresas del sector vinícola.

b. Si **dudas de** la eficacia de una terapia, lo mejor es recurrir al sentido común y abandonarla.

c. Lo que me estás contando **me recuerda a** historias sin ninguna evidencia científica.

d. No me creo esas promesas de curación. **Tengo la sospecha de que es** una maniobra para sacarnos el dinero.

e. El tratamiento ha sido carísimo y **he tenido que usar** todos mis ahorros para poder pagarlo.

f. Sospecha de una publicación o noticia que está mal redactada o que contiene errores ortográficos.

g. Es bueno tener una actitud crítica y **no fiarnos de** todo lo que se publica sobre los superalimentos.

h. No es exactamente falso lo que se ha publicado, pero **alude a** unos hechos que hoy por hoy no se pueden comprobar.

EXPRESIONES CON PRONOMBRES POSESIVOS /MÁS EJ. 10

En algunas locuciones usamos pronombres posesivos que pierden su significado y adquieren otro diferente.

SER LO SUYO

- *Tenemos que buscar información en distintas fuentes.*
- *Sí, **sería lo suyo**.* (Lo que hay que hacer, lo correcto o ideal en esta situación).

TIENE LO SUYO

*Conseguir aprobar esta asignatura **tiene lo suyo*** (= es difícil), *hay que hacer muchos trabajos y exámenes.*

SER LO MÍO / TUYO / SUYO / NUESTRO / VUESTRO / SUYO

*Como se dio cuenta muy pronto de que la carrera de Veterinaria no **era lo suyo*** (= no era para lo que estaba dotado ni preparado), *pudo dejarla antes de pagar toda la matrícula.*

*Yo prefiero empezar a trabajar ya porque estudiar no **es lo mío**.* (= No me gusta, no se me da demasiado bien).

*Oye, si quieres que Rafa y yo te ayudemos con las reformas, llámanos porque ya sabes que el bricolaje es **lo nuestro**…* (= Nos gusta, lo hacemos bien).

IR A LO MÍO / TUYO / SUYO / NUESTRO / VUESTRO / SUYO

*Hay demasiada gente en este mundo que solamente **va a lo suyo*** (= que solo se preocupa por sus intereses, no tiene en cuenta a las demás personas) *y parece no importarle lo que les sucede a los demás.*

*Tú **vas a lo tuyo**, ¿no? No te importa lo que quiera hacer yo.*

COSTARME/TE/LE/NOS/OS/LES LO MÍO / TUYO / SUYO…

*Uf, terminar este libro **me ha costado lo mío**, ¿eh?* (= Me ha costado mucho).

EL VERBO ACABAR /MÁS EJ. 11-12

CON SUJETO PERSONAL: ACABAR ALGUIEN ALGO / ACABARSE ALGUIEN ALGO

Si decimos que **alguien acaba algo** (normalmente, una tarea, un trabajo o un encargo), significa que lo deja terminado o que ha llegado al final de la actividad. En este caso, no se usa el pronombre **se**.

*¿Ya **han acabado** la Sagrada Familia?* (La han finalizado, han culminado el trabajo).

*Fui a la universidad, pero no **acabé** la carrera.* (No la ha completado).

Si decimos que alguien **se acaba algo** (normalmente, una comida o una bebida), significa que lo ha consumido completamente. En este caso, el pronombre **se** es obligatorio.

*Juan **se ha acabado** la leche.* (Se ha tomado toda la que tenía o se ha tomado toda la que quedaba).

SIN SUJETO PERSONAL: ALGO ACABA / ALGO SE ACABA

Si decimos que **algo acaba** o que **se acaba** (algo con una duración determinada como, por ejemplo, una película, una clase, unas vacaciones), significa que algo finaliza. En este caso, el pronombre **se** es posible, pero no es obligatorio, y el sentido no cambia.

*¿Cuándo **acaba / se acaba** la clase?* (Llega a su fin).

Si decimos que **algo** (un producto de cualquier clase, del cual había una cantidad determinada) **se acaba**, queremos decir que algo se agota, se consume completamente. En este caso, **se** es obligatorio.

***Se ha acabado** el pan. Hay que ir a comprar.* (Se ha agotado, no hay más pan).

***Se han acabado** las entradas. No podremos ir al concierto.* (Ya no hay entradas).

En esta última construcción, es frecuente que aparezca también un pronombre de OI, que hace referencia a la persona o entidad afectada.

***Se nos ha acabado** el pan. Tendremos que ir a comprar.*

***Se nos han acabado** las entradas.**

* Ojo, esto normalmente lo dice la persona que vende las entradas, no la que quiere comprarlas.

ACABAR CON (ALGO O ALGUIEN)

*Gracias a las vacunas, **hemos acabado con*** (= hemos hecho desaparecer) *algunos virus peligrosos.*

¡SE ACABÓ!

Es una locución invariable que sirve para expresar enérgicamente que no queremos seguir en una situación determinada.

- *Que te estoy diciendo que hay un estudio que demuestra que…*
- *Ya lo sé, ¡pero yo te digo que no es fiable! ¡Que se lo han inventado!*
- *Bueno, **se acabó*** (= basta, paramos), *ya no quiero seguir discutiendo. Está claro que no nos vamos a entender.*

PERÍFRASIS CON ACABAR

ACABAR DE + INFINITIVO

Indica que la acción de la que se habla ha ocurrido recientemente.

***Acabo de** ver a Luis por la calle.* (Lo he visto hace un momento).

***Acabo de** leer un artículo interesantísimo sobre la postverdad.* (Lo he leído hace un momento).

En el español de América la misma idea se expresa con la palabra **recién**.

***Recién** vi a Luis por la calle. / **Recién** leí un artículo sobre la postverdad.*

***Recién** leo tu mensaje. ¿Cómo estás?*

NO ACABAR DE + INFINITIVO

Esta expresión atenúa una negación o una opinión negativa sobre algo.

***No acaba de** gustarme** (= no me gusta del todo) *el libro que me prestaste. No sé, hay algo en los personajes que me incomoda.*

*Está bien el artículo, pero **no acaban de** convencerme** (= no me convencen completamente) *los argumentos de los autores…*

* Una persona puede decir esto para indicar que no le gusta en absoluto o que no le convence nada, atenuando su opinión para no ser tajante.

ACABAR POR + INFINITIVO

Esta expresión indica el resultado final de algo que tarda en producirse.

*Algunos negacionistas del coronavirus **acabaron por** vacunarse.* (Al final se vacunaron).

*Me insistió tanto que **acabé por** aceptar su invitación.* (Al final la acepté).

La misma idea puede expresarse con **acabar** + gerundio.

*Algunos negacionistas del coronavirus **acabaron** vacunándose.*

*Me insistió tanto que **acabé** aceptando su invitación.*

EXPRESAR IRONÍA /MÁS EJ. 13

La ironía consiste en dar a entender algo distinto de lo que se dice, incluso a menudo lo contrario.

Hombre, Mario, tú siempre tan puntual. (La persona que habla piensa justo lo contrario porque Mario siempre suele llegar tarde).

Qué suerte hemos tenido: el autobús acaba de pasar y el próximo pasa en media hora. (La persona que habla piensa que no han tenido suerte).

Algunos recursos refuerzan la ironía:

- Las exageraciones o hipérboles.

- *Es que tendría que haberlo llamado para decirle que había llegado bien. Se puso nervioso y todo por mi culpa.*
- *Claro, acabas de cometer el peor error de la historia de la humanidad. Es normal que te sientas así.* (La persona que habla se lo dice a alguien que le da mucha importancia a un error insignificante que ha cometido).

- *Está lloviendo, tendremos que cancelar la excursión.*
- *Sí, porque esto es el diluvio universal.* (La persona que habla piensa que está lloviendo poco y que no está justificado cancelar la excursión).

- El uso de ciertos diminutivos.

- *El niño, que me ha cortado el vestido.*
- *Vaya angel**ito**...* (En realidad, piensa que es un bicho).

- La entonación enfática en enunciados exclamativos o en preguntas retóricas.

¡No me digas que has vuelto a perder el tren! ¡Qué sorpresa! (La persona que habla se dirige a alguien que siempre pierde el tren).

- Frases hechas o expresiones que sugieren distanciamiento o escepticismo.

- *Pues un profesor muy conocido de Harvard dice lo mismo que yo.*
- ***Mira tú por dónde...***

1. 08 Escucha las frases anteriores. ¿Percibes la entonación irónica? Grábate diciéndolas tú.

2. Lee estas situaciones y escribe tus reacciones expresando ironía.

a. Tu compañero/a de piso te dice que no puedes tener un microondas en casa porque las ondas electromagnéticas que emite pueden ser perjudiciales.

b. Recibes una llamada de una clínica de nutrición ofreciéndote una dieta que te hará perder 5 kilos en un mes sin ningún esfuerzo.

c. Tu padre te cuenta que ha leído un artículo que demuestra que la Tierra es plana.

d. Una amiga te dice que ha leído que beber una cerveza al día reduce el riesgo de sufrir un infarto.

3. Léele a otra persona de la clase las reacciones que has escrito en la actividad 2. Presta atención a la entonación.

QUE + SUBJUNTIVO /MÁS EJ. 14

La construcción **que** + subjuntivo (en expresiones independientes sin verbo introductorio) tiene un sentido exhortativo: la persona que habla anima a alguien a hacer algo o expresa su deseo de que ocurra algo. En muchos casos, estas frases se dicen con entonación exclamativa. Estas son las funciones principales de estas construcciones:

1. Expresar buenos o malos deseos.

*¡**Que** te lo pases bien!* (Si se va de viaje).

***Que** llueva hoy y no puedan ir a la playa, por favor...* (Esa persona no quiere que sus amigos vayan a la playa).

2. Expresar una obligación.

- *Papá dice que está enfermo y que no puede venir a la comida.*
- *Mira, pues, si está enfermo, **que** se tome los medicamentos que le han recetado, ¿no?* (Lo que tiene que hacer es tomarse los medicamentos y no lo está haciendo).

3. Repetir una orden o una petición.

- *Venga, Teo, ¿vienes? ¡Nos tenemos que ir!*
- *Un momento, que me tengo que lavar los dientes.*
- *¿Teo?*
- *¿Sí?*
- *¡**Que** vengas ya! Llevo 15 minutos esperándote.*

4. Avisar, hacer una advertencia o dar un consejo.

- *Marta dice que pasará esta tarde por tu casa para recoger su libro.*
- *¡No, **que** no venga hoy a casa, que no estaré!*

*Cuidado con lo que lees, que muchas cosas son falsas. ¡**Que** no te la cuelen!*

4. Reescribe las partes en negrita de estas conversaciones usando **que** + subjuntivo.

a.
- ¿Me dejas hablar un momento?
- Es que no estoy de acuerdo con eso de que...
- **¡Cállate ya!**

b.
- Mara va a ir al pediatra para consultarle cómo debe comer su hija, que ha decidido ser vegetariana.
- Pues **debería ir a un nutricionista** porque a veces los pediatras no saben suficiente sobre dietas vegetarianas.

c.
- Pili ha vuelto a enviar a toda la empresa este anuncio de las terapias alternativas para curar el cáncer.
- No lo soporto, de verdad. **¿Por qué no deja de enviar esas mentiras?** ¡No se juega con la salud!

d.
- Marco insiste en poner en su trabajo algunos datos que ha encontrado en internet sobre el apoyo a teorías conspirativas en México.
- Vale, pero, si lo pone, **tiene que citar las fuentes**.

EXPRESAR ACUERDO Y DESACUERDO

EXPRESAR ACUERDO

Estoy contigo en eso / en lo de que *el ayuno intermitente a algunas personas les puede funcionar.*

Coincido contigo en lo del *ayuno intermitente.*

Coincido contigo en lo de que *el ayuno intermitente a algunas personas les puede funcionar.*

EXPRESAR ACUERDO ROTUNDO

- *Las vacunas han salvado un montón de vidas.*
- ***Así es.***
- ***¡Exacto! / ¡Exactamente!***
- ***¡Efectivamente!***
- ***Evidentemente.***
- ***De eso no hay duda.***
- ***Eso es (una gran) verdad.***

EXPRESAR DESACUERDO

Yo no diría que / No se puede decir que *la reflexología no sirve para nada. Es un masaje y los masajes van bien.*

EXPRESAR DESACUERDO ROTUNDO

- *Dicen que el 5G puede debilitar el sistema inmune y que podría haber sido el causante del coronavirus.*
- ***Eso no tiene ni pies ni cabeza.***
- ***Eso no tiene ningún sentido.***
- ***Eso que dices no se sostiene (por ningún lado / ninguna parte).***
- ***¡Qué va!***
- ***¡Venga ya! / ¡Anda ya!***
- ***¿Pero cómo puedes decir algo así?***
- ***¡Vaya / Menuda barbaridad!***
- ***¡Vaya / Menuda tontería!***
- ***No digas tonterías.***

HABLAR DE LA CERTEZA O EVIDENCIA

No se han encontrado pruebas de que / No hay pruebas de que *la soja provoque cáncer de mama.*

Hay evidencias de que *los animales detectan las ondas sísmicas.*

No hay una sola evidencia de que *la kombucha tenga las propiedades que se le otorgan en muchas páginas web de nutrición.*

No se ha demostrado que *el té verde ayude a adelgazar.*

MOSTRAR ESCEPTICISMO

- *He leído que el café podría ayudar a proteger contra la demencia.*
- ***Yo tengo mis dudas (al respecto)****...*
- *¿Sí? Pues yo también lo he leído, pero* ***no me convence del todo****.*

CONDICIONAL DE CONJETURA /MÁS EJ. 15

El condicional puede usarse para expresar conjetura en dos casos diferentes:

1. En la lengua oral y en la lengua escrita informal, el condicional puede expresar una suposición o conjetura relativa al pasado. Este uso es paralelo al del futuro de indicativo para expresar conjetura relativa al presente.

- *¿Por qué no vino Pedro ayer?*
- *No sé...* ***Estaría*** *muy ocupado, supongo.* (= Quizás estaba muy ocupado).

- *¿Por qué no ha venido Pedro hoy?*
- *No sé...* ***Estará*** *muy ocupado, supongo.* (= Quizás está muy ocupado).

2. A veces, se utiliza también el condicional para referirse a una noticia o información indicando que no se tiene evidencia directa de la misma, sino que se trata de una suposición o un rumor no confirmado. Este uso, denominado "condicional de rumor", es típico (aunque no exclusivo) del lenguaje periodístico.

Hay estudios que afirman que beber té verde cada día ***podría ayudar*** *a adelgazar hasta dos kilos al mes.* (Quizás pueda ayudar a adelgazar, pero no se sabe con seguridad).

Hay gente que dice que el coronavirus ***habría sido creado*** *en un laboratorio.* (Quizás se creó en un laboratorio, pero no se sabe con seguridad).

! En este segundo uso el condicional simple no se refiere a hechos del pasado.

5. En parejas, inventad tres noticias que se hagan eco de resultados de estudios. Usad el condicional de rumor.

Según un estudio, un alto consumo de ostras explicaría la existencia de pecas en una parte de la población.

INCLUSO / (NI) SIQUIERA /MÁS EJ. 16

INCLUSO

Se usa para añadir de manera enfática un elemento que no se espera. Con el mismo sentido se puede usar la palabra **hasta**.

Todos los medios difundieron la noticia falsa, ***incluso / hasta*** *los más serios.*

(NI) SIQUIERA

Se usa para negar de manera enfática un elemento que era esperable o para indicar que no se produce el mínimo esperable.

Está claro que la información no era fiable. No citaban ***(ni) siquiera*** *el nombre del estudio del que hablaban.*

Cuando aparece antes que el verbo o el verbo está elidido, no se puede usar solamente **siquiera**, es necesario usar **ni siquiera**.

Está claro que la información no era fiable. ~~***Siquiera***~~ *citaban el nombre del estudio del que hablaban.*

Está claro que la información no era fiable. ***Ni siquiera*** *citaban el nombre del estudio del que hablaban.*

Nadie apoyó su propuesta, ***ni siquiera*** *sus compañeros de partido.*

En contextos informales, puede usarse solo la partícula **ni**.

*Está claro que la información no era fiable. No citaban **ni** el nombre del estudio del que hablaban.*

*Nadie apoyó su propuesta, **ni** sus compañeros de partido.*

6. Marca, en estas frases, si es más adecuado usar **incluso** o **ni siquiera**.

a. No sé por qué defiende tanto esta dieta, si **incluso** / **ni siquiera** le ha funcionado.

b. Esta noticia es falsa y se ha difundido por todas partes: ¡**incluso** / **ni siquiera** se ha publicado en periódicos serios!

c. He leído que las semillas de chía mejoran la salud intestinal, retrasan el envejecimiento e **incluso** / **ni siquiera** previenen la diabetes.

d. Ya no quedan plazas para los cursos de nutrición, **incluso** / **ni siquiera** para este, que es carísimo.

e. Según algunos estudios, más de la mitad de los internautas tiene dificultades para distinguir lo que es verdad de lo que no lo es, **incluso** / **ni siquiera** la gente joven, que ya ha nacido en la era de internet.

CUANTIFICADORES /MÁS EJ. 17-19

CON VALOR GENERALIZADOR INESPECÍFICO

TODO/A + SUSTANTIVO

***Todo** nutricionista ha tenido en su consulta personas que llegan con creencias erróneas.* (Cualquier nutricionista, no importa cuál).

***Toda** familia quiere que sus hijos estén bien alimentados.* (Cualquier familia, no importa cuál).

CUANTO/A/OS/AS + SUSTANTIVO

*Puedes publicar **cuantas** mentiras quieras.* (Todas las que quieras).

*Algunas personas creen que pueden propagar **cuantos** bulos quieran sin ninguna consecuencia.* (Todos los que quieran).

(**TODO**) **CUANTO** + VERBO

*Esta dieta dice que puedes comer (**todo**) **cuanto** quieras y no engordas.*

*¡No te puedes creer (**todo**) **cuanto** te dicen!*

CUALQUIERA / CUALQUIER

Usamos **cualquiera** / **cualquier** para referirnos a un individuo indeterminado de un grupo o una categoría.

Cualquiera (= todas las personas) *puede difundir un bulo por internet.*

Esta forma puede acompañar a un sustantivo (como adjetivo) o sustituirlo (como pronombre).

*Puedes leer una noticia **cualquiera**.**

*Pásame un periódico **cualquiera**, por favor.**

* Ambas formas se refieren tanto a sustantivos masculinos como femeninos.

Cualquier es la forma apocopada de **cualquiera**. Solo se usa cuando precede a un sustantivo (tanto masculino como femenino).

***Cualquier** noticia puede ser publicada sin pasar por una verificación exhaustiva.*

DE TODO / DE NADA

De todo significa "todo tipo de cosas". **De nada**, "de ninguna categoría o variedad".

*Muchos nutricionistas se cuestionan la idea de que es bueno comer **de todo**.*

*Mi hijo no come **de nada**: ni verdura, ni fruta, ni pescado… ¡No sé qué darle!*

COMPARATIVOS

VERBO + **MÁS** / **MENOS** + (SUSTANTIVO / ADJETIVO / ADVERBIO) + **DE EL** / **LA** / **LO** / **LOS** / **LAS QUE** + VERBO

Usamos esta estructura cuando realizamos comparaciones entre frases con verbos diferentes.

*Creo que en esa dieta hay **menos** carbohidratos **de los que** necesita el organismo para funcionar correctamente.*

*Este cambio es **más** necesario **de lo que** tú crees.*

*Hay **más** pruebas **de las que** pensamos.*

*Los cereales son **menos** saludables **de lo que** parecen.*

*Sabe **menos de lo que** aparenta.*

INTENSIFICATIVOS

BIEN + ADJETIVO

*Es **bien** conocida la teoría de la conspiración sobre la falsedad de la llegada del hombre a la Luna.*

7. Reformula las siguientes frases usando algunos de los cuantificadores de este apartado.

a. Puedes hablar todo lo que quieras; no me molesta.

b. No lo dice una institución poco reconocida; lo dice la OMS.

c. Todos los periodistas saben que hay que contrastar las fuentes.

d. No es cierto que tengas que controlarte para comer fruta. Puedes comer toda la fruta que quieras.

e. Todo lo que se publica en internet no es cierto.

f. Parece que algunas personas creen que pueden escribir lo que les parezca en redes sociales y no les importa ofender a otras.

g. Se sabe bien que hay empresas de la industria alimentaria que financian este tipo de estudios por intereses económicos.

h. Crees que es muy reciente este bulo, pero en realidad hace mucho tiempo que existe.

i. Hay una tienda en mi barrio donde puedes encontrar todo tipo de objetos útiles para la casa.

j. Come todo lo que te apetezca, pero que sea sano, ¿vale?

a. Puedes hablar cuanto quieras. No me molesta.

6. ESO NO TIENE NI PIES NI CABEZA

A. ¿Sabes qué son estas prácticas? Comentadlo en parejas. Si lo necesitáis, podéis buscar información en internet.

acupuntura | dieta cetogénica | reflexología

B. En grupos de cuatro, vais a simular una conversación entre amigos sobre una de las terapias de A. Primero, elegid una terapia.

C. Dos personas del grupo defenderán que la terapia elegida es eficaz y que se ha demostrado su efectividad. Las otras dos personas defenderán lo contrario. Aquí tenéis algunas ideas de lo que podéis decir. Leedlas y añadid otras si lo consideráis necesario.

PAREJA A: DEFIENDE QUE LA ACUPUNTURA ES EFECTIVA

- Un estudio realizado en ratones y publicado en la revista *Nature* ha demostrado el efecto analgésico de la acupuntura.
- Es una terapia de la medicina tradicional china que ha demostrado su eficacia a lo largo de los años.
- Mi madre tenía unos dolores de cabeza terribles que no le dejaban llevar una vida normal. Probó con la acupuntura y le funcionó: ahora solo le duele la cabeza de vez en cuando y por algún motivo.

PAREJA B: DEFIENDE QUE LA ACUPUNTURA NO ES EFECTIVA

- Según algunos estudios científicos, la acupuntura no tiene efectos sobre la salud más allá del placebo.
- No está incluida en el sistema público de salud de ningún país.
- Alguien (un conocido, familiar, amigo...) fue a un acupuntor porque tenía problemas de lumbago y no solo no desaparecieron los dolores, sino que encima le provocó alguno más.

PAREJA A: DEFIENDE QUE LA DIETA CETOGÉNICA ES EFECTIVA

- La dieta cetogénica reduce el apetito y hay estudios que demuestran que favorece la pérdida rápida de peso.
- Hay evidencias de que es buena para las personas diabéticas porque mejora los niveles de glucosa en la sangre.
- Yo me siento con mucha más energía desde que la hago.
- He leído que ayuda a prevenir el cáncer y que se usa como tratamiento complementario a la quimioterapia.

PAREJA B: DEFIENDE QUE LA DIETA CETOGÉNICA NO ES EFECTIVA

- Esta dieta no se puede mantener a largo plazo porque tendría un impacto negativo para la salud.
- Según algunos estudios, esta dieta puede aumentar el riesgo de alzhéimer, cáncer y enfermedades del corazón.
- He leído que este tipo de dieta aumenta el colesterol.
- Yo la hice durante un tiempo y, cuando la dejé, engordé mucho. Tiene efecto rebote.

PAREJA A: DEFIENDE QUE LA REFLEXOLOGÍA ES EFECTIVA

- Es una terapia milenaria que se practicaba en el antiguo Egipto o en China.
- No tiene efectos secundarios.
- Además de tratar algunas dolencias, nos ayuda a conseguir un equilibrio mental.
- Un amigo mío tenía muchos problemas de espalda, le recomendaron ir a un reflexólogo y ahora está mucho mejor.

PAREJA B: DEFIENDE QUE LA REFLEXOLOGÍA NO ES EFECTIVA

- No hay pruebas de que la reflexología sea efectiva para tratar dolencias de ningún tipo.
- Es un masaje y provoca bienestar, pero no cura enfermedades.
- No hay estudios científicos que avalen su efectividad.

D. Ahora ya podéis empezar la conversación. Grabaos para poder evaluar después vuestras producciones.

- *Acabo de leer un artículo que dice que la acupuntura no sirve para nada.*
- *¡Qué dices! ¡Mi tía tiene muchos problemas de espalda y siempre le ha funcionado muy bien la acupuntura!*
- *Pues leí que no sirve ni siquiera para las contracturas y que hay muchos estudios que lo demuestran...*

E. Toda la clase escucha las conversaciones y las evalúa. ¿Qué argumentos os han parecido más convincentes?

Para evaluar

→ ¿Defiende de manera convincente sus argumentos?
→ ¿Añade vivencias o ejemplos que aportan credibilidad a sus argumentos?
→ ¿Responde a sus interlocutores de manera adecuada mostrando desacuerdo o escepticismo?
→ ¿Enriquece sus argumentos corrigiendo o confirmando una información previa?

7. UN TEST DE NOTICIAS FALSAS

A. Esta noticia aparece en un test de la web Mentiras Contagiosas para comprobar si la gente sabe detectar noticias falsas. ¿Dirías que es verdadera o falsa? ¿Por qué? Coméntalo con otra persona de la clase.

¿ESTA NOTICIA ES VERDADERA O FALSA?

EXPERTOS ADVIERTEN DE QUE LOS AGUACATES PUEDEN PROVOCAR HEPATITIS

El exdirector del Royal Hospital St. Anne de Nueva York, Charles Mingo, ha explicado que "el patrón común más frecuente en pacientes varones de entre 27 y 53 años diagnosticados con hepatitis B en el último mes es que todos habían ingerido aguacates una semana antes del inicio de los síntomas".

B. Lee ahora la respuesta que da esa web. ¿Lo habéis acertado?

Esta noticia es un engaño. Ninguno de los datos mencionados responde a la realidad. Hay algunas preguntas que puedes hacerte: ¿existe Charles Mingo? ¿Y el hospital? ¿Se está realizando un estudio? Cuando tengas dudas consulta la veracidad de las fuentes de la noticia.

C. Ahora vais a elaborar un test para detectar noticias falsas en clase. Primero, en parejas, redactad una noticia verdadera y otra falsa (podéis inventárosla o buscar alguna noticia falsa que circule por internet). Para cada noticia, redactad una ficha que explique por qué es verdadera o falsa. La infografía del apartado C de la actividad 4 os puede resultar útil.

Descubre

Pregunta a hispanohablantes que conoces qué bulos y noticias falsas se difundieron en sus países sobre la pandemia del coronavirus.

D. Juntad todas las noticias y sus correspondientes explicaciones para elaborar el test. Luego, individualmente, realizadlo. ¿Cuántas preguntas habéis acertado?

8. IDEAS QUE CIRCULAN...

A. Lee estos títulos de posts y artículos aparecidos en diferentes portales de salud y nutrición. En parejas, elegid uno de ellos, haced búsquedas en internet sobre el tema y contestad a estas preguntas. Anotad las fuentes de información que encontráis.

- ¿Hay alguna parte de verdad?
- ¿Existe algún estudio que pruebe la certeza o la falsedad de esta afirmación? ¿Es fiable?
- ¿Por qué se ha propagado?

1 El desayuno es la comida más importante del día

2 La OMS recomienda beber dos litros de agua al día

3 Endulzar con miel es más sano que hacerlo con azúcar

4 Los productos ecológicos son más saludables

5 Se debe tomar fruta solo fuera de las comidas

6 La leche vegetal es más sana que la de vaca

7 Los plátanos engordan

8 Las verduras congeladas son menos nutritivas que las frescas

B. Compartid con el resto de la clase la información que habéis encontrado. Las demás personas os harán preguntas para ver si habéis consultado fuentes fiables.

- *Nosotros hemos buscado información sobre lo del desayuno. Y hay muchos nutricionistas que cuestionan esa afirmación y que dicen que no hay evidencias científicas de que eso sea así. El nutricionista Juan Revenga, por ejemplo, dice: "Nadie me ha podido convencer con datos incuestionables de que desayunar sea mejor que no hacerlo".*
- *¿Y dónde habéis encontrado esa información?*
- *Lo hemos leído en un artículo del periódico* El País *y, luego, hemos verificado la información en la página web del nutricionista.*
- *Sí, y también dice que esta idea se propagó porque...*

C. ¿Las ideas de los titulares de A están extendidas en tu país? ¿Hay otras ideas relacionadas con la salud y la alimentación que sean populares en tu cultura?

- *En mi país mucha gente cree que tomar una copa de vino al día es bueno para el corazón.*
- *A mi novio, que es español, de pequeño le decían que, si no se tomaba el zumo rápidamente, las vitaminas desaparecían...*

9. PRODUCTOS TEXTUALES TEORÍAS DE LA CONSPIRACIÓN

A. ¿Has oído hablar de las teorías de la conspiración? ¿Qué son? ¿Cuáles son las más conocidas? Comentadlo en clase.

- *El terraplanismo, por ejemplo.*
- *O el...*

B. En grupos, elegid una de las teorías que habéis mencionado en A y buscad información sobre ella. Si lo preferís, podéis inventaros una teoría de la conspiración.

- ¿Cuáles son los argumentos de las personas que defienden esa teoría? ¿Qué pruebas aportan?
- ¿Qué argumentan sus detractores? ¿Qué pruebas aportan?
- ¿Qué personas conocidas contribuyen a propagar ideas a favor o en contra de esa teoría? ¿Qué dicen y en qué medios aparecen?
- ¿Existe algún perfil de persona que cree en esa teoría? ¿Algún país o zona donde esté más extendida?
- ¿Desde cuándo existe esta teoría?

C. Con la información que habéis encontrado, vais a preparar un pódcast informativo sobre esa teoría de la conspiración. Decidid cuál va a ser el formato y elaborad un guion.

documental de investigación | mesa redonda | entrevistas a personas expertas | ...

En nuestro programa de hoy hablaremos con Claudio Roca, periodista científico e investigador especializado en teorías de la conspiración.

– Buenos días, Claudio. ¿En serio hay gente que defiende que la Tierra es plana?

– Así es, en pleno siglo XXI hay gente que piensa que la Tierra no es una esfera achatada por los polos, sino un disco plano rodeado de un muro de hielo, que sería la Antártida.

– Pero esto se puede rebatir con argumentos científicos, ¿no?

– Efectivamente, hay diversos argumentos científicos que desmienten esta teoría, como por ejemplo...

D. Grabad el pódcast. Luego, el resto de la clase lo va a escuchar.

E. Comentad en clase qué os han parecido los pódcast.

- ¿Qué datos que habéis escuchado os han llamado más la atención?
- ¿Estáis de acuerdo con lo que han presentado vuestros/as compañeros/as?

4 DATE TIEMPO

Tiempo y arte

El tiempo, a veces se olvida, es una construcción humana. Una convención mensurable. Pero las formas en que se manifiesta han intrigado a artistas de todas las épocas y, aunque es un concepto difícil de atrapar, escritores, pintores, poetas, cineastas… han encontrado la manera de representarlo. En la exposición "Representantes del tiempo" ofrecemos una revisión de algunas miradas sobre el tiempo.

Los dos vagabundos Estragón y Vladimir pasan su tiempo sin "nada" que hacer y esperando a una persona llamada Godot, que ni siquiera saben si existe. La obra *Esperando a Godot*, de Samuel Beckett, simboliza el tedio y la carencia de significado de la vida humana, tema recurrente del existencialismo.

¿Quién no ha sentido nunca esa extraña sensación que provoca ver el tiempo congelado en una fotografía? Cuando el poeta José Emilio Pacheco vio una fotografía de su abuela cuando era niña le inspiró el poema *Edades*:

Llega un triste momento de la edad
en que somos tan viejos como los padres.
Y entonces se descubre en un cajón olvidado
la foto de la abuela a los catorce años.

¿En dónde queda el tiempo, en dónde estamos?
Esa niña
que habita en el recuerdo como una anciana,
muerta hace medio siglo,
es en la foto nieta de su nieto,
la vida no vivida, el futuro total,
la juventud que siempre se renueva en los otros.
La historia no ha pasado por este instante.
Aún no existen las guerras ni las catástrofes
y la palabra muerte es impensable.

Nada se vive antes ni después.
No hay conjugación en la existencia
más que el tiempo presente.
En él yo soy el viejo
y mi abuela es la niña.

EN ESTA UNIDAD VAMOS A

GRABARNOS HABLANDO DE UNA ETAPA DE LA VIDA Y TRANSFORMARLO LUEGO EN UN TEXTO LITERARIO

RECURSOS COMUNICATIVOS

- hablar de etapas de la vida
- reflexionar acerca de la concepción del tiempo
- hablar de la gestión del tiempo
- dar consejos
- definir conceptos

RECURSOS GRAMATICALES

- marcadores para reformular: explicativos y rectificativos
- los conectores contraargumentativos **en cambio** y **por el contrario**
- recursos para expresar impersonalidad
- oraciones temporales: conectores **a medida que**, **según** y **conforme**

RECURSOS LÉXICOS

- léxico para hablar del tiempo
- adjetivos con los sufijos -**ble**, -**dero/a**, -**dizo/a**
- expresiones para hablar de momentos vitales
- metáforas

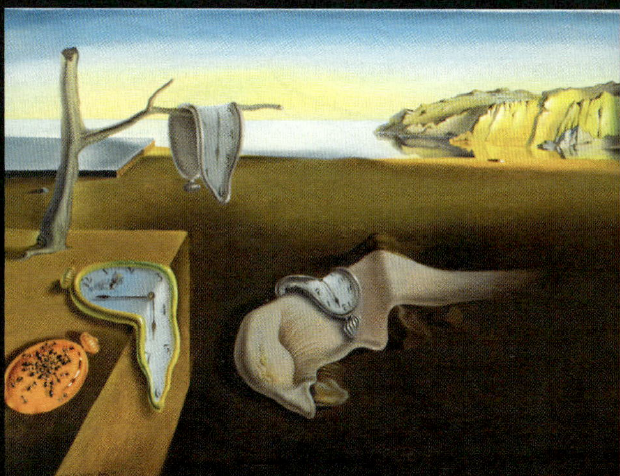

La persistencia de la memoria, de 1931, es una de las obras más famosas de Salvador Dalí. Sobre el pequeño óleo, el artista surrealista situó cuatro relojes de bolsillo disolviéndose en el paisaje catalán. Uno de los relojes está siendo devorado por hormigas, un símbolo de lo transitorio. En otro hay una mosca, como símbolo del paso del tiempo.

En la película *El día de la marmota* el personaje principal, que trabaja en una cadena de televisión, va a cubrir la información del festival del Día de la Marmota. A la mañana siguiente, cuando se despierta, se da cuenta de que vuelve a ser ayer: el Día de la Marmota.

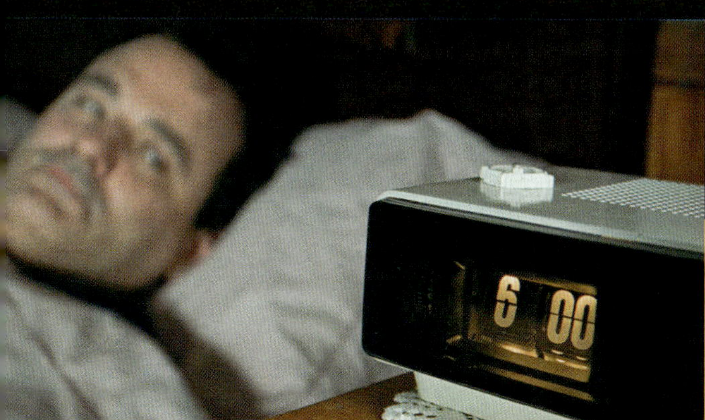

Empezar

1. REPRESENTAR EL TIEMPO /MÁS EJ. 1

A. Piensa qué significa para ti el tiempo y haz un dibujo o mapa mental para representarlo.

B. MAP Mira las obras del catálogo de la exposición "Representantes del tiempo", a la izquierda, y lee los textos descriptivos. ¿Qué ideas sobre el tiempo transmite cada una de ellas?

Para comunicar

- → (Nos) Sugiere / Transmite...
- → (Nos) Lleva a pensar (en / que)...
- → (Nos) Habla de...
- → Expresa / Representa...
- → Da una imagen...

- *El cuadro de Salvador Dalí transmite dos ideas sobre el tiempo: la primera...*

C. ¿Cuál de las obras de B te resulta más sugerente? ¿Hay alguna que representa mejor lo que es para ti el tiempo? ¿Por qué?

D. Después de ver las obras del catálogo, ¿cambiarías en algo el dibujo o mapa mental que has hecho en A?

2. ¿EL TIEMPO ES ORO?

A. Aquí tienes algunas definiciones del concepto **tiempo**. ¿Cuál te parece mejor? ¿Puedes proponer otras? Coméntalo con otra persona de la clase. P. 72

- El tiempo es la vida.
- El tiempo es una sucesión de instantes.
- El tiempo es la oportunidad de hacer algo.
- El tiempo es la condición para pensar.

B. MAP Lee la entrevista de la derecha y haz un mapa mental del contenido del texto con las siguientes categorías.

C. ¿Puedes pensar un título alternativo a "Date tiempo"?

D. ¿Con qué ideas o conceptos expresados por Josep M. Esquirol estás más de acuerdo? Coméntalo con otras personas de la clase.

E. Piensa en tu día a día. Pon ejemplos concretos de lo que haces con tu tiempo y explica si está en sintonía con lo que propone el autor.

- *Yo cada día me hago una lista de las tareas que tengo en el trabajo y voy tachando lo que ya he terminado. Hasta que no termino una cosa bien, no empiezo la siguiente. Intento hacer una cosa después de la otra.*

F. Observa estas dos frases del texto. ¿Para qué crees que sirven las palabras en negrita? Márcalo. P. 75

“En las escuelas deberíamos aprender a relajarnos, a sentir el discurrir del tiempo. **O sea,** darlo, dar tiempo.”

“[Si no das tiempo, no tienes nada]. **Dicho de otro modo**: tiene vida quien da vida.”

- ☐ Sirven para explicar lo que se ha dicho antes de una forma más clara o más precisa: son reformuladores explicativos.
- ☐ Sirven para rectificar lo que se ha dicho antes y sustituirlo por una nueva idea: son reformuladores rectificativos.

JOSEP M. ESQUIROL, filósofo del tiempo

Date tiempo

¿Qué es el tiempo?
El tiempo es la vida. El ser ¡no es más que tiempo!

¿Soy tiempo?
Eres tiempo que pasa.

¿Soy más pasado, presente o futuro?
Mirar el tiempo como suma de instantes estresa: si los momentos pasados ya no son y los futuros aún no son, te devanas por vivir los presentes, escurridizos... ¡Ah, qué estresante, el *carpe diem*!

¿Qué propone, pues?
Otra actitud ante el tiempo. Entenderlo como oportunidad para hacer algo: acostarte, levantarte, ayudar, comer... El tiempo como invitación, como oportunidad (que viene de puerta). Estate atento para ver las puertas.

¿En eso consiste no perder el tiempo?
En hacer lo que la ocasión pida. "La regla principal de la educación, la más importante y más útil, no es ganar tiempo, ¡sino perderlo!", dijo Rousseau. En las escuelas deberíamos aprender a relajarnos, a sentir el discurrir del tiempo. O sea, darlo: dar tiempo.

¿Por qué?
Porque dar tiempo es el modo de no perderlo. Dar tiempo es ganarlo. Curioso, ¿eh? Si das tiempo, obtienes tiempo. Y, si no lo das, ¿lo acumulas? No: ¡no tienes nada!

Paradoja, sí.
Dicho de otro modo: tiene vida quien da vida. Quien es avaro con la vida no tiene vida.

Dígame: ¿a quién debo darle tiempo?
Primero, a ti mismo. Y a los demás: a tu mujer, a tus hijos, a un enfermo, a los alumnos... Si das tiempo, ¿qué más puedes dar?

¿Es el bien mayor, pues?
El más precioso. Dijo Wittgenstein: "El saludo entre filósofos debería ser: ¡date tiempo!". El tiempo es condición para pensar.

¿No nos damos tiempo?
Qué va. "¡No tengo tiempo!", repetimos. Vivimos apretujando el tiempo, apresurándolo. ¡Así no hay serenidad posible! Y la prisa engendra el mal del dogmatismo.

¿Ah, sí?
El dogmatismo es siempre una precipitación. Tómate más tiempo... ¡y verás cómo se te desvanece toda afirmación dogmática!

También suele decirse que "el tiempo todo lo cura"...
Todo lo que vivimos no volverá y, a la vez, ha sucedido para siempre: es irreversible.

Otra paradoja.
Lo que ha pasado no pasa: ¡queda! Pero el paso del tiempo te va alejando de eso, vas olvidando. Solo el paso del tiempo nos cura del tiempo pasado. Este olvido es incompleto, ¡o perderías conciencia de tu identidad!

¿Mi identidad es memoria?
Memoria de tiempo.

¿Y cuándo comenzó el ser humano a tener conciencia del tiempo?
El sol sale y se pone. Ese ritmo (circadiano) es la acotación temporal primordial, base de toda medición del tiempo. Sumando días salieron semanas, meses, años. Y de una primera partición de las horas (prima minuta) salieron minutos, y de una segunda partición (secunda minuta), segundos.

¿El tiempo vuela?
O corre. Es una experiencia que acumulamos: que el tiempo es movimiento como el sol y que pasa rápido. La máxima sensación de paz y plenitud es la del tiempo detenido.

¿Usted la ha sentido?
Yo he decidido vivir fuera de Barcelona, y eso ayuda. En el pueblo, el día respira de otro modo. Démonos tiempo para sentir el respirar de los días. Si contemplas la vida con atención, ¡la verás ralentizarse! Verás que el mundo entero parece respirar...

¿Apología de la lentitud?
Prefiero hablar de vivir la experiencia del día con parsimonia, calma, tranquilidad, serenidad. Hacer una cosa después de la otra, y hacerlo bien. Prefiero hablar de la bondad de la pausa más que de la lentitud.

¿Hacemos una pausa?
Si tú te detienes... ¡regalo!: el tiempo se detiene. Esto prueba que el tiempo eres tú.

"Ya pararé cuando muera", he oído.
Solemos llenar nuestro tiempo de frenesí justamente para evitar este pensamiento básico: ¡vamos a morir! En el fondo, nos ocupamos mucho para así estar fuera de nosotros, desaforados literalmente. Por eso Pascal acertaba: "El gran mal del hombre es no saber estar solo en una habitación".

¿Nos angustiamos al abismarnos en nosotros mismos?
El ser humano es el único animal que se sabe finito. Eso acota y libera un tiempo, y nos entrega la responsabilidad de vivirlo: ¡saberse mortal y estar a la altura no es nada fácil!

Entonces surge la gran pregunta: ¿qué hago con mi tiempo?
Respuesta: dártelo y darlo.

¿Pese a que "el tiempo es oro"?
Es que esa frase expresa una mercantilización del tiempo, nuestra tendencia a convertirlo todo en recurso, en mecanismo de producción: recursos energéticos, recursos económicos, recursos alimenticios, ¡recursos humanos! Convertimos a las personas en meros recursos para la rentabilidad empresarial... ¡El lenguaje está hablándonos de cómo vemos el mundo!

El tiempo ¿avanza como una flecha o gira en círculo?
Son dos representaciones del tiempo: una expresa la idea de progresión; la otra, la de repetición. Y no sé cuál es menos trágica...

Una reflexión final sobre el tiempo.
Esto que dijo una mujer encarcelada: "Fuera de la prisión yo pasaba el tiempo; aquí dentro es el tiempo el que me pasa".

El respirar del día

Nos damos tiempo junto al reloj de sol de las playas de la Vila Olímpica. Charlamos en torno a las sugerentes reflexiones que vierte Esquirol en *El respirar de los días / El respirar dels dies*. Eres tiempo en tránsito. Finito y, por ello, precioso. "El tiempo nace a la vez que el cielo", dictaminó Platón, anticipando a Hawking y su flecha del tiempo. Estamos a tiempo de aprovechar el tiempo.

Fuente: Víctor M. Amela, "La Contra", *La Vanguardia*

G. Aquí tienes algunas opiniones de personas que han leído la entrevista a Esquirol. ¿Con cuál de ellas estás más de acuerdo? P. 75

Rosa: El tiempo como oportunidad para hacer algo, **a saber:** acostarse, levantarse, comer, ayudar… Me parece bien, pero entre acostarme, levantarme y trabajar no me da mucho tiempo de ayudar a nadie.

RitaFer: "El tiempo es oro" expresa una visión mercantilista, o **más bien** capitalista, del tiempo. Durante la pandemia tuve todo el tiempo del mundo y me puse a hacer pasteles, manualidades… **Es decir,** a producir algo material para justificar mi tiempo.

Ter99: Yo tengo la sensación de que en la escuela ni aprendí ni me divertí. **O sea,** perdí el tiempo. No sé si eso fue bueno o malo.

Elvira 378: En Instagram veo que mis amigas siempre están "rentabilizando" el tiempo, o sea, etiquetando fotos diciendo "Aquí estoy yo haciendo algo". Así que, cuando no hago nada especial, siento que estoy perdiendo el tiempo. **O, mejor dicho,** me siento obligada a aprovecharlo mejor.

HugoLM: Cuando eres mayor, lo que veías como un problema a los 20 años deja de serlo. **Es decir,** la juventud es una enfermedad que se cura con la edad.

Ulapyuc: El ser humano se sabe finito**, esto es,** es consciente de que no vivirá eternamente. Esa es la gran tragedia del ser humano.

H. Observa los marcadores del discurso destacados en negrita en G. ¿Cuáles sirven para aclarar lo dicho anteriormente y cuáles para rectificar?

1. Reformuladores explicativos: o sea
2. Reformuladores rectificativos: más bien

I. Busca en el texto de la página 67 expresiones y frases hechas relacionadas con el tiempo. Comenta con otra persona de la clase su significado. ¿Existen en tu lengua o en otra que conoces? P. 72, 73

- el discurrir del tiempo, tiempo escurridizo, el tiempo todo lo cura…

J. ¿Existe algún refrán o frase hecha sobre el tiempo en tu lengua? Tradúcelo al español y toma notas para explicar qué significa. Puedes usar los reformuladores que has visto en H.

- *En italiano existe la frase* Bisogna dare tempo al tempo. *Creo que en español se dice "Hay que darle tiempo al tiempo". Lo que significa es que a veces no podemos hacer que las cosas ocurran cuando queremos, que tenemos que esperar. Es decir, que cada cosa tiene su proceso y necesita su tiempo.*

K. Busca en el texto de la página 67 ideas o sugerencias relacionadas con el tiempo y transfórmalas en consejos, usando un imperativo afirmativo o negativo. Puedes añadir otros consejos.

- Mirar el tiempo como suma de instantes estresa: no mires el tiempo como una suma de instantes si no quieres estresarte.

Para recordar

Ve a **campusdifusión** si necesitas revisar los usos y la formación del imperativo, y la posición de los pronombres con los verbos en imperativo.

3. EL USO DEL TIEMPO TAMBIÉN COMUNICA /MÁS EJ. 2

A. ¿Has oído hablar de la cronemia? ¿Qué relación tiene el uso del tiempo con el lenguaje no verbal? Puedes buscar información en internet.

B. ▶ 3 MAP Ve el vídeo y contesta a estas preguntas. Luego, comentadlas en grupos.

1. ¿Qué opinión tiene la entrevistada de las personas que llegan tarde a una cita?
2. ¿Qué profesionales menciona la entrevistada? ¿Cómo interpreta la falta de puntualidad de esos profesionales?
3. ¿Qué diferencia hay entre culturas policrónicas y culturas monocrónicas?
4. ¿Qué consideración tienen las culturas policrónicas en la sociedad occidental? ¿Qué valores se asocian con ellas?
5. ¿Con cuáles de las ideas expresadas por la entrevistada estás más de acuerdo?

C. Lee estas opiniones y comentarios. ¿Crees que las personas que las hacen pertenecen a una cultura policrónica o monocrónica? ¿Por qué? Comentadlo en grupos.

“**Luna:** María se presentó en mi casa inesperadamente para tomar un café y nos pasamos dos horas hablando. Llegué tarde a clase de inglés, pero pasamos un buen rato.”

“**Emma:** El otro día la dependienta de una tienda estuvo un rato hablando con una clienta que ya había acabado de comprar, en vez de atenderme a mí. "Enseguida estoy con usted", me dijo. Estuve a punto de marcharme muy enfadada.”

“**Leo:** Le dije que mi fiesta de cumpleaños era a las 22:00 y se presentó a las 23:00. Yo ya daba por hecho que no iba a venir.”

“**Marc:** Podéis ir empezando la reunión, me termino el bocadillo y voy. Será un momentito.”

“**Teo:** En principio quedamos para cenar, pero, si una vez allí no nos apetece, cambiamos de plan sin problema, ¿te parece?”

“**Anna:** Yo programo siempre los correos que envío a mis compañeros de departamento para que los reciban en horas de trabajo.”

D. Observa esta frase del vídeo. ¿Qué valor tiene **en cambio**? ¿Cómo podrías traducirlo a tu lengua? P. 76

“(En nuestra cultura) damos más importancia a la conversación que a cumplir con el horario. **En cambio,** en las culturas monocrónicas se respetan mucho los horarios. los calendarios, los plazos...”

- ☐ Muestra un contraste entre las dos ideas que relaciona.
- ☐ Añade una idea para reforzar lo dicho anteriormente.

E. ¿Crees que tu cultura es más bien policrónica o monocrónica? ¿Por qué? Intenta explicar tu idea con la ayuda de comparaciones y contrastes, y trata de usar **en cambio**.

4. VIVIR PARA CONTAR /MÁS EJ. 3-4

A. Piensa en las etapas de la vida de una persona. ¿Puedes hacer una lista de edades ordenadas cronológicamente? Compárala con la lista de un/a compañero/a. P. 72

1. infancia; 2. ...

B. En parejas, comentad vuestras respuestas a estas preguntas y anotad vuestras ideas.

- ¿Qué palabras o expresiones relacionas con la vejez?
- ¿Cuáles crees que son los primeros síntomas de la vejez?

C. MAP Lee este fragmento de una novela de Gabriel García Márquez. ¿Menciona alguna de las ideas que habéis comentado en B?

Empecé por preguntarme cuándo tomé conciencia de ser viejo y creo que fue muy poco antes de aquel día. A los cuarenta y dos años había acudido al médico con un dolor de espaldas que me estorbaba para respirar. Él no le dio importancia: "Es un dolor natural a su edad", me dijo.

—En ese caso —le dije yo—, lo que no es natural es mi edad.

El médico me hizo una sonrisa de lástima. "Veo que es usted un filósofo", me dijo. Fue la primera vez que pensé en mi edad en términos de vejez, pero no tardé en olvidarlo. Me acostumbré a despertar cada día con un dolor distinto que iba cambiando de lugar y forma a medida que pasaban los años. A veces parecía ser un zarpazo de la muerte y al día siguiente se esfumaba. Por esa época oí decir que el primer síntoma de la vejez es que uno empieza a parecerse a su padre. Debo de estar condenado a la juventud eterna, pensé entonces, porque mi perfil equino no se parecerá nunca al caribe crudo que fue mi padre, ni al romano imperial de mi madre. La verdad es que los primeros cambios son tan lentos que apenas si se notan, y uno sigue viéndose desde dentro como había sido siempre, pero los otros los advierten desde fuera. En la quinta década había empezado a imaginarme lo que era la vejez cuando noté los primeros huecos de la memoria. Sabaneaba la casa buscando los espejuelos hasta que descubría que los llevaba puestos, o me metía con ellos en la regadera, o me ponía los de leer sin quitarme los de larga vista. Un día desayuné dos veces porque olvidé la primera, y aprendí a reconocer la alarma de mis amigos cuando no se atrevían a advertirme que les estaba contando el mismo cuento que les conté la semana anterior. Para entonces tenía en la memoria una lista de rostros conocidos y otra con los nombres de cada uno, pero en el momento de saludar no conseguía que coincidieran las caras con los nombres.

Fuente: *Memorias de mis putas tristes*, Gabriel García Márquez

D. Ordena estos enunciados sobre lo que hace el protagonista del texto, siguiendo el orden en que se mencionan.

- ◯ El protagonista recuerda cuándo empezó a ser consciente de que ya no era tan joven.
- ◯ A partir de cumplir 50 años empiezan los problemas del protagonista para recordar las cosas más simples y cotidianas.
- ◯ El protagonista se observa a sí mismo para comprobar si se parece a su padre o a su madre.
- ◯ Durante un tiempo se resignó a sentir diferentes tipos de dolor en distintas partes del cuerpo.

Descubre

Busca información sobre la obra de Gabriel García Márquez. ¿Qué otras novelas suyas se podrían relacionar con el tiempo? Comentadlo en clase.

E. Busca al menos dos palabras con las que podrías sustituir las siguientes en negrita. Haz las transformaciones necesarias en la frase para que la palabra o expresión tenga sentido.

1. Había acudido con un dolor de espaldas que **me estorbaba** para respirar.
2. Al día siguiente el dolor **se esfumaba**.
3. Los otros **advierten** los cambios desde fuera.
4. Noté los primeros **huecos** de la memoria.

F. Piensa en las palabras de E. ¿Qué efecto producen en el texto?

G. Busca en el texto cómo expresa o con qué compara el autor las siguientes ideas. P. 74

- la amenaza de la muerte
- perder la memoria
- tener cara de caballo
- buscar algo por todas partes

H. ¿Qué imagen proyecta Gabriel García Márquez de la vejez? ¿Estás de acuerdo con ella? Si quisieras reforzar una visión diferente de la vejez, ¿qué características de esa etapa destacarías? Coméntalo con otra persona de la clase.

- *Yo creo que cuando te haces mayor ya no tienes tantos complejos.*

I. ¿Qué expresa **a medida que** en este fragmento del texto? Intenta reformular la frase sin usarlo. P. 77

“Me acostumbré a despertar cada día con un dolor distinto que iba cambiando de lugar y forma **a medida que** pasaban los años.”

J. Observa estas frases del texto. ¿Qué valor tiene **uno**? P. 76

“Por esa época, oí decir que el primer síntoma de la vejez es que **uno** empieza a parecerse a su padre.”

“Los primeros cambios son tan lentos que apenas si se notan, y **uno** sigue viéndose desde dentro como había sido siempre, pero los otros advierten los cambios desde fuera.”

K. Observa estas frases, que hablan de los "síntomas" de diferentes etapas de la vida de las personas. ¿A qué etapa crees que se refieren? Coméntalo con otra persona de la clase.

infancia | adolescencia | juventud | madurez

1. No eres consciente del paso del tiempo ni de lo que te pasa. Durante esos años te pasas el día jugando.
2. Notas que ya no eres tan libre como antes, que tienes a tu alrededor personas que dependen de ti.
3. Uno se siente protegido por la familia, la escuela, el entorno.
4. Uno empieza a darse cuenta de que es responsable de sus actos y de que ya no puede culpar a sus padres.
5. Uno empieza a notar cambios físicos y hormonales y no sabe muy bien cómo gestionar esos cambios.
6. Te vuelves más selectivo con los amigos. Te mueves por afinidades.
7. Crees que la vida hay que vivirla al instante, transgrediendo las normas y rompiendo moldes.
8. Te das cuenta de que prefieres pasar más tiempo con tus amigos que con tus padres.

L. ¿Qué recursos se usan para expresar impersonalidad en las frases de K? ¿Conoces otros? P. 76, 77

EL TIEMPO /MÁS EJ. 5-9

TIEMPO

UNIDADES DE TIEMPO
- los segundos
- los minutos
- las horas
- los días
- las semanas
- los meses
- los años
- los lustros
- las décadas
- los siglos

ACEPCIONES
- atmosférico
- cronológico
- verbal

ETAPAS EN LA VIDA DE UNA PERSONA
- la primera infancia / la infancia / la niñez
- la pubertad
- la adolescencia
- la juventud
- la edad adulta
- la madurez
- la vejez
- la senectud

CARACTERÍSTICAS
- inaprensible
- infinito
- inexorable
- eterno
- escurridizo
- huidizo
- fugaz

COMBINACIONES CON LA PALABRA TIEMPO

Cosas que caracterizan al tiempo:

el tiempo + pasa / discurre / avanza / progresa / se repite / se detiene / gira / se acelera

el paso / el discurrir / el avance + del tiempo

Cosas que hacemos con el tiempo:

perder / ganar / dar(se) / hacer / pasar + tiempo

tomarse / dedicar + tiempo

tener / no tener + tiempo

perder / pasar / malgastar / aprovechar + el tiempo

hacer algo con / tomarse + mi / su tiempo

llegar / estar + a tiempo

FRASES HECHAS CON LA PALABRA TIEMPO

El tiempo pasa volando. / El tiempo vuela. (El tiempo pasa muy rápidamente).

El tiempo todo lo cura. (Las penas más graves se van esfumando a medida que pasan los años).

El tiempo es oro. (El tiempo vale mucho, hay que aprovecharlo).

USO DEL TIEMPO

cumplir + los objetivos / los plazos / con el horario

llegar + tarde / con retraso / puntual / a la hora / antes de tiempo

respetar + los plazos / las fechas de entrega

disponer de + tiempo / x minutos / horas...

hacer + esperar a alguien

quedar + mucho / poco tiempo / cinco minutos

gestionar / manejar / organizar + el tiempo

cambiar + los planes

cambiar de + planes

puntualidad + británica / suiza

una falta de + respeto / cortesía / educación

1. CORPUS Busca en CORPES XXI (en **campusdifusión** tienes instrucciones) los siguientes adjetivos, que pueden usarse para hablar del tiempo. ¿Entiendes qué significan? ¿Con qué otros sustantivos se pueden usar?

escurridizo / inaprensible / irreversible / infinito / eterno / huidizo / fugaz

2. ¿Entiendes qué significan las expresiones en negrita en estas frases? Reformúlalas con otras palabras.

a. Tengo examen mañana y no **me da tiempo** de estudiar todo el temario.

b. María acaba de romper la relación con Juan; tienes que **darle tiempo** para que lo olvide.

c. **Dar tu tiempo** a los demás puede ser muy gratificante.

d. Hace ya 20 años que nos conocimos. ¡Cómo **pasa el tiempo**!

e. Ayer comí con mis amigos de la universidad: **pasamos un rato** estupendo.

3. Lee estas conversaciones y elige, en cada caso, la expresión con la palabra **tiempo** más adecuada.

a.

- Oye, Pablo, ¿y ahora que ya has terminado la carrera qué piensas hacer? ¿Vas a buscar trabajo?
- No, ahora **me voy a tomar un tiempo / voy a perder el tiempo** para mí. Tengo ganas de descansar un poco, hacer un viaje quizás...

b.

- Pues hemos llegado una hora antes. El tren sale a las 10 h y no son ni las 9 h.
- Bueno, no pasa nada, vamos a un bar y **ganamos tiempo / hacemos tiempo**: nos tomamos un café...

c.

- Mira, según el GPS, este camino es más rápido, así que si vamos por aquí **ganamos tiempo / hacemos tiempo**.
- Perfecto, porque, si no, no **llegamos a tiempo / perdemos tiempo**.

d.

- Olivia, no te puedes quedar aquí tumbada todo el día. ¡**Haz algo con tu tiempo / Tómate tu tiempo**!
- Déjame en paz, mamá.

e.

- En la infancia, uno tiene la sensación de que **el tiempo discurre / el tiempo se detiene** muy lentamente.
- Sí. En cambio, a partir de la madurez es al revés.

4. Haz frases con otras combinaciones con la palabra **tiempo**, distintas de las de 3.

Este año tengo que aprovechar el tiempo para estudiar alemán porque el año que viene me voy a estudiar a Berlín.

5. Observa estas frases que usan la metáfora **tiempo = dinero**. ¿Puedes pensar en otros ejemplos?

a. Desde que uso este producto de limpieza, me **ahorro** mucho **tiempo**.

b. He **invertido** mucho **tiempo** en esta relación.

c. **Malgasté** mis **años** de universidad estudiando algo que no me gustaba.

6. Piensa cómo usan el tiempo dos o tres personas de tu entorno y escribe frases usando los recursos que has visto en este apartado.

Mi amiga Rachel siempre llega tarde cuando quedamos y me hace esperar por lo menos 20 minutos. Para mí, es una falta de respeto.

DEFINIR CONCEPTOS O EXPRESIONES

*El tiempo **es** la vida.*

*No hay que **mirar** / **concebir** / **entender** el tiempo **como** una suma de instantes.*

*No perder el tiempo **consiste en** hacer lo que la ocasión pida.*

*"El tiempo es oro" **expresa** una mercantilización del tiempo.*

*El paso del tiempo **es lo que** más miedo nos da.*

*La frase "El tiempo todo lo cura" **es la que** usamos cuando queremos consolar a alguien que está sufriendo.*

7. Define los siguientes conceptos usando los recursos aprendidos en este apartado.

la amistad | el espacio | el movimiento | el lenguaje | la identidad | la memoria

Para mí la amistad es lo que da valor a un lugar o un momento de tu vida. En España, por ejemplo, es la gente a la que quiero y...

ADJETIVOS DERIVADOS DE VERBOS /MÁS EJ. 10-11

Algunos adjetivos se forman añadiendo un sufijo a un verbo. En el caso de los sufijos que se presentan aquí, todos se unen a verbos de acción.

SUFIJO -BLE (que se puede...)

traducible (= que puede ser traducido)
intraducible (= que no puede ser traducido)
reversible (= que puede ser revertido)
irreversible (= que no puede ser revertido)

El sufijo va precedido por la vocal **-a-** en los adjetivos derivados de verbos de la primera conjugación (**inexor-a-ble**) y por **-i-** en los de la segunda (**tem-i-ble**) y la tercera (**reduc-i-ble**).

! En algunas ocasiones el adjetivo se forma a partir de la correspondiente versión latina de la palabra: **visible** (no *veíble); **factible** (no *hacible).

SUFIJO -DERO, -DERA

El sufijo **-dero** / **-dera** presenta un sentido pasivo. **Perecedero**, por ejemplo, significa "que, en algún momento, perece o muere".

Este sufijo está en retroceso en la lengua actual, que lo ha sustituido en muchos casos por **-ble**. Así, **factible** sustituye a **hacedero** ("que puede hacerse"), **pagable** a **pagadero** y **vivible** a **vividero** ("donde se puede vivir").

SUFIJO -DIZO / -DIZA

Significa "ser susceptible de".

resbala(r) = resbala**dizo** (= que se resbala o se escurre fácilmente)
move(r) = move**dizo** (= que se mueve mucho o que es fácil de mover)
hui(r) = hui**dizo** (= que tiene tendencia a huir)
arma arrojadiza (= susceptible de o apta para ser arrojada)
puente levadizo (= que puede ser levantado)
tiempo huidizo / **escurridizo** (= que tiende a huir, a escurrirse)

8. Termina estas frases con adjetivos formados a partir de los verbos en negrita con alguno de los sufijos que has visto en este apartado.

a. Los objetos que (no) pueden **perdurar** en el tiempo son...

b. Un material que **dura** mucho tiempo es...

c. Las personas que tienen tendencia a **enamorarse** fácilmente son...

d. Un jabón que **se escurre** fácilmente es...

e. Los tiempos que están por **venir** son...

f. Las personas que **se asustan** fácilmente son...

g. Las cosas que no se pueden **evitar**, como la muerte o el paso del tiempo, son...

h. El tiempo tiene tendencia a no detenerse, a **huir**. Es...

i. El tiempo siempre va hacia delante y nunca hacia atrás. No se puede **revertir**. Es...

9. En parejas, elegid una etapa de la vida y escribid frases sobre sus características usando algunas de las expresiones de este apartado.

Vejez: algunas personas se vuelven más retraídas y les cuesta más relacionarse.

METÁFORAS /MÁS EJ. 13

Las metáforas son un recurso expresivo que tiene su base en la comparación. Pero esa comparación no se manifiesta y se presenta como una identidad.

Los niños ***son como*** *barro en manos de sus profesores.* (comparación)

Los niños son barro en manos de sus profesores. (metáfora)

La metáfora es un poderoso mecanismo de producción de significados, especialmente útil para referirse a conceptos abstractos. Se utiliza mucho en la literatura, pero también en el lenguaje cotidiano e incluso en el científico.

EXPRESIONES PARA HABLAR DE MOMENTOS VITALES /MÁS EJ. 12

perder: la memoria | el juicio | los cabales | la salud

ganar: amigos | seguridad | confianza en uno/a mismo/a

tomar: decisiones | las riendas de tu vida | en serio algo o a alguien

sentirse: bien / mal con uno/a mismo/a | aceptado/a | integrado/a | protegido/a | adulto/a | maduro/a

volverse: selectivo/a | (más) retraído/a | (más) exigente

romper: moldes | ataduras | una relación | con alguien

tomarse: algo o a alguien en serio | algo bien / mal | la vida / las cosas con filosofía | la vida / las cosas a la tremenda

moverse por: afinidades | el propio interés | intereses egoístas ≠ altruistas

cambiar: de perspectiva | tu percepción de algo

darse cuenta de: tus debilidades | tus fortalezas | tus carencias

10. ¿Cómo explicarías los usos metafóricos destacados en negrita en estos enunciados?

a. En la adolescencia **te nutres** de tus amigos.

b. En la adolescencia tienes **montañas de preguntas** porque eres **un saco de dudas**.

c. Los mayores son **pozos de sabiduría**.

d. Cualquier juego, cualquier regalo hace a los niños **chisporrotear de alegría**.

e. A los 18 años es normal **perder la cabeza** por alguna persona famosa.

f. En esa época **lidié con** todo tipo de problemas laborales y personales.

a. Compara la amistad con un alimento.

MARCADORES DEL DISCURSO: LOS REFORMULADORES /MÁS EJ. 14

Los reformuladores son palabras y expresiones del discurso que nos indican que lo que se dice a continuación debe interpretarse como una reformulación o una nueva versión de lo dicho anteriormente. Esa nueva versión aclara, rectifica o precisa algo ya mencionado.

*Mi hija tiene 20 años, **o sea,** ya es mayor.*

*Yo, de adolescente, me creía invencible, **mejor dicho,** inmortal.*

REFORMULADORES EXPLICATIVOS

Presentan la parte del discurso que introducen como una reformulación que aclara o explica la parte anterior porque se considera poco comprensible o precisa.

*La reunión es el viernes, **o sea,** mañana.* (Expresamos mejor lo que acabamos de decir).

*La reunión es el viernes, **o sea,** que date prisa en terminar todo el trabajo.* (Expresamos la conclusión que se debería inferir del primer enunciado).

O sea es el reformulador explicativo más frecuente y más usado en el discurso oral.

Otros reformuladores explicativos son **es decir**, **esto es** y **a saber**.

Es decir tiene un significado similar a **o sea**, pero en ámbitos coloquiales se usa con menos frecuencia.

*Las temperaturas subirán en la parte septentrional de la península, **es decir,** en el norte.*

*Las temperaturas subirán en el norte de la península, **es decir,** que podemos dejar los abrigos en casa.*

Esto es es más frecuente en un registro culto y en el lenguaje escrito. Solo se usa para aclarar lo que se ha dicho anteriormente. No introduce consecuencias que se deberían inferir.

*El tiempo es huidizo, **esto es,** tiene tendencia a escurrirse, a escaparse.*

A saber se usa casi exclusivamente en el discurso escrito. Solo especifica o enumera las partes de lo que se ha dicho en el enunciado precedente.

*Las estadísticas nos demuestran que los hábitos de ocio de los españoles siguen siendo tres, **a saber,** el paseo, el tapeo y el televisor.*

Estos son otros reformuladores explicativos:

En / Con otras palabras
En / Con otros términos
Dicho con / en otras palabras
Dicho con / en otros términos
Dicho de otra manera / otra forma / otro modo

REFORMULADORES RECTIFICATIVOS

Introducen una formulación que corrige la anterior porque la persona que habla la considera incorrecta.

Mejor dicho es el reformulador rectificativo más frecuente. En ocasiones puede ir precedido de la conjunción **o**.

*Los culpables de la derrota del equipo fue el público, **(o,) mejor dicho,** los aficionados.*

! En ocasiones, si el enunciado es muy breve, el reformulador puede situarse detrás de la reformulación.

*Anabel es una chica; una señora, **mejor dicho**.*

Otro reformulador rectificativo es **más bien**. Puede ir precedido de **o** y también de **sino**.

*Estos dos últimos años hemos vivido, **o más bien,** convivido, con una de las peores pandemias de la historia reciente.*

*No se trata de no hacer nada, **sino, más bien,** de hacer una cosa después de otra, con calma.*

1. Aquí tienes algunos enunciados e ideas del texto de la página 67. Intenta explicarlos con tus propias palabras usando marcadores para reformular las ideas.

a. Si los momentos pasados ya no son y los futuros aún no son, te devanas por vivir los presentes, escurridizos.
b. Quien es avaro con la vida no tiene vida.
c. La máxima sensación de paz y plenitud es la del tiempo detenido.
d. Solo el paso del tiempo nos cura del tiempo pasado.
e. En un pueblo, el día respira de otro modo.
f. El tiempo es oro.

a. Si los momentos pasados ya no son y los futuros aún no son, te devanas por vivir los presentes, escurridizos. Es decir, que solo vivimos el presente, pero el presente...

2. Lee estas frases y relaciona cada una con lo que expresa el reformulador **o sea**.

a. Sirve para expresar mejor lo que se acaba de decir.
b. Sirve para introducir una conclusión que se puede inferir de lo que se acaba de decir.

◯ El hijo de mi hermano nace en dos meses, **o sea,** en agosto.

◯ El hijo de mi hermano nace en dos meses, **o sea,** ¡que seré tía!

◯ Escurridizo significa que se escurre. **O sea,** que referido al tiempo significaría que pasa tan rápidamente que ni lo notas.

◯ Escurridizo significa que se escurre, **o sea,** que se escapa.

LOS CONECTORES CONTRAARGUMENTATIVOS EN CAMBIO Y POR EL CONTRARIO /MÁS EJ. 15-16

Relacionan dos elementos del discurso de manera que el segundo se presenta como contrario, diferente u opuesto a alguna conclusión que se pudiera desprender del primero.

En cambio muestra contraste o diferencia entre los dos elementos que relaciona.

*Mi familia es muy puntual y yo, **en cambio,** llego siempre tarde a todas partes.*

No puede conectar dos enunciados con el mismo tópico.

No me molestan las interrupciones. ~~En cambio,~~ me parecen una muestra de participación en la conversación.

Por el contrario presenta como opuesto al elemento que introduce con respecto al elemento anterior. Presenta un tipo de oposición más fuerte que el simple contraste.

*En mi país la puntualidad es una virtud; aquí, **por el contrario,** es un vicio.* (El vicio es lo contrario de la virtud).

A diferencia de **en cambio**, puede comentar el mismo tópico.

*No me molestan las interrupciones. **Por el contrario,** me parecen una muestra de participación en la conversación.*

3. Continúa estas frases para que tengan sentido.

a. En España hay muchos días festivos; **en cambio,** ...

b. Mi marido quiere tenerlo todo planificado; **en cambio,** ...

c. En mi país cenamos muy pronto. En España, **en cambio,** ...

d. A mí no me suelen gustar las películas de ciencia ficción. **En cambio,** ...

4. Fíjate en estas frases. ¿En cuáles de ellas no podrías sustituir **por el contrario** por **en cambio**?

a. Soy bastante flexible con la puntualidad entre amigos. **Por el contrario,** en lo profesional suelo serlo menos.

b. Mi madre lo planifica todo; **por el contrario,** yo improviso cada minuto.

c. No me gusta la gente impuntual, **por el contrario,** me desagrada profundamente.

d. España pertenece a las culturas policrónicas; Estados Unidos, **por el contrario,** a las monocrónicas.

e. Los viajes largos me agobian. A mi hermana, **por el contrario,** le encantan y aprovecha el tiempo para trabajar.

f. Mis jefes no son nada prepotentes; **por el contrario,** son muy humildes.

RECURSOS PARA EXPRESAR IMPERSONALIDAD / MÁS EJ. 17

SEGUNDA PERSONA DEL SINGULAR (TÚ O USTED)

Con el uso de la segunda persona se da un alcance general a lo que se dice: se da a entender que lo que se dice es algo que le ocurre a la persona que habla, pero que también le ocurre a cualquier otra que se pueda encontrar en su lugar. En estas construcciones, el pronombre sujeto puede estar explícito o no.

*Cuando **eres** joven, todo **te** parece fácil.*

*Si (tú) **regalas** tiempo a tus amigos, (tú) **acabas** siendo más feliz.*

*En la adolescencia, (tú) **crees** que tus amigos los son todo.*

*Llega la edad madura y en ese momento (usted) **se da cuenta de** que tiene responsabilidades.*

En algunos contextos el uso de la segunda persona del singular puede tener no solo una interpretación genérica, sino también una marcada función "encubridora" del yo.

*Si a mi hija le regalas un perfume, **te** lo **tira** a la cara.*

Se puede impersonalizar no solo el sujeto, sino también el objeto directo o el objeto indirecto.

*Los rivales, si **te ven** con miedo, no **te respetan**.*

*Los amigos **te cuentan** sus secretos más íntimos.*

UNO/A

Con este recurso se incluye al hablante como sujeto (o como complemento) y a la vez se alude a un sujeto desconocido o a uno que se conoce, pero que no se quiere (o no se considera oportuno) mencionar.

*Si **uno** no quiere perder a los amigos, tiene que cuidarlos.*

*A veces, en la vejez, la tratan a **una** como si fuera una niña.*

Dependiendo del contexto, **uno** puede referirse solo a la persona que habla.

- *¡Qué bien que hayas conseguido esas entradas para el concierto!*
- *Es que **uno** / **una** tiene sus contactos.*

TERCERA PERSONA DEL PLURAL

Con la tercera persona del plural se hace referencia a un sujeto desconocido o a uno que se conoce, pero que no es necesario especificar o mencionar. El uso de la tercera persona del plural excluye a la persona que habla y a su interlocutora.

*Hubo un accidente muy grave y **llamaron** a la policía.* (= Ni tú ni yo llamamos a la policía).

*Ayer me **explicaron** una cosa muy interesante.* (= No me la explicaste tú).

! En los ejemplos anteriores, podríamos sustituir el verbo en tercera persona del plural por **alguien** + el verbo en tercera persona del singular.

*Hubo un accidente muy grave y **alguien** llamó a la policía.*

Cuando hay una expresión de lugar (o de tiempo) es posible inferir el sujeto o el colectivo.

En esa empresa (los trabajadores de la empresa) *cumplen siempre los plazos.*

En esa edad (los que pertenecen a esa franja de edad) *dan más valor a los amigos que a los padres.*

En ese país (la mayoría de la gente de ese país) *piensan que el tiempo es oro.*

IMPERSONALES CON SE

Se habló *mucho de ese caso en los medios.*

Se suele llegar *muy tarde a las citas en este país.*

En este caso no hay sujeto gramatical y, por eso, el verbo no tiene concordancia con ningún elemento de la oración.

5. Transforma estas frases de manera que no aparezca el sujeto. Usa alguna de las formas impersonales de este apartado.

a. Los adolescentes se vuelven adictos al móvil.

En la adolescencia uno se vuelve adicto al móvil.

b. Los niños no se dan cuenta de lo que pasa a su alrededor.

c. Los jubilados tienen más tiempo para hacer lo que siempre han querido hacer.

d. Los jóvenes rompen normas, ataduras… se sienten libres.

e. Los niños pasan mucho tiempo en la escuela. Conocen más a sus profesores que a sus padres.

6. Recupera las frases que has escrito en la actividad 9 de Léxico (página 74) sobre una etapa de la vida y reescríbelas usando distintos recursos para expresar impersonalidad. Puedes añadir otras.

ORACIONES TEMPORALES: LOS CONECTORES A MEDIDA QUE, SEGÚN Y CONFORME /MÁS EJ. 18

Este tipo de oraciones subordinadas ubican temporalmente un evento en relación con otro.

Para hablar de eventos que ocurren de forma simultánea y se incrementan gradualmente podemos usar los conectores **a medida que**, **según** y **conforme**.

A menudo aparecen junto con la perífrasis **ir** + gerundio para acentuar la progresión y la duración de la acción.

Mis primeros años de adolescente fueron muy difíciles, pero ***a medida que / según / conforme*** *pasaban los años fui encontrando mi lugar en el mundo.*

Empecé en mi empresa como recepcionista, pero ***a medida que / según / conforme*** *fui ganando experiencia ascendí a posiciones mejor pagadas.*

Al principio no me sentía muy bien en la universidad porque no conocía a nadie, pero ***a medida que / según / conforme*** *hice amigos todo fue a mejor.*

Ya verás, al principio será duro cambiar de ciudad, pero ***a medida que / según / conforme*** *vayas haciendo amigos empezarás a sentirte mejor.*

Las oraciones temporales con **a medida que**, **según** y **conforme** se construyen con los tiempos de indicativo si se habla del presente o del pasado o si lo que se dice tiene un sentido general. En cambio, se construyen con presente de subjuntivo si el incremento se proyecta hacia el futuro.

Para hablar del paso del tiempo se pueden usar estas expresiones con el mismo sentido que las anteriores:

Con el paso del tiempo / Con el tiempo, *me di cuenta de que todo el mundo tiene defectos.*

Con el transcurrir de los años / Con los años, *fui aprendiendo a controlar mis ataques de ira.*

7. Completa los siguientes enunciados de forma lógica. Presta atención a la correspondencia temporal.

a. De pequeño, le gustaba vivir en un pueblo, pero, **a medida que** iba creciendo…

b. Dentro de unos años, **conforme** vaya dejando de trabajar tanto…

c. Cuando llegó a la universidad era una persona muy solitaria, pero **según** fue pasando el tiempo…

d. Ayer tomó la decisión de dejar esta ciudad e irse a vivir al campo, pero **conforme** pasaban las horas…

e. Siempre ha sido muy paciente, pero **a medida que** se hace mayor…

8. Piensa en cambios que se han producido en tu vida en diferentes etapas. Haz frases como las de la actividad 7 y léeselas a tus compañeros/as.

Cuando empecé a ejercer de profesora era un poco tímida con los padres y las madres de mis estudiantes, pero, según fui adquiriendo experiencia, se me pasó.

Para ir más allá

A medida que expresa la progresión paralela de dos acciones. **En la medida (en) que** significa "en proporción con el hecho de" o "en correspondencia con el hecho de": *La relación con mi padre va bien* ***en la medida en que*** *hago lo que a él le parece correcto.* En los siguientes enunciados escoge cuál de las dos locuciones es más adecuada.

a. Iba ganando seguridad en mí misma **en la medida en que / a medida que** crecía.

b. Recuerdo que en aquella época gastaba el dinero **en la medida en que / a medida que** lo iba ganando.

c. En mi juventud mi salud fue mejorando, pero no **en la medida en que / a medida que** esperaba.

d. Los lugares que recordamos son importantes **en la medida en que / a medida que** nos hablan de las personas que queremos.

e. Las primeras líneas de la novela no me gustaron, pero, **en la medida en que / a medida que** avanzaba por sus páginas, me fue cautivando.

5. IDEAS DEL TIEMPO

A. ¿Conoces alguna obra de arte (pictórica, literaria, cinematográfica, etc.) que trate el tema del tiempo? ¿En qué sentido está relacionada con el tiempo? Comentadlo en grupos.

- Cien años de soledad, *de Gabriel García Márquez. ¿La habéis leído?*
- *No.*
- *Pues cuenta la historia de una familia a lo largo de varias generaciones, durante más de cien años. La novela nos lleva a pensar que...*

B. Elige una de las obras que habéis mencionado en A y escribe un resumen de su relación con el tiempo, para presentarla. Cuélgalo en el muro virtual de la clase y lee los demás resúmenes. ¿Qué obras te gustan o te gustaría conocer mejor?

Cien años de soledad (Gabriel García Márquez)

Presenta la historia de la familia Buendía durante más de cien años. La historia se repite y, en ese sentido, para mí está relacionada con el tiempo. Además, nos sugiere que...

6. EL TIEMPO Y TÚ /MÁS EJ. 19

A. Vamos a diseñar un cuestionario sobre gestión del tiempo. En parejas escribid 8 preguntas para saber si tus compañeros/as saben gestionar bien su tiempo (tanto el de ocio como el del trabajo o estudio).

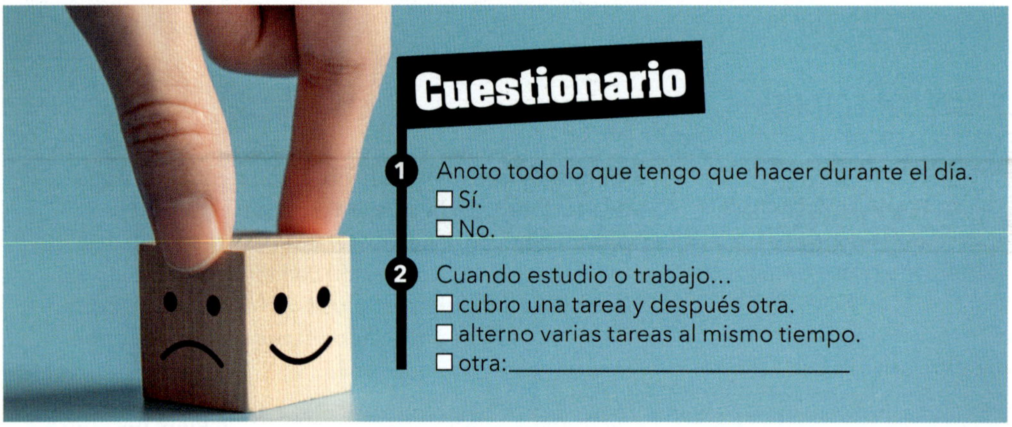

B. El / La profesor/a formará nuevas parejas. Haceos las preguntas que habéis diseñado en A y toma notas de las respuestas de tu compañero/a.

C. Vuelve con tu pareja de A. Estudia sus respuestas y comenta con él / ella a qué conclusiones llegas. Puedes usar este léxico.

(in)flexible | (des)organizado/a | procrastinador/a | cumplidor/a | (im)puntual | sabe delegar | ...

D. Hablando con vuestros/as compañeros/as, ¿habéis descubierto alguna herramienta que ayuda a gestionar el tiempo y las tareas?

- *Peter usa Todoist y dice que con esa herramienta puede organizar tareas y que es muy intuitiva...*

7. ¿ERES PUNTUAL?

A. Lee este fragmento de un mensaje que alguien ha escrito a un amigo. ¿Qué problema tiene? ¿Cuáles crees que pueden ser los motivos de lo que le ocurre?

La verdad es que no sé qué me pasa. Tú sabes que soy superorganizado para el trabajo y para mis cosas, pero últimamente llego tarde a todas partes. En el último minuto, cuando voy a salir, siempre hay algo que no encuentro y eso hace que pierda tiempo. ¿No te pasa a ti eso?

No sé, llevo una etapa que estoy de trabajo hasta las cejas. Me lío diciendo que sí a todo y luego no llego y así me va. Estoy preocupado porque no es que llegue tarde a una cita para ir al cine... es que últimamente llego tarde a las reuniones. Con decirte que ayer llegué 20 minutos tarde a una reunión de departamento...

ENVIAR

B. Ahora mira este documento y decide qué información podría ser relevante para la persona de A.

Consejos para gestionar el tiempo

1. Lleva siempre reloj.
2. Si eres olvidadizo, ponte alarmas y anótalo todo en una agenda.
3. Haz planes, pero no sobrecargues tu agenda.
4. Levántate cuando suene la alarma. Deja de postergar y alargar el tiempo.
5. Calcula bien el tiempo que te lleva cada tarea.
6. Analiza en qué pierdes tiempo y ponte un tiempo límite para esas actividades.
7. Hazte el propósito de llegar 10 minutos antes. Es mejor que esperes tú.
8. Ten un punto fijo para dejar llaves, cartera, móvil... Que no tengas que buscarlo todo a la hora de salir.

C. Escribe a la persona de A como si fuera tu amigo y dale consejos para solucionar su problema. Reformula y amplía la información del documento de B y pon ejemplos.

Mira, no me sorprende lo que me explicas porque siempre quieres estar en todo... Pero no te preocupes, seguro que encuentras una solución. Creo que deberías evitar...

D. Pásale el texto a otra persona de la clase. Valora el texto que tú vas a recibir siguiendo estos criterios. Intenta dar algunos consejos a tu compañero/a para mejorar su texto.

Para evaluar

- ¿El formato es adecuado?
- ¿El registro es adecuado?
- ¿La selección de la información es adecuada?
- ¿El texto está bien organizado?
- ¿El texto está cohesionado?
- ¿El texto está bien escrito (sin faltas de ortografía)?
- ¿Crees que el texto demuestra riqueza y variedad de vocabulario?

Para recordar

Ve a **campusdifusión** si necesitas revisar recursos para dar consejos.

8. LA CRONÉMICA

A. MAP Aquí tienes una infografía sobre los temas que estudia la cronémica. ¿Has observado algo en personas de distintas culturas que conoces en relación con alguno de esos temas? Comentadlo en grupos.

La cronémica

Es la concepción, estructuración y uso del tiempo que hace el ser humano durante la comunicación. Se clasifica en:

1 **Cronémica conceptual:** las creencias en torno al concepto del tiempo, la importancia que se da al tiempo. Cuestiones como el valor cultural que tienen la puntualidad y la impuntualidad, o el significado que tienen palabras como *ahora*, *enseguida* o *un momento*.

2 **Cronémica social:** es la distribución del tiempo al realizar las actividades diarias y sociales. Por ejemplo, cuánto dura una visita a un familiar o una reunión de trabajo, las horas de las comidas (si es pronto o tarde para hacerlo), a partir de qué hora no es adecuado llamar a alguien por teléfono, hasta qué hora se pueden quedar los niños jugando por la tarde en un parque…

3 **Cronémica interactiva:** se refiere a la duración de los signos con los que nos comunicamos (un saludo o una despedida, darse un abrazo o un beso, estrecharse la mano, etc.).

Culturas monocrónicas y policrónicas:

Monocrónica: tendencia a concentrarse en una sola cosa a la vez y en orden cronológico

Policrónica: se realizan diversas actividades al mismo tiempo

Código cronémico:

En el discurso, consiste en cómo se controlan:

- El tiempo de uso de la palabra.
- La duración de las pausas.
- El ritmo del habla.
- Los turnos de palabra.

- *Yo me he dado cuenta de que mis amigos españoles se interrumpen mucho cuando hablan. En mi país, en cambio, eso está muy mal visto.*

B. En grupos, hablad acerca de cómo hacéis vosotros/as lo que se indica en la infografía. Una persona del grupo toma nota de lo que dice el resto.

- *Yo creo que no tardo nada en despedirme. ¿Y vosotras?*
- *Uf, yo sí. Si me voy de una fiesta, por ejemplo, lo digo y luego me suelo quedar un ratito más antes de irme de verdad.*

C. Presentad al resto de la clase la información que habéis recabado de los miembros de vuestro grupo. ¿Hay diferencias entre vosotros/as?

9. PRODUCTOS TEXTUALES LAS EDADES DE LULÚ /MÁS EJ. 20-22

A. 09 MAP Vas a escuchar a dos personas que hablan de etapas diferentes de su vida. Completa esta tabla.

	¿Qué etapa recuerda? ¿Por qué la recuerda especialmente?	¿Qué "síntomas" menciona de esa etapa? ¿Qué diferencias nota con la etapa anterior?	¿Se arrepiente de algo?
1. MARTA			
2. JUAN			

B. Vas a pensar en una etapa de tu vida y te vas a grabar hablando de ella y respondiendo a las mismas preguntas que en el audio de A. Toma notas de tus ideas principales y, luego, grábate.

- adolescencia: gran cambio
- muchas dudas
- muchas emociones distintas en poco tiempo

Para recordar

Ve a **campusdifusión** si necesitas revisar recursos para hablar de arrepentimiento.

C. Escucha las grabaciones de tus compañeros/as. Puedes hacerles preguntas o comentarios.

D. Ahora transforma el testimonio que acabas de grabar en un texto literario escrito de unas 200 palabras, inspirándote en el de Gabriel García Márquez (actividad 4). Piensa qué cambiarías, qué estilo le darías, qué metáforas podrías usar, etc., para adaptarte a ese formato textual.

La adolescencia para mí fue un cambio abrupto. De repente, me sentí como si estuviera navegando por un mar embravecido, sin rumbo fijo. Esos años fueron una montaña rusa de emociones y desafíos que moldearon mi personalidad.

E. Intercambia el texto con el de otra persona de la clase. ¿Te parece que hay algo que debería cambiar para "pulir" el texto?

5 / ¿EN QUÉ QUEDAMOS?

SALUD MENTAL

Aciertos y errores en la comunicación interpersonal

Cuando hablamos de comunicación, hablamos de un proceso a través del cual tenemos la oportunidad de abrirnos al mundo. Comunicar es informar, transmitir, dar a conocer, conocerse, descubrir.

En el terreno interpersonal, la comunicación es el proceso a través del cual establecemos relaciones con los demás. Aprendemos a relacionarnos, a vincularnos. La manera en la que lo hagamos influirá en el código relacional que establecemos con el otro. En esa relación, uno de los participantes (el emisor) expresa algo a través de signos verbales o no verbales con la intención de influir de algún modo en los pensamientos, las emociones o el comportamiento de quien recibe el mensaje (receptor). Por tanto, estamos ante un proceso dinámico, interactivo y recíproco que implica la gestión y ajuste emocional para que esa relación resulte significativa para nosotros.

En el terreno interpersonal, la comunicación es el proceso a través del cual establecemos relaciones con los demás.

Sin embargo, como todo aprendizaje, no se está exento de caer en errores comunes que pueden entorpecer el desarrollo y mantenimiento de la relación. Estos son algunos de los errores que cometemos cuando nos comunicamos con los demás:

- Hablar por hablar, haciendo un monólogo.
- No mostrar interés por lo que dice la otra persona.
- Saltar de un tema a otro, o cortar la conversación.
- Repetir una y otra vez lo mismo.
- Querer decir siempre la última palabra.
- Adivinar lo que la otra persona quiere decir, o dar las cosas por sabidas.

Tomar conciencia de estos errores nos va a permitir rectificar y reconducir la relación interpersonal a un equilibrio en el que emisor y receptor puedan encontrarse nuevamente. Por otro lado, para mejorar nuestra manera de comunicar, ofrecemos las siguientes claves que deben tenerse en cuenta:

- Utilizar un tono de voz y una expresión emocional adecuados.
- Procurar que lo que se dice sea coherente con la manera de decirlo.
- Animar a la otra persona a que ofrezca su opinión.
- Mostrar interés cuando se escucha a la otra persona.
- Pedir ejemplos o aclaraciones de lo que no se entiende.
- Dar detalles concretos para garantizar una buena comprensión del mensaje.

AUDIOS, VÍDEOS, DOCUMENTOS ALTERNATIVOS, ETC., DISPONIBLES EN **campusdifusión**

EN ESTA UNIDAD VAMOS A

CREAR UN FORO SOBRE MALENTENDIDOS

RECURSOS COMUNICATIVOS

- mediar en conflictos relacionados con la comunicación
- reflexionar sobre malentendidos
- hablar del humor
- gestionar el trabajo en grupo

RECURSOS GRAMATICALES

- el voseo
- oraciones causales y condicionales con **como**
- oraciones suspendidas

RECURSOS LÉXICOS

- la comunicación
- el humor y la risa
- expresiones relacionadas con el acto de hablar
- onomatopeyas
- el verbo **quedar**
- descripción de roles para el trabajo cooperativo

En todo proceso de aprendizaje, se cometen errores y aciertos. En la comunicación, también es importante considerar la necesidad de aprender paso a paso, progresivamente, sin miedo a equivocarse, para lograr el objetivo deseado. En las relaciones personales, el objetivo es poder establecer y mantener dichas relaciones en un encuadre saludable. Prestemos atención, por tanto, a nuestra manera de comunicarnos y atendamos a nuestros errores y aciertos en esa comunicación como un primer paso hacia la mejora de esas relaciones.

En las relaciones personales, el objetivo es poder establecer y mantener dichas relaciones en un encuadre saludable.

Fuente: expertosenpsicologia.com

Empezar

1. LA COMUNICACIÓN /MÁS EJ. 1

A. MAP Lee el texto y haz un esquema para representar qué es la comunicación (quiénes participan, por qué, de qué manera...) a partir de las ideas del texto. ¿Te sorprende algo de lo que dice? P. 90

B. 10 MAP Vas a escuchar cuatro conversaciones. ¿Qué sucede en cada una? Puede haber más de una opción.

	1	2	3	4
Alguien se queja de otra persona.				
Alguien le explica a otra persona cómo hacer algo.				
Alguien cuenta un problema que ha tenido.				
Alguien intenta convencer a otra persona para que haga algo.				

C. ¿Qué problemas de comunicación detectas en las conversaciones de B? P. 90

D. TSP Identifica en el texto de la izquierda ideas relacionadas con los problemas de comunicación que se dan en las conversaciones de B.

E. ¿Habéis vivido recientemente alguna situación similar a las de B? Comentadlo en grupos.

F. ¿Qué otras cuestiones pueden provocar fallos en la comunicación? En grupos, haced un listado.

2. EL SENTIDO DEL HUMOR

A. En grupos, responded a las siguientes preguntas. P. 91

1. ¿Para qué sirven el humor y la risa?
2. ¿Todas las risas son iguales? ¿Qué tipos de risa existen?
3. ¿De qué depende que un chiste o una historia resulten chistosos?

- *Yo creo que la risa es una forma de comunicarnos con los demás.*
- *Sí, pero también es algo involuntario, no se puede controlar, ¿no creéis?*

B. MAP Lee el texto de la derecha y anota información que aparece en él y que puede complementar vuestras respuestas de A.

C. El artículo es un texto divulgativo, pero de tono cercano y divertido. Esto se consigue, por ejemplo, con los títulos de los párrafos. En pequeños grupos, poned un título a los párrafos que no lo tienen. Comparad vuestros títulos en clase y elegid los mejores.

D. En el texto hay muchos ejemplos de voseo. Realiza las siguientes actividades para conocer mejor este aspecto característico de la variedad rioplatense del español. P. 94

1. Consulta en el *Diccionario de americanismos* (https://www.asale.org/damer/) el pronombre **vos** para comprobar su distribución de uso.
2. Analiza las formas verbales que aparecen en el texto y compáralas con las formas de **tú**. ¿Cómo se forman?

E. En el texto aparecen dos maneras de escribir en español la risa: "ja, ja, ja" y "je, je, je". Fíjate en estos ejemplos con distintas formas de escribir la risa en español. Luego, busca otros ejemplos en internet. ¿Se aprecian también estos matices de significado? P. 92

1. **Ja, ja, ja:** risa franca, a carcajadas

- Un tipo se acerca a las taquillas de un teatro y dice: "Hola, ¿tienen entradas?". "Sí". "Buf, pues yo también tenía, y fíjese ahora… todo calvo".
- Ja, ja, ja.

2. **Ja:** risa sarcástica

- ¿A que está rico? ¡Pues lo he cocinado todo yo!
- Ja, seguro…

3. **Je, je, je:** risa más suave, más cómplice

- ¿Te acuerdas de aquella vez que nos perdimos en el edificio de Laura?
- Sí, ¡fue un desastre!
- Je, je, je, sí, suerte que al final encontramos la salida.

4. **Ji, ji, ji:** risa contenida o burlona

- Ah, ¡pero si estabas escondido aquí!
- Ji, ji, ji.

F. CORPUS Fíjate en esta frase del texto. Realiza una búsqueda diferenciada en CORPES XXI (en **campusdifusión** tienes instrucciones) de las combinaciones **hacer gracia** y **causar gracia**. ¿En qué zonas geográficas es más frecuente cada una?

“Un chiste nos puede **causar mucha gracia** sin que eso se traduzca en risa.”

La ciencia y el humor: **¿por qué nos hace reír un chiste?**

¿Tenés cosquillas? Probá de hacerte cosquillas en este momento. ¿No pasa nada? Ahora hacele cosquillas a otra persona. ¿Por qué esa persona se ríe y vos no? La respuesta a esta pregunta es una verdadera teoría del humor: no podemos hacernos cosquillas a nosotros mismos porque, al predecir la estimulación táctil (es decir, que vamos a tocarnos y en qué parte del cuerpo), disminuyen sus efectos. Dicho en otras palabras: la risa es un efecto de la sorpresa. Sí, un bajón si descubrís con este dato que no podés hacerte una fiesta sorpresa.

La risa es espontánea, involuntaria y contagiosa, hasta el punto de que raramente nos reímos en soledad: es 30 veces más probable reírnos con otras personas que estando solos. Sin embargo, no todas las risas son iguales: las que son sonoras (y suenan como "ja, ja, ja", "je, je, je", etc.) generan un efecto más positivo en quien las escucha. En cambio, las que son sonidos no vocalizados, gruñidos o ronquidos generan mayor desagrado. Además, nos reímos distinto según con quien estemos, y eso se nota. Un estudio publicado en 2016 ("Detecting affiliation in colaughter across 24 societies", *PNAS*, vol. 113, n.º 17) muestra que podemos identificar si dos personas que ríen al mismo tiempo son amigas o desconocidas solo por su manera de reír. El experimento se realizó con 966 personas de 24 culturas distintas, lo cual significa que la risa nos sirve, como especie, para conocer el grado de relación que tienen dos personas. Por eso nos molesta tanto la risa falsa: porque nos damos cuenta del engaño.

La risa aparece muy temprano, incluso antes que el lenguaje: hacia los tres meses de edad los bebés comienzan a reírse y ya no paran. Cumple desde ese momento una función social muy importante, porque le indica a la otra persona que queremos conectarnos con ella. El humor puede ayudar a construir relaciones y mejorar el desempeño de los estudiantes atrayendo y manteniendo la atención, reduciendo la ansiedad, mejorando la participación y motivación creciente. Además, el humor es un antídoto para el estrés, ya que estimula múltiples sistemas fisiológicos que disminuyen los niveles de hormonas del estrés y aumentan la activación del sistema de recompensa que libera dopamina.

¿Qué es el humor? (*Spoiler*: todavía no lo sabemos)

Según el neurocientífico Scott Weems, en su libro *Ja! La ciencia de cuándo reímos y por qué* (2014), el humor surge de un conflicto interno en el cerebro y forma parte de nuestro proceso de comprensión del mundo. Básicamente, y de forma resumida, lo que sostiene Weems es que ante un dilema, ante una situación con múltiples resoluciones, el cerebro naturalmente tiende a apostar a la resolución lógica y, cuando esta expectativa se frustra, lo disfrutamos y nos reímos. Eso explicaría por qué no funciona de la misma forma un chiste cuyo final ya conocemos. Sin embargo, no todas las sorpresas son humorísticas, ni todo el humor depende de la sorpresa. Cuando vemos un *sketch*, o volvemos a ver un *show* de humor, muchas veces lo hacemos precisamente esperando esa parte que ya conocemos, ese remate que conocemos y nos hace morir de risa. Y otras veces un chiste nos puede causar mucha gracia sin que eso se traduzca en risa. Y otras veces nos reímos de algo que no nos causa gracia.

Se puede pensar en el chiste como la unidad mínima del humor. Generalmente, es una narración corta, oral o escrita, que termina en un remate. Su estructura más simple es una situación inicial, que puede ser cotidiana o extraordinaria, y un remate, que resuelve la situación inicial, generalmente de una manera incongruente. Esto último es muy importante, porque la situación inicial genera expectativas que el remate no respeta, dando una respuesta completamente inesperada. El remate nos tiene que sorprender para ser gracioso; si lo podemos prever, o si ya conocemos el chiste, nos causa menos gracia, o incluso ninguna. El chiste, sin embargo, no es lo único humorístico: si no está acompañado por gestos, tonos de voz, objetos, actitudes, etcétera, no suele ser muy gracioso que digamos, y seguramente no nos haga reír del mismo modo leer un chiste en un libro que escucharlo y verlo.

Cosquillas en el cerebro

¿No te pasa que ves un *show* de *stand-up* y parece que te estuvieran leyendo la mente? ¿Que las cosas que te cuentan son las mismas que te pasan a vos? Se debe a que el humor está muy vinculado a la empatía, porque al reírnos de un chiste nuestro cerebro trata de decodificar el estado mental de la otra persona. Por eso algunos comediantes nos gustan más que otros: porque es más fácil identificarnos con ellos.

Fuente: adaptado de chequeado.com

G. ▶ 4 MAP Ve este fragmento de un *sketch* del humorista Andreu Buenafuente. Después de cada gag, comenta con tus compañeros/as: ¿te ha resultado gracioso? ¿Qué te ha hecho más gracia y qué menos? ¿Por qué? Puedes hablar de estas cosas. P. 92

- el tema
- el mensaje
- la identificación personal
- las referencias culturales
- la forma de hablar
- los gestos que hace

H. TSP Ahora trabaja con la transcripción y busca ejemplos de estos recursos muy usados en textos humorísticos.

- uso de la ironía (decir una cosa cuando se quiere dar a entender otra, a menudo lo opuesto)
- efecto sorpresa, remate inesperado
- juegos de palabras o dobles sentidos
- exageración de rasgos o características de una persona o situación para que parezcan absurdos, ridículos o graciosos
- imitación de voces, maneras de hablar o acentos

Uso de la ironía:
Y después también quería que aprendiéramos a decir cosas superútiles, ¿eh?

I. ▶ 4 Estos son recursos no verbales muy usados en *sketches* humorísticos. Dividid la clase en grupos. Cada grupo vuelve a ver el vídeo y se fija en el lenguaje no verbal de uno de los gags. ¿Podéis encontrar ejemplos de estos recursos? Luego, contad al resto de la clase lo que habéis analizado.

- tono de voz general alegre y juguetón
- postura corporal más bien relajada y encorvada
- gestos y expresiones faciales exagerados

• *Cuando imita a una persona que está preguntando dónde está la torre Eiffel, exagera los gestos que hace esa persona. Por ejemplo, cuando dice "Dejadme a mí"...*
○ *Sí, y también cuando dice que al francés se le vuela la gorra hace un gesto...*

J. ¿Sueles ver *shows* de humor? ¿Hay humoristas con los/as que te mueres de risa? ¿Por qué? Comentadlo en grupos. P. 91

K. ¿Qué razones puede haber para que no entendamos (o no nos haga gracia) un chiste o a un/a humorista en otra lengua? Entre todos/as, haced una lista.

– Que el tema parezca inapropiado u ofensivo.

Descubre

Pregunta a hispanohablantes qué humoristas conocen, cuáles les gustan más y por qué. Luego, compártelo en clase. Podéis ver *sketches* o *shows* de esos humoristas. ¿Cuáles os gustan más?

3. MEJOR HABLAMOS POR TURNOS /MÁS EJ. 2

A. 11 MAP Vas a escuchar dos fragmentos de conversaciones de estudiantes que están trabajando en grupo. Completa la tabla.

	¿Qué tarea están realizando?	¿Qué problemas surgen en la cooperación?	¿Cómo solucionan esos problemas?
GRUPO 1			
GRUPO 2			

B. TSP Aquí tienes algunas expresiones de las conversaciones de A. Búscalas en la transcripción. ¿Para qué dirías que sirve cada una? P. 95

1. Hablar del conocimiento previo
2. Confirmar la comprensión
3. Gestionar el tiempo y organizar la tarea
4. Manejar el desacuerdo
5. Equilibrar la participación

- ¿Cómo vamos de tiempo?
- ¿Alguien recuerda...?
- Solo nos quedan veinte minutos.
- Antes que nada...
- ¿Que no hay que poner un resumen?
- Que sí, que sí hay que poner un resumen.
- Vamos por partes. Primero... Y luego...
- De los dos títulos que tenemos, ¿con cuál nos quedamos?
- Mejor hablamos por turnos.
- Entonces, ¿en qué quedamos?
- Eso me suena. Es como...
- Vamos a recapitular.
- Tú lo ves de una manera, pero nosotros de otra.
- Es eso, ¿no?
- ¿Y tú qué opinas? No has dicho nada todavía.
- No sé si lo he entendido bien. ¿Te refieres a que...?
- Vamos a intentar buscar un consenso.
- ¿Te gustaría aportar algo?

C. Fíjate en las siguientes expresiones de las conversaciones de A. ¿Puedes explicar los diferentes significados de **quedar**? P. 93

1. Solo nos **quedan** veinte minutos.
2. Sin un buen título no va a **quedar** bien.
3. Y de los dos títulos que tenemos, ¿con cuál **nos quedamos**?
4. Todavía **queda** mucho por hacer.
5. Si hacemos eso, va a **quedar** fatal.
6. ¿En qué **quedamos**? ¿Usamos el primero o el segundo?
7. Pero habíamos **quedado** en que la hacía yo, ¿no?

4. COMUNICACIÓN INTERCULTURAL

A. MAP Lee los dos correos electrónicos de la página derecha (1 y 2), que ha recibido María Muñoz, la jefa de Recursos Humanos de la empresa LogiHispan. ¿Qué conflicto plantean? ¿Cómo crees que debería actuar María?

B. MAP Antes de intervenir, María pide permiso para revisar algunas conversaciones entre Teo y Luisa con el objetivo de tener más información sobre el conflicto. Lee las conversaciones de la página siguiente (3). ¿Entiendes qué significan las expresiones subrayadas? ¿Cómo las traducirías a tu lengua?

C. 12 MAP Escucha este fragmento de una clase de Lingüística de una universidad española y toma notas para responder a estas preguntas. Luego, vuelve a analizar el malentendido entre Teo y Luisa: ¿a qué crees que se ha podido deber?

- ¿Qué importancia tiene el contexto en la comunicación?
- ¿Qué características tienen las culturas llamadas de bajo contexto y las de alto contexto?
- ¿Qué ejemplos de malentendidos surgen entre personas que pertenecen a culturas diferentes desde este punto de vista?

D. ¿Cuál de los correos de A es más formal y cuál más informal? ¿Qué características tiene cada uno?

E. Analiza los siguientes enunciados de los textos de la página derecha. Son oraciones suspendidas, que invitan al interlocutor a inferir la continuación. Escribe cómo podrían continuarse. P. 94

1. En fin, te pido ayuda, porque **como la situación siga así**... vamos a tener un pequeño problema.
2. Bueno, en realidad sí. Pero **como pongas en copia de todos los correos a los jefes**...
3. ¿Podrías mirarlos antes de enviárselos a nuestros responsables? **Como tú llevas más años en la empresa**...
4. Ah, no pasa nada. **Como dijiste que lo mirarías**...

F. Las oraciones en negrita de E están introducidas con **como**. ¿Qué significado percibes en cada una? ¿Cuándo se construyen con indicativo y cuándo con subjuntivo? Márcalo en la tabla. P. 94

	FINALIDAD			**MODO**	
1.	justificar lo dicho	advertir	hacer un reproche	indicativo	subjuntivo
2.	justificar lo dicho	advertir	hacer un reproche	indicativo	subjuntivo
3.	justificar lo dicho	advertir	hacer un reproche	indicativo	subjuntivo
4.	justificar lo dicho	advertir	hacer un reproche	indicativo	subjuntivo

G. Comentad en grupos las respuestas a estas preguntas.

- ¿Consideras positivo que una empresa apueste por la diversidad cultural entre sus empleados/as? ¿En qué puede ser beneficioso para la empresa?
- ¿Qué retos puede plantear? ¿Qué malentendidos puede generar?

  - *Bueno, yo creo que es muy positivo apostar por la diversidad cultural. Los equipos multiculturales son más creativos.*
  - *Sí, pero para mí la mayor ventaja es que...*

1

De: teo.f@logihispan.es

A: maria.m@logihispan.es

Re: Consulta sobre programa de mentorización

Estimada Sra. Muñoz:

Buenos días. Mi nombre es Teo Hernández y, como usted sabe, soy el nuevo responsable de la línea de negocio con Alemania en el Departamento Comercial.

Ante todo, muchas gracias por la iniciativa de emparejarnos con compañeros locales para este período de adaptación. Mi mentora, Luisa García, es muy simpática y agradable. Aunque trabaja desde casa, siempre está disponible para ayudarme por videollamada o por mensaje. Sin embargo, quería comentarle algo. Hace poco le pedí ayuda con un par de asuntos, pero no entiendo muy bien la dinámica de trabajo con ella: no siempre responde a mis mensajes y no sé cómo avanzar. No quiero quejarme de ella, en absoluto, es muy amable. Le escribo solo para pedirle consejo, porque no sé muy bien cómo actuar. ¿Sería posible tener un protocolo de tutorado?

Muchas gracias de antemano y un cordial saludo,

Teo Hernández

Enviar

2

De: luisa.g@logihispan.es

A: maria.m@logihispan.es

Re: Conflicto como mentora

Hola, María:

¿Qué tal estás? Me imagino que muy liada, como siempre. Perdona que te moleste. Como sabes, llevo varios meses teletrabajando, así que te escribo por correo, en vez de llamarte, y así me atiendes cuando puedas. Es sobre el programa de mentorización. Me habéis adjudicado a un nuevo compañero de mi sección, Teo Hernández. Es muy simpático y tal, pero me da la sensación de que no terminamos de entendernos. Sinceramente, me exige mucho. Como si no tuviera ya suficiente trabajo… Y, además, es muy poco autónomo. En fin, te pido ayuda, porque como la situación siga así…

Mil gracias. A ver si coincidimos pronto en alguna reunión en persona.

Un abrazo,

Luisa

Enviar

3

MARTES 28 DE FEBRERO

Hola, Luisa. Muchas, muchas gracias por el resumen de las reuniones anteriores. Me han ayudado a **ponerme al día**. Este primer mes en la empresa ha sido muy duro. 😅 Pero estoy contento.

Me alegro de que te estés adaptando. Y pídeme sin problema lo que necesites. 😜

Te quería hacer una consulta. ¿Cómo se hace el envío de archivos sensibles entre nosotros, como los de información financiera confidencial?

Ah, sí. Tienes el protocolo en la carpeta de Manuales. Es muy sencillo.

MIÉRCOLES 1 DE MARZO

Hola, Luisa. Perdona. He mirado el protocolo de envío de archivos. Creo que lo entiendo, pero me gustaría confirmar un par de cosas. Es que no me queda claro si debemos **poner en copia** del tráfico de archivos a los responsables del departamento. El manual es un poco ambiguo.

Bueno, en realidad sí. Pero como pongas en copia de todos los correos a los jefes...

¿Es un problema?

Bueno, al final les llenas la carpeta de entrada del correo y pueden quejarse.

Entonces, ¿qué debo hacer? ¿No hay un lugar con las instrucciones exactas?

Pues... no sé qué decirte. Ponlos en copia solo de los más importantes. O pregúntale a la secretaria de Dirección.

JUEVES 16 DE MARZO

Buenos días, Luisa. ¿Qué tal? Te quería pedir otro favor, si puedes...

¡Hola! Todo bien, gracias. Sí, claro, dime.

Es que se me han ocurrido algunos cambios para nuestro departamento porque en mi anterior trabajo hacíamos algunas cosas de forma diferente.

😶

¿No es apropiado?

Sí, sí, tranquilo. Dime.

¿Podrías mirarlos antes de enviárselos a nuestros responsables? Como tú llevas más años en la empresa...

Claro, mándamelo y le **echo un vistazo** un día de estos.

Perfecto. Te lo envío ahora mismo. Mil gracias.

LUNES 20 DE MARZO

Hola, Luisa. ¿Has podido ver lo que te envié?

Hola, Teo. Ay, perdona. Lo **tengo pendiente**.

Vale, no pasa nada. Como dijiste que lo mirarías...

Cierto. Lo reviso cuando **saque un rato** y te digo.

JUEVES 23 DE MARZO

Hola, Luisa. Perdona que te moleste de nuevo. Es que me gustaría enviar las propuestas a la dirección.

Perdona, Teo. Llevo unos días muy **liada**.

Si no puedes, no pasa nada. Puedo enviarlas como están.

No, no. Es que quiero mirarlas con tranquilidad. Estoy acabando unas tareas urgentes, así que esta tarde lo reviso.

LA COMUNICACIÓN /MÁS EJ. 3-5

LA COMUNICACIÓN

ELEMENTOS

(el) signo verbal / no verbal
(el) canal
(el) código
(el) significado (explícito / implícito)
(el) sentido
(el) malentendido
(el) juego de palabras
(el) doble sentido
(el) sarcasmo
(la) ironía

PROCESOS

transmitir
querer decir
referirse a
descodificar = decodificar
interpretar
inferir
conectar (con)
empatizar (con)
vincularse (a)

PARTICIPANTES

emisor/a
destinatario/a
receptor/a
interlocutor/a
hablante

LA COMUNICACIÓN NO VERBAL

(el) tono de voz
(las) pausas
(los) gestos
(la) expresión facial / corporal
(la) postura
(los) movimientos

COMBINACIONES

una comunicación: exitosa, clara, franca

entablar, establecer, mantener: la comunicación, una conversación

interrumpir, cortar, obstaculizar: la comunicación, una conversación

tono: irónico, serio, jocoso, moralista, condescendiente, informal, distante, adecuado, inadecuado

1. En parejas, hablad sobre estas cuestiones.

- ¿Qué papel consideras que juega la comunicación no verbal en otras lenguas que conozcas, en comparación con el español?
- ¿Hay algún tipo de tono o manera de comunicar que te moleste especialmente cuando alguien se dirige a ti?

EXPRESIONES RELACIONADAS CON HABLAR /MÁS EJ. 6-7

Hablar por hablar	*Yo creo que mi abuela a veces no sabe ni lo que quiere decir,* ***habla por hablar****.*
Saltar de un tema a otro	*Julio es un poco disperso, ¿no? O sea, que muchas veces, cuando habla,* ***va saltando de un tema a otro****.*
Decir / Tener la última palabra	*Es pesado hablar con mi padre porque siempre quiere* ***decir la última palabra****, no cede nunca.*
Dar algo por sabido	*Siendo profesora me he dado cuenta de que nunca puedes* ***dar las cosas por sabidas****. Antes de empezar a explicar algo, tienes que hacer preguntas y asegurarte bien de qué saben tus estudiantes.*
Hablar por los codos	*Tengo un vecino que* ***habla por los codos*** *y no sé cómo pararlo. A veces, cuando tengo prisa, intento evitarlo.*
Ser una tumba	*A mí me puedes decir un secreto, que yo no digo nada,* ***soy una tumba****.*
No decir ni mu	*¿Y tú qué piensas, Óscar?* ***No has dicho ni mu****...*
Ser todo oídos	*Dime, venga, que te escucho.* ***Soy todo oídos****.*

2. En grupos, cada uno/a piensa en una expresión de la tabla de este apartado y la define. El resto tiene que adivinar cuál es.

- *Significa que una persona habla mucho.*
- *Hablar por los codos.*

3. Usa las expresiones de la tabla para hablar de ti, de alguien de tu entorno o de alguna experiencia de comunicación que hayas vivido recientemente.

- *Yo, en clase, intento ser todo oídos porque me distraigo muy fácilmente.*

4. CORPUS Busca en Linguee (en **campusdifusión** tienes instrucciones) estas otras expresiones relacionadas con hablar, que contienen la palabra **lengua**. ¿Entiendes qué significan? ¿Cómo expresas la misma idea en tu idioma o en otro que conozcas?

morderse la lengua · irse de la lengua · no tener pelos en la lengua · darle a la lengua · tener don de lenguas · tirar de la lengua

Para ir más allá

Aquí tenéis algunos refranes relacionados con la comunicación. ¿Qué creéis que pueden significar? Haced suposiciones y, luego, buscad ejemplos de uso en internet para comprobarlo.

a. A buen entendedor, pocas palabras bastan.
b. Por la boca muere el pez.
c. Perro ladrador, poco mordedor.
d. En boca cerrada no entran moscas.
e. Las palabras se las lleva el viento.

Para ir más allá

Aquí tienes dos metáforas que usamos en la lengua diaria para referirnos al acto de hablar. Relaciona las siguientes frases con cada una de las metáforas.

a. El discurso es un hilo.
b. Hablar es un viaje, un camino.

- ◯ Cuando empecé a hablar, **se me hizo un nudo en la garganta** y no supe qué decir.
- ◯ Para no **desviarme** mucho del tema, voy a recapitular las ideas principales.
- ◯ Al final dio tanta información que **perdí el hilo** y dejé de escuchar.
- ◯ **No des tantos rodeos** y cuéntamelo ya, que no puedo perder el tiempo.
- ◯ Cuando nos ha dado las instrucciones, **ha ido paso a paso**.
- ◯ No se lo he podido explicar bien porque **me he hecho un lío** tremendo.
- ◯ **Al hilo de** lo que decías, me ha venido a la cabeza un humorista argentino que era muy gracioso.

EL HUMOR /MÁS EJ. 8-9

EL VERBO REÍR(SE)

Reír(se): expresar alegría.
*Este niño siempre **está riendo / riéndose**.*

Reírse con / por algo: indicar la causa de la risa.
***Se ha reído con** mi chiste / **por** lo que le he contado. Es que era muy gracioso.*

Reírse de algo / alguien: burlarse.
***Se ha reído de** mí.*
***Se rio de** lo que hice y me molestó.*

Reírle las gracias / los chistes a alguien: celebrar con risa algo.
*Mi novio nunca **me ríe** los chistes.*

Reírse a carcajadas: reírse mucho.

COMBINACIONES CON HUMOR Y RISA

(no) tener / (no) poseer — carecer de — **sentido del humor**

aguantarse — contener — reprimir — **la risa**

morirse — partirse — **de risa**

risa — franca, falsa, forzada, contagiosa, nerviosa, tonta, irónica, malvada

humor — ácido, agudo, fino, ingenioso, inteligente, mordaz, soez, sutil, tonto, infantil

5. En parejas, hablad sobre estas cuestiones.

- ¿Consideras que tienes buen sentido del humor? ¿Por qué?
- ¿Recuerdas alguna vez en la que no pudiste aguantarte la risa? ¿Y la última en la que te has reído a carcajadas? ¿Alguna vez tuviste una risa nerviosa en una situación inapropiada?
- ¿Qué tipo de humor te gusta más? ¿Cuál menos?

6. Aquí tienes algunos términos técnicos para los diferentes tipos de humor. Usa el vocabulario de combinaciones con **humor** y **risa** para determinar en qué se diferencian. Si no los conoces, puedes buscar información en internet.

humor absurdo — humor blanco — humor verde — humor negro — humor grotesco — humor satírico

GÉNEROS Y SOPORTES HUMORÍSTICOS

chiste
tira cómica
caricatura
meme
GIF
monólogo cómico
sketch / número cómico
show / espectáculo cómico
película o serie cómica / de comedia

EXPRESIONES CON GRACIA, GRACIOSO/A Y CHISTOSO/A

Algo **hace** / **causa** / **tiene** (mucha / bastante / algo de / un poco de) **gracia**. [valoración positiva]

Algo **hace** / **causa** / **tiene poca gracia**. [valoración negativa]

Algo **no hace** / **causa** / **tiene** (mucha / demasiada / ni pizca de / nada de) **gracia**. [valoración negativa]

Algo **es** / **resulta** (muy / bastante / algo / un poco) **gracioso** / **chistoso**. [valoración positiva]

Algo **es poco gracioso** / **chistoso**. [valoración negativa]

Algo **no es** (muy / demasiado / nada / en absoluto) **gracioso** / **chistoso**. [valoración negativa]

CHISTES

Estructura

planteamiento / introducción / premisa

remate / desenlace / gracia final

Analizar chistes

El planteamiento ***genera*** */* ***crea*** */* ***despierta expectativas****.*

El remate ***frustra*** */* ***contradice las expectativas****.*

Combinaciones

contar / entender / pillar / agarrar* / saber(se) — un chiste

un chiste — desternillante / grosero / gracioso / burdo / manido / pesado / sin gracia / tonto

* En algunos países hispanohablantes se dice **pillar** y en otros se prefiere **agarrar**.

7. Usa expresiones con **gracia**, **gracioso/a** y **chistoso/a** para hablar con tus compañeros/as sobre algún producto humorístico.

- *Yo la semana pasada vi una comedia romántica muy graciosa. Una con Jennifer López.*
- *Sí, yo también la vi. A mí no me hizo nada de gracia.*

8. ¿Qué diferencia crees que hay entre **entender un chiste** y **pillar un chiste**? ¿Cuál usarías en una situación informal? ¿Cuál es más neutra?

9. ¿Qué diferencia de significado hay entre un chiste y una broma? Haced búsquedas en internet y comparad la información que encontréis.

10. Cuenta un chiste a tus compañeros/as. Puede ser uno que hayas aprendido en español u otro que traduzcas de otra lengua. A continuación, comentad su estructura y qué os ha parecido.

ONOMATOPEYAS /MÁS EJ. 10

Las onomatopeyas son unidades léxicas cuya forma pretende reflejar determinado sonido (por ejemplo, la onomatopeya **miau** refleja el sonido del gato cuando maúlla). Algunas muy frecuentes son las que representan la risa, el sonido de los animales o el sonido de objetos.

ONOMATOPEYAS PARA LA RISA

En español existen diferentes onomatopeyas para la risa: **ja**, **je**, **ji** y **jo** (también se usa **ju**, pero con menos frecuencia). Pueden escribirse entre exclamaciones (**¡ja, ja, ja!**), pero también es frecuente encontrarlas sin estos signos (**je, je**). Si se repiten, se separan con comas, pero en las redes sociales y servicios de mensajería es muy común escribirlas seguidas: **jijiji**.

Cada una transmite diferentes matices. Por ejemplo, **ja, ja, ja** transmite una risa más abierta y franca, mientras que **je, je, je** puede implicar una risa más cómplice, y con **ji, ji, ji** la risa es más contenida o burlona (por ejemplo, la de un niño al hacer una travesura). La risa rotunda es **jo, jo, jo**.

- *¿Que te vas de vacaciones al Caribe? Tú sí que sabes... ¡Qué envidia!*
- ***Jeje****. La vida son dos días, hay que disfrutar.*

- *Pero bueno, ¿otra vez te has vuelto a acabar todas las galletas?*
- ***Jijiji****.*
- *Yo no me río. Ni siquiera las he probado.*

El número de repeticiones también puede implicar diferencias de significado. Por ejemplo, **¡ja!** puede denotar una risa sarcástica, mientras que **¡ja, ja!** puede indicar mofa y **¡ja, ja, ja!**, una risa a carcajadas.

- *Uf, qué pereza, tengo que hacer un trabajo para mañana.*
- *Pues a Nadia le encanta hacer trabajos. Te los puede hacer ella...*
- ***Ja, ja****, qué gracioso...*

- *Dice Óscar que él se encarga de toda la gestión.*
- ***Ja****, y yo me lo creo. Óscar nunca hace nada...*

OTRAS ONOMATOPEYAS

grito de dolor

conversación

gruñido

silencio

llanto

asco, repugnancia

estornudo

beso

cansancio, fastidio

11. ¿Qué onomatopeyas para la risa existen en tu lengua? ¿Qué matices de significado transmite cada una?

12. ¿Cuáles son los equivalentes de las onomatopeyas ilustradas en este apartado en tu idioma o en otro que conoces?

- *En inglés, la onomatopeya para expresar dolor es* ouch *y en francés,* ouille o aïe.

13. Añadid otras onomatopeyas que os interese conocer a la lista y buscad cómo se dicen en español.

EL VERBO QUEDAR /MÁS EJ. 11-12

El verbo **quedar** es muy polisémico en español. Aquí tienes algunos usos:

1. QUEDAR (Tener / Haber todavía)	**a alguien le queda una cantidad de algo**: ***Me quedan*** *tres páginas para terminar el libro.* **queda algo:** *¿Cuánto **queda** para el final de la conferencia?*
2. QUEDAR + adjetivo / adverbio (Estado resultante de un proceso)	**algo queda bien / mal / bonito...**: *Marina, tu texto al final **ha quedado** precioso. Se nota que has trabajado mucho en él.* *Este arroz te **ha quedado** muy bien.*
3. QUEDARSE CON (Elegir algo)	**alguien se queda con algo**: *¿Al final **nos quedamos con** esta foto para ilustrar el texto?*
4. QUEDAR EN (Ponerse de acuerdo, convenir algo)	**alguien queda en (algo) (con alguien)**: *Clara y yo **hemos quedado en** llamarnos.* *Entonces, **¿en qué quedamos?** Tenemos que decidirnos ya...*

14. Relaciona estos ejemplos con los usos del verbo **quedar** expuestos en este apartado.

- ◯ Tenemos que comprar tomates. No quedan.
- ◯ Uff... Los dos me gustan, no sé con cuál quedarme.
- ◯ La casa ha quedado muy bonita después de pintarla.
- ◯ Todavía me quedan dos temas para el examen.
- ◯ Lo hablamos y quedamos en que lo haría yo.
- ◯ El libro ha quedado muy bien. Me encanta la portada.
- ◯ Marta y Rita han quedado en que van a invitar a comer a Tere para poder hablar con ella cara a cara.

15. ¿Conocéis otros significados de este verbo? ¿Cómo funcionan? Haced una lista entre todos/as.

Ayer Mario me habló mal y me quedé muy triste.

DESCRIBIR PAPELES DEL TRABAJO COOPERATIVO

Durante el trabajo cooperativo se pueden distribuir muchos tipos de papeles para organizar las responsabilidades. Estos son algunos:

facilitador/a de la comunicación
supervisor/a de la participación
organizador/a de la tarea
secretario/a
portavoz
controlador/a del ruido
animador/a

Para describir los distintos papeles podemos utilizar expresiones como las siguientes:

Se encarga de...	*la participación.* *equilibrar la participación.* ***que** todo el mundo participe.*
Está pendiente de...	*la gestión del tiempo.* *controlar el tiempo.* ***que** el grupo cumpla con el tiempo.*
Su papel se centra en...	*los recursos.* *gestionar los recursos.* ***que** el grupo tenga los recursos necesarios.*
Se asegura de...	*comprobar la comprensión.* ***que** todo el mundo comprenda las instrucciones.*
Ayuda...	***con** los recursos digitales.* ***a** avanzar a sus compañeros/as.*
Colabora...	***con** otras personas.* ***en** todas las tareas.* *resumiendo las aportaciones.* ***sin** interrumpir a sus compañeros/as.* ***mediante** preguntas directas.*

16. En parejas, escoged uno de los papeles del trabajo cooperativo que tenéis arriba y elaborad una descripción de sus responsabilidades. Compartidlo con el resto de la clase.

- *Nosotras hemos elegido el papel de animador. El grupo debe sentirse bien, así que el animador se encarga de mantener al grupo con energía positiva y de que los problemas no interrumpan el trabajo. Se asegura de que todos se sientan importantes, haciendo comentarios como "¡Qué interesante eso que has dicho!".*
- ○ *Sí, y siempre sin interrumpir. También puede animar al grupo con algún chiste.*

EL VOSEO /MÁS EJ. 13-14

El voseo (uso, para la segunda persona del singular, del pronombre sujeto **vos** y de las correspondientes formas verbales) es un fenómeno lingüístico frecuente en varias zonas del español de América. Así, en algunos países de América (fundamentalmente, Argentina y Uruguay), las formas de voseo forman parte de la lengua culta oral y escrita. En otras zonas coexisten **vos** y **tú**; en estas zonas, el tuteo (uso de **tú**) suele tener más prestigio social que el voseo (uso de **vos**).

Las formas verbales que se usan con **vos** presentan una gran variedad según la zona geográfica y el grupo de hablantes. Existen varios tipos de voseo.

VOSEO COMPLETO

Uso del pronombre **vos** con formas verbales de segunda persona del plural, con eliminación de los diptongos (**vos hablás**, **vos escribís**). Este voseo no se observa en todos los tiempos verbales, sino solo en presente (**vos hablás**) y en imperativo (**hablá vos**). En los demás tiempos verbales, el pronombre **vos** se utiliza con formas de segunda persona del singular (**vos hablabas**, **vos hablaste**, **vos tengas**). Es característico de Argentina, pero también predomina en Centroamérica, la zona andina de Colombia, norte y este de Bolivia, Paraguay y Uruguay.

VOSEO PRONOMINAL

Uso del pronombre **vos** con formas verbales de segunda persona del singular (**vos tienes**, **vos cantas**, **vos comes**). Es la forma de voseo menos frecuente, característica de la zona occidental de Bolivia, norte de Perú, las zonas rurales de la costa y la sierra de Ecuador y las provincias argentinas de Santiago del Estero y Tucumán.

VOSEO VERBAL

Uso del pronombre **tú** con formas verbales del voseo completo; **tú hablás**, **tú comés**, **callate** (en algunas zonas de Uruguay y también en zonas de Centroamérica, especialmente Guatemala y Honduras).

USO DE TÚ, VOS Y USTED/ES EN AMÉRICA LATINA

Uso mayoritario en México, Caribe y zonas de Suramérica no voseantes:

TUTEO	Informalidad / Familiaridad / Acercamiento	Formalidad / Cortesía / Distanciamiento
Singular	tú	usted
Plural	ustedes	

Uso mayoritario en Argentina y Uruguay:

VOSEO	Informalidad / Familiaridad / Acercamiento	Formalidad / Cortesía / Distanciamiento
Singular	vos	usted
Plural	ustedes	

Guatemala, El Salvador, Honduras, Nicaragua, Costa Rica:

MIXTO	Informalidad / Familiaridad / Acercamiento	Formalidad / Cortesía / Distanciamiento
Singular	vos tú	usted
Plural	ustedes	

Uso mayoritario en Colombia, zona andina, Chile:

USTEDEANTE	Informalidad / Familiaridad / Acercamiento	Formalidad / Cortesía / Distanciamiento
Singular	usted tú / vos	usted
Plural	ustedes	

ORACIONES CAUSALES Y CONDICIONALES CON COMO /MÁS EJ. 15

Con **como** podemos presentar lo que explica o justifica la información que expresamos a continuación, la cual resulta lógica y esperable si tenemos en consideración las circunstancias presentadas con **como**.

***Como** llegamos tarde,* [lo siguiente era esperable] *todo el mundo se había ido.*

***Como** el viernes que viene es festivo,* [lógicamente] *tenemos un fin de semana largo.*

***Como** en el futuro tendremos que comer insectos,* [considero lógico lo siguiente] *yo ya los he incorporado a mi dieta. Y no están malos.*

Si no sabemos si las circunstancias explicativas que presentamos tendrán lugar o no (simplemente queremos mencionarlas para tenerlas en cuenta en nuestra argumentación), usamos subjuntivo después de **como**. Así, las palabras introducidas por **como** se entienden como una condición.

***Como** lleguemos tarde,* [lo siguiente será esperable] *no podremos entrar.*

***Como** al final haya huelga de trenes,* [lógicamente] *no podremos viajar.*

Las oraciones introducidas por **como** seguidas de subjuntivo muchas veces se usan con un valor de amenaza o advertencia.

***Como** se lo digas, me enfado.*

***Como** no termine hoy el informe, tendré problemas con mi jefe.*

ORACIONES SUSPENDIDAS /MÁS EJ. 16

Cuando interactuamos, estamos construyendo un discurso de forma conjunta. Esto implica, entre otras cosas, que a veces hagamos uso de la información que compartimos con quien nos escucha para dar continuidad al discurso. Un recurso para conseguir esto es dejar las oraciones suspendidas, invitando a nuestro/a interlocutor/a a extraer o inferir la continuación a partir de este conocimiento compartido.

- *Yo creo que no vamos a poder entregar el trabajo mañana.*
- *Bueno, **si** nos quedamos a trabajar hasta tarde…* (Inferencia: podremos terminarlo a tiempo).

- *¿Qué tal el examen de matemáticas?*
- *Pues he vuelto a suspender. **Con lo que** había estudiado…* (Inferencia: debería haber aprobado).

Las oraciones con **como** se emplean a menudo de esta manera.

- *¿Tienes que restaurar el sistema operativo del ordenador? Eso es muy fácil.*
- *¿Fácil? Claro, **como** tú eres informático…* (Inferencia: esas cuestiones técnicas son fáciles para ti).

- *¿Qué hacemos con la excursión de mañana? Va a hacer mal tiempo.*
- *Pues **como** llueva…* (Inferencia: no podremos hacerla).

1. Comenta con tus compañeros/as las consecuencias de los siguientes hechos usando **como**.

- El español es una lengua románica.
- La temperatura del planeta está subiendo muy rápido.
- Las plataformas de *streaming* son muy populares.
- Tal vez tendremos que buscar otros lugares para vivir fuera de la Tierra.
  - *Como el español tiene muchas palabras en común con el italiano, a mí me resulta fácil.*

2. ¿Qué podemos inferir si escuchamos a nuestro/a interlocutor/a decir estas cosas? Compara tus respuestas con las de otros/as compañeros/as.

a. No entiendo este fragmento de una canción de Stromae. ¿Me ayudas? **Como** hablas tan bien francés…

b. ¿Sabías que las abejas están en peligro de extinción? **Como** no hagamos algo pronto…

c. ¿Sabes que la hija de Ana está buscando trabajo? Bueno, **como** ha estudiado Telecomunicaciones y sabe inglés…

d. El Gobierno va a prohibir los coches de diésel pronto. **Como** te compres uno…

e. Nos vemos mañana a las diez. **Como** llegues tarde…

3. Di el comienzo de una oración con **como** y déjala en suspenso. ¿Tus compañeros/as infieren lo que tú habías pensado?

- *Los jóvenes debemos organizarnos más para defender el medioambiente. Como sigamos sin actuar…*
- *Los adultos no van a cambiar las leyes.*

RECURSOS CONVERSACIONALES PARA TRABAJAR EN GRUPO /MÁS EJ. 17

PARA GESTIONAR EL CONOCIMIENTO

▸ HABLAR SOBRE EL CONOCIMIENTO PREVIO

¿Alguien recuerda / Alguien tiene idea de** qué hay que hacer**?

¿Esto / Eso no te recuerda a** la diferencia entre indicativo y subjuntivo que hemos estudiado**?

***Esto / Eso me suena.** Es como la actividad que hicimos la semana pasada.*

▸ CONFIRMAR LA COMPRENSIÓN

- *Nos dijo el profesor que (no) hay que poner un título.*
- ***¿Seguro?** ¿No hay que poner un título?* (Cuando solo queremos confirmar).
- ***¿Que (no)** tenemos que poner un título**? / ¿Cómo que (no)** tenemos que poner un título**?*** (Cuando queremos confirmar reaccionando con sorpresa).
- ***Que sí, que sí** tenemos que poner un título.* (Cuando queremos recalcar justamente lo contrario).
- ***Que no, que no** tenemos que poner un título.* (Cuando queremos recalcar justamente lo contrario).

*El texto hay que entregarlo por correo electrónico. **¿Me equivoco? / Es eso, ¿no? / ¿A que sí?***

A ver si lo he entendido bien. ¿Te refieres a que / ¿Quieres decir que** podemos traer a clase un texto que busquemos en internet**?

PARA GESTIONAR EL TRABAJO

▸ ORGANIZAR LA TAREA

***¿Y si primero / ¿Qué os parece si primero** buscamos una imagen interesante**? / Propongo que primero** busquemos una imagen interesante.*

***Vamos por partes. Primero** pensamos un título y **luego** buscamos una imagen.*

***Antes de nada, / Antes que nada, / Primero de todo,** creo que deberíamos repartir las tareas.*

*Eso podemos **dejarlo para después**. / Eso podemos **hacerlo más adelante**.*

▸ GESTIONAR EL TIEMPO Y HACER AVANZAR LA TAREA

¿Cómo vamos de tiempo? / ¿Cuánto tiempo (nos) queda?

***Vamos a darnos prisa. / Solo (nos) queda** un minuto. **/ Solo (nos) quedan** cinco minutos.*

***Vamos a recapitular. Hasta ahora, / Por el momento, / Por ahora,** hemos pensado el tema (el cambio climático) y las secciones (causas y consecuencias principales), pero **todavía nos queda** elegir el tono.*

¿Con cuál nos quedamos? / ¿Por cuál nos decidimos?

PARA GESTIONAR EL GRUPO

▸ MANEJAR EL DESACUERDO

Tú tienes tu postura y yo tengo la mía. / Tú lo ves de una manera, pero nosotros de otra.

*Vamos a ver si **coincidimos en algo / encontramos algún punto en común**.*

*Vamos a intentar **buscar un consenso / acercar posturas**.*

*Todos tenemos que **ceder en algo**.*

¿En qué quedamos? / ¿Lo votamos? / ¿Lo echamos a suertes?

▸ EQUILIBRAR LA PARTICIPACIÓN

*Vamos a **hacer turnos**. / Mejor **hablamos por turnos**.*

Vamos a escuchar todas las propuestas / todos los puntos de vista.

Estás muy callado/a. / No has dicho nada** todavía. **/ ¿Te gustaría aportar algo?

¿Alguien quiere aportar algo** más / diferente**? / ¿Alguien tiene algo que añadir?

4. Elige algunos de los recursos de este apartado que no conocías y escribe cómo los dirías en tu lengua y en otras lenguas que conoces.

5. En grupos, pensad en más recursos que podríais añadir a la lista. Podéis pensarlos directamente en español o en otra lengua, y después consensuar un equivalente en español.

5. ¿LO PILLAS?

A. Comentad en grupos con cuáles de estos tipos de textos o soportes humorísticos os soléis reír más.

- chistes
- tiras cómicas
- caricaturas
- películas o series de comedia
- memes de internet
- GIF
- monólogos cómicos
- canciones
- poemas
- otros

B. Aquí tienes una tira cómica, un meme y una viñeta. ¿Te parecen chistosos? ¿Cuáles de los recursos humorísticos que has visto en la unidad emplean? Comentadlo en grupos.

Para comparar

Mafalda es el nombre de una historieta cómica creada por el humorista gráfico Quino y publicada en la prensa argentina entre 1964 y 1973. Es muy popular en los países hispanohablantes. La protagonista es una niña llamada Mafalda que se cuestiona continuamente el mundo de los adultos.

¿Hay alguna tira cómica clásica muy conocida en tu país? ¿Cuál?

- *A mí el meme me ha hecho mucha gracia. Me siento totalmente identificado.*
- *Lo mismo me pasa a mí. Aunque la viñeta de Ingesman también me parece muy chistosa porque...*

C. Busca algún texto humorístico (puede ser alguno creado por ti o estar originariamente en otra lengua y lo explicas en español) y preséntalo al resto de la clase. Puedes seguir este guion.

- Haz una pequeña introducción, pero ¡no reveles demasiado!
- Muestra el documento para ver cómo reaccionan tus compañeros/as.
- Si tus compañeros/as no lo pillan, es el momento de que expliques todo lo necesario.
- Comenta por qué lo has elegido y por qué te parece gracioso.
- Analiza los principales recursos humorísticos empleados.

D. Escoged entre todos/as cuál de los textos humorísticos presentados os parece más gracioso.

6. A VER SI NOS ENTENDEMOS

A. Nos vamos a preparar para realizar tareas cooperativas en clase. Una estrategia para organizar este tipo de trabajo es que cada persona desempeñe un papel específico. Relaciona estos tres papeles con una de las siguientes funciones.

1 facilitador/a del contenido | 2 organizador/a de la tarea | 3 supervisor/a del grupo

☐ Se encarga de que todos los miembros del grupo participen. Si alguna persona lleva callada mucho tiempo, le hace alguna pregunta. También está pendiente de gestionar aquellos momentos en los que los miembros del grupo están en desacuerdo, sugiriendo cómo buscar puntos en común.

☐ Su papel se centra en activar lo que los miembros del grupo ya saben sobre el tema de la tarea y en relacionar lo que hay que hacer con otros temas conocidos. También se asegura de que todo el mundo entiende bien las instrucciones y lo que otros miembros del grupo dicen, por ejemplo, parafraseando o confirmando la comprensión mediante preguntas.

☐ Se centra en gestionar las diferentes fases de la tarea, proponiendo los pasos que se pueden seguir para realizarla. Está pendiente del tiempo asignado para hacer la tarea y, además, ayuda al grupo a avanzar resumiendo lo hecho hasta el momento y proponiendo alternativas sobre cómo continuar.

B. En pequeños grupos, vais a realizar una tarea cooperativa. Cada miembro del grupo va a desempeñar uno de los papeles de A (si sois más de tres, podéis asignar el mismo papel a más de una persona). Primero, anotad algunos recursos conversacionales que aparecen en la unidad y que creéis que podrían ser útiles para cada papel.

C. Leed esta convocatoria de una asociación y, en vuestros grupos, haced lo que piden. Mientras cooperáis, grabaos. Recordad el papel que estáis desempeñando.

LA FIGURA HISPANOHABLANTE DEL AÑO

Con esta iniciativa pretendemos reconocer a una persona que, durante el último año, haya tenido un **impacto significativo en el mundo hispanohablante**.

Puede ser cualquier persona que haya hecho una **contribución destacada** en su campo y positiva para la sociedad.

✉ Envíanos un correo electrónico a la dirección, dinos el nombre de la persona que desearías nominar, describe brevemente sus logros y explica por qué la crees merecedora de este reconocimiento.

¡Ayúdanos a encontrar a la figura hispanohablante del año!

D. Escuchad la grabación y anotad los recursos conversacionales que habéis usado.

E. Cada grupo comparte con el resto de la clase sus propuestas para la tarea de C. Entre toda la clase, escoged la que enviaríais a la asociación.

Para comunicar

- → Nosotros hemos elegido / escogido a…
- → Consideramos que hay muchas razones para nominar a… Por ejemplo,
- → Nos gustaría resaltar también que…
- → De entre todas las opciones, sin duda la mejor es…
- → ¿Cómo hacemos para escoger? ¿Lo votamos?

- *Nosotros al final hemos elegido a la activista mexicana Olimpia Coral Melo, que dio el nombre a la llamada ley Olimpia…*

7. PRODUCTOS TEXTUALES MEDIACIÓN INTERCULTURAL

A. Vas a responder a los correos de Teo y Luisa, de la actividad 4 (página 89), para intentar solucionar el conflicto. Primero, vuelve a leer los correos y revisa la información sobre los malentendidos culturales (apartado C de la actividad 4).

B. ¿Qué cuatro ideas del siguiente listado os parecen apropiadas a la hora de escribir los correos que vais a enviar a Teo y Luisa? Discutidlo en grupo y marcadlas.

- ☐ Deben intentar tranquilizar a la persona, por ejemplo, dándole la razón.
- ☐ Cada correo electrónico se debe ajustar al tono (formal o informal) del correo que se responde.
- ☐ Se tiene que intentar solucionar el conflicto explicando las razones de los malentendidos.
- ☐ Sería conveniente incluir fragmentos literales de la conversación de mensajería que se ha analizado.
- ☐ Es conveniente simplificar el vocabulario y usar siempre las mismas palabras.
- ☐ Es conveniente incluir un saludo, una línea introductoria con referencia al contexto compartido entre los dos interlocutores y una despedida.
- ☐ Cada idea principal se dispone en un párrafo diferente, junto con las ideas secundarias que la apoyan.

C. Vais a elaborar en clase una rúbrica con los criterios que usaréis luego para revisar los correos. Completad esta rúbrica con los cuatro criterios escogidos en B y añadid uno más.

CRITERIOS	SÍ	EN PARTE	NO
1.	○	○	○
2.	○	○	○
3.	○	○	○
4.	○	○	○
5.	○	○	○

D. En parejas, una persona escribe la respuesta a Teo y otra persona, a Luisa.

E. Una vez escritos los correos, intercambiadlos y evaluadlos usando la rúbrica de C.

F. Por último, cada persona revisa el correo electrónico que había escrito en D, con la retroalimentación que ha recibido, y entrega a su profesor/a una versión final.

G. ¿Qué os han parecido los pasos que habéis seguido en esta tarea? ¿Os parece útil elaborar rúbricas de revisión antes de producir los textos? Comentadlo en clase.

De: maria.m@logihispan.es
Para: teo.f@logihispan.es
Re: Re: Consulta sobre programa de mentorización

Querido Teo:

Un placer saludarte. Espero que tu período de adaptación vaya bien. Si necesitas algo de Recursos Humanos, dime. Respecto a tu consulta, me alegro de que me hayas escrito...

Enviar

8. MALENTENDIDOS /MÁS EJ. 18-19

A. Aquí tienes algunos recursos de la comunicación en las redes sociales y servicios de mensajería. ¿Sabes para qué se usan? ¿Los utilizas? ¿Y otras personas que conoces? Comentadlo en grupos.

- emoticonos o emojis: 👍😭💩🙂😏
- imágenes con mensajes inspiradores
- diferentes tipos de saludo o risa: **hola** / **holaa** / **holaaa**, **jaja** / **jajaja**
- doble tic ✓✓
- *stickers*
- escribir en mayúscula

- *Yo uso mucho los emoticonos. Por ejemplo, este me gusta mucho. Lo uso para expresar ironía.*

Descubre

Pregunta a hispanohablantes que conoces qué redes sociales y servicios de mensajería usan con más frecuencia. Luego, comentadlo en clase. ¿Los usáis vosotros/as también?

B. ▶ 5 MAP Ve el siguiente vídeo y toma notas: ¿qué diferencias hay entre las personas mayores y las jóvenes en el uso de los recursos de A? ¿Qué puede causar malentendidos? Comentadlo en grupos.

C. ¿Utilizas recursos diferentes a los mencionados en A en redes sociales o servicios de mensajería? Comentad en grupos en qué consisten y por qué los usáis.

- *Mis amigos y yo usamos, sobre todo, GIF. No sé, son muy graciosos. Mirad, este me encanta. Lo uso cuando...*

D. Ahora vais a crear un foro sobre malentendidos (en redes sociales y servicios de mensajería o en otro contexto). Cada persona va a escribir una entrada para el foro sobre alguna experiencia que ha tenido. Recordad todas las posibles fuentes de malentendidos que habéis visto en la unidad, además de las que habéis analizado en B.

- Diferentes estilos de comunicación
- Distintas creencias o expectativas culturales
- Diferencias en el uso de los tratamientos formales e informales
- Dificultades para entender el sentido del humor
- Falta de referentes culturales compartidos
- Tabús culturales no respetados
- Diferencias en la forma de gestionar el trabajo

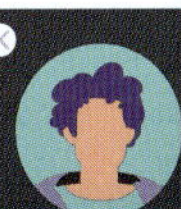

Leo:
Mi experiencia está relacionada con el humor. Ocurrió hace poco y lo pasé fatal. Estaba cenando con unos amigos mexicanos y uno de ellos empezó a contar un chiste. Todos empezaron a partirse de risa ya desde el principio. Era como si ya lo conocieran. Pensé, claro, como son amigos desde hace mucho tiempo... Yo no entendía muy bien la historia, pero hacía como que me reía, por no quedar mal. Cuando llegó el remate del chiste, todos se pusieron a reír a carcajadas. Yo también lo hice, pero, como no había entendido el chiste, mi risa fue muy falsa. Todos me miraron y me preguntaron si lo había pillado. Me puse un poco rojo y, bueno, les dije que sí, pero realmente no me había enterado.

Emma:
Te entiendo perfectamente. Yo he vivido esa situación miles de veces. En mi opinión, lo mejor es ser honesta y pedir que te expliquen el chiste. ¡El humor es tan difícil de entender! Yo, si puedo, intento explicar lo que he entendido, aunque no esté segura. A veces, mi interpretación es más graciosa que el chiste. 🤣

E. Lee las experiencias de tus compañeros/as y respóndeles con algún consejo sobre cómo manejar ese tipo de malentendidos.

6 ESPACIOS

1

10:10

Puerto Rico se levanta contra la privatización de sus playas

ESTHER ALAEJOS

Este contenido fue publicado el 22 noviembre 2022 | 15:02 minutos
San Juan, 22 nov (EFE).

Tamboradas, caceroladas y acampadas, así protestan los puertorriqueños contra la continua privatización de los espacios públicos, en especial las playas, a pesar de que la ley dicta el libre acceso a estas áreas de la llamada Isla del Encanto.

El movimiento Las Playas Son del Pueblo lucha desde hace años contra este fenómeno ante la construcción de hoteles y fincas privadas en estas zonas y el cobro en algunas por el acceso.

(swissinfo.ch)

2

15:05

Nómadas digitales: ¿oportunidad o amenaza para el desarrollo justo de la ciudad?

RAQUEL C. PICO

05/04/2023 A LAS 18:15 H.

La ley de *startups* crea un visado especial para atraer a estos trabajadores, pero la cuestión ahora es cómo gestionar en un futuro próximo el efecto que tienen en la sostenibilidad y desarrollo justo de las ciudades más elegidas.

Los nómadas han hecho que los habitantes reales de la urbe no se la puedan permitir. ¿Pueden, por tanto, los nómadas digitales ser disruptores en la vida de las ciudades y expulsar a quienes viven allí?

(ABC)

3

14:13

Barcelona impone una sanción de 45 000 euros por no alquilar un piso a un marroquí

El Ayuntamiento de Barcelona ha impuesto una sanción de 45 000 euros a los propietarios de un piso y a la inmobiliaria que lo comercializaba por discriminación directa por racismo, según ha anunciado el consistorio. La sanción se basa en la constatación de que, pese a que había una persona interesada en alquilar el piso, no se le alquiló por ser marroquí. La sanción impuesta está prevista en la ley de vivienda que aprobó el Gobierno catalán en 2007.

(El Periódico)

EN ESTA UNIDAD VAMOS A

REDACTAR UNA ORDENANZA PARA REGULAR EL USO DE UN ESPACIO

RECURSOS COMUNICATIVOS

- hablar sobre la identidad
- hablar de cambios
- hablar de normas
- expresar condiciones

RECURSOS GRAMATICALES

- comparaciones con **cuanto más / menos... más / menos...**, **más que**, **antes que**, **mientras que**
- estilo indirecto
- oraciones condicionales con **en caso de (que)**, **salvo si**, **salvo que**, **a menos que**, **a no ser que**, **siempre y cuando**, **siempre que**, **mientras que**, **como**...

RECURSOS LÉXICOS

- la transformación de los barrios y las ciudades
- la vivienda
- expresión de sentimientos
- la identidad
- leyes y normas

4

20:35

Multarán con hasta 9 mdp a 'vecinos ruidosos' en CDMX

La reforma aprobada en el Congreso capitalino también establece la 'clausura temporal o definitiva' de las fuentes contaminantes auditivas

Con 46 votos a favor y por unanimidad, el Congreso local de la Ciudad de México aprobó este martes una iniciativa de Morena que reforma la Ley Ambiental de Protección a la Tierra del Distrito Federal, que establece que quien contamine en la ciudad con ruido más allá de lo permitido podrá ser detenido y sancionado con multas de más de 8 962 000 pesos.

(elfinanciero.com.mx)

Empezar

1. ESPACIOS Y CONVIVENCIA /MÁS EJ. 1

A. MAP Lee las noticias de la izquierda. ¿Cuál es el problema que plantea cada una?

B. Marca con cuál o cuáles de las noticias de A puedes relacionar las siguientes afirmaciones.

	1	2	3	4
Se reivindica el derecho a usar un espacio público sin tener que pagar.				
Se habla de un fenómeno demográfico que puede encarecer el coste de vida.				
Se habla de un caso de discriminación hacia una persona concreta.				
Se hace referencia a una multa.				
Se hace referencia a una acción que incumple la ley.				
Se habla de un cambio en el paisaje.				
Se habla de la modificación de una ley.				

C. ¿Conoces casos que puedas relacionar con las noticias de A?

- *Yo tengo unos amigos que denunciaron a un local que estaba justo debajo de su casa por el ruido que hacían hasta las tres de la mañana cada día y...*

2. DESPOJO, DESALOJO, DESPLAZAMIENTO

A. ¿Qué significan las palabras **despojo**, **desalojo** y **desplazamiento**? Coméntalo con un/a compañero/a. Si es necesario, acude al diccionario. P. 108

B. ▶ 6 MAP Vas a ver un vídeo titulado "Despojo, desalojo y desplazamiento: gentrificación en la Ciudad de México". Contesta a las siguientes preguntas.

- ¿De dónde viene la palabra **gentrificación** y qué significa?
- ¿En qué se ve que un barrio o una zona se está gentrificando? ¿Qué es lo que ocurre?
- ¿Cómo era la Colonia Juárez antes y cómo es ahora?
- ¿Cómo empezaron a sentir los vecinos que se les echaba de la colonia?
- ¿Qué situación se denuncia al final del vídeo? ¿Qué se dice que habría que hacer?

C. Fíjate en estas frases que se dicen en el vídeo. Las expresiones en negrita son propias del español de México. ¿Entiendes qué significan? ¿Sabes cómo se dice lo mismo en otros lugares de habla hispana?

"En 2014, el dueño original vendió el edificio a una inmobiliaria, **misma que** desalojó a todos los inquilinos."

"Julio y su tío, al **tener** más de 50 años **rentando** el local, tenían derecho al tanto, pero no **se los** dieron."

"El costo de la abogada y de lo que implicaba este juicio **orilló** al café Trevi **a** llegar a un acuerdo para poder **liquidar a** su personal."

D. CORPUS Haz búsquedas en el *Diccionario panhispánico de dudas* y en CORPES XXI (en **campusdifusión** tienes instrucciones) para confirmar las hipótesis que has hecho en C y averiguar en qué otras zonas hispanohablantes se dan también esos fenómenos lingüísticos.

E. MAP Lee estos comentarios que han escrito algunas personas para reaccionar al vídeo. ¿Qué ideas o sensaciones compartes?

@jmaria_calvo
No conozco Ciudad de México, pero me llena de tristeza ver que está pasando lo mismo que en el barrio donde vivía mi abuela, en Madrid. A ella la echaron del piso donde había vivido más de cuarenta años y tuvo que irse a vivir con mis padres porque no podía pagar el alquiler. Se me parte el corazón cada vez que veo a personas que tienen que pasar por esa situación.

@nartinez
Hay gente que no hace más que quejarse por todo. Colonia Juárez ya era un lugar bueno para vivir y la gentrificación empezó hace más de diez años. Probablemente esas personas que ahora se tienen que ir hicieron que otras se tuvieran que marchar cuando llegaron hace 15 años... Los barrios cambian, es normal. Y, si se encarecen, pues hay que irse, no queda otra. Si no puedes pagar la renta, pues no hay más remedio que marcharse y buscar un departamento más barato, ¿no?

@yoliugarte
Claro, pero yo pienso también que no se puede tratar igual a una persona que a una empresa que tiene millones y un montón de departamentos. Sinceramente, me indigna que los vecinos cuiden su barrio y que luego llegue gente de fuera que solo quiere hacer negocio y los obliguen a irse. ¡Como sigamos así no podremos vivir más en las zonas bonitas de nuestras ciudades!

@ana_lo
Eso va a seguir pasando porque es la ley del mercado: quien tiene más dinero gana. Este mundo es un asco. Me da una rabia...

@garval
O sea, que si yo, que no soy mexicano, quiero ir a vivir a Ciudad de México, ¿no puedo comprarme un piso en una colonia bonita y agradable para vivir? ¡Me pone enfermo oír ese tipo de argumentos! ¿Algunas personas tienen más derecho a vivir en un lugar por llevar más tiempo viviendo ahí? ¡Eso es racismo!

@rosa.hernandez
Creo que el Gobierno debería regular los precios y no permitir que los arrendatarios aumenten los precios de forma indiscriminada para los que pueden pagar más. Los nómadas digitales están haciendo mucho daño a la ciudad. A mí todo esto me pone de los nervios. Confío en que se encuentren soluciones porque es realmente un problema.

F. Relaciona estas expresiones que aparecen en los comentarios de E con lo que expresan. P. 109

1. expresa tristeza **2.** expresa enfado **3.** expresa resignación

- ○ me llena de tristeza
- ○ se me parte el corazón
- ○ me indigna
- ○ no queda otra
- ○ me da una rabia...
- ○ no hay más remedio que
- ○ me pone de los nervios
- ○ me pone enfermo/a

G. ¿Entiendes qué significan estas expresiones (algunas de ellas aparecen en el vídeo)? Coméntalo con otra persona de la clase. P. 108

- desalojar a una persona
- desahuciar a una persona
- poner en venta / en alquiler
- pagar una renta / un alquiler / una hipoteca
- pagar impuestos / tasas
- pagar un alquiler con opción a compra
- precio asequible / excesivo / desorbitado
- aumentar / disminuir el precio del suelo
- poner una demanda / una multa
- dar / recibir una indemnización
- ley que protege al / a la inquilino/a / propietario/a / arrendador/a / arrendatario/a

H. ¿Conoces otros lugares en los que haya pasado algo parecido e historias similares a las de los vídeos? Comentadlo en grupos. Podéis usar el vocabulario de G.

- *En mi barrio fue muy famoso el caso de una familia que no podía pagar la hipoteca y los desahuciaron. Eso pasó después de la crisis financiera de...*

I. ¿Estás de acuerdo con esto que se dice en el vídeo al final? ¿Qué soluciones se han encontrado en otros lugares para problemas parecidos? Comentadlo en pequeños grupos.

> “Hay que poner límites porque esta ciudad no fue pensada para quienes vienen de fuera, para quienes solo la gozan una semana o un mes, sino que tiene que ser pensada realmente para su población.”

- *Yo estoy muy de acuerdo. Vengo de una ciudad muy turística y muchas veces siento que todas las decisiones se toman pensando en favorecer el turismo...*

Descubre

Pregunta a hispanohablantes qué zonas de su ciudad o de ciudades que conocen se han gentrificado y cómo han cambiado debido a ese proceso.

3. NI DE AQUÍ NI DE ALLÍ

A. ¿Qué significa para ti ser de un lugar? Comentadlo en clase. P. 109-110

B. MAP Observa la viñeta de la derecha, del libro *Gente de aquí. Gente de allí*, de la ilustradora española de ascendencia china Quan Zhou Wu. ¿En qué consiste para ella el dilema "de aquí o de allí"? ¿Has tenido alguna vez este conflicto de identidad?

C. Ahora lee estas dos otras viñetas. ¿Qué significan las siguientes palabras y expresiones que usa? ¿Cómo podrías decir lo mismo de otra forma? Comentadlo en parejas.

1. **un dilema con el que tienen que lidiar**
2. **¿eso cómo se mide?**
3. la **sapiencia de una cultura** y la otra pueden no **estar niveladas**
4. **cacao identitario**
5. puede hablar el idioma del país de origen **en mayor o en menor medida**
6. **apellidos chachis**
7. **altas expectativas** familiares
8. **el fenotipo** es distinto

D. ¿Añadirías alguna idea para describir a la gente "que parece de allí"? Puedes basarte en tus propias experiencias o en la de personas que conoces.

Descubre

Pregunta a hispanohablantes de qué países proceden la mayoría de las personas extranjeras que residen en su país. También puedes hacer búsquedas en internet para descubrirlo.

E. En esta frase de la primera viñeta, **que si** se usa para transmitir una serie de comentarios, peticiones o preguntas de otra persona. ¿Podrías escribir una frase parecida para enumerar lo que te dicen algunas de las personas de las etiquetas? P. 112

“ **Que si** con esa cara, **que si** los apellidos, **que si** naciendo aquí eres de aquí o no... Y mil cosas más. ”

tus padres | tu pareja | tu compañero/a de piso | un/a profesor/a | un/a amigo/a

En mi familia siempre me hacen preguntas sobre mi vida personal: que si estoy saliendo con alguien, que si...

F. ¿Qué significa esta frase de la viñeta "Radiografía de los que parecen de allí"? ¿Cómo expresarías en tu lengua la idea de **cuanto más... más**? P. 111

“ **Cuanto más** extraño el rasgo, **más** exótico. ”

G. Lee estas frases producidas por una inteligencia artificial. ¿Estás de acuerdo con lo que se dice?

1. **Cuanto más** se esfuerzan los descendientes de inmigrantes por integrarse en el país donde nacieron, **más** difícil puede resultarles sentir que pertenecen realmente.
2. **Cuanto más** se adaptan los descendientes de inmigrantes a la cultura del país donde crecieron, **menos** comprenden las costumbres y tradiciones de sus padres.
3. **Cuanto menos** se siente uno aceptado por las personas del lugar donde vive, **menos** se integra.

H. Lee estos testimonios de personas que han vivido situaciones parecidas a las de Quan Zhou Wu. ¿Coinciden con ella? ¿En qué? ¿Qué cosas distintas dicen? P. 111

“ **Ioana:** Estas cosas nadie las vive igual. Mi hermana dice que ha sufrido mucho por nuestros orígenes, **mientras que** yo nunca me he sentido discriminada por ese motivo. Para mí es una riqueza, siempre lo he vivido así, positivamente. ”

“ **Néstor:** Mucha gente me pregunta si me gustaría volver a mi país. Y, en primer lugar, Perú no es mi país, sino el de mis padres. Y, en segundo lugar, **antes que** irme a vivir allá, me iría a vivir a algún país de Europa o a Estados Unidos. ”

“ **Víctor:** Yo, **más que** por las preguntas de los demás, me siento diferente porque mis padres no hacen **más que** recordármelo. Para ellos, aunque haya nacido en Estados Unidos, soy cubano. ”

“ **Nikos:** A mí, de pequeño, en clase de Historia, la profesora no hacía **más que** preguntarme cosas sobre la Grecia Antigua... ¿Y por qué tenía que saber eso yo? Pero la verdad es que a mí me gustaba. Iba a preguntarle a mi madre y me sentía orgulloso de todo ese legado... ”

“ **Luciana:** Yo no tengo ningún dilema identitario. ¡Hay más de 300 000 personas de Argentina en España! Como mis padres... Puede que antes, cuando casi no había inmigración, fuera más raro, pero ahora es tan normal que la gente ya está habituada. A mí nadie me pregunta nada y eso que tengo acento argentino... ”

I. Ahora fíjate en los recursos en negrita de H. En parejas, intentad reformular las frases en las que aparecen sin usarlos. ¿Entendéis qué significan?

- *Aquí se podría decir "Mi hermana dice que ha sufrido mucho por nuestros orígenes; en cambio, yo nunca me he sentido discriminada por ese motivo".*

4. QUEDAN EXCEPTUADAS LAS ZONAS DE RECREO INFANTIL /MÁS EJ. 2

A. Mira estos titulares. ¿Qué situaciones que se dan en el Parque del Retiro de Madrid molestan a muchas de las personas encuestadas? ¿Qué situaciones te molestan a ti en los parques públicos?

PARQUES Y JARDINES >

Más de la mitad de los usuarios del Retiro están en contra de los perros sueltos, según una encuesta

ENCUESTA

Los visitantes del Retiro, hartos de los cumpleaños: el 73% opina que hay que regularlos

B. MAP Lee los fragmentos de la derecha, de la ordenanza municipal del Ayuntamiento de Madrid en la que se regula el uso de parques y zonas verdes. Luego, comentad en grupos qué os han parecido los fragmentos de la ordenanza. ¿Son claros? ¿Os parece razonable lo que se dice en ellos?

C. ¿Entiendes las expresiones destacadas en el texto? Reformúlalas usando palabras y expresiones más propias de un registro informal. Luego coméntalo con otra persona de la clase. P. 110

D. Lee ahora estas otras frases de la ordenanza. ¿Qué expresa cada palabra destacada? P. 112-113

1. “**Salvo** en los lugares especialmente habilitados al efecto, no se permitirá acampar.”

2. “Los niños de hasta diez años podrán circular en bicicleta por los paseos interiores de los parques **siempre que** la escasa afluencia del público lo permita.”

- ○ Una excepción
- ○ Un requisito mínimo

E. ¿Cuáles de estos nexos condicionales podrías usar para sustituir a los de D? ¿Cómo quedarían las frases? Escríbelas. P. 112-113

a menos que | siempre y cuando | salvo si | salvo que | en caso de que | a condición de que | excepto | a excepción de

No se permitirá acampar, excepto en...

F. Contesta a estas preguntas que os han hecho algunas personas sobre la ordenanza municipal de la página de la derecha y, luego, compara tus respuestas con otra persona de la clase.

1. ¿Todos los perros pueden ir sueltos en determinadas franjas horarias en los parques? ¿Y eso es en todas las zonas del parque?
2. ¿Fuera de esas horas no se puede dejar que los perros vayan sueltos?
3. ¿Está completamente prohibido realizar fiestas de cumpleaños en los parques?
4. ¿Se puede circular en bicicleta por los paseos dentro de los parques cuando no haya demasiada gente?
5. ¿Puedo llevar a un parque una tienda de campaña para que a mis hijos pequeños no les afecte demasiado el sol?
6. ¿No está permitido jugar al fútbol en los parques públicos?
7. ¿Se puede entrar con un coche?

Para recordar

Ve a **campusdifusión** si necesitas revisar cómo expresamos condiciones con **si**.

1. Los perros podrán permanecer sueltos en las zonas acotadas por el Ayuntamiento para este fin. En los parques y jardines, sin perjuicio del horario de cierre de cada uno de ellos, podrán estar sueltos entre las 19 y 10 horas en el horario oficial de invierno y entre las 20 y 10 horas en el horario oficial de verano, quedando exceptuadas las zonas de recreo infantil, de mayores y otras áreas en las que figure expresamente la prohibición de su acceso. En el horario restante los perros deberán ir provistos de correa.
Quedan exceptuados de lo dispuesto en el párrafo anterior los perros calificados como potencialmente peligrosos, conforme al Decreto 30/2003, de 13 de marzo, de la Comunidad de Madrid, que deberán, en lugares públicos, ir siempre provistos de correa y bozal.
2. Asimismo las personas que lleven animales serán responsables de cualquier acción de los mismos y, en concreto, de aquellas que ocasionen suciedad en los parques y demás zonas verdes, estando obligada la persona que lleve el animal a proceder a su recogida y limpieza inmediata, así como a su depósito en los lugares destinados al efecto. Quedan eximidas del cumplimiento de esta obligación las personas invidentes que sean titulares de los perros guía.

Las bicicletas y motocicletas solo podrán transitar en los parques, plazas o jardines públicos, en las calzadas donde esté expresamente permitida la circulación de vehículos y en aquellas zonas especialmente señalizadas al efecto.
El estacionamiento y circulación de estos vehículos no se permitirá en los paseos interiores reservados para los paseantes.
Los niños de hasta diez años podrán circular en bicicleta por los paseos interiores en los parques, siempre que la escasa afluencia de público lo permita y no causen molestias a los demás usuarios del parque.

La protección de la tranquilidad y sosiego que integran la propia naturaleza de las zonas verdes exige que:
a) La práctica de juegos y deportes se realice en las zonas específicamente acotadas cuando concurran las siguientes circunstancias:
1.ª. Puedan causar molestias o accidentes a las personas.
2.ª. Puedan causar daños y deterioros a plantas, árboles, bancos y demás elementos de mobiliario urbano, jardines y paseos.
3.ª. Impidan o dificulten el paso de personas o interrumpan la circulación.
4.ª. Perturben o molesten de cualquier forma la tranquilidad pública.
b) Salvo en los lugares especialmente habilitados al efecto, no se permitirá acampar, instalar tiendas de campaña o vehículos a tal efecto habilitados, practicar camping o establecerse con alguna de estas finalidades, cualquiera que sea el tipo de permanencia.

Se consideran infracciones muy graves:
- Que la acción u omisión infractora afecte a plantaciones que estuviesen catalogadas como de interés público.
- Que el estado de los elementos vegetales suponga un peligro de propagación de plagas o enfermedades o entrañen grave riesgo para las personas.
- La celebración de fiestas, actos públicos o competiciones deportivas sin autorización municipal.
- Usar vehículos de motor en lugares no autorizados.

Fuente: fragmentos de la Ordenanza General de Protección del Medio Ambiente Urbano del Ayuntamiento de Madrid

LA TRANSFORMACIÓN DE LOS BARRIOS Y LAS CIUDADES /MÁS EJ. 3-4

AMPLIAR / AMPLIACIÓN

*He oído que van a **ampliar** el paseo marítimo.*

*Empiezan las obras de **ampliación** del paseo marítimo.*

CERRAR / CIERRE

*He oído que van a **cerrar** estos jardines al público.*

*Van a **cerrar** el bar de la esquina, ¿sabes?*

*¿Crees que fue efectivo el **cierre** de parques infantiles durante la pandemia?*

DERRIBAR / DERRIBO

*Van a **derribar** presas de pantanos que están en desuso.*

*Siempre es espectacular ver el **derribo** de un edificio.*

EXPROPIAR / EXPROPIACIÓN

*El ayuntamiento **va a expropiar** unos terrenos para construir un hospital.*

*Los vecinos afectados por la **expropiación** de sus casas para hacer un parque se han movilizado.*

INAUGURAR / INAUGURACIÓN

*Creo que este domingo la alcaldesa **inaugura** el nuevo mercado.*

*¿Cuándo es la **inauguración** del nuevo mercado?*

GENTRIFICAR / GENTRIFICACIÓN

*Cuando un barrio se **gentrifica** los precios de las viviendas empiezan a aumentar.*

*La **gentrificación** de los barrios provoca un aumento de los precios de las viviendas.*

PEATONALIZAR / PEATONALIZACIÓN

*El ayuntamiento quiere **peatonalizar** algunas calles del centro para que no haya tanto tráfico.*

*La **peatonalización** de las calles es una medida que ayuda al comercio local.*

PRIVATIZAR / PRIVATIZACIÓN

***Han privatizado** ya varios kilómetros de costa.*

*Ha habido protestas por la **privatización** de algunos tramos de costa.*

OCUPAR / OCUPACIÓN

*¿Sabes que **han ocupado** una vivienda en el edificio de al lado?*

*La **ocupación** de viviendas preocupa a muchas personas en nuestro país.*

REHABILITAR / REHABILITACIÓN

*Creo que el ayuntamiento da ayudas para **rehabilitar** las fachadas de algunos edificios.*

*Van a empezar pronto las obras de **rehabilitación** de las fachadas del hospital.*

REMODELAR / REMODELACIÓN

*Hace cinco años se **remodeló** la estación de tren.*

*Por fin han acabado las obras de **remodelación** de la estación de tren.*

URBANIZAR / URBANIZACIÓN

*Casi un 50 % del litoral mediterráneo se **urbanizó** en menos de 20 años.*

*En estos últimos años ha crecido mucho la **urbanización** en la costa mediterránea y en Madrid.*

1. Haz frases con algunos de los verbos y sustantivos de este apartado para hablar de cambios que se han producido o se están produciendo en tu ciudad.

En mi barrio se ha rehabilitado una antigua fábrica para hacer oficinas. Ha quedado muy bonito.

LA VIVIENDA /MÁS EJ. 5

PRECIOS Y GASTOS

aumentar / subir ≠ bajar / disminuir — el precio

precio — asequible | excesivo | desorbitado

el precio de — el alquiler / la renta | el suelo | la vivienda

pagar — una renta | un alquiler | una hipoteca | impuestos | tasas | los gastos de comunidad | la electricidad | el gas | el seguro de hogar

alquiler con opción a — compra

una vivienda — social | de protección oficial | turística | de lujo

COSAS QUE HACEMOS CON LA VIVIENDA

poner en venta / en alquiler — una vivienda

(sub)alquilar / (sub)rentar — una vivienda

hacer — reformas | obras

CONFLICTOS

desalojar — una vivienda | un inmueble | a los/as inquilinos/as | a unos ocupas

desahuciar — a los/as propietarios/as

poner — una demanda | una multa

dar ≠ recibir — una indemnización

PROPIEDAD Y USO

arrendador/a
arrendatario/a
inquilino/a
propietario/a
copropietario/a

2. En parejas o grupos de tres, responded a estas preguntas.

- ¿Qué gastos implica tener una vivienda en propiedad o en alquiler?
- ¿Cómo calificarías el precio de la vivienda en el lugar donde vives?
- ¿Has hecho alguna vez o haces alguna de estas cosas?: alquilar una vivienda, subalquilar una vivienda, pagar una hipoteca, hacer reformas en tu casa.
- ¿En tu país hay viviendas de protección oficial?
- ¿Hay muchas viviendas de uso turístico en el lugar donde vives? ¿Generan problemas?

EXPRESIÓN DE SENTIMIENTOS /MÁS EJ. 6-8

COMBINACIONES

me llena de — tristeza, pena, alegría, orgullo, rabia

se me parte — el corazón, el alma

me sube / me baja — la moral, el ánimo

me dan / entran ganas de — llorar, vomitar, reír

me pone — enfermo/a, triste, contento/a, malo/a, de mal humor, de los nervios

me hace sentir / me siento — triste, impotente, contento/a, disgustado/a, ilusionado/a

me hace sentir / siento* — tristeza, frustración

me da/n* — pena, rabia, miedo

lo veo todo — negro, negativo/a, de color de rosa

no queda — más remedio, otra

! **Me pone enfermo/a** se usa para decir que algo nos irrita, que nos enfada. **Me pone de los nervios** también se puede usar con ese sentido.

* En la lengua oral, es frecuente usar estas expresiones con un artículo indefinido delante del sustantivo cuando:

- Se deja la frase suspendida.

A los jóvenes les cuesta mucho poder tener una vivienda propia. Me da ***una pena...*** */ Me da* ***una rabia...*** */ Siento* ***una tristeza...***

- Ese sustantivo está modificado por un adjetivo, una frase de relativo, etc.

Siento ***una*** *tristeza* ***profunda****. / Lo que están haciendo en este barrio me hace sentir* ***una*** *rabia* ***intensa****. / Sintió* ***una*** *pena* ***que le partía el corazón****.*

VERBOS, ADJETIVOS Y SUSTANTIVOS

alegrar(se)	alegre	alegría
agobiar(se)	agobiado/a	agobio
avergonzar(se)	avergonzado/a	vergüenza
decepcionar(se)	decepcionado/a	decepción
deprimir(se)	deprimido/a	depresión
desesperar(se)	desesperado/a	desesperación
desilusionar(se)	desilusionado/a	desilusión
disgustar(se)	disgustado/a	disgusto
enfadar(se) / enojar(se)	enfadado/a, enojado/a	enfado enojo
enfurecer(se)	enfurecido/a, furioso/a	furia
exasperar(se)	exasperado/a	exasperación
fastidiar(se)	fastidiado/a	fastidio
indignar(se)	indignado/a	indignación
irritar(se)	irritado/a	irritación

3. Elige expresiones nuevas para ti de este apartado y haz frases con ellas para hablar de lo que sientes acerca de alguna situación relacionada con tu ciudad o tu país.

Me entran ganas de llorar cuando veo que...

4. El adjetivo que expresa que algo produce agobio es **agobiante**. ¿Qué otros conceptos de la tabla tienen adjetivos que significan "que provoca o produce"?

vergonzoso...

LA IDENTIDAD /MÁS EJ. 9

HABLAR DEL ORIGEN Y DE LA PERTENENCIA

Nur ***es de origen*** *sirio: sus padres son sirios, pero ella nació en España.*

¿Cuál era ***el país de origen*** *del padre de Carla?*

Creo que no ***pertenezco a*** *ningún lugar en concreto. He vivido en muchos lugares y me he sentido bien en todos.*

Es normal ***identificarse*** *más* ***con*** *la gente de tu generación, ¿no?*

Cuando tienes padres de distintos países, la gente no para de preguntarte si ***te sientes*** *más* ***de un lugar*** *o de otro. A mí me han preguntado toda la vida si* ***me sentía italiana*** *o* ***española****.*

Durante la adolescencia muchos jóvenes experimentan un ***conflicto identitario*** *al intentar definir quiénes son e identificarse con un grupo.*

HABLAR DE LA CONVIVENCIA CON OTRAS PERSONAS

Cuando viajo, intento ***adaptarme a*** *las costumbres de la gente del lugar.*

Creo que es muy difícil ***integrarse*** *de verdad* ***en*** *un país distinto del tuyo.*

Yo nunca ***me sentí discriminada*** *por ser mujer.*

¿Dirías que ***has sufrido discriminación*** *a la hora de buscar trabajo por tener más de 50 años?*

Diego dice que ***sufrió*** *mucho* ***rechazo*** *en la infancia y que, por eso, se refugió en la pintura.*

Muchas personas con enfermedades mentales no consultan con el psiquiatra por el temor a ***sufrir rechazo social****.*

Yo creo que todos ***tenemos prejuicios****. Pero unos los tenemos más sobre un grupo de personas y otros, sobre otros.*

Cuando vemos a alguien enseguida le ***ponemos etiquetas*** *en función de cómo se viste, cómo habla, dónde vive, de qué trabaja…*

LEYES Y NORMAS / MÁS EJ. 10-11

HABLAR DE LEYES

El Congreso da luz verde al ***proyecto de ley*** *sobre la vivienda.*

El Gobierno quiere ***aprobar una ley*** *para regular el teletrabajo.*

Se ha promulgado la ley *de seguridad vial.* (Se ha dado validez legal a una ley que había sido previamente aprobada).

La Ley de Bienestar Animal ***entra en vigor*** *en septiembre, creo.* (Empieza a tener efecto legal, a ser efectiva).

He leído que van a ***reformar la ley*** *de alquileres para poner un tope a los aumentos exagerados.*

La ley dicta *que los derechos y obligaciones del teletrabajador serán los mismos que los que trabajan presencialmente.*

Creo que habría que ***aplicar la ley*** *de manera más estricta para proteger el medioambiente.*

Que las agencias cobren un mes de comisión por alquilar un piso ***es ilegal****, pero nadie* ***respeta*** *esa* ***ley****.*

Ningún establecimiento puede vender bebidas alcohólicas a menores de 18 años: ***va contra la ley****.*

La sanción por ***incumplir la ley*** *podría implicar hasta dos años de cárcel.*

VOCABULARIO PROPIO DE ORDENANZAS Y NORMATIVAS

Los textos de ordenanzas y normativas tienen como función regir o regular derechos y obligaciones. Por ese motivo, su tono es prescriptivo (indica a la persona que lo lee qué es lo que debe hacer).

Esos textos tienen que ser precisos y claros, y evitar ambigüedades. El vocabulario utilizado es formal y se caracteriza por el uso de términos técnicos y jurídicos. También suele haber referencias a otras leyes y normativas existentes.

Estas son algunas de las características de este tipo de textos.

USO DE EXPRESIONES CON QUEDAR + PARTICIPIO

Queda prohibida *la venta y exhibición en escaparates de animales.*

Los jubilados y personas con discapacidad ***quedan exentos de / eximidos de / exceptuados de****l pago de la tasa.* (Quedan libres de la tasa, no tienen que pagarla).

El incumplimiento de esta disposición ***queda sujeto a*** *sanción económica.* (Se expone a una multa).

Queda establecido *que el horario de cierre de los bares será a las 2 a. m.* (Se establece a partir de ahora).

! **Quedar** tiene el sentido de 'resultar' o 'estar' (la idea de estas expresiones es señalar un nuevo estado que resulta del cumplimiento de algo).

ALGUNOS VERBOS HABITUALES

En caso de reincidencia, ***se procederá a*** *la clausura del local.* (Se tomará la medida de cerrar el local).

Se considera *infracción estacionar en zonas de carga y descarga sin autorización.* (Se cuenta como infracción).

Se establece (se determina que habrá) *un plazo de 30 días para presentar la documentación requerida.*

Se regula (se crean las normas para) *el uso y la circulación de bicicletas en las vías públicas.*

Los residentes ***deberán*** *notificar cualquier cambio de domicilio al registro.*

USO DE LOCUCIONES PREPOSITIVAS

En virtud de / Conforme a *lo establecido en el artículo 15 de la Ley Municipal, se prohíbe el estacionamiento de vehículos en la zona peatonal.*

Se establece un límite máximo de velocidad de 60 km/h en las zonas residenciales, ***sin perjuicio de*** *las disposiciones establecidas por la autoridad de tránsito competente.* (Esa medida se aplica en general, pero la autoridad de tránsito puede establecer otras disposiciones si es necesario).

Todos los ciudadanos tienen derecho a acceder a los servicios públicos municipales ***sin distinción de*** *origen étnico, religión o género.* (Sin hacer diferencia).

Se establecen medidas de prevención ***a fin de*** (= para) *preservar la seguridad vial en las zonas escolares.*

5. Busca información sobre leyes recientes en tu país o en otro que conoces bien. Luego, coméntalo con otras personas de la clase. Usa el vocabulario que has visto en este apartado para hablar de leyes.

- *En mi país se aprobó una ley que permite la eutanasia en determinadas circunstancias.*

6. Escribe los sustantivos correspondientes.

- aplicar
- aprobar
- incumplir
- promulgar
- reformar
- regular

7. En parejas, redactad dos artículos de una normativa de vuestra escuela usando el vocabulario de este apartado. Luego, leedlos al resto de la clase.

8. CORPUS Busca en Linguee (en **campusdifusión** tienes instrucciones) ejemplos de las siguientes locuciones prepositivas que suelen aparecer en ordenanzas. ¿Entiendes qué significan?

bajo / so pena de · con base a · con arreglo a · a falta de · bajo / so pretexto de · a efecto(s) de · por causa de

ESTRUCTURAS COMPARATIVAS /MÁS EJ. 12-16

CUANTO MÁS / MENOS... MÁS / MENOS...

Con estas construcciones, expresamos que el aumento o la disminución de algo está en relación con el aumento o disminución de otra cosa.

Cuanto menos *sepas sobre esto,* ***más*** *feliz vivirás.* (La cantidad de información que tienes es inversamente proporcional al grado de felicidad).

Cuanto ***menos*** *trabajo,* ***menos*** *ganas tengo de trabajar.* (El tiempo dedicado a trabajar es directamente proporcional a las ganas que tengo de trabajar).

Si la construcción con **cuanto** incluye un verbo en presente de subjuntivo, se refiere a eventos futuros.

Cuanto más *se invierta en peatonalizar algunas calles,* ***menos*** *contaminación habrá.* (Si se invierte más en peatonalizar algunas calles, bajará el nivel de contaminación).

Si la construcción con **cuanto** aparece antes de un verbo, de un adjetivo o de un adverbio, es invariable.

Cuanto más *lo conozco,* ***más*** *me gusta.*

Dicen que ***cuanto más*** *ricos somos, más difícil es estar satisfechos.*

Cuanto más *lejos de la ciudad,* ***menos*** *cuesta la vivienda.*

Si la construcción con **cuanto** aparece antes de un sustantivo, **cuanto** concuerda en género y en número con el sustantivo.

Cuantas más *noticias leo,* ***más*** *me preocupo por las consecuencias del cambio climático.*

Cuanta menos *gente venga a la fiesta,* ***más*** *cómodos estaremos porque mi casa es bastante pequeña.*

MÁS QUE

Usamos **más que** para contrastar un elemento con otro y destacar uno de los dos, que amplía o corrige el otro.

Más que *francoalemán, me considero europeo porque he vivido en varios países de Europa.* (= Me considero europeo más que francoalemán).

Más que *una película de ficción, es un documental.* (= Es más un documental que una película de ficción).

> **!** También se usa **no** + verbo + **más que** para presentar un elemento como el único posible.
>
> *Valentín no hace* ***más que*** *quejarse últimamente.* (Solo se queja).
>
> *Esto no hay que usarlo* ***más que*** *en caso de emergencia.* (Únicamente en caso de emergencia).

ANTES QUE

Expresa preferencia por uno de los dos elementos que se comparan.

Prefiero ganar menos y trabajar media jornada, ***antes que*** *tener un sueldazo, pero pasarme el día trabajando.*

Si no encuentro un empleo, ***antes que*** *volver a vivir con mis padres, me voy al extranjero a buscar trabajo.*

Yo creo que esta conferencia debería ser para un público amplio, ***antes que*** *para un grupo de expertos.*

Es posible intercalar elementos entre **antes** y **que**.

Antes *muerto* ***que*** *vencido.*

> **!** **Antes que** + subjuntivo también puede tener un significado temporal y, en ese caso, es equivalente a **antes de que** + subjuntivo.
>
> *Tenemos que terminar esto* ***antes que / antes de que*** *lleguen mis padres.*

MIENTRAS (QUE)

Expresa un contraste entre dos estados de cosas y es equivalente a **en cambio**.

En algunas ciudades de Europa hay muchas limitaciones para alquilar pisos con fines turísticos, ***mientras que*** *en otras se puede hacer perfectamente.*

En España, aproximadamente un 76 % de la población es propietaria, ***mientras que*** *un 34 % alquila.*

Mientras *un 76 % de la población es propietaria, un 34 % alquila.*

> **!** También se puede usar **mientras que** con sentido temporal: *No vamos a poder bajar el nivel de contaminación en esta ciudad* ***mientras que*** *este alcalde siga en el poder.*

1. Reformula estas frases usando en cada caso las palabras en negrita.

a. Según la encuesta, un 60 % de la ciudadanía está a favor de que en el centro de la ciudad no puedan entrar coches. En cambio, un 40 % está en contra.
mientras que

b. Yo prefiero tener que desplazarme a la ciudad cada día para trabajar y vivir en un lugar más tranquilo a tener que vivir en un piso pequeño en una calle llena de tráfico en la ciudad.
antes que

c. A medida que pasan los años, voy dando menos importancia al trabajo.
cuanto más... menos...

d. Hay personas que piden continuamente que el ayuntamiento limpie más las calles, pero después no las cuidan y tiran cosas al suelo.
más que

e. Las personas que ganan menos tienen más necesidad de compartir piso.
cuanto menos... más...

f.

- El viaje ha sido muy largo, ¿no? Vamos a casa y descansas.
- ○ Lo que necesito ahora sobre todo es comer, no descansar.
más que

g. A medida que un barrio se va gentrificando, los precios de las viviendas van aumentando.
cuanto más... más...

ESTILO INDIRECTO /MÁS EJ. 17-18

El estilo indirecto, también llamado discurso referido, es la transmisión de las palabras dichas por otras personas o por nosotros/as mismos/as.

- *¿Dónde dices que es ilegal acampar en la playa?*
- *¿Qué?*
- ***Que** dónde dices que es ilegal acampar en la playa...*

Mis padres llegaron a México hace treinta años.

→ *Ana **me dijo que** sus padres llegaron a México hace treinta años.*

Si lo que referimos indirectamente es una pregunta abierta o una pregunta con partícula interrogativa, utilizamos esa partícula para introducirla.

¿Dónde se puede acampar en esta ciudad?

→ ***Me preguntó dónde** se puede / se podía acampar en esta ciudad.*

Pero, cuando se trata de una pregunta de respuesta cerrada (sí / no), la introducimos con **si**.

¿Tus padres nacieron en China?

→ ***Me preguntó si** mis padres habían nacido en China.*

Cuando transmitimos preguntas en estilo indirecto y usamos un verbo introductorio (**decir**, **preguntar**, etc.), la partícula **que** es propia de la lengua oral coloquial: ***Me preguntó que si quería...*** En cambio, en la lengua oral formal y en la lengua escrita suele evitarse el uso de **que**: ***Me preguntó si quería...***

Cuando transmitimos enunciados en estilo indirecto sin utilizar un verbo introductorio, la presencia de **que** es una marca de estilo indirecto: indica que lo que decimos son palabras de otras personas.

- *¿Qué te dijo?*
- ***Que** no quiere venir. Lo tiene muy claro.*

Cuando transmitimos una serie de comentarios, peticiones o preguntas en estilo indirecto sin utilizar un verbo introductorio, repetimos **que** al introducir cada uno de ellos para indicar que son palabras de otras personas.

- *Oye, ¿y dónde os conocisteis Juan y tú?*
- *En un viaje que hicimos a Irlanda.*
- *¿Y cuándo fue?*
- *Hace diez años.*
- *¿Diez? ¿Y estáis casados?*
- *No.*
- *¿Y tenéis hijos?*
- *No.*
- *¿Y no queréis?*
- *Bueno, de momento no.*

→ *La amiga de Marta me bombardeó a preguntas sobre mi vida. **Que (si) dónde** nos conocimos Juan y yo, **que (si) cuándo** fue, **que si** estamos casados, **que si** queremos tener hijos...*

- *¿Habéis visto ya la nueva casa de María y Álex?*
- *No.*
- *Buah, pues es maravillosa. Tiene seis habitaciones por lo menos, un jardín enorme, con piscina... Tenéis que ir.*
- *Pues sí, ya tengo ganas.*
- *Es que os encantará. Además está a primera línea de mar. Sales por la puerta y estás prácticamente en la playa. Es la casa más bonita que he visto en mi vida.*

→ *Parece que a Lara le encanta la casa de María y Álex. Estuvo hablando de la casa durante un montón de tiempo y parece que es una pasada. Nos lo contó todo: **que si** tiene piscina, **que si** jardín, **que si** está al lado del mar...*

2. Lee cómo estas personas transmiten conversaciones que tuvieron con otras y escribe en cada caso la conversación original.

a. ¡Qué pesado está Emilio! Que si no quiero reconocerlo, pero estoy enfadada con él, que si me pasa algo, que por qué no quiero hablar de eso... No para y no hay manera de convencerlo de que no me pasa nada.

b. Cada día que hablo con mi abuela me dice lo mismo. Que por qué no la voy a visitar nunca, que cuándo voy a tener tiempo libre para ir a verla, que si se siente muy sola, que si yo no le respondo las llamadas... ¡No entiende que vivo lejos y que trabajo!

c. Entonces llega, me mira, sonríe y empieza a hablar: que si era la primera vez que iba por allí, que si no me había visto nunca, que si le parecía muy interesante mi trabajo... Total, que acabamos marchándonos juntos a cenar.

ORACIONES CONDICIONALES /MÁS EJ. 19-20

EN CASO DE (QUE)

En caso de que + subjuntivo es una alternativa a **si** y puede indicar que se cree que la realización de la condición es poco probable.

***En caso de que** llueva, la excursión será cancelada.*

*Creo que podré llamarte cuando llegue al aeropuerto de Londres, pero **en caso de que** no pueda y no recibas ninguna llamada, no te preocupes.* (Si no pudiera llamarte, no te preocupes).

En caso de + sustantivo es más propio de un registro más formal.

***En caso de** lluvia, la excursión será cancelada.*

CONECTORES QUE INTRODUCEN UNA EXCEPCIÓN

*Está prohibido usar el móvil en la sala, **a menos que** esté en modo silencioso.* (Solo si está en modo silencioso se puede usar. De ninguna otra forma está permitido usar el móvil).

*Yo creo que no emigraría **a menos que** estuviera realmente en apuros.*

*Un menor no puede viajar solo **a no ser que** tenga una autorización legal.*

*No creo que puedas entender cómo me siento **a no ser que** hayas tenido una experiencia parecida a la mía.*

*Los conductores deben ceder el paso a los peatones en los pasos de cebra, **salvo que** exista una señal de tráfico que indique lo contrario.*

Es obligatorio usar el cinturón de seguridad cuando conduces, ***salvo si*** *estás haciendo marcha atrás o estás aparcando.*

No se permitirá acampar ***salvo*** *en lugares especialmente habilitados al efecto.*

Puedes dejar suelto a tu perro en el parque, ***excepto si*** *es violento y peligroso.*

Yo no denunciaría a alguien por hacer una fiesta de cumpleaños en un parque ***salvo si / excepto si*** *viera que destrozan cosas o molestan.*

A menos que, **a no ser que** y **salvo que** van seguidos de subjuntivo. **Salvo si** y **excepto si** se pueden usar con un verbo en indicativo o en subjuntivo, como el nexo **si**, pero no admiten el presente de subjuntivo.

CONECTORES QUE INTRODUCEN UN REQUISITO NECESARIO PARA QUE ALGO SE CUMPLA

Siempre y cuando, **siempre que**, **con tal de que** y **a condición de que** introducen condiciones que se presentan como imprescindibles para la realización de la acción. Estos nexos van seguidos de subjuntivo.

Se pueden hacer fiestas en parques públicos ***siempre y cuando*** *se recoja todo al final y se deje todo como estaba.*

A mí no me importa que haya gente que escucha música en un lugar público, ***siempre que*** *no esté demasiado fuerte.*

Yo puedo alquilar mi piso a quien sea, ***con tal de que*** *me lo cuide bien.*

Te dejo el coche ***a condición de que*** *me lo devuelvas con el depósito lleno, ¿vale?*

COMO + SUBJUNTIVO

Con esta construcción se enfatiza que la consecuencia tendrá lugar si la condición se cumple. Por eso, a menudo tiene un carácter de amenaza o de advertencia.

Como *el vecino del tercero siga sin pagar las contribuciones a la comunidad, lo vamos a tener que denunciar.*

Como *no se haga algo ya para frenar el uso de los vehículos en las grandes ciudades, tendremos un gran problema con la contaminación.*

Como + subjuntivo también puede introducir una condición que es contraria a lo que esperamos.

Como *gane las elecciones el tío de Alicia, me rapo el pelo.*

MIENTRAS + SUBJUNTIVO

Se usa **mientras** + subjuntivo para introducir una condición que se tiene que cumplir para que se desarrolle la acción principal.

Mientras *friegues todo después, yo no tengo problema con que uses lo que quieras de la cocina…*

- *Puedes venir a trabajar a mi casa si quieres, pero no hay mucho espacio porque es pequeña.*
- *No te preocupes,* ***mientras*** *tenga wifi, lo demás no me importa.*

En estos enunciados a menudo hay también un matiz temporal.

Mientras *no hables con ella, seguirás sin entender por qué está enfadada.*

Mientras *no haya solución para este problema, seguiremos buscando alternativas.*

3. Reformula estas frases usando en cada caso el conector o los conectores que te proponemos.

a. Los estudiantes no podrán llegar tarde a clase. Solo lo podrán hacer si tienen un motivo justificado.
salvo si / a menos que

b. No se podrá dejar nada al lado de la escalera, en los espacios comunes del edificio. Solo podrán hacerlo los que vivan en el ático o en el cuarto piso.
excepto si / a no ser que

c. Te puedo dejar mi casa este fin de semana, pero tienes que prometerme que la vas a dejar limpia y la vas a cuidar.
a condición de que / con tal de que

d. Vale, entonces cuento con que vienes a mi casa a regarme las plantas. Si por lo que sea no pudieras venir, me lo dices para que busque a otra persona.
en el caso de que

e. A mí no me importa que la gente se quede horas en la terraza del bar, pero tienen que consumir.
siempre que / mientras

f. Si sigues tocando la batería hasta la 1 h de la mañana voy a tener que llamar a la policía.
como

g. Sí, está permitido circular con patinete eléctrico en la ciudad, si no lo haces por la acera.
siempre y cuando / mientras

h. Los usuarios de patinetes eléctricos podrán circular por las aceras, salvo si existe una señalización expresa que prohíba su uso en dichas áreas peatonales.
salvo que / excepto si

i. Se permitirá el uso de drones en áreas públicas solo si se respetan las regulaciones de la aviación civil y se obtiene un permiso específico de la autoridad aeroportuaria local.
a condición de que

j. Los comercios podrán ampliar su horario de atención al público a condición de que cumplan con los requisitos de seguridad y obtengan la debida autorización del departamento de planificación urbana.
mientras / siempre que

k. Los pasajeros deben permanecer sentados durante todo el trayecto, a no ser que tengan que ir al baño.
excepto si / a menos que

5. UN LUGAR QUE SE HA TRANSFORMADO

A. Vas a hacer una presentación sobre un barrio o ciudad que conoces que haya sufrido un proceso de cambio (remodelación urbanística, gentrificación, deterioro...). Primero, decide sobre qué lugar vas a hablar y busca información.

B. Prepara tu presentación y, luego, hazla en clase.

- Datos sobre el lugar actualmente y antes: tipo de población, renta media, paisaje urbano (tiendas, tipo de servicios, etc.)...
- Ejemplos concretos (imágenes de locales o de calles, alguna historia personal...) que ilustren el cambio que se ha producido.

- *Voy a hablaros de Williamsburg, en Brooklyn, Nueva York, un lugar que, en unas décadas, ha pasado de ser un barrio bohemio y artístico con una población predominantemente trabajadora a tener un montón de edificios de lujo...*

C. Escuchad las presentaciones de los/as demás. ¿Hay cosas en común entre las historias de los lugares que habéis presentado?

6. ¿HAN SUFRIDO DISCRIMINACIÓN?

A. ¿Conocéis a personas con estos perfiles? ¿Crees que se tienen que enfrentar a algún tipo de prejuicios?

- una mujer que realiza un trabajo o una responsabilidad considerados "tradicionalmente" de hombres o al revés
- una persona de pueblo que va a vivir a una ciudad o lo contrario
- alguien que trabaja en un país que no es el suyo
- una persona joven que dirige un equipo de gente mucho mayor que ella
- ...

- *Mi cuñada trabaja en un taller de mecánica y siempre se creen que es la recepcionista. Además, dice que ha tenido que hacer muchos esfuerzos para demostrar que es válida porque la gente no se fía de que pueda hacerlo igual de bien que un hombre. Se ha sentido discriminada muchas veces.*

B. En grupos de tres, preparad preguntas para entrevistar a alguna persona con alguno de los perfiles de A (u otro semejante). Puede ser un miembro de vuestro grupo o alguien de vuestro entorno. También os la podéis inventar inspirándoos en información que encontréis en internet.

¿Te has sentido discriminada alguna vez?

¿Dirías que la gente tiene cada vez menos prejuicios?

C. Haced la entrevista y, si podéis, grabadla. Tomad notas también de las respuestas.

D. Cada grupo escribe la entrevista. Dividíos el trabajo para que cada persona haga una de estas cosas.

- Persona 1: empieza la entrevista con una pequeña introducción con la biografía de la persona entrevistada o sobre el tema que se va a tratar.
- Persona 2: escribe las preguntas y respuestas más interesantes y recoge las frases y comentarios más importantes de la persona entrevistada.
- Persona 3: añade una conclusión.

E. Leed las entrevistas de los demás y comentad en clase abierta lo que os ha llamado más la atención.

F. ¿Qué titular le pondríais a cada entrevista? ¿Qué frase de la persona entrevistada pondríais en un destacado? Comentadlo en parejas.

7. REFLEJA EL CHOQUE ENTRE...

A. Lee este fragmento, en el que se habla de la película *As bestas*, de 2022. ¿Cuál es el conflicto que plantea? Si lo necesitas, busca más información sobre la película.

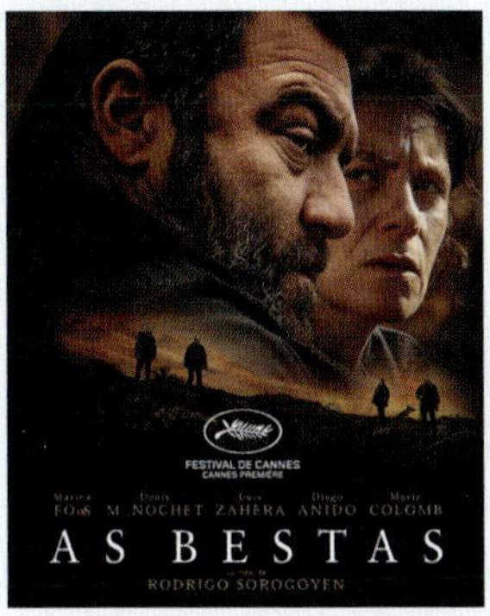

As bestas, la última película de Rodrigo Sorogoyen, se basa en una increíble historia real, una de las tantas razones por las que se convirtió en una de las mejores películas de 2022. El *thriller* con tintes de drama se sitúa en una aldea casi deshabitada de la Galicia rural profunda, donde una pareja de franceses intenta salir adelante trabajando en su huerto y disfrutando de la naturaleza más pura. Sin embargo, el resto de los vecinos busca salir de allí gracias a la compensación económica que les ha prometido una compañía energética si dejan sus tierras para que se instalen unos molinos eólicos. La confrontación entre los franceses y un par de hermanos locales escala hasta el punto de que los primeros llegan a temer por su vida...

FUENTE: FOTOGRAMAS.ES

B. Después de la pandemia de covid-19 muchas personas que vivían en las ciudades decidieron ir a vivir a zonas rurales. ¿Qué conflictos crees que pueden surgir debido a ese fenómeno? ¿Conoces casos concretos para ejemplificarlo? Comentadlo en pequeños grupos.

- *Pues yo creo que un peligro es que normalmente se trata de gente que teletrabaja y que, en ese sentido, siguen vinculados a la ciudad.*
- *Sí, y no trabajan en el campo ni conocen la realidad de las zonas rurales. Llegan con unas ideas un poco románticas del campo, de cómo hay que hacer las cosas y...*

C. ¿Conoces películas, series o libros que reflejen alguno de los conflictos que has visto en la unidad? Habla de ellos al resto de la clase y expón el conflicto que presentan.

- *Yo vi hace poco una miniserie argentina que se llama* Okupas. *Unos amigos se van a vivir a una casa de la que acaban de desalojar a una familia que la estaba ocupando. La historia sucede en la época de la crisis económica argentina y la casa que ocupan está en un barrio decadente de Buenos Aires, que...*

8. PRODUCTOS TEXTUALES A DEBATE /MÁS EJ. 21

A. Fíjate en esta noticia. ¿Ocurre esto en tu país? ¿Crees que se puede calificar de "niñofobia"?

La 'niñofobia' se extiende por España: crecen los establecimientos donde prohíben la entrada a menores

Crece la demanda de hoteles, restaurantes y bares que cuelgan el cartel de "no se admiten menores".

B. Aquí tienes algunos mensajes en redes sociales en los que se habla del tema. ¿Con qué posturas estás más de acuerdo? ¿Has tenido alguna experiencia similar? Coméntalo con tus compañeros/as.

Leticia @leticia33 · 6 h ···

¿Niñofobia? Yo tengo hijos y cuando me voy de fin de semana con mis amigas me apetece estar en un lugar tranquilo, sin niños. ¿Eso es niñofobia? Es una riqueza que haya locales con una oferta especializada, ¿no? Los niños tienen un montón de sitios a los que ir, mucho más adecuados para ellos...

3 · 12 · 8

Javier @javichu8233 · 7 h ···

Yo creo que no permitir la entrada a menores por el hecho de serlo es discriminatorio y choca con los derechos de la infancia. Se presupone que por ser niños van a portarse mal, van a gritar, van a tocarlo todo... O sea, se establece un criterio de preselección antes de saber qué va a pasar... Y les ponemos una etiqueta. Me parece terrible. Que sean sus familiares quienes decidan, ¿no?

6 · 3 · 4

Raquel @raquelmarquez2899 · 7 h ···

A mí, sinceramente, me parece que una sociedad que prohíbe la entrada a los niños está enferma. Somos cada vez más adultocéntricos y hay cada vez menos niños. Además, en las ciudades, los niños tienen cada vez menos espacio para correr, para jugar, para explorar... ¡Y encima les negamos el acceso a algunos lugares! Se me parte el corazón, de verdad.

6 · 6 · 12

Andrés @andriu89 · 8 h ···

Me llena de rabia la actitud de todas esas personas que van por el mundo poniendo mala cara en cuanto ven a un niño. Si vas a un lugar y te toca un niño al lado, te aguantas. Igual que me aguanto yo cuando voy a un restaurante o a un hotel y algún adulto hace algo que me molesta.

4 · 22 · 51

Lea @lea.martinez · 9 h ···

Esto está pasando porque los padres son cada vez más permisivos y los niños se portan cada vez peor. Yo un día, en un restaurante, le pedí a unos padres que controlaran un poco a su hijo, que no paraba de tirar trocitos de comida en nuestra mesa. ¿Y sabéis qué me dijeron? Que no le iban a decir nada, que era un niño pequeño y era normal que lo hiciera... Es escandaloso. Con padres así, no queda más remedio que buscar lugares con ofertas personalizadas dirigidas a adultos tranquilos.

8 · 3 · 0

C. Escribe tu propio comentario sobre el tema de B.

David @ddgarc987 · 2 h ···

Hay gente que no hace más que quejarse y encontrarle pegas a todo: que si esto es discriminación, que si es niñofobia... ¡Me pone enfermo esa gente! Hay lugares que claramente no son para niños. Por ejemplo, no sería conveniente que un menor entrara en un casino, ¿no? De hecho, está prohibido. Entonces, ¿por qué tanto revuelo porque un local decida qué tipo de clientela quiere tener? Se trata de productos personalizados.

D. Leed los comentarios de las otras personas de la clase. ¿Qué os parecen? ¿Ha cambiado vuestra opinión sobre este tema?

9. QUEDA PROHIBIDO

A. Estos son algunos de los problemas que pueden surgir cuando el espacio individual entra en conflicto con el espacio público. ¿Se te ocurren otros?

- **intereses públicos versus intereses personales:** expropiación de casas para hacer obras públicas, cierre de espacios públicos y cobro por acceder a ellos; zonas de aparcamiento reservadas para residentes...
- **vivienda versus espacio compartido:** instalación de cámaras de seguridad fuera de las viviendas privadas, colocar objetos personales en zonas comunes de un edificio...
- **comportamiento en el espacio público:** poner música a todo volumen en plazas, en el transporte público...; hacer fiestas o pícnics en plazas, parques, en la playa...; ir sin camiseta o en bañador en la calle; circular con patinetes o bicis eléctricas por la acera...

B. Comentad en pequeños grupos si las situaciones de A (o las que habéis añadido) se dan en el lugar en el que vivís y cómo os sentís al respecto.

- *A mí me indigna cuando empiezan a cobrar por acceder a lugares a los que antes se accedía gratuitamente. En mi ciudad han cerrado un parque porque decían que estaba muy masificado y que había demasiados turistas. Y ahora hay que pagar para entrar, no hay derecho.*

C. En grupos, elegid uno de los problemas de A y pensad en posibles soluciones.

- *Yo creo que en el caso de masificación debido al turismo, habría que cobrar solo a los turistas, no a las personas del lugar...*
- *Pues a mí eso me parece fatal. ¿Los turistas tienen menos derecho que los demás a acceder?*

Para recordar

Ve a **campusdifusión** si necesitas revisar recursos para proponer soluciones.

D. Elegid uno de los temas de A u otro y redactad una normativa (2 o 3 artículos) para regularlo.

ARTÍCULO 1

Prohibición de escuchar música sin auriculares en el transporte público

Se prohíbe a los usuarios del transporte público, tanto en autobuses como en metros y trenes, escuchar música sin auriculares mientras se encuentren en dichos medios de transporte, a menos que se trate de eventos festivos permitidos por las autoridades locales.

E. Leed los artículos redactados por todos los grupos. ¿Qué os parecen? ¿Quitaríais o añadiríais algo?

- *A mí me parece una barbaridad multar por escuchar música en el transporte público, sobre todo sin indicar los decibelios.*
- *Sí, y yo, además, indicaría que se puede escuchar música siempre que no moleste a las demás personas. ¿Tampoco han pensado en los que...*

7 EL VALOR DEL ARTE

¿Pintura? Sí, pintura

Si a usted no le gusta la pintura, no siga leyendo. Este artículo va de pintura, ese oficio de tantos artistas del siglo XX y hasta del XXI. Porque la pintura sigue sin morirse, a pesar de nuestro letargo en Zoom retransmitido por Instagram que nos ha robado la fisicidad exigida por los cuadros en su misma idiosincrasia. Es la paradoja de nuestra época: jamás hemos tenido más imágenes a mano y nunca hemos mirado menos. Es un consumo visual rápido y un placer escaso: nos hemos quedado sin el gesto del mirar lento. Lo echo de menos.

Miro los cuadros y experimento un placer físico. Habré perdido la mirada de la juventud de la cual hablaba Breton. Seré una antigua. Pero lo cierto es que estoy harta de esa visualidad de la que todos hablan y en la cual nadie se detiene a mirar. Decido volver a la mirada lenta y artesana.
Pintura. Sí, pintura.

Fuente: Estrella de Diego, *El País*

AUDIOS, VÍDEOS, DOCUMENTOS ALTERNATIVOS, ETC., DISPONIBLES EN **campusdifusión**

EN ESTA UNIDAD VAMOS A

COMISARIAR Y PRESENTAR UNA EXPOSICIÓN DE ARTE

RECURSOS COMUNICATIVOS

- describir y comentar obras de arte
- reflexionar acerca de la función y la finalidad del arte
- expresar gustos e intereses
- opinar y valorar
- hacer hipótesis

RECURSOS GRAMATICALES

- pronombres y adjetivos relativos
- expresar acuerdo y desacuerdo
- tipos de argumentos
- el presente histórico
- las perífrasis **encontrarse** / **verse** + participio

RECURSOS LÉXICOS

- léxico del ámbito artístico
- los colores y sus significados
- términos compuestos para nombrar colores
- adjetivos derivados de colores

La ventana abierta, de Juan Gris, 1921. Museo Nacional Centro de Arte Reina Sofía, Madrid

Empezar

1. UNA MIRADA ARTÍSTICA

A. ¿Te gusta ir a museos de pintura? ¿Te gusta mirar cuadros? Coméntalo con otra persona de la clase.

B. MAP Lee este fragmento de un artículo de una historiadora del arte española. ¿Por qué ha decidido volver a la pintura?

C. ¿Qué quiere decir la autora con la frase "la pintura sigue sin morirse, a pesar de nuestro letargo en Zoom retransmitido por Instagram que nos ha robado la fisicidad exigida por los cuadros en su misma idiosincrasia"? ¿Estás de acuerdo? P. 129

Para comunicar

- → Yo también / tampoco diría que...
- → Yo (no) comparto tu postura...
- → Yo (no) lo veo así.
- → Yo no digo que... pero...
- → No se puede decir que...

D. ¿Piensas que el arte se puede disfrutar de la misma manera a través de una pantalla que en un museo?

E. La autora menciona al poeta surrealista André Breton, que hablaba de la "mirada de juventud". ¿A qué se puede referir? ¿Crees que cambian nuestra percepción artística y sensorial con la edad?

Comprender y reflexionar

2. LAS MUJERES Y EL ARTE /MÁS EJ. 1

A. Lee este texto. ¿Tienes la impresión de que el caso del Metropolitan se da también en otros ámbitos? ¿Por qué crees que pasa esto? Comentadlo en clase.

El colectivo de artistas estadounidenses Guerrilla Girls lleva cuarenta años denunciando desigualdades étnicas y de género en el mundo del arte. Refiriéndose al Museo Metropolitan de Nueva York se hicieron la siguiente pregunta: ¿tienen que estar desnudas las mujeres para entrar en un museo? En el MET, menos del 5 % de los artistas expuestos son mujeres, pero el 85 % de los desnudos sí son femeninos.

cartel de 1989

B. El Museo del Prado de Madrid lleva años tratando de dar visibilidad a las mujeres artistas y ha dedicado algunas exposiciones monográficas a mujeres pintoras. ¿Crees que este tipo de iniciativas son necesarias? Coméntalo con otras personas de la clase.

C. MAP Lee el texto de la derecha, un fragmento de un ensayo escrito por el jefe de conservación de pintura flamenca del Museo del Prado. ¿Cómo lo puedes relacionar con lo que habéis comentado en B?

D. Elige la continuación más adecuada para cada frase, para expresar por qué el autor cree que no hay más pintoras en el Museo del Prado.

1. El arte de la pintura en la Edad Moderna era una actividad que…
- ☐ exigía relaciones sociales impensables para las mujeres.
- ☐ se limitaba al ámbito doméstico.

2. Es importante buscar una interpretación del pasado que contribuya a una mayor igualdad y justicia en el presente…
- ☐ y, por eso, los museos llevan mucho tiempo aplicando criterios de paridad.
- ☐ pero responder a ese deseo representa grandes retos para los museos de arte del pasado.

3. Las cifras aportadas sobre la presencia de mujeres artistas en las colecciones del Museo del Prado…
- ☐ revelan que las mujeres formaron parte de la vida artística de manera más asidua en el siglo XIX.
- ☐ indican que las mujeres se dedicaron únicamente a hacer dibujos, estampas, fotografía y otros objetos.

4. La colección del Museo del Prado está determinada por…
- ☐ dos criterios que tienen el mismo peso: de un lado, la calidad y, de otro, la representatividad.
- ☐ dos criterios: la calidad de las obras y, en un segundo lugar, su representatividad.

5. Acercarse al arte buscando igualdad de género…
- ☐ nos lleva a considerar la identidad de la persona que ha pintado el cuadro por encima de su obra.
- ☐ nos permite centrarnos en la experiencia que emana directamente del lenguaje artístico.

E. Fíjate en palabras o expresiones destacadas en el texto e intenta decir lo mismo de otra manera. Escríbelo.

… de gran sensibilidad feminista = que ve las cosas desde una perspectiva feminista

¿Por qué no hay más pintoras en el Museo del Prado?

Algún tiempo después de trasladarme a España a finales del año 1998, visité el Museo del Prado con mi mujer, Viviana. Paseamos por varias salas y nos centramos en la colección de pintura flamenca y en las más reducidas de pintura holandesa y alemana del museo, cuyo cuidado y estudio iban a ser mi responsabilidad. Terminando la visita, Viviana me hizo una pregunta: ¿y las mujeres pintoras? En realidad, estaba hecha a modo de comentario; su total ausencia de las paredes del museo no le sorprendió. Le expliqué que el Prado tiene mucha más obra almacenada de la que cabe en sus salas y que en los almacenes sin duda había algunos cuadros pintados por mujeres, pero que expuestos en las salas tal vez no.

Viviana era y sigue siendo una persona de gran sensibilidad feminista, que ha dedicado su vida profesional a esa causa, con mucho éxito y mucha generosidad. Su conocimiento de la historia del arte era menor que el mío. Le di dos explicaciones sobre la escasez de pintoras en el museo, que son consecuencia de la historia de Europa en los siglos XV al XVIII, los que forman el núcleo del Museo del Prado. En primer lugar, el arte de la pintura es una actividad social. Para que una artista pudiera formarse y hacer carrera era necesario tener ejemplos a los que querer imitar y residir durante un periodo formativo en el hogar de un maestro pintor (las academias de arte que muy gradualmente sustituyeron a los maestros a partir del siglo XVIII tampoco dieron la bienvenida a las mujeres). Era necesario también tener compañeros con los que competir y colaborar, formar parte de organizaciones gremiales, relacionarse con clientes, obtener el apoyo de alguien con dinero y poder.

Todo esto era prácticamente imposible para una mujer de la época, cuya vida estaba reducida al ámbito doméstico o a la ayuda de su padre o esposo. Solo proceder de familia de pintores o ser de clase muy elevada permitía solventar estos obstáculos. En segundo lugar, expliqué, y como consecuencia de lo anterior, era poco probable que las muy escasas mujeres que consiguieron ejercer de pintoras hubiesen llegado a un nivel de maestría tan elevado como el de sus colegas masculinos más destacados, por una pura cuestión de probabilidades. Recuerdo también pensar que tenía que revisar las obras de la colección de pintura flamenca del museo, para ver si encontraba alguna obra que pudiese colgar. El resultado fue la instalación en las salas de pintura flamenca del siglo XVII de cuatro cuadros de Clara Peeters, una pintora de bodegones que trabajó en Amberes a partir de 1606.

Colgar cuatro cuadros de Clara Peeters de pequeño tamaño en las paredes del Prado no es difícil; basta con ajustar algunos espacios. Pero es poco remedio para la ausencia de pintoras en sus salas y para las expectativas de una mayor visibilidad a sectores de la sociedad que han sido marginados en el estudio de la historia. Es natural buscar una interpretación del pasado que contribuya a una mayor igualdad y justicia en el presente y así lo vienen haciendo los historiadores del arte en lo que se refiere a las mujeres pintoras en Europa desde principios de la década de 1970. Esta exigencia ha llegado a los grandes museos con retraso, pero con la fuerza de lo legítimo. Para los museos de arte del pasado responder a ese deseo plantea importantes desafíos. Es fundamental tener en cuenta las posibilidades reales y las limitaciones a las que se enfrentan este tipo de instituciones. Lo es también tener en cuenta la lógica que ha gobernado el coleccionismo de arte en el periodo que el museo representa. Me sorprende la poca atención que se presta a estas cuestiones; de ahí surge la energía que me lleva a escribir estas líneas.

Según los catálogos del propio museo, en la colección de los siglos XV al XVIII solo hay cuadros de diez pintoras, mientras que el siglo XIX está representado por 22.

Mesa, Clara Peeters (1610-1615)

Si consideramos no solo la pintura, sino los dibujos, estampas, fotografía y otros objetos, el total de mujeres documentadas en la colección del Prado asciende a 71. Estos números nos recuerdan los prejuicios a los que las mujeres artistas tuvieron que enfrentarse. El número de artistas masculinos representados en el museo está cerca de los 5000, de los cuales algo menos de 500 son pintores. Además de que pocas consiguieron dedicarse profesionalmente al arte, las que lo hicieron con frecuencia se vieron empujadas a actividades diferentes de la pintura, puesto que esta tenía más prestigio y dificultad de acceso. Es probable que los números citados estén algo distorsionados, puesto que sabemos que algunas mujeres pintaron bajo seudónimos masculinos o usando el nombre de un pariente artista. Pero esto son excepciones. Los números revelan una realidad incuestionable que trasciende al museo: las mujeres tuvieron muy poca presencia en la vida profesional en general, y en la artística en particular, en la Edad Moderna, que fue aumentando gradualmente a partir de finales del siglo XVIII y durante todo el siglo XIX. Visibilizar a las mujeres artistas en el Prado quiere decir hacerlo mayoritariamente con artistas de ese siglo.

La colección del Museo del Prado se ha fundamentado tradicionalmente en dos criterios: la calidad y, supeditada a ella, la representatividad geográfica, cronológica y temática. Es importante comprenderlos, porque han determinado lo que vemos en el museo.

La finalidad del arte es una cuestión discutible —de hecho, se ha discutido históricamente— y también compleja. Para muchos el arte no es un servicio y su fin no es la justicia; eso sería hacer de él algo excesivamente racional. Lo explica muy bien una sola frase de Louise Glück: "El arte sirve al espíritu, al que libera de la miseria de la inercia". La seguridad de estas afirmaciones es la que provoca la pasión por el arte, pero no implican que no haya otro modo de acercarse a él. Es natural que personas cuyas vivencias y contextos son distintos vean este asunto de manera diferente. Para muchos la finalidad de la pintura, ya sea específicamente social, religiosa (como lo fue con frecuencia en el pasado), política (como también lo ha sido) o de otro tipo, es un valor esencial.

La distancia entre un acercamiento al arte centrado en la habilidad con la que está pintado un cuadro y otro que busca igualdad y justicia es grande. Son actitudes que valoran cualidades tan alejadas entre sí que podemos decir que pertenecen a diferentes categorías. El concepto de calidad según se entendía en la época que nos concierne centra la relación con el arte en el objeto mismo y da lugar a una experiencia que emana fundamentalmente de su lenguaje, más que de su contenido específico. Por otra parte, si nos acercamos al arte buscando igualdad de género, o de otro tipo, lo que valoramos en primer lugar es la identidad de la creadora o creador (¿quién ha pintado el cuadro?).

Texto adaptado de: Vergara Sharp, A. 2021. "Clara Peeters en el Museo del Prado. Una cuestión de categorías". En E. Calabuig (ed.), *Un ángulo me basta. Visiones pedagógicas*. Madrid: Tres Hermanas

F. Un ensayo es un tipo de texto que se caracteriza por una mezcla entre un estilo objetivo (con rigor y aportando datos) y subjetivo, personal. Busca ejemplos de estos dos estilos en el texto de la página 121.

ESTILO PERSONAL Y AUTOBIOGRÁFICO	ESTILO OBJETIVO Y ESPECIALIZADO
Recuerdo también pensar que tenía que revisar las obras de la colección de pintura flamenca del museo.	Los números revelan una realidad incuestionable que trasciende al museo.

G. El autor del texto apoya su visión o tesis a través de distintos tipos de argumentos. Relaciona cada fragmento con el tipo de argumento que se da. P. 129

1. argumento de autoridad **2.** argumento por analogía **3.** argumento de causa

- ◯ Todo esto era prácticamente imposible para una mujer de la época, cuya vida estaba reducida al ámbito doméstico o a la ayuda de su padre o esposo.
- ◯ Según los catálogos del propio museo, en la colección de los siglos XV al XVIII solo hay cuadros de diez pintoras, mientras que el siglo XIX está representado por 22.
- ◯ Para muchos el arte no es un servicio y su fin no es la justicia; eso sería hacer de él algo excesivamente racional. Lo explica muy bien una sola frase de Louise Glück: "El arte sirve al espíritu, al que libera de la miseria de la inercia".

H. Fíjate en estas frases del texto. Reformúlalas sin usar los relativos en negrita. P. 128

1. Paseamos por varias salas y nos centramos en la colección de pintura flamenca y en las más reducidas de pintura holandesa y alemana del museo, **cuyo** cuidado y estudio iban a ser mi responsabilidad.
2. Todo esto era prácticamente imposible para una mujer de la época, **cuya** vida estaba reducida al ámbito doméstico o a la ayuda de su padre o esposo.
3. Es natural que personas **cuyas** vivencias y contextos son distintos vean este asunto de manera diferente.

I. ¿Qué dos visiones se contraponen en este fragmento del texto? ¿Estás más de acuerdo con alguna? Comentadlo en clase. P. 129

"Para muchos el arte no es un servicio y su fin no es la justicia; eso sería hacer de él algo excesivamente racional. Lo explica muy bien una sola frase de Louise Glück: "El arte sirve al espíritu, al que libera de la miseria de la inercia" [...] Para muchos la finalidad de la pintura, ya sea específicamente social, religiosa (como lo fue con frecuencia en el pasado), política (como también lo ha sido) o de otro tipo, es un valor esencial."

Descubre

Pregunta a hispanohablantes qué museos de arte de su ciudad o de su país conocen, qué tipo de arte se expone en ellos y si suelen ir a museos. ¿Qué has descubierto?

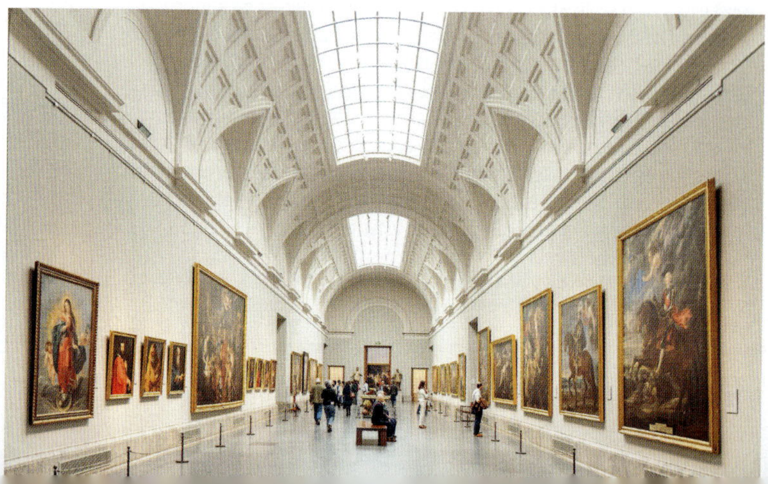

3. LAS DOS FRIDAS

A. ¿Conoces esta obra de Frida Kahlo titulada *Las dos Fridas*? ¿Sabes qué representa? Si no lo sabes, ¿qué dirías que representa? En parejas, haced hipótesis. P. 130

- *Yo no lo sé, pero podría ser que representaran dos personalidades distintas de la pintora o dos identidades...*
- *Yo diría que...*

B. 13 MAP Vas a escuchar a una persona hablando del cuadro *Las dos Fridas*. Completa esta tabla con la información que da. P. 131

DESCRIPCIÓN DE LO QUE SE VE EN EL CUADRO	INTERPRETACIÓN DE LA OBRA (LO QUE SIMBOLIZA)	DATOS DE LA VIDA Y LA OBRA DE LA PINTORA

C. TSP En la grabación anterior podemos encontrar fenómenos de variación gramatical, propios del español de México. Busca en la transcripción ejemplos de las siguientes estructuras. P. 128, 130

- Uso del pronombre relativo **quien** con antecedente humano, después de coma (en oraciones relativas explicativas).
- Uso de **encontrarse** + participio en lugar de **estar** + participio.

Para recordar

Ve a **campusdifusión** para revisar qué son las oraciones de relativo explicativas y especificativas.

D. Los relatos históricos se caracterizan por el uso del presente de indicativo con valor histórico. En parejas, sustituid en este fragmento del vídeo las formas en negrita por otros tiempos verbales. P. 130

> “El cuadro lo **realiza** en el año de 1939, cuando **se divorcia** de su esposo, el pintor Diego Rivera.”

E. ¿Te gusta la obra *Las dos Fridas*? Coméntalo en clase.

- *Sí, yo adoro a Frida Kahlo, tiene una gran capacidad de introspección y expresa muy bien sus sentimientos...*
- *A mí no me dice gran cosa, la verdad.*
- *Pues a mí me llaman mucho la atención los colores que usa.*

Descubre

Pregunta a hispanohablantes qué cuadros emblemáticos de pintores/as de su país conocen. Muéstralos en clase y, entre todos/as, comentad qué os parecen.

4. ¿QUÉ ES EL COLOR CARNE?

A. ▶ 7 ☰ MAP Ve este vídeo, en el que la fotógrafa Angélica Dass presenta un proyecto. Contesta a las preguntas.

- ¿En qué consiste el proyecto? ¿Qué quería probar? ¿Qué denuncia?
- ¿Con qué vivencias de la infancia de Angélica está relacionado su proyecto?

B. ▶ 7 Vuelve a ver el vídeo hasta el minuto 1:45 y anota cómo describe Angélica los colores de la piel de sus familiares.

color chocolate...

C. ¿Hay algún término para referirse al **color carne** en tu lengua? ¿Es un término polémico? ¿Hay expresiones en las que se usan colores que sean polémicas? ¿Cuáles?

D. CORPUS Haz una búsqueda en CORPES XXI (en **campusdifusión** tienes instrucciones) para descubrir qué combinaciones de la palabra **color** + sustantivo son más frecuentes en español. Luego, busca en internet imágenes de esos colores. ➔ P. 127

color pistacho, color burdeos...

E. ¿Con qué ideas o interpretaciones se asocian los distintos colores? ¿Crees que eso cambia según las culturas?

- *El rojo simboliza la pasión y el amor en muchas culturas...*
- *En los países budistas el blanco representa el luto, mientras que en el mundo hispano se asocia al color negro.*

+ Para comunicar

→ El rojo / El verde...
→ representa...
→ simboliza...
→ se asocia con...
→ está relacionado con...

F. El color es una herramienta para expresar emociones y transmitir mensajes en el arte. Analiza las siguientes obras: ¿cómo describirías los colores? ¿Qué crees que transmiten?

LA TAZA DE CHOCOLATE, MARÍA BLANCHARD

LA CASA BATLLÓ, ANTONI GAUDÍ

PASEO A ORILLAS DEL MAR, JOAQUÍN SOROLLA

- *El cuadro de María Blanchard tiene tonos cálidos, ¿no? La cara tiene un tono entre amarillo y naranja...*

5. VIVIR DEL ARTE /MÁS EJ. 2

A. MAP Lee este fragmento de una entrevista a Anna Sokoloff, experta colombiana en asesoramiento artístico y subastas, y contesta a estas preguntas.

Según ella,

- ¿qué obras interesan más en la actualidad en el mercado de arte?
- ¿qué puede hacer un/a coleccionista si quiere hacer una buena inversión?
- ¿qué errores pueden cometer los/as artistas?
- ¿qué relación existe entre artistas y galeristas?

¿Qué valoriza una obra de arte?
La escasez, que dentro del grupo de obras que se subastan no haya una similar.

¿Hacia dónde va el dinero?
El mercado fluctúa según los gustos. Hay una tendencia internacional en el arte contemporáneo de posguerra, pero eso no significa que Picasso esté dejando de vender. Hay jóvenes con capacidad adquisitiva que están cambiando de interés.

¿Qué caracteriza a los buenos coleccionistas?
Además de la tradición de algunos que continúan con el gusto familiar, es clave la pasión que desarrollan por el arte que les interesa. Es como si los picara un mosquito, quedan enviciados, es adictivo. Hay sin duda un placer visual y táctil y una capacidad de disfrute infinita. Y un elemento fundamental: el gusto de poseer, característica esencial del verdadero coleccionista. Frente a una buena obra, uno no puede más que arrodillarse.

¿Qué peligro corre un artista que se deja seducir por el mercado?
No solo es responsabilidad del artista, sino del galerista que maneja su obra, y es que pierde el horizonte y comienza a repetirse para suplir las necesidades del mercado. Un artista tiene que crear y debe correr riesgos, al igual que su galerista que lo respalda en esa exploración. Lo importante no es vender hoy, sino tener un compromiso a largo plazo.

¿Existen coleccionistas sin alma?
Sí. Pero con las crisis se alejan, pues pierden dinero. Sin embargo, para el coleccionista que verdaderamente cree en esto, el arte sigue siendo una inversión sostenida. El que compra en tiempos de crisis sabe que su adquisición terminará valorizándose en algún momento.

Fuente: entrevista a Anna Sokoloff adaptada de *El Tiempo* (www.eltiempo.com)

B. Identifica en el texto de A referencias y vocabulario que provienen del mundo de los negocios. Anótalos y, luego, comenta en clase su significado. P. 126

Mercado...

C. CORPUS En la entrevista de A aparecen las expresiones **dejarse seducir**, **perder el horizonte** y **correr riesgos**. Busca en CORPES XXI (en **campusdifusión** tienes instrucciones) ejemplos de uso de esas expresiones y de estas otras. ¿Qué significan? ¿De qué otra forma podrías expresar lo mismo?

dejarse: seducir, llevar

perder: el horizonte, el norte, la cabeza, el rumbo, el conocimiento

correr: riesgos, peligro

D. ¿Qué piensas de la relación entre arte y capitalismo? ¿Hasta qué punto la expresión artística debería tener un precio? Comentadlo en grupos.

LÉXICO DEL ÁMBITO ARTÍSTICO /MÁS EJ. 3-4

ARTE

PERIODOS HISTÓRICOS

Prehistoria (2 500 000 a. C.– 3500 a. C.)
Antigüedad o Edad Antigua (3300 a. C.–476 d. C.)
Edad Media (476–1492)
Edad Moderna (1492–1789)
Edad Contemporánea (1789–actualidad)

FORMAS DE EXPRESIÓN ARTÍSTICAS

pintura / obra pictórica
arquitectura / obra arquitectónica
escultura / obra escultórica
fotografía
artes decorativas
arte efímero

EL MERCADO DEL ARTE

casa de subastas
puja
lote
inversión
galería de arte
feria de arte
mecenazgo
adquisición
colección
coleccionismo
valorización

GÉNEROS DE PINTURA

retrato
autorretrato
bodegón
paisaje
marina
pintura histórica / mitológica / religiosa...

ESTILOS

figurativo ≠ abstracto
románico
gótico
islámico
incaico
azteca
renacentista
barroco
rococó
colonial
neoclásico
romántico
realista
impresionista
vanguardista
pop
conceptual
postmoderno

PROFESIONES

artista
restaurador/a
conservador/a
comisario/a = curador/a
galerista
coleccionista
marchante
historiador/a del arte
arteterapeuta
gestor/a cultural

MUSEOS

catálogo
exposición permanente
exposición temporal
obra de arte
audioguía
visita guiada

1. En parejas, elegid una de las profesiones relacionadas con el mundo del arte del mapa conceptual de la izquierda. ¿En qué consiste su trabajo? ¿Qué cualidades creéis que debe tener alguien que la ejerce? Podéis hacer búsquedas en internet.

2. Busca ejemplos de cuadros que se correspondan con uno de los géneros que aparecen en el mapa conceptual. Elige un cuadro que te guste y preséntalo en clase.

3. Si fueras coleccionista de arte, ¿de qué tipos de objetos, periodos y estilos estaría compuesta tu colección? Coméntalo con otra persona de la clase.

- *Yo coleccionaría pintura y especialmente de estilo abstracto porque...*

4. Escribe los verbos correspondientes a estos sustantivos usados en el mundo del mercado del arte.

a. puja
b. inversión
c. coleccionismo
d. adquisición
e. valorización

5. ¿Qué significan estas palabras referidas al ámbito artístico? ¿Qué otros significados pueden tener en contextos diferentes? Coméntalo con un/a compañero/a.

- (el estilo) abstracto
- (el) catálogo
- (la) colección
- (la) composición
- (el) género
- (la) interpretación
- (el) motivo
- (el) movimiento
- (la) obra
- (la) perspectiva
- (el) símbolo
- (el) tono

- *Abstracta puede ser una idea, ¿no? Y también un nombre puede ser abstracto... Por ejemplo,* utilidad.

La ejecución del emperador Maximiliano (1867) es una obra pictórica del pintor francés Édouard Manet, que representa el fusilamiento de Maximiliano I y que forma parte de la exposición permanente de la National Gallery de Londres. Es una obra de carácter histórico y realista claramente influenciada por el cuadro de *Los fusilamientos del tres de mayo* (1814), del pintor español Francisco de Goya.

6. CORPUS Observa estos ejemplos y continúa las series. Puedes hacer una búsqueda en CORPES XXI (en **campusdifusión** tienes instrucciones).

el arte | abstracto | |
las artes | escénicas | |

7. CORPUS Busca en CORPES XXI (en **campusdifusión** tienes instrucciones) adjetivos que aparezcan combinados con **arte** y **artes**. ¿A cuáles de estos aspectos se refieren? Clasifícalos.

- estilo: arte gótico...
- ámbito: artes gráficas...
- características: arte comprometido...

LOS COLORES /MÁS EJ. 5-7

EL SIGNIFICADO DE LOS COLORES

SIGNIFICADO LITERAL Y SIGNIFICADO FIGURADO

Las palabras tienen un significado en su origen. El significado original de la palabra **verde**, por ejemplo, es 'un color semejante al de la hierba fresca o al de la esmeralda'. Este sentido original o primitivo se denomina significado literal.

*Por la ventana veo un árbol de hojas **verdes**.*

En ocasiones, las palabras desarrollan nuevos sentidos a partir de su significado literal. Estos nuevos significados nacen de usos expresivos o de asociaciones indirectas.

Por ejemplo, el color verde también se puede usar para referirse a personas poco preparadas o inexpertas, cosas o ideas poco desarrolladas que necesitan más tiempo para perfeccionarse por asociación con el color verde de la fruta no madura. Este sentido se llama significado figurado.

*Este trabajo está muy **verde** todavía.*

SIGNIFICADO DENOTATIVO Y SIGNIFICADO CONNOTATIVO

Las palabras tienen un significado primario, que es el que registran los diccionarios. Ese significado objetivo se conoce como significado denotativo.

Por ejemplo, el significado denotativo del color gris se define como 'semejante al de la ceniza o el acero, y que resulta de mezclar el blanco y el negro'.

Las palabras pueden tener otros significados que suelen guardar relación con lo que ese término sugiere o evoca a cada persona: alegría, nostalgia, furia... Ese significado subjetivo se conoce como significado connotativo.

Por ejemplo, el color gris puede significar, en algunos contextos, 'nublado', y en otros 'triste', 'sin interés' o 'aburrido/a'.

*Hace **un día gris**, ¿no?* (= nublado)

*Martín es **una persona gris**.* (= que no destaca, poco interesante)

*Es **una ciudad gris*** (= aburrida), *no tiene ningún atractivo.*

A veces, en una comunidad de hablantes se atribuye de forma convencional un significado connotativo a una determinada palabra. Así, el color rosa se asocia a contextos de positividad, a asuntos amorosos, etc.

Este significado connotativo de carácter social y cultural con frecuencia se impone sobre el significado denotativo y se convierte en vehículo para transmitir valoraciones ideológicas, culturales y sociales.

TÉRMINOS COMPUESTOS PARA NOMBRAR COLORES

Los colores pueden ser sustantivos y adjetivos según su función en una oración.

*El **verde** es mi color preferido.* (sustantivo)

*Las sandalias **verdes** me hacen daño.* (adjetivo)

Para expresar los matices de un color (además de los adjetivos claro, oscuro, vivo, brillante, etc.), se usa a menudo un sustantivo que lo acompaña: **verde botella**, **gris perla**, **amarillo limón**.

Cuando estos compuestos funcionan como adjetivos son invariables, no concuerdan ni en género ni en número con el sustantivo al que califican.

*El cuadro está pintado en tonos **azul turquesa**.*

*Es una serie de trajes **blanco hueso**.*

*Este edificio tiene una fachada **rosa chicle**.*

! Cuando los colores son sustantivos siempre son masculinos (**el verde**, **el naranja**, **el rosa**...).

ADJETIVOS DERIVADOS DE COLORES

Hay adjetivos derivados de los colores que indican que algo tiende a un color determinado.

rojo > **rojizo/a** (que tira a rojo)

*La casa tiene una fachada de color **rojizo**.*

naranja > **anaranjado/a** (que tira a naranja)

*Me encanta el cielo **anaranjado** de las puestas de sol.*

rosa > **rosado/a** o **rosáceo/a** (que tira a rosa)

*En el primer plano, se observa a una niña de piel **rosada**.*

amarillo > **amarillento/a** (que tira a amarillo)

*Al fondo, un personaje con un sombrero de paja sonríe, mostrando sus dientes **amarillentos**.*

blanco > **blanquecino/a** (que tira a blanco)

*La luz le ilumina la cara, que se ve **blanquecina**.*

verde > **verdoso/a** (que tira a verde)

*En el centro, se ve un estanque con el agua de color **verdoso**.*

azul > **azulado/a** (que tira a azul)

*En el centro del cuadro, un niño parece mirarnos fijamente con sus grandes ojos **azulados**.*

gris > **grisáceo/a**

*En esta obra observamos un mar agitado, de color **grisáceo**.*

8. Analiza los siguientes ejemplos: ¿qué características se asocian a cada color? ¿Conoces otras expresiones que se puedan añadir a esta lista?

marca blanca | carta blanca | humor amarillo
chiste verde | números rojos | sangre azul
prensa rosa | novela rosa | novela negra
dinero negro | economía verde | línea roja

PRONOMBRES Y ADJETIVOS RELATIVOS /MÁS EJ. 8-11

QUE, EL QUE, LA QUE, LOS QUE, LAS QUE	CUAL, CUALES	QUIEN, QUIENES	CUYO, CUYA, CUYOS, CUYAS
Que es una palabra invariable. Puede llevar antecedente explícito o implícito. Cuando el antecedente está implícito (porque se ha mencionado antes en el discurso) siempre ha de ir precedido por un artículo. *El cuadro **que** más me gusta es el de Miró.* ***El que** me gusta más es este.* (cuadro) Cuando va precedido de preposiciones (**por**, **en**, **a**, **de**, **con**…) tiene que llevar artículo. *¿Cómo se llama aquella pintora que pintó aquel autorretrato **en el que** aparece con forma de ciervo?* *Estoy harta de esa visualidad **de la que** todos hablan.*	Normalmente va acompañado de artículo. Solo en casos especiales aparece sin artículo, como con construcciones concesivas. *Han sacado a subasta el cuadro, **el cual** se cree que puede ser un Sorolla auténtico.* *El número de artistas masculinos representados en el museo está cerca de los 5000, de **los cuales** algo menos de 1500 son pintores.* *Sea **cual** sea su significado, es una obra impactante.* Cuando va acompañado de preposiciones (**por**, **en**, **a**, **de**, **con**…) tiene que llevar artículo. *En 1928 Frida Kahlo conoció al pintor Diego Rivera, **con el cual** se casaría años después.* *Dalí hizo amistad con Maruja Mallo, **a la cual** describió como "mitad mujer, mitad marisco".*	Puede llevar antecedente explícito o implícito. El antecedente siempre tiene que ser una persona. *Al lado de la mujer hay dos niños, **quienes** parecen muy alegres.** ***Quienes** más entienden de arte suelen admirar mucho a este pintor.* Puede ir acompañado de preposiciones (**por**, **en**, **a**, **de**, **con**…). *Estos son los vecinos **con quienes** fuimos de excursión el fin de semana pasado.* *Desconfío **de quienes** afirman no haber mentido nunca.*	Utilizamos estas formas de relativo como sustituto de la combinación **de** + sustantivo (cuando esta construcción tiene carácter posesivo). Se emplea, sobre todo, en un registro culto. Concuerda en género y número con el sustantivo al que acompaña, no con el antecedente. *Los museos deberían devolver las obras de arte **cuyo** origen está vinculado a botines de guerra.* *Es uno de los artistas más reconocidos de finales del siglo XVIII, **cuya** obra se expone actualmente en el museo de Bellas Artes.* *Esta es la pintora **cuyas** obras han sido tan polémicas.* *Es normal que niños **cuyos** padres están interesados en el arte sean más sensibles a todo lo artístico.* Puede ir acompañado de preposiciones (**por**, **en**, **a**, **de**, **con**…). *Es una iglesia gótica del siglo XIV **en cuyo** interior se encuentra un retablo flamenco del siglo XVI.*

* En las oraciones relativas explicativas (que añaden una información sobre el antecedente que no es necesaria para distinguirlo y, por eso, siempre van entre comas) se puede usar **que** o **quien** / **quienes**. En el español europeo hay una clara preferencia por el uso de **que**, pero en el español de México es muy frecuente el uso de **quien** / **quienes**.

*En la imagen se observa a Diego Rivera, **quien** fue el esposo de Frida Kahlo. / En la imagen se observa a Diego Rivera, **que** fue el esposo de Frida Kahlo.*

1. Reformula estas ideas para formar frases sobre la pintora Maruja Mallo, usando **cuyo/a/os/as**.

a. Es una pintora surrealista española. Su obra se está empezando a conocer mejor en las últimas décadas.

b. Empezó a pintar retratos de mujeres. El estilo de esos retratos se ha considerado precursor del pop art.

c. Formó parte del grupo de las Sin Sombrero. El nombre de ese grupo surgió de una anécdota que contó ella misma.

d. En el cuadro *La sorpresa del trigo* la figura femenina representa a la diosa de la agricultura Deméter. De los dedos de Deméter salen tres espigas.

2. Haz frases con relativos referidas a un/a artista conocido/a. Luego, léeselas a otra persona de la clase. ¿Sabe de quién se trata?

En 1929 conoció a la mujer del poeta surrealista Paul Éluard, de quien se enamoró perdidamente y con quien inició una relación. Ese mismo año pintó la obra Retrato de Paul Éluard, por la que…

EXPRESAR OPINIONES Y VALORAR

A mi juicio, la pintura de Frida Kahlo despierta sentimientos encontrados.*

Desde mi punto de vista, todos los museos deberían ser gratuitos.*

A mi parecer / entender, las obras de arte de hoy en día no son tan buenas como las de antes.*

*Este estilo es demasiado recargado, **en mi opinión.***

***Según mi opinión,** no se puede juzgar la calidad de las obras de arte por la personalidad del artista que las hizo. Una cosa es la obra y otra el autor o la autora de la obra.*

***(A mí) me da la sensación / impresión de que** el arte cada vez es más conceptual y difícil de entender.*

***Me parece / Es** de mal gusto decir que un plátano pegado a la pared es una obra de arte.*

*Este estilo **me resulta** demasiado recargado.*

***Es / Resulta** vergonzoso que en pleno siglo XXI muchas mujeres que fueron grandes artistas aún sigan siendo prácticamente desconocidas.*

* Estas expresiones son más propias de un registro formal.

EXPRESAR ACUERDO Y DESACUERDO /MÁS EJ. 12

ACUERDO

- *Desde mi punto de vista, para hacer una buena crítica de arte habría que saber ponerse en el lugar del artista, conocer bien su contexto y entender su motivación para crear.*
- ***Estoy completamente de acuerdo con lo que dices.***
- ***Estoy contigo / Coincido (totalmente) contigo.***

DESACUERDO

- *A mí me da la sensación de que hoy en día las obras de arte no son tan buenas como las de antes. Yo, sinceramente, creo que la mayoría de los artistas ya no tienen las habilidades técnicas que se tenían antes. Y se nota…*
- ***(Yo) no diría eso.** Lo que sí creo es que en la era digital hay tantas imágenes que para los artistas es más difícil destacar.*
- ***(Pues) yo no diría que** no son tan buenas; simplemente, son diferentes.*
- ***Yo no comparto tu idea / postura.** Creo que el arte es subjetivo y que lo que a ti te puede parecer malo a otras personas les puede parecer bueno.*
- ***(Yo) no lo veo así.** Hay muchos artistas contemporáneos que están haciendo trabajos impresionantes.*
- ***Yo no coincido contigo en eso de que** los artistas ya no tienen habilidades técnicas. Lo que pasa es que muchos están interesados en hacer lo que vende porque tienen que ganarse la vida.*
- ***(Yo) no estoy de acuerdo contigo.** Hay obras de arte buenas y otras malas. Y antes pasaba lo mismo.*
- *Yo creo que **no se puede decir que** los artistas no tengan habilidades técnicas… Lo que pasa es que hoy en día tienen muchas más herramientas a su disposición y se crea de una forma distinta.*

TIPOS DE ARGUMENTOS /MÁS EJ. 13-14

Los textos argumentativos o ensayos de carácter académico y científico suelen estructurarse en torno a la formulación de una hipótesis, también llamada tesis, que se confirma o se rechaza a través de argumentos y contraargumentos. Hay distintos tipos de argumentos:

ARGUMENTO RACIONAL

Presenta ideas respaldadas de manera amplia por la sociedad.

***Todo el mundo sabe que** la finalidad del arte es principalmente estética.*

ARGUMENTO DEDUCTIVO

Se basa en deducir o extraer conclusiones.

*El arte no tiene una función única en la historia, **por lo tanto,** habrá que considerar de manera separada cada periodo.*

ARGUMENTO DE EJEMPLIFICACIÓN

Presenta ejemplos.

*Cada artista ha utilizado el arte para expresar distintas emociones, **desde** la alegría **a** la tristeza, **pasando por** el amor, o **incluso** el descontento social.*

*Entre finales del siglo XIX y principios del siglo XX, París atrajo a muchos artistas. **Por ejemplo,** vivieron allí Picasso, Miró, Juan Gris, Dalí o Maruja Mallo, por citar a algunos pintores de España.*

ARGUMENTO POR ANALOGÍA

Se plantea a través de una comparación de ideas.

Si el Museo del Prado ha programado cuatro exposiciones de mujeres artistas, ¿por qué no puede hacer lo mismo el Museo del Louvre?

ARGUMENTO POR DEFINICIÓN

Presenta una definición.

El caso del Busto de Nefertiti, que se encuentra en Berlín, no es un caso de expolio porque expoliar es 'despojar algo o a alguien con violencia o con iniquidad' y así no fue como llegó la obra a Alemania…

ARGUMENTO *AD PERSONAM*

Critica un planteamiento de otra persona, colectivo o institución para reforzar los argumentos propios.

No creo que podamos considerar al actual director del museo, que nunca ha aplicado políticas paritarias, como un referente del feminismo.

ARGUMENTO DE CAUSA

Establece relaciones entre causa y efecto.

Pensar en cada edificio como parte del patrimonio artístico de la ciudad será clave para poder proteger el centro histórico.

Había menos mujeres pintoras porque la vida de las mujeres estaba reducida al ámbito doméstico.

ARGUMENTO DE AUTORIDAD

Se basa en una fuente de información u opinión.

De hecho, la UNESCO se ha comprometido a proteger a los artistas y defender su derecho a la libertad de expresión.

Ya decía Horacio que una imagen es un poema sin palabras. Y Schopenhauer, que la arquitectura es música congelada.

3. Lee las siguientes afirmaciones y escribe un argumento para apoyar cada una de ellas. Utiliza distintos tipos de argumentos en cada caso.

a. El arte es un lenguaje universal y comprensible para cualquier ser humano.

b. Lo femenino, en términos clásicos o convencionales, ha ocupado un lugar especial en el campo del arte.

c. El arte es un negocio.

d. La tecnología es una fuerza que puede romper con los límites del arte tal como lo entendemos hoy.

EXPRESAR HIPÓTESIS /MÁS EJ. 15-16

SEGUIDO DE UN VERBO EN ALGÚN TIEMPO DEL SUBJUNTIVO

No sé de qué época es esta escultura, ***podría / pudiera ser que*** *fuera romana.*

Puede que *esté relacionado con algún episodio de su vida.*

Cabe la posibilidad de que* *esta obra haya sido restaurada, hay que tenerlo en cuenta.*

* **Cabe la posibilidad de que** se usa en un registro formal.

SEGUIDO DE UN VERBO EN INDICATIVO O EN SUBJUNTIVO

¿Y si *este niño simbolizara el hijo del pintor, que murió de un accidente cuando era muy pequeño**?***

SEGUIDO DE UN VERBO EN ALGÚN TIEMPO DEL INDICATIVO

Yo diría que *es un cuadro de Frida Kahlo.*

No veo a nadie en la entrada de la galería; ***para mí que*** *cierra los lunes.**

* **Para mí que** tiene un significado parecido a 'yo sospecho que' y se usa en el ámbito oral o informal.

EL PRESENTE HISTÓRICO

El presente histórico es muy frecuente en textos ensayísticos, de tipo académico, para narrar eventos históricos desde un plano actual.

El surrealismo es un movimiento que ***surge*** *en Europa tras la Primera Guerra Mundial, con la publicación del* Manifiesto del surrealismo*, por André Breton, en París.*

Velázquez ***solicita*** *licencia al rey para viajar a Italia a completar sus estudios. Este viaje a Italia* ***representa*** *un cambio decisivo en su pintura.*

Vista del jardín de la Villa Medici en Roma, Diego Velázquez (1629-1630).

LAS PERÍFRASIS VERSE / ENCONTRARSE + PARTICIPIO /MÁS EJ. 17

Verse + participio y **encontrarse** + participio expresan un estado que resulta de una acción o un proceso.

Los verbos **verse** y **encontrarse** son intercambiables en esta construcción cuando la frase tiene sentido pasivo: el sujeto no lleva a cabo ninguna acción, sino que sufre los efectos de esta.

El mundo ***se ve / se encuentra sacudido*** *por los efectos del cambio climático.*

La artista ***se vio / se encontró envuelta*** *en una gran polémica por sus opiniones políticas.*

Juan ***se vio / se encontró afectado*** *por el accidente.*

Estas perífrasis pueden referirse a situaciones y a estados presentes, pasados o futuros.

La producción artesanal de colores ***se ha visto reducida*** *al ámbito de la restauración.*

La ampliación de la basílica ***se verá culminada*** *dentro de dos años.*

Cuando el verbo **verse** significa **considerarse** no puede sustituirse por **encontrarse**. Este tipo de interpretación solo es posible con sujetos animados.

Me veo obligado *a dimitir.* (= Me considero obligado).

Nos vimos forzados *a asistir a la boda de Juan.* (= Nos consideramos forzados).

! Este sentido de **verse** no exige la presencia de un participio.

Me veo incapaz *de actuar en esta situación.*

El verbo **encontrarse** puede tener el sentido de 'estar en un lugar', y en ese caso no puede sustituirse por **verse**.

El templo ***se encontraba rodeado*** *de tumbas romanas.*

Los retratos ***se encuentran expuestos*** *en la tercera planta del museo.*

4. Reformula estas frases usando **verse** + participio o **encontrarse** + participio.

a. Se arruinó y no tuvo más remedio que vender su colección privada de obras de principios del siglo XX.

b. Me insistió tanto que tuve que asistir a la inauguración de la galería.

c. Las obras que componen la exposición ocupan cinco salas del museo.

d. El recinto permanecerá abierto toda la noche.

e. Los casos de corrupción han afectado al director del museo.

DESCRIBIR Y COMENTAR OBRAS DE ARTE /MÁS EJ. 18

LA OBRA	***Está considerada una de las obras más importantes de****l impresionismo /* ***más representativas de*** *la arquitectura renacentista.* ***Es del año*** *2010 / del siglo XIX / del periodo helenístico.* ***Fue pintado/a / realizado/a / creado/a en*** *el siglo XV.* ***Se encuentra en*** *el MOMA de Nueva York.* *(La obra)* ***Es de motivo*** *mitológico / religioso...* ***Se inspira en*** *un mito clásico / un acontecimiento político que tuvo lugar en su país.* ***Destaca*** *el uso de la técnica del claroscuro / la presencia de un pimiento en el primer plano del cuadro.* ***Predomina*** *el color negro. /* ***Predominan*** *los tonos cálidos.* ***Sus motivos principales son*** *las flores y las figuras geométricas.*
EL AUTOR / LA AUTORA	***Es la principal figura de*** *la pintura flamenca del siglo XVI.* ***Es el principal / la principal representante / exponente de****l surrealismo / impresionismo.* ***Está considerado/a como el / la precursor/a de****l surrealismo / impresionismo.* *De pequeño/a* ***se vio influenciado/a por*** *el trabajo de su padre, que también era pintor.* ***Recibió influencias de*** *la pintura paisajista japonesa.* *Van Gogh y Gauguin fueron* ***sus principales referentes****.*
EL ESTILO	*(La obra)* ***Es de estilo*** *gótico / figurativo...* *(La obra)* ***Es representativa del estilo*** *románico / barroco...* *(La obra)* ***Se enmarca dentro del movimiento*** *surrealista / futurista...* *Este estilo / movimiento* ***se caracteriza por*** *el uso de colores vivos y pinceladas gruesas.* ***La principal característica de*** *este estilo / movimiento consistía en sacar de contexto imágenes populares del momento.* ***Una de las principales características de****l cubismo es el empleo de formas geométricas.* *El surrealismo* ***tiene que ver con*** *la reivindicación de la importancia del inconsciente.*
LA COMPOSICIÓN Y DISPOSICIÓN EN EL ESPACIO	*La obra / El cuadro* ***se divide en*** *dos / tres grandes zonas.* *En la composición,* ***predominan*** *las líneas rectas / los colores pastel.* *La composición* ***se basa en*** *un juego de luces y sombras.* ***En la parte superior / inferior / central se observa / aparece*** *un chico joven con una manzana en la mano.* ***En el lateral derecho / izquierdo se aprecia / podemos observar*** *una ventana a través de la cual se ve un paisaje primaveral.* ***A ambos lados / A los lados se encuentran*** *los padres del chico.* ***En el primer plano, / Al fondo, aparece / se observa / se aprecia*** *una flor...*
LA INTERPRETACIÓN	*Esta imagen* ***representa / simboliza*** *el yo interior de la artista.* ***En cuanto a su interpretación, podría tratarse de*** *una crítica al racionalismo.* ***Se puede relacionar con*** *un sueño que tuvo el artista cuando era pequeño.* ***Transmite la idea de*** *que el arte no representa la realidad, sino el estado del artista.* *Con la imagen del pan, el artista* ***hace referencia a / se refiere a****l hambre de la época.* *La artista* ***reflexiona sobre*** *la fugacidad de la belleza.* ***El objetivo del autor / de la autora es*** *cuestionar el valor del arte.* ***El autor / La autora pretende*** *hacer reflexionar sobre el paso del tiempo.*

6. PRODUCTOS TEXTUALES EL ARTE A DEBATE

A. Lee las siguientes noticias, que hacen referencia a robos o saqueos de obras de arte y a la necesidad de devolver esas obras. ¿Habías oído hablar de casos como estos? ¿Ves soluciones factibles a este problema? Comentadlo en grupos.

El País

El #MeToo de la restitución del arte expoliado

Las grandes colecciones occidentales deben ajustar cuentas con su pasado colonial y restituir las obras saqueadas.

La Jornada

Apremia diplomático a recuperar bienes culturales de México

El embajador de México en Italia, Carlos García de Alba, informó que hay 100 piezas pendientes de restitución que fueron decomisadas en ocho ciudades italianas y pertenecen a cuatro culturas del golfo de México.

UNESCO

Argentina, a la vanguardia en las restituciones

Desde 2004, Argentina ha restituido a sus países de origen unos 5000 bienes culturales confiscados en su territorio. Las razones de esta nueva política son un mayor reconocimiento del arte de las civilizaciones precolombinas y la promulgación de una ley que protege el patrimonio arqueológico y paleontológico.

elDiario.es

España pelea para no devolver un Pissarro robado por los nazis

Arranca en el Tribunal Supremo de Estados Unidos la última batalla por la propiedad del cuadro del Museo Nacional Thyssen-Bornemisza, después de casi 20 años de litigio y millones de euros en abogados.

B. Identifica en las noticias de A palabras para referirse a robos o saqueos artísticos.

C. En grupos de cuatro, cada estudiante busca información sobre una de estas obras de arte. Luego, explica a las demás personas qué relación tienen con los robos o los saqueos.

Busto de Nefertiti, Neues Museum de Berlín

Friso del Partenón, British Museum de Londres

El aguador de Sevilla de Velázquez, Apsley House Collection, Londres

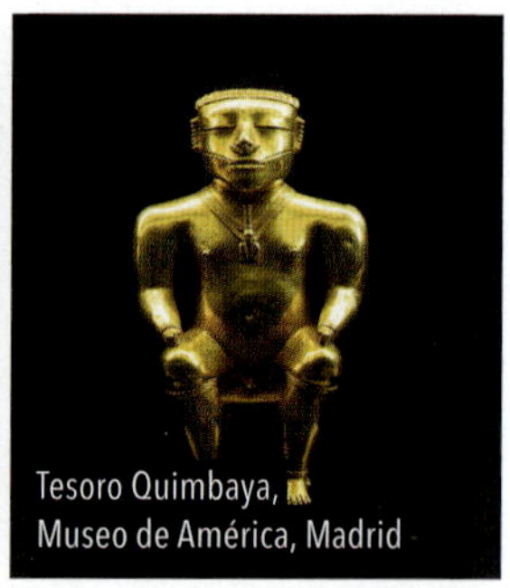
Tesoro Quimbaya, Museo de América, Madrid

- *Yo he leído que el Busto de Nefertiti, que es una obra de hace más de 3000 años...*

D. Vais a organizar un debate en clase sobre el tema de los saqueos y las restituciones de obras de arte. Dividid la clase en grupos: grupo A y grupo B.

GRUPO A: A FAVOR

Crees que los museos deben restituir las obras de arte cuyo origen está vinculado a saqueos, botines de guerra, colonialismo, etc.

GRUPO B: EN CONTRA

Crees que los museos deben mantener sus colecciones tal como están e informar del origen de sus obras con claridad.

E. Cada grupo prepara sus argumentos (tened en cuenta los tipos de argumentos que habéis visto en la página 129). Para ello, documentaos en internet. También podéis usar la información que habéis encontrado en D.

ARGUMENTOS A FAVOR:

- Muchas obras confiscadas en Europa se han devuelto a sus países de origen, pero no se hace lo mismo con el arte africano.
- Museos como el Quai de Branly, en París, o el British Museum, en Londres, se han enriquecido gracias a obras saqueadas.

F. Ya podéis empezar a debatir. El / La profesor/a moderará el debate (determinará los tiempos y adjudicará los turnos de palabra).

- *Empezamos el debate. Una persona de cada grupo expondrá en un minuto su postura. Empieza el grupo que está a favor de la restitución de obras de arte.*
- *Hola, gracias. A mí me gustaría empezar aportando un dato: alrededor de un 90 % del patrimonio cultural de África se encuentra en Europa. Por ejemplo...*

7. LA FINALIDAD DEL ARTE

A. Mira estas imágenes y lee los titulares. ¿Cuál es el objetivo de estas iniciativas? ¿Qué te parecen? ¿Estamos asistiendo a una nueva manera de hacer, ver, vivir y utilizar el arte? Comentadlo en grupos.

Banksy llega a los sellos postales de Ucrania

Fuente: *La Prensa Florida*

Qué dirían las protagonistas de los cuadros si fueran feministas

La cuenta de Instagram femme. sapiens mezcla arte, feminismo, humor y mala leche utilizando el lenguaje de los memes

Fuente: Verne

B. En parejas, elegid una obra de arte y transformadla con un objetivo de denuncia social. Luego, mostradla en clase: presentad la obra original y explicad los cambios que habéis realizado y por qué.

- *Hemos elegido el cuadro de* Los girasoles*, de Van Gogh, para denunciar los efectos del calentamiento global y hemos incluido un mensaje en el cuadro para...*

8. ¿QUÉ REPRESENTA?

A. Mira estas obras de arte contemporáneas. ¿Qué crees que representan? Haced hipótesis en grupos.

- *A mí la 1 me evoca el mar porque es de un color azul marino, ¿no? Puede que el mensaje que se quiere transmitir esté relacionado con la idea de inmensidad...*
- *A mí no me parece un azul marino, creo que es más claro... Pero justamente cabe la posibilidad de que sea una prueba, ¿no? Una especie de experimento para mostrar los distintos matices del color azul, por ejemplo.*

1

IKB 191, 1962, Yves Klein

2

Homenaje a Picasso, 1983, Antoni Tàpies

3

Comedian, 2019, Maurizio Cattelan

B. Ahora, busca información en internet sobre las obras. ¿Qué has descubierto? Comentadlo en grupos.

- *Maurizio Cattelan expuso esta obra en la feria de arte Miami Beach, se vendió por 120 000 dólares en la feria y, al final, ...*

C. ¿Qué criterios determinan qué es arte? ¿Crees que han cambiado con el tiempo? Para ti, ¿las obras de A son arte? Comentadlo en grupos.

9. UNA EXPOSICIÓN

A. En grupos, vais a ser comisarios/as de una exposición de arte. Primero, decidid cuál va a ser el tema de vuestra exposición. Aquí tenéis algunas ideas.

- Algunas obras más representativas de un periodo histórico, un país, una región, una ciudad...
- Un conjunto de obras con una característica común: el tema que tratan, los motivos representados, el estilo...
- Obras de artistas con una identidad común (género, lugar de procedencia, etc.)
- Obras de denuncia social
- Obras relacionadas con un determinado acontecimiento histórico
- Obras que reflejan una determinada visión del mundo, de otras culturas...
- Obras que tienen alguna relación con las personas de vuestro grupo

- *Podríamos preparar una exposición para presentar la historia de nuestra ciudad a gente de fuera.*
- *Ya, pero mejor centrarse en una época de la historia, ¿no?*

B. Ahora poneos de acuerdo sobre qué obras van a formar parte de la exposición y redactad un pequeño texto para presentar sus objetivos.

BURDEOS EN EL ARTE

Esta exposición muestra algunas obras en las que aparece representada la ciudad de Burdeos de los siglos XIX y XX.

C. Cada miembro del grupo prepara la presentación de una de las obras de la exposición.

D. Cada grupo presenta su exposición y hace una visita guiada, comentando cada una de las obras.

- autor/a de la obra
- contexto en el que se realizó
- descripción de la obra
- interpretación de la obra, tema
- opinión personal

- *Esta obra de Manet representa una escena en el puerto de Burdeos y fue pintada desde un café en la orilla derecha del río Garona. Manet había huido de París debido a la derrota de las tropas de Napoleón III contra Prusia y, cuando pintó este cuadro, se encontraba con su familia en la zona de Burdeos. En el primer plano, podemos observar a tres hombres cargando unos toneles de vino en un buque. El río está lleno de barcos. El puerto fluvial de esta ciudad era muy importante. Al fondo, se aprecian las torres de la catedral, verticales como los mástiles de las embarcaciones.*
  Se considera una de las obras más impresionistas de Manet por el tipo de pincelada. Aunque él nunca se reconoció a sí mismo como impresionista...

El puerto de Burdeos, Édouard Manet, 1871

E. Comentad en clase qué os han parecido las exposiciones. ¿Qué aspectos os han llamado más la atención?

8 PLATOS DE IDA Y VUELTA

Fran Food
@fran_food

Soy berenjenófilo: desde el baba ganush al mutabal sirio, la caponata de los italianos o las berenjenas fritas con miel que hacen en Córdoba… Me encanta buscar recetas de platos con berenjenas y probarlos en casa. Es que permite miles de combinaciones posibles y todas me chiflan. En resumen, todo lo que lleve berenjena me apasiona. ¿Alguien se declara de la misma secta?

Moisés Campos
@moisescampos

Os presento mi último descubrimiento: un restaurante en donde sirven pan de masa madre del pueblo de Algatocín. Lleva pequeñas laminitas de oro y plata, es uno de los panes más caros del mundo. Hacen una tostada superglamurosa con este pan, con una pasta de olivas verdes, con nueces y un toque de jengibre. Maridaje con un tempranillo de Rioja, intenso al paladar.

EN ESTA UNIDAD VAMOS A

IDEAR UNA EXPERIENCIA GASTRONÓMICA

RECURSOS COMUNICATIVOS

- hablar de alimentos o platos: descripción, historia...
- valorar la calidad de algo
- atenuar las críticas
- expresar sorpresa

RECURSOS GRAMATICALES

- reforzar un argumento con los conectores **en realidad** y **de hecho**
- la perífrasis **venir a** + infinitivo
- **lo mismo... que / como...**
- valores de **hasta**

RECURSOS LÉXICOS

- el nombre de algunos alimentos en distintas variedades del español
- técnicas de cocina
- sabores y texturas
- adjetivos para definir nuestra relación con la comida

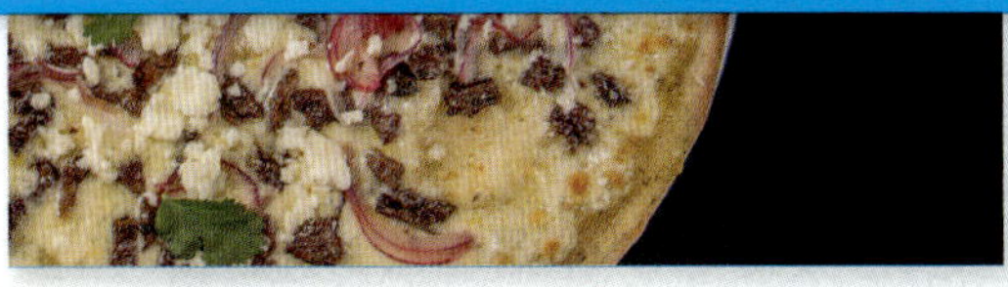

No sin sal
@nosinsal

No me encuentro entre los fans del cilantro. De hecho, lo odio. Ayer, en la por otra parte excelente pizzería de mi barrio, a mi pizza mexicana le habían colocado una ramita encima. Mi pareja disimulando para restarle importancia: "Nada, la quitamos y ya está". ¡Mira, no cuela: el sabor permanece en la masa! ¿Os pasa lo mismo con algún ingrediente?

Mariano Fuente
@mariano_fuente

Las fotazas de los platos que veis son de un restaurante vasco maravilloso que he descubierto este verano. Al principio, cuando me propusieron ir pensé: el típico sitio a la carta donde te dejas la billetera, con platos sofisticados pero insulsos. ¡Pero nada de eso! El cordero, el revuelto de huevos con setas, la tarta vasca de queso. ¡Todo un 10, en calidad y cantidad!

Empezar

1. SOY UN COCINILLAS /MÁS EJ. 1

A. MAP Lee lo que han publicado las personas de la izquierda en sus redes sociales. ¿Compartes experiencias o te sientes identificado/a con alguno de los comentarios?

- *A mí me pasa lo mismo que a No sin sal: no soporto el cilantro ¡y últimamente lo ponen en todos los platos!*

B. Completa estas frases para hablar de experiencias tuyas con otros platos o ingredientes. Coméntalo en clase.

- Todo lo que lleve .... me apasiona.
- .... permite muchas combinaciones y todas me gustan.
- Mi último descubrimiento: ....
- Un plato que tiene su truco: ....
- No me encuentro entre los fans de ....

C. ¿Cuál de estos comentarios asocias con cada una de las publicaciones de A? P. 144

1. Yo también soy bastante quisquilloso con la comida. Para mí, algunas especias o alimentos matan el resto de los sabores. Por ejemplo, no soporto el curri y tampoco me gusta nada el jengibre.
2. A mí tampoco me gustan nada los restaurantes donde te sirven pequeñas cantidades. Tengo buen apetito y me gusta salir del restaurante saciado.
3. ¿Dónde es? Me gustaría llevar a mis padres, ¡que son unos comilones!
4. Eres todo un *gourmet*, ¿no? Yo con alimentos tan básicos no soy tan exigente... Pero la verdad es que lo que describes tiene una pinta increíble.
5. Me recuerdas a un primo mío que es un cocinillas como tú. Siempre está probando nuevas recetas.

2. UN ALIMENTO QUE CAMBIÓ EL MUNDO

A. En el siglo XVII, el pintor español Diego Velázquez pintó este cuadro, en el que aparecen ingredientes de la época. En parejas, miradlo y responded a estas preguntas.

1. ¿Qué hace la chica joven que aparece en primer plano?
2. ¿Qué hace la señora que está detrás de ella? ¿Quién podría ser?
3. ¿Qué ingredientes del bodegón reconoces?
4. ¿Cuál de ellos crees que acababa de llegar de América en el momento en el que se pintó el cuadro?

B. MAP Lee este texto y revisa las respuestas a las preguntas de A.

Un nuevo alimento en un bodegón de Velázquez

CATEGORÍA:
INSPIRACIÓN

ESCRITO POR
JAVIER ESTRELLA

27 DE DICIEMBRE DE 2023

DEJA UN COMENTARIO

El cuadro *Cristo en casa de Marta y María* fue pintado por Diego de Velázquez en 1618. A pesar de ser un bodegón, en este lienzo Velázquez parece poner el foco en los dos personajes que vemos en un primer plano: una aprendiz de cocinera que parece un poco ensimismada y una mujer mayor, que le enseña a cocinar. En un segundo plano, vemos representada una escena bíblica.

El cuadro capta muchos detalles relacionados con el acto de cocinar en una casa humilde del siglo XVII: los platos desconchados, las manos ennegrecidas de la cocinera por el trabajo continuado, la manera adusta en la que la mujer enseña a la joven, el rol de las mujeres restringido a espacios cerrados como las cocinas...

En el primer plano, encima de la mesa, podemos observar algunos ingredientes, como pescado, ajos, huevos y aceite. Sin embargo, llama la atención un elemento rojo: un chile rojo, proveniente de las Américas y que era un ingrediente nuevo en la España de Velázquez.

Sería difícil decir con certeza de dónde es originario el chile dentro del continente americano, puesto que no hay constancia escrita, pero los hallazgos arqueológicos parecen indicar que formó parte de la alimentación durante más de 9500 años. Aunque no fue inicialmente una planta domesticada, su cultivo proliferó y surgieron variedades en toda Latinoamérica. A diferencia de otros alimentos procedentes de América que penetraron lentamente en Europa, el ají o chile se extendió rápidamente debido a su similitud con la codiciada pimienta de Oriente, que precisamente los españoles andaban buscando cuando llegaron a América. Fue introducido en Sevilla tras la peripecia transoceánica de Colón. De hecho, Colón dejó constancia de este hecho en su diario.

C. ¿Qué información se da sobre la historia del chile en el texto de B? P. 144

D. Aquí tienes varios términos más para referirse al chile. Busca en internet información sobre ellos (de qué lengua proceden, en qué países hispanohablantes se usa más cada uno...). P. 147

chile | pimienta | ají | guindilla | cayena | pimentón

E. ▶ 8 MAP Vas a ver algunos testimonios que aparecen en el documental *El mundo en un cuadro de Velázquez* hablando sobre el cuadro de A y sobre el chile. Toma notas de lo que dicen sobre el chile. Luego, con estas notas y con la información del texto de B, haz un mapa mental sobre ese alimento. P. 144

F. ▶ 8 Vuelve a ver el vídeo del minuto 3:00 al minuto 4:24. Cuando la antropóloga habla del concepto de "comensalidad", ¿a qué se refiere? ¿Qué aspectos de la comensalidad están representados en el cuadro de A según ella?

G. Fíjate en cómo un entrevistado utiliza **en realidad** en esta frase. ¿Cuál dirías que es su significado? En este caso, ¿corrige o matiza la información anterior? P. 148

> " (El chile) es un ingrediente de la cocina de muchos países que casi parece que lo asumen como propio. (...) Cuando, **en realidad,** viene precisamente de otra parte. "

H. Fíjate ahora en estas frases. ¿En cuáles de las siguientes se utiliza **en realidad** para corregir una información anterior (C) o para matizarla (M)?

- ○ No hay un solo chile, sino muchos chiles. **En realidad,** existen millares de variedades, con diferentes niveles de picor, multitud de sabores y usos culinarios diversos.
- ○ Creemos que el mango es típico de las regiones tropicales de América, ¿verdad? **En realidad,** fueron los colonizadores españoles y portugueses quienes los llevaron a ese continente.

I. En una de las frases de H podemos sustituir **en realidad** por **de hecho**. ¿Es la frase en la que se corrige una información anterior o la frase en la que se matiza? P. 148

J. En las siguientes frases, ¿puedes usar **en realidad** y **de hecho** o únicamente **en realidad**?

1. Braulio cocina muy bien; .... se gana la vida como chef privado.
2. La gente cree que Braulio cocina muy bien; .... cada vez que tiene una cena, contrata a un chef privado.

K. ¿En la comida de tu país se usa el chile? ¿Lo usas tú? ¿En qué platos? Coméntalo con otras personas de la clase y añadid la información en el mapa mental que habéis hecho en E.

- *En Corea comemos mucho* kimchi, *que es una col fermentada que lleva chile en polvo...*

3. SE VE POTENTE /MÁS EJ. 2

A. Vas a ver un vídeo en el que dos *youtubers* venezolanos están en Chile probando comida callejera local. Antes de ver el vídeo: ¿conoces alguna de estas especialidades chilenas? Busca en internet información sobre ellas (ingredientes, forma de cocinar, tipo de plato, etc.).

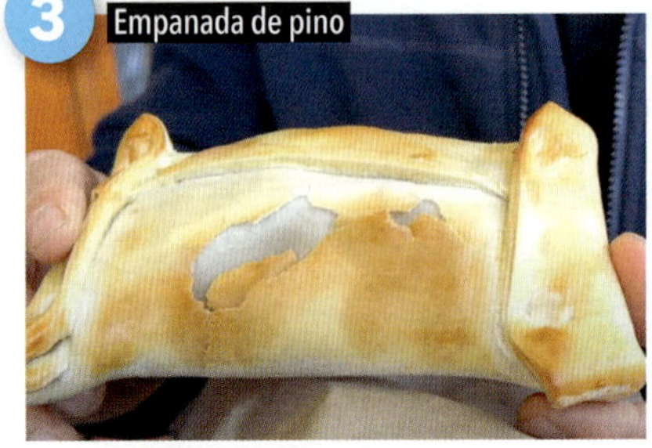

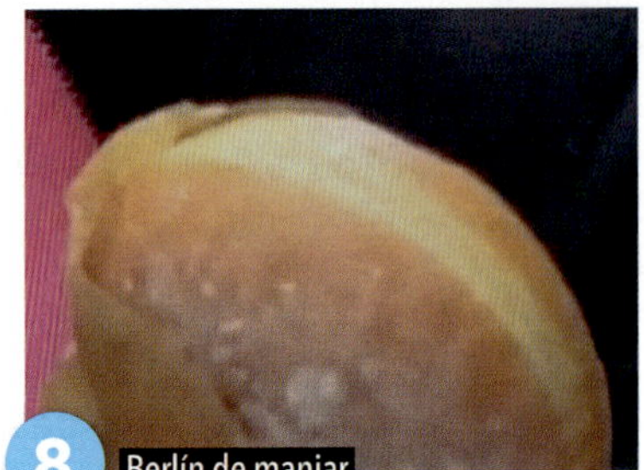

B. ▶ 9 ☰ MAP Ve el vídeo y anota la valoración que hacen de cada plato. Basándote en el aspecto de los platos y en las valoraciones que les hacen, ¿cuáles de ellos te gustaría probar? P. 146

- *Yo desayunaría el batido, que tiene una pinta estupenda. Es que a mí me encantan los batidos, especialmente para el desayuno.*
- *Pues a mí me encantaría probar la empanada porque, como dice en el vídeo, se ve muy potente.*

Para comunicar

- → Parece / Se ve* riquísimo / un poco soso / demasiado dulce / grasiento / potente / delicioso / muy sano / muy equilibrado...
- → Tiene una pinta estupenda / exquisita / muy apetecible / extraña...
- → Tiene buena / mala pinta.
- → (No) Me llama mucho la atención.
- → (No) Me dan ganas de probar / comer...
- → Estaría mejor sin / con azúcar / miel / tomate...
- → Estaría mejor si se añadiera azúcar / miel...

* **Se ve** + adjetivo se usa en Venezuela y otros países de América Latina para expresar una percepción (*Este plato se ve delicioso*).
En España **se ve** se usaría solo en referencia a la percepción visual (*No se ven bien las diapositivas con esta luz*).

C. Fíjate en esta frase del vídeo. ¿Entiendes qué significa la expresión en negrita? P. 149

“Yo voy a probar un berlín de manjar. El manjar **vendría a ser** como el dulce de leche.”

Descubre

Busca en internet información sobre los alfajores. ¿En qué países tiene versiones diferentes? ¿En cuáles genera mayor sentimiento de pertenencia?

D. Estas son diferentes denominaciones de alimentos que aparecen en el vídeo. Busca en internet en qué zonas del mundo hispanohablante se utiliza cada una de ellas. P. 147

1. cambur plátano
2. choclo maíz
3. pino de carne picadillo de carne
4. jaiba cangrejo

E. Relaciona las expresiones en negrita con los siguientes objetivos comunicativos. P. 145-146

1. Describir el sabor o la textura
2. Describir la apariencia de los platos
3. Valorar un plato

- ◯ **Predomina** obviamente **el sabor de**l chorizo.
- ◯ Diría que **está en mi top** 3.
- ◯ **No se le siente** como el sabor al huevo, o a la carne, sino a un guisito así rico.
- ◯ **Siento que** el queso **es como**… ¿mozarella, ¿será?
- ◯ Sí, está bueno, **le doy un** 8/10.
- ◯ No **me sabe a** queso parmesano.
- ◯ **No es tan** cremoso **como** el que solemos hacer en casa.
- ◯ **Está** supersuave.
- ◯ ¡Guau! **Se ve** potente.
- ◯ **No se siente** tanto el sabor a pescado.
- ◯ **Parece como** una crema catalana cuando le queman el azúcar por encima.

Para recordar

Ve a **campusdifusión** si necesitas revisar cuándo usamos **ser** y cuándo **estar** al describir platos o alimentos.

*Este queso **es** muy cremoso y no se puede comer a trozos.*
*Este yogur **está** muy cremoso. ¿Cómo lo haces?*

F. 14 Escucha estas frases del vídeo, en las que se produce un alargamiento de una vocal. Marca dónde se produce el alargamiento. ¿Qué significado crees que aporta a las palabras en cada caso? P. 149

1. ¡¡Oh, agarramos de crema!!
2. Me quedé con las ganas.
3. Mmm, ¡qué rico!
4. … y al fondo es que se siente el sabor al cangrejo.

G. En estas dos frases del vídeo se expresan ideas desfavorables sobre los platos que están probando, pero lo hacen con diferentes estrategias de atenuación para suavizar las críticas. Fíjate en las partes destacadas y relaciónalas con las correspondientes estrategias. P. 148

“ Porque **uno piensa**, mezclar cambur con chorizo, **como que** no es muy buena idea para la mañana, pero creo que no va a haber tanto problema. ”

“ **Seguro*** recientes son más ricos, **no sé si** tuvimos mala suerte y lo pedimos en un lugar que no están tan frescos, pero no me encanta, **para ser honesta**. ”

* Para expresar hipótesis con **seguro**, en algunas zonas hispanohablantes (como en España) es necesario usar la conjunción **que** (**seguro que recientes…**), mientras que en otras (como en Venezuela) no (**seguro recientes…**).

- Se da una razón hipotética que justifica lo que nos parece negativo: Seguro recientes son...
- Se presenta una opinión como generalizada: ....
- Se afirma algo sin expresar una condición fuerte al respecto, indicando que es una impresión: ....
- Quien habla se excusa aduciendo que debe ser sincero/a: ....

4. EXPERIENCIAS GASTRONÓMICAS /MÁS EJ. 3-4

A. Lee la introducción del artículo de la derecha. ¿Cuál es la opinión del autor sobre los restaurantes de experiencias? ¿Por qué crees que dice "llamadme antiguo si queréis"?

B. MAP Lee el texto y resume qué es lo que destaca de cada experiencia: ¿es el lugar donde está ubicado, las características de la sala, el tipo de comida...? P. 147

C. ¿Entendéis las expresiones destacadas en estas frases del texto? En parejas, intentad decir lo mismo de otra forma o explicad qué quieren decir las expresiones. Luego, compartidlo con el resto de la clase.

1. Hay algunos restaurantes en los que la experiencia **supera con creces** la carta: *la experiencia es infinitamente mejor que la carta*
2. Son **florituras** que, **por sí solas**, no pueden mantener la experiencia.
3. Hay restaurantes en los que la experiencia **va más allá de** la comida.
4. Lugares en los que la sala **eclipsa por completo** al menú.
5. Una sala blanca que parece **salida de** una película futurista.
6. **Nada más y nada menos que** 8 estrellas Michelin sobre la mesa.
7. **Como no podría ser de otra forma,** su carta está repleta de los mejores platos italianos.
8. **La única pega** es que solo abre en verano.
9. La cascada es artificial, pero el efecto **no deja de ser** igual de impresionante.

D. Lee esta frase sobre el restaurante Sublimotion. ¿Puedes reformularla sin usar **lo mismo... como**? ¿Qué idea sobre el restaurante quiere transmitir el autor? P. 149

> “**Lo mismo** te has convertido en un DJ **como** has viajado a la tranquilidad de un huerto, al frío de un glaciar o al fuego del infierno.”

E. Fíjate en estas frases (algunas aparecen en el texto y otras, en comentarios que han escrito los lectores del artículo) y relaciona cada una con el significado que tiene la palabra **hasta**. P. 149

1. Es un adverbio que equivale a **incluso**.
2. Es una preposición que sirve para expresar límite o destino.

- ◯ Dinner in the Sky es una cadena de restaurantes espectaculares en los que **hasta** 22 comensales disfrutan de la comida en una plataforma que cuelga a 50 metros del suelo.
- ◯ En su página web, puedes elegir **hasta** el tipo de plataforma. Tienen una con forma de trineo de Papá Noel, con renos y todo.
- ◯ Además, resulta muy refrescante. Si quieres comer en él, tendrás que viajar **hasta** la ciudad de San Pablo en Filipinas.
- ◯ Los servicios del hotel son impresionantes, organizan **hasta** barbacoas privadas en el desierto, con mobiliario beduino.

F. ¿En cuál de los restaurantes del texto de la derecha reservaríais una mesa? ¿Por qué? Comentadlo en clase.

RESTAURANTES ESPECTACULARES

en los que la experiencia va más allá de la comida

La comida siempre es la parte esencial, sin embargo, hay algunos restaurantes espectaculares en los que la experiencia supera con creces la carta.

Llamadme antiguo si queréis, pero soy de los que piensan que la pieza fundamental de todo restaurante siempre es el menú (seguido muy de cerca por el servicio). No es que no valore el ambiente, la música, el mobiliario, la vajilla... pero son florituras que, aunque suman puntos, por sí solas no pueden mantener la experiencia.

Sin embargo, he de admitir que hay restaurantes espectaculares en los que la experiencia va más allá de la comida. Lugares en los que la sala eclipsa por completo al menú.

1 **Una experiencia multisensorial.** Situado en el hotel Hard Rock de Ibiza, Sublimotion es el claro ejemplo de la experiencia única que supone comer en un restaurante de alta cocina. Los doce comensales que se sientan a su mesa disfrutan de una experiencia multisensorial en la que se ponen a prueba los cinco sentidos. Todo gracias a la mezcla de ilusionismo, tecnología, teatro y gastronomía.

Todo empieza con una sala blanca que parece salida de una película futurista y para cuando te quieres levantar de la silla has viajado por el espacio y el tiempo. Lo mismo te has convertido en un DJ como has viajado a la tranquilidad de un huerto, al frío de un glaciar o al fuego del infierno.

Este año, además de con Paco Roncero, el restaurante cuenta con chefs como Dani García, Diego Guerrero, Toño Pérez y el pastelero Paco Torreblanca. Nada más y nada menos que ocho estrellas Michelin sobre la mesa.

2 **Un servicio de altura.** Habitual de la prensa y los programas de televisión, el Dinner in the Sky es una cadena de restaurantes espectaculares en el que hasta 22 comensales disfrutan de la comida en una plataforma que cuelga a 50 metros del suelo. Actualmente está disponible en más de 45 países y, además de comidas, también celebran cócteles, fiestas, bodas o exhibiciones. Incluso te dejan elegir el chef que quieres que organice la comida.

3 **Una sala que potencia tus sentidos.** Mi madre me suele decir a menudo que como con los ojos, algo que precisamente quieren evitar los restaurantes a ciegas. La idea es simple: te privan de la vista para potenciar el resto de los sentidos. Aunque el juego no termina ahí.

Los camareros, que en algunos casos son invidentes, no te dan ninguna pista sobre el plato que tienes delante y eres tú mismo quien tiene que averiguar de qué se trata con la ayuda de tu olfato, gusto e incluso de las manos si hace falta.

4 **Una comida nadando entre tiburones.** Eso es lo que promete el restaurante Itha Undersea de las islas Maldivas. Ubicado dentro del complejo del hotel Conrad de la cadena Hilton, el restaurante se encuentra a 5 metros bajo el agua y ofrece una visión de 180° gracias a su cúpula de cristal. Con una cocina europea, el restaurante sirve todo tipo de manjares marinos. Desde caviar hasta langosta. Me pregunto qué les parecerá a los peces que te comas a sus *amigos*.

5 **Una cena bañada por el mar Adriático.** Situado en una gruta bañada por el mar Adriático, el Grotta Palazzese podría considerarse uno de los restaurantes más románticos del mundo. Aunque puede parecer una construcción moderna, lo cierto es que se llevan celebrando banquetes en la gruta desde el siglo XVIII. Como no podría ser de otra forma, su carta está repleta de los mejores platos italianos. La única pega es que solo abre en verano, así que, si quieres cenar en él, tendrás que ir antes de octubre.

6 **Un restaurante a los pies de una cascada.** Filipinas no solo tiene alguno de los restaurantes más locos del mundo, también cuenta con uno de los más espectaculares: el Labassin Waterfalls. Como su propio nombre indica, este local está situado a los pies de una cascada cuyo caudal pasa por debajo de todas las mesas y sillas. Imprescindible ir en chanclas, puesto que es un bufé en el que los comensales se tienen que levantar a por su comida.

La cascada es artificial, pero el efecto no deja de ser igual de impresionante. Además, resulta muy refrescante. Si quieres comer en él, tendrás que viajar hasta la ciudad de San Pablo en Filipinas.

Texto adaptado de elespañol.com

DESCRIBIR PERSONAS SEGÚN SU RELACIÓN CON LA COMIDA /MÁS EJ. 5-6

Es un/a... *Es poco / bastante / muy...*	gourmet cocinillas sibarita	*comilón/ona* *tragón/ona* *quisquilloso/a / tiquismiquis con la comida*
Es una persona	*con buen apetito / de buen comer / aficionada al buen comer* *de gustos sencillos* *frugal*	
Come	*como un pajarito* *por dos* *con los ojos*	

1. ¿Cuáles de las expresiones de este apartado se pueden usar para una persona que come mucho? ¿Y para una persona que come poco?

2. Usa los términos de este apartado para describir a personas que conoces.

3. Piensa en algún momento de tu vida en el que podrías definirte con alguno de los términos de este apartado.

- *Cuando era pequeño, era un poco tiquismiquis con todo tipo de verduras, pero especialmente...*

HABLAR DE LA HISTORIA DE LOS ALIMENTOS /MÁS EJ. 7

ORIGEN E INTRODUCCIÓN

*El gazpacho es un plato **originario de** / **proveniente de** la región de Andalucía.*

*El alfajor **tiene su origen en** / **procede de** / **proviene de** la gastronomía árabe.*

***El origen de** la agricultura **se remonta a** 10 000 años a. C. en la región de Egipto y Mesopotamia.*

***No hay constancia escrita del origen** específico del ceviche, ya que su preparación se remonta a muchos siglos atrás.*

*El tomate **se introdujo** / **penetró** en Europa gracias a los viajes de Cristóbal Colón.*

*El café **se extendió** / **proliferó** con rapidez por el mundo.*

***Originalmente**, la patata se consideraba en Europa como una planta ornamental.*

ASIMILACIÓN

*Los europeos **asumieron como propio** el chocolate.*

*El jamón ibérico **es una seña de identidad** de la gastronomía española.*

4. Escribe un texto sobre la historia e introducción de un alimento procedente de América. Aquí tienes algunas ideas.

el cacao | la piña | el tomate | el chocolate | la patata

5. Anota en un mapa de tu país los alimentos que consideres como seña de identidad. Luego, busca datos sobre la historia de esos productos y escribe frases usando los recursos de este apartado.

– El queso feta es una seña de identidad de Grecia.
– Su origen se remonta por lo menos al Imperio bizantino, aunque algunos historiadores creen que ya existía en la antigüedad porque Homero...

TÉCNICAS DE COCINA Y CONSERVACIÓN DE LOS ALIMENTOS /MÁS EJ. 8-10

freír (frito/a)
hornear (horneado/a)
asar (asado/a)
hervir (hervido/a)
cocer (cocido/a)
gratinar (gratinado/a)
saltear (salteado/a)
rebozar (rebozado/a)
caramelizar (caramelizado/a)

pollo rebozado

VERBOS	SUSTANTIVOS	PARTICIPIOS
refrigerar	(la) refrigeración	refrigerado/a
congelar	(la) congelación	congelado/a
macerar	(la) maceración	macerado/a
deshidratar	(la) deshidratación	deshidratado/a
curar	(la) curación	curado/a
pasteurizar	(la) pasteurización	pasteurizado/a
fermentar	(la) fermentación	fermentado/a
ahumar	(el) ahumado	ahumado/a
marinar	(el) marinado	marinado/a

6. CORPUS Realiza búsquedas en CORPES XXI para completar estas series con nombres de alimentos.

- ___ ___ ___ → ahumado/a
- ___ ___ ___ → fermentado/a
- ___ ___ ___ → deshidratado/a
- ___ ___ ___ → marinado/a
- ___ ___ ___ → rebozado/a
- ___ ___ ___ → caramelizado/a
- ___ ___ ___ → pasteurizado/a
- ___ ___ ___ → curado/a

7. Anota qué técnicas son más habituales en tu cultura culinaria y en qué preparaciones de alimentos o platos se usan. Compártelo con tus compañeros/as.

- *En Italia son muy típicas las pastas gratinadas...*

SABORES Y TEXTURAS /MÁS EJ. 11-13

SABORES	TEXTURAS
picante / picoso/a	duro/a ≠ blando/a
salado/a	suave
dulce, dulzón/ona (= demasiado dulce, un poco empalagoso)	crujiente
ácido/a	pegajoso/a
amargo/a	esponjoso/a
empalagoso/a	cremoso/a
insulso/a / insípido/a / soso/a	caldoso/a

*Me encanta la comida tailandesa, pero es verdad que es muy **picante**. Como no estoy acostumbrado, a veces hasta se me saltan las lágrimas…*

*La salsa de soja que venden en el supermercado suele ser muy **salada**. Por eso yo compro una especial que tiene menos sal.*

*A Rocío le gustan las naranjas cuando están muy **dulces**; en cambio, yo prefiero las primeras naranjas del año, las que están más **ácidas**.*

*Dicen que el chocolate más sano es el que tiene más porcentaje de cacao y menos de azúcar, pero a mí me parece demasiado **amargo**.*

*Este dulce está buenísimo, pero si comes mucho resulta demasiado **empalagoso** porque tiene mucha miel.*

*Si las verduras sin sal te parecen **sosas**, puedes condimentarlas con alguna especia, por ejemplo, con comino.*

*A mí me gustan las partes del pan que están más tostadas y **crujientes**, ¿y a ti?*

*Este tipo de carne es muy **dura**, pero, si la sumerges en leche durante una hora antes de cocinarla, queda más **blanda**.*

*Cuidado con la miel porque es muy **pegajosa**. No la toques con los dedos.*

*El bizcocho te ha quedado muy **esponjoso**. ¿Cómo lo haces para que te quede así? A mí me sale más compacto…*

*Quizás es mejor que comamos este arroz con cuchara porque está muy **caldoso**.*

*Este queso hay que untarlo en el pan porque es muy **cremoso**.*

*Mi madre hace un mousse de chocolate muy **suave**. Puedes comer un montón y no te das cuenta…*

8. ¿Qué platos o alimentos que sueles comer describirías con los adjetivos de este apartado? Anótalo y luego compártelo con otras personas de la clase. ¿Están de acuerdo?

- *Yo suelo tomar el café solo y sin azúcar. Está un poco amargo, pero es más saludable así.*

9. Piensa en alimentos o platos que...

a. pican
b. amargan
c. empalagan
d. crujen

DESCRIBIR Y VALORAR UN PLATO /MÁS EJ. 14-15

DESCRIBIR O VALORAR

*(**No**) **es** / **está** / **sabe** picante / dulce / ácido / amargo…*

*(**No**) **sabe a** cangrejo / fresa / chorizo…*

***Predomina el sabor de**l chorizo / la canela…*

*(**No**) **se siente** / **se nota** / **se percibe el sabor** del pescado / del cilantro / de la cebolla…*

*Este vino **tiene un sabor** intenso.*

*El comino y el cilantro **potencian el sabor** del chile con carne.*

*El limón y el cilantro **le dan un toque** exótico y aromático al ceviche.*

*Este sofrito **tiene un regusto** / **regustillo a** ajo.*

*Este vino **realza el sabor** del queso.*

***Es** un plato **sofisticado** / **elaborado** / **sencillo** / **sin pretensiones**.*

*Este plato **es rico en** grasas saludables porque lleva aguacate, frutos secos, aceitunas…*

*Es un plato tan **bien presentado** que **se come con los ojos**.*

***Está** riquísimo / un poco soso / demasiado dulce / grasiento / potente…*

¡Qué** rico / sabroso / jugoso / blandito / soso / asco**!

*Para mí, el filete está perfecto. **Está en su punto**.*

***Le doy un** 10 / aprobado…*

COMPARAR

*Este pan **es como** el que hacemos en casa.*

*El dulce de leche **es tan** cremoso / dulce / sabroso **como** la leche condensada.*

*Tiene **el mismo** color / **la misma** textura **que** una hamburguesa de ternera.*

***Es igual de** dulce **que** las baklawa árabes.*

***Parece** (**como**) una enchilada, **pero más** / **menos** finita.*

*Un cupcake **vendría a ser** (como) una magdalena con decoración de mantequilla.*

*El sancocho **es una especie de** sopa con carne, verduras y especias.*

HABLAR DE LA APARIENCIA

***Tiene una pinta** estupenda / exquisita / muy apetecible / extraña…*

***Tiene buena** / **mala pinta**.*

***Parece** / **Se ve** riquísimo / potente / delicioso / sano…*

*(**No**) **me dan ganas de** probarlo / comerlo…*

HABLAR DE PREFERENCIAS

***Está en mi top** 3 / 5…*

***Estaría mejor sin** / **con** azúcar / miel / cebolla…*

*Todo lo que lleve aguacate **me apasiona** / **me chifla**…*

*(**No**) **soy muy fan de**l cilantro / ajo / la comida picante.*

10. Escoge cinco expresiones de este apartado y úsalas para escribir frases sobre platos o alimentos que conoces bien o que has probado recientemente. Luego, léeselas a tus compañeros/as. ¿Están de acuerdo?

- En la crema catalana predomina el sabor del caramelo.
- La heura tiene la misma textura que el pollo.

11. Compara platos parecidos de culturas culinarias distintas usando expresiones de este apartado, pero sin decir el nombre del plato. Un/a compañero/a tratará de adivinarlo.

- *Este plato se parece un poco a la fabada, pero en él se usan frijoles negros y además predomina el sabor de…*

DENOMINACIONES DE ALIMENTOS EN EL MUNDO HISPANOHABLANTE

cambur / plátano / banana / banano

choclo / maíz / jojoto

aguacate / palta / cura / pagua

fresa / frutilla

porotos / alubias / frijoles / habichuelas

melocotón / durazno

judías verdes / frijoles verdes / ejotes

papa / patata

boniato / batata / papa dulce / camote

calabaza / zapallo

palomitas / pochoclo / cabritas

tomate / jitomate

12. CORPUS Dividid la clase en 12 grupos. Cada uno realiza búsquedas en CORPES XXI (en **campusdifusión** tienes instrucciones) para investigar en qué zonas del mundo hispanohablante es más frecuente usar cada denominación. También podéis buscar información en el *Diccionario de americanismos* (https://www.asale.org/damer/).

13. Con la información recabada en 12, podéis colocar las palabras en un mapa.

14. ¿Hay alimentos que reciben nombres distintos en tu lengua?

DESCRIBIR RESTAURANTES Y EXPERIENCIAS GASTRONÓMICAS /MÁS EJ. 16

DESCRIBIR RESTAURANTES

El restaurante...	***está ubicado / situado en*** *un complejo turístico.* ***es parte de*** *una cadena de restaurantes.* ***ofrece*** *un menú degustación / un bufé / una carta...* ***tiene una carta*** *repleta de recetas caseras / platos creativos / vinos de alta calidad...* ***tiene*** *nada más y nada menos que* ***3 estrellas*** *Michelin.* ***cuenta con*** *el chef más conocido del país.* ***goza de buena fama / reconocimiento / prestigio*** *en la región.*
En el restaurante...	***se celebran*** *cócteles / fiestas / bodas / banquetes / exhibiciones / demostraciones culinarias...*
Los comensales...	***disfrutan de*** *una experiencia multisensorial / la cocina / el ambiente...* *pueden* ***degustar*** *diferentes variedades de platos tradicionales / quesos...*

HABLAR SOBRE LA CALIDAD DE LAS EXPERIENCIAS

La experiencia gastronómica...	***superó con creces*** *mis expectativas.* ***va más allá de*** *la típica cena.* ***eclipsa por completo*** *cualquier otra comida que hayas probado antes.*

15. CORPUS Busca en Linguee **con creces**. ¿Qué verbos aparecen delante? ¿Existe alguna expresión equivalente en tu idioma?

16. Escribe algunas frases usando los recursos en negrita de este apartado para describir un restaurante que conoces.

Es un restaurante flotante situado en un barco, en el río, y ofrece un menú degustación...

REFORZAR UN ARGUMENTO /MÁS EJ. 17

Algunos operadores de refuerzo argumentativos nos permiten corregir o bien atenuar una primera afirmación.

EN REALIDAD

Introduce un argumento que se presenta como "la realidad", es decir, como más verdadero que otro argumento inicial. Este marcador nos permite corregir por completo una idea previa o simplemente matizarla, añadiendo información relevante.

Cuando **en realidad** se usa para corregir una idea previa, en la lengua oral suele ir precedido por **pero** o **cuando**.

Mucha gente piensa que el aceite de coco es una opción más saludable que otros aceites, ***pero en realidad*** *contiene un alto porcentaje de grasas saturadas.* (Corrige la idea de que el aceite de coco es más saludable que otros tipos de aceite).

El proyecto es bastante sencillo. ***En realidad,*** *no requiere hacer ningún tipo de trabajo extra.* (Matiza o da una nueva perspectiva, pero no corrige la idea previa).

DE HECHO

Introduce un argumento que refuerza una afirmación anterior, matizándola o dando una nueva perspectiva. **De hecho** no permite corregir una idea equivocada.

El proyecto es bastante sencillo. ***De hecho,*** *no requiere hacer ningún tipo de trabajo extra.*

1. Termina las siguientes frases de forma lógica.

a. Pensábamos que no íbamos a encontrar ni un solo restaurante en ese barrio y, **en realidad,** ...

b. La pintura parece auténtica, pero **en realidad**...

c. Está muy extendida la idea de que el pan engorda, pero **en realidad**...

d. Hay controversia acerca del origen de la pasta. **De hecho**...

e. Por aquí cerca no hay ningún restaurante. **De hecho**...

2. Indica si en estas frases podrías usar tanto **en realidad** como **de hecho** o solo una de las dos.

a. Dice que no come azúcar, pero .... no para de comer chocolate.

b. Mucha gente piensa que el café es originario de América Latina cuando .... viene de Etiopía.

c. Durante mi época de estudiante vivía con una italiana y descubrí muchas variedades de pasta. .... en esa época comía mucha pasta.

d. México es un productor importante de cacao. .... el cacao es originario de allí.

ATENUAR LAS CRÍTICAS /MÁS EJ. 18-21

Para hacer una crítica sin que sea percibida como ofensiva o demasiado intensa, podemos recurrir a una serie de recursos.

1. Suavizar una afirmación con adverbios o locuciones adverbiales. Se puede atenuar todavía más la afirmación mediante el uso de diminutivos (típicos de la oralidad y de un registro coloquial).

Este cocido ha salido ***un poco / algo*** *soso.*

Las albóndigas están ***un poquito / un pelín*** *secas.*

2. Suavizar una afirmación con el uso de diminutivos.

Hoy la sopa ha quedado ***saladita****...*

El arroz está un poco ***pasadito****.*

3. Dar una razón hipotética que justifica lo que nos parece negativo.

El arroz está un poco duro, pero ***seguramente / quizás*** *no sabe que la variedad Calasparra necesita más minutos.*

La carne a la brasa estaba un poco cruda, pero ***seguro que*** *no tuvo tiempo suficiente porque llegamos muy pronto a su casa.*

4. Afirmar algo sin expresar una opinión fuerte al respecto, indicando que es una impresión.

El restaurante estaba bien, no digo que no, pero ***como que*** *no tenían mucha variedad, ¿no?* (No se quiere hacer una afirmación rotunda y se dice que "parece que no había mucha variedad").

5. Presentar una información como una opinión general, más que propia, mediante la impersonalización del sujeto.

Uno piensa *en que, en restaurantes así de caros, va a estar todo perfecto. Y, cuando fuimos al baño, estaba un poco sucio, la verdad.*

6. Excusarse aduciendo que se debe ser sincero.

Para ser honestos,/ Para ser sinceros, / La verdad, / Sinceramente, *el flan no estaba muy bueno.*

7. Autocriticarse para restar valor a la opinión negativa.

Llamadme clásico, pero *en mi casa seguimos haciendo el cóctel de gambas de toda la vida en Nochevieja.*

He de admitir / Tengo que reconocer *que no sé nada de cocina asiática, pero a mí este ramen no me gusta.*

3. En parejas, escribid comentarios que podrían darse en las siguientes situaciones. Usad los recursos que habéis visto en este apartado para atenuar las críticas.

- Una carne demasiado asada en una cena con amigos/as.
- Un plato demasiado picante.
- Unos dulces insípidos comprados en el aeropuerto.
- Un batido de frutas aguado y sin sabor en una cafetería.
- Una celebración importante, donde la comida se sirve en platos y vasos de plástico.

RECURSOS ENTONATIVOS PARA ENFATIZAR

Alargar las vocales al hablar es una técnica utilizada para enfatizar y expresar un mayor nivel de emoción o satisfacción. Se alarga la vocal de la sílaba tónica de la palabra que queremos enfatizar.

*¡Qué r**iiiiii**co!*
*¡Qué sabr**ooo**so!*
*¡Esto está incre**íííí**ble!*
*¡Qué jug**oooo**so está este mango!*
*¡Qué **aaaa**sco!*

4. En parejas, leed en voz alta estas conversaciones, en las que se expresa sorpresa ante un alimento sabroso. Pensad en alargar las vocales.

a.
- ¿Has probado mi limonada? Está en la nevera.
- ○ Sí, esta vez te ha salido **buenísima**.

b.
- ¿Qué tal la ternera?
- ○ Me encantó, está **supertierna**.

5. 🔊 15 Ahora escuchad las conversaciones de 4. ¿Han alargado la misma vocal que vosotros?

LA PERÍFRASIS VENIR A + INFINITIVO /MÁS EJ. 22

Se usa para hacer referencia a una equivalencia o a una cantidad aproximada.

*Esto **viene a ser** como un hummus, pero con remolacha, ¿no?* (Es una especie de hummus).

*El menú degustación **viene a costar** unos 150 euros.* (Cuesta aproximadamente 150 euros).

*Un estanco en España **vendría a ser** algo así como un quiosco en Argentina, pero, además de tabaco, postales, revistas y periódicos, venden sellos.* (Se parece a un quiosco).

LO MISMO... QUE / COMO... /MÁS EJ. 23

Se puede usar con sentido equivalente a **tanto**... **como**... para indicar la existencia de dos opciones.

*La fermentación puede producirse **lo mismo** en caliente **que** en frío.*

A veces, relaciona dos nociones como posibilidades que podrían darse en una situación, enfatizando la disparidad entre ambas como valor positivo.

*María era muy versátil. Logró ser apreciada **lo mismo** como escritora **que** como jugadora de ajedrez.*

También puede poner de manifiesto cierta extrañeza o crítica por parte del hablante, ante la inconsistencia de una situación.

*No puedo definir muy bien de qué es esa tienda. **Lo mismo** te venden una bicicleta **que** una tostadora usada.*

*No sabes nunca si le caes bien a Nerea o mal porque **lo mismo** te saluda **como** te ignora.*

❗ Es más frecuente el uso de **lo mismo**... **que** que **lo mismo**... **como**.

6. 🔊 16 Escucha a estos dos amigos que hablan sobre el artículo de la página 143. Uno de ellos utiliza la expresión **lo mismo... como...** en dos ocasiones. ¿Con cuál de los usos que has visto en el apartado relacionarías cada una?

VALORES DE HASTA /MÁS EJ. 24-25

Hasta expresa una noción de límite máximo.

Como preposición, sirve para expresar el término límite en relación con nociones de espacio, tiempo y cantidad.

*El comedor nuevo que vamos a construir será un poco más pequeño. Para que te lo imagines, irá desde aquí **hasta** allí.* (La persona que habla señala con la mano los límites en un espacio físico para que podamos imaginarlo).

***Hasta** mañana no podremos ver los resultados de la encuesta.* (Hoy no están disponibles, mañana es el plazo para su publicación).

*En el restaurante caben **hasta** 100 comensales.* (El cupo máximo son 100 personas).

En este uso como preposición, **hasta** combina con los pronombres **mí**, **ti**, **sí**.

*La mesa es tan larga que, si te sientas al final, el mantel no puede llegar **hasta ti**.* (El espacio final de la mesa no está cubierto por el mantel).

Como adverbio, se usa para añadir de manera enfática un elemento que no se espera o cuya presencia resulta destacable. Equivale a **incluso**.

*Las habitaciones del hotel tenían **hasta** cabina de planchado de vapor para quitar arrugas de la ropa. Nunca había visto nada así.*

7. Habla con otra persona de la clase sobre un lugar que te sorprendió (una plaza, un estadio, un restaurante, un bar, un hotel, un museo...). Da detalles sobre el espacio y la capacidad, y explica qué fue lo que no te esperabas. Usa **hasta**.

- *Una vez estuve en un centro comercial que tiene 500 000 m². En el garaje pueden aparcar hasta 20 000 coches. Y en el centro comercial hay de todo: tiendas, cines, parques, bares y hasta un acuario gigante...*

5. BATALLA DE PRODUCTOS

A. Lee el texto y anota los puntos de controversia acerca del origen del pisco. ¿Por qué crees que hay polémica alrededor de este licor? ¿Alguno de los dos entrevistados te convence más? Compara tus observaciones con las de tus compañeros/as.

La guerra del pisco: Perú vs. Chile

El gran debate gastronómico está abierto, ¿quién ganará?

POR ARANTXA NEYRA

Ni siquiera los jueces imparciales han conseguido todavía encontrar una respuesta para salir de la encrucijada. No pretendemos hacerlo nosotros. Solo ofrecemos una tribuna a dos grandes y expertos chefs para que hagan de embajadores de sus países y defiendan sus posiciones.

LUIS ARÉVALO
(NIKKEI 225)
POR PERÚ

1. ¿De dónde es el pisco?
De Perú.

2. ¿En qué te basas para defender su paternidad?
La palabra pisco aplicada al licor tiene una relación estrecha con el espacio geográfico donde se produce desde el siglo XVI (el valle de Pisco, en la costa sur peruana), y por tanto debe ser usada solo para referirse al licor producido en el Perú. Documentos históricos nos remiten al origen de la palabra pisco, partiendo de su significado etimológico y relacionándolo con grupos cazadores y agricultores de la costa peruana.

3. ¿Cómo se toma el pisco en Perú? ¿Cuál es el mejor combinado?
Hay mil formas de disfrutar del pisco en Perú: solo, puro, en pequeños sorbos..., disfrutando de toda esa mixtura de sabores y aromas que te brinda, o añadiéndole ginger ale y zumo de lima, lo que sería un chilcano, que se puede reforzar añadiéndole piel de naranja, canela o alguna infusión de chiles (muy común actualmente en los bares peruanos). Pero, por antonomasia, el cóctel de pisco es el pisco sour.

CARLOS PASCAL (THE KITCHEN CLUB)
POR CHILE

1. ¿De dónde es el pisco?
De la región que comprende Bolivia, Chile y Perú.

2. ¿En qué se basa Chile para pedir su paternidad?
En que es una bebida alcohólica típica y originaria del norte de Chile y que mantiene denominación de origen en la ciudad de Pisco, en el valle del Elqui, conocido por sus excelentes y antiguos viñedos con una condición geográfica y climatológica que da uvas excepcionales, y que se produce en mayor cantidad en las regiones del norte de Chile, Coquimbo y Atacama. Personalmente, creo que el nombre pisco, que es un aguardiente de uva, es una lucha por una marca, ya que este tipo de bebidas se elaboran desde hace mucho tiempo, con diferentes frutas como materia prima.

3. ¿Cómo se toma el pisco en tu país? ¿Cuál es el mejor combinado?
En Chile se suele tomar en cócteles, bebidas combinadas de frutas, vinos y con bebidas gaseosas (como el piscola, mezclado con cocacola).

Fuente: adaptado de traveler.es

B. En grupos de tres, pensad en una polémica acerca del origen o la autenticidad de algún producto. Aquí tenéis algunas ideas, pero podéis añadir otras.

- la pasta (¿italiana o asiática?) 
- las arepas (¿de Colombia o de Venezuela?) 
- la tortilla de patatas (¿con cebolla o sin cebolla?) 
- el mate (¿de Argentina o de Uruguay?) 
- ceviche (¿con lima o con limón?) 
- pizza (con piña: ¿sí o no?) 

C. Buscad en internet información acerca de los puntos de vista que se defienden sobre el producto que habéis elegido en B.

- origen geográfico
- datos históricos
- sabor de las variedades
- formas de cocinarlo o servirlo
- aspectos comerciales

D. Preparad una presentación oral para el resto de la clase. Una persona del grupo introducirá la polémica y hará preguntas a las otras dos, que contestarán en representación de cada origen o versión del producto o plato.

E. Tras la presentación, el resto de la clase os dará su opinión acerca de la controversia planteada.

- *Creo que tiene razón Mika cuando dice que la tortilla originalmente no llevaba...*

6. EN REALIDAD, TODO VA Y VIENE

A. El bombín es un sombrero de fieltro muy típico de Bolivia. ¿Se parece a algún otro tipo de sombrero que conozcas? Coméntalo con tus compañeros/as.

B. Lee el texto para descubrir la historia que hay detrás del bombín.

¿SABÍAS QUE...?

BOLIVIA. LA HISTORIA DETRÁS DEL BOMBÍN

¿Sabías que la moda de los bombines que llevan las mujeres de algunas zonas de Bolivia, en realidad, surgió de un contratiempo? Al parecer, unos modistas londinenses en el siglo XIX prepararon una remesa de sombreros para los ferroviarios en Bolivia, pero los hicieron demasiado pequeños. Los vendedores, al recibir los sombreros, difundieron el bulo de que las mujeres europeas los usaban. La campaña publicitaria tuvo un gran éxito, ya que muchas mujeres, especialmente las españolas con recursos, empezaron a usarlo.

C. Piensa en objetos (no culinarios) de tu país que sean producto de la fusión entre varias culturas a lo largo de diferentes momentos de la historia. Puedes hacer búsquedas en internet.

D. Busca una imagen del objeto y prepara un texto breve para contar su historia.

E. Enseña la imagen a tus compañeros/as y pregúntales si conocen la procedencia de ese objeto. Anotad las hipótesis que salgan en clase.

F. Lee los textos que han escrito las demás personas de la clase. ¿Qué has descubierto? ¿Cuáles de vuestras hipótesis eran ciertas?

Para recordar

Ve a **campusdifusión** si necesitas revisar los recursos que podemos usar para hacer hipótesis.

7. LA MAGDALENA DE PROUST

A. ¿Sabes a qué nos referimos cuando hablamos de "la magdalena de Proust"? Coméntalo en clase.

B. Lee este texto para comprobar vuestras hipótesis de A. ¿Alguna vez te ha pasado algo similar?

> Se conoce con el nombre "la magdalena de Proust" el efecto involuntario que produce en nuestra memoria un olor o un sabor (o, por extensión, un objeto) del pasado y que dispara en nuestro cerebro recuerdos de épocas anteriores. Este fenómeno se denomina así porque es descrito en la novela de Proust *En busca del tiempo perdido* (1913). En ella, el protagonista, al mojar una magdalena en el té, comienza a recordar momentos clave de su vida.

C. Traza una línea del tiempo y marca fases de tu vida. Luego, anota en la línea el nombre de los alimentos, platos o bebidas que más relacionas con cada fase (porque los consumías con frecuencia, porque los probaste por primera vez en aquel momento...).

D. Presenta a otra persona de la clase tu línea del tiempo y describe cómo eran los alimentos, platos o bebidas que has anotado y qué sabores te vienen a la mente. ¿Hay similitudes entre vosotros/as?

- *Mira, durante mi infancia recuerdo que en verano iba a casa de mis abuelos y me compraban cada día un helado de fresa que tenía forma de pie. Tenían como un sabor un poco como de chicle y...*

8. ¡VAMOS A PROBARLO!

A. En parejas vais a grabar un vídeo en el que probaréis platos o bebidas del mundo hispanohablante por primera vez y reaccionaréis a ellos. Primero, decidid qué platos vais a probar, dónde lo haréis y cuál será el título del vídeo.

- *Yo conozco un restaurante peruano que está en el centro. ¿Vamos juntos?*
- *También podemos comprar algún producto latino en el supermercado... Un dulce... O unos jugos...*

B. Buscad información sobre los platos o bebidas que probaréis (historia, ingredientes, formas de presentación y cocinado, etc.) y anotad los datos más interesantes.

> Aguas frescas: son aguas saborizadas (sin alcohol) muy populares en México. Se hacen con agua y frutas o semillas. Parece que se remontan a la época de los aztecas, que...

C. Probad el plato o bebida y grabad vuestro vídeo siguiendo estos pasos.

1. Presentad el plato, bebida o producto.

2. Describid su aspecto y valorad su presentación.

3. Probadlo y describid su sabor (podéis compararlo con otros platos, bebidas o sabores parecidos).

4. Haced una valoración del plato, bebida o producto (si es negativa, atenuad vuestras críticas).

D. Ved los vídeos en clase. ¿Os han sorprendido algunas reacciones? ¿Qué platos o bebidas os gustaría probar?

- *A mí me encantaría probar el agua de tamarindo. ¡Tiene muy buena pinta! Además, parece muy refrescante.*

9. PRODUCTOS TEXTUALES UNA EXPERIENCIA CULINARIA

A. En grupos, vais a preparar un informe escrito de un proyecto para abrir un restaurante de experiencias gastronómicas. Primero, decidid qué tipo de restaurante vais a presentar.

- El tipo de cocina que vais a ofrecer.
- El lugar donde se va a ofrecer.
- El tipo de decoración.
- Los platos que serviréis y en qué orden.
- La música de fondo o el espectáculo que se propondrá en algún momento de la comida.
- Otros.

B. Decidid qué apartados tendrá vuestro informe (por ejemplo: introducción histórica, público al que está destinado el restaurante, carta, sala, decoración, etc.).

C. Escribid vuestro informe e ilustradlo con fotos o imágenes.

D. Compartid vuestros informes con el resto de los grupos. Anotad las preguntas que os surjan sobre el proyecto para darles retroalimentación y que puedan mejorar sus informes.

Para evaluar

→ ¿El informe está estructurado de forma clara y ordenada, y cubre todos los aspectos de A?

→ ¿Las características y servicios del restaurante están suficientemente relacionados y justificados con la cultura culinaria elegida?

→ ¿La gramática y el léxico utilizados son adecuados?

E. Cada grupo explica en qué proyecto invertiría y justifica su elección.

- *Nosotros creemos que el mejor proyecto es Hansel y Gretel. No solo se trata de una experiencia interesante, sino que además introduce una cultura culinaria de Centroeuropa que muchas veces puede pasar desapercibida, eclipsada por otras gastronomías como la italiana, la española, la francesa... Y, por otra parte, la inversión no es tan fuerte como la de otros proyectos.*

INFORME

Restaurante Hansel y Gretel

INTRODUCCIÓN

El proyecto que presentamos a continuación se inspira en el mundo que rodea a los hermanos Grimm y en la época en la que se publicaron sus cuentos más populares (s. XIX). Los comensales que acudan a nuestro restaurante podrán conocer la comida alemana de la zona de Hesse, de donde eran originarios los hermanos Grimm, y redescubrir el trasfondo cultural de "Hansel y Gretel", quizás uno de sus cuentos más conocidos. Así pues, el nombre de nuestro restaurante, como no podía ser de otra manera, es "Hansel y Gretel".

CARTA

El menú constará de los productos que se pueden encontrar en las tabernas típicas de Hesse, como queso marinado en vinagre, servido con tiritas de cebolla, patatas cocidas y costillas de cerdo con chucrut. De bebida, se servirá sidra ácida. Esta bebida se expandió especialmente en la zona en el siglo XIX como sustituto del vino, dado que las vides sufrieron en aquella época una enfermedad que afectó a la producción de vino...

9 / DIGAN LO QUE DIGAN...

Siéntete mejor y conecta

El bienestar emocional contribuye por sí mismo a mejorar nuestra salud. Sentirse bien, además, nos motiva a adoptar estilos de vida más saludables.

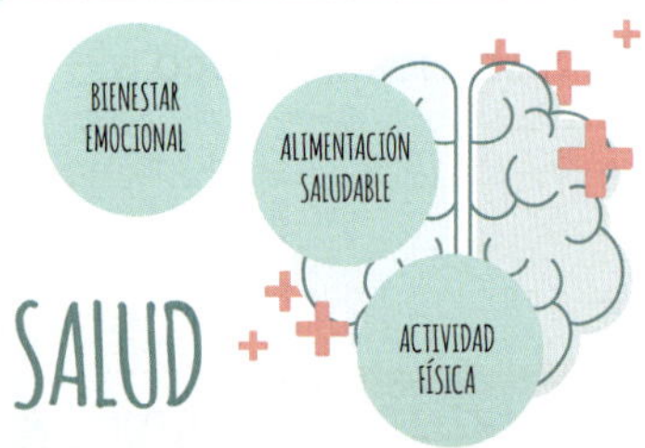

LAS EMOCIONES INFLUYEN SOBRE TU ESTILO DE VIDA

Cuando te sientes bien, tienes más ganas de cuidarte, estás más motivado para hacer actividad física o te resulta más fácil alimentarte de forma saludable. A su vez, llevar un estilo de vida que incorpora actividad física, descansar bien o comer sano hará que aumenten tus emociones positivas.

Estar bien emocionalmente nos permite poder funcionar en sociedad y responder a las exigencias de la vida cotidiana. Cuanto mejor gestiones tus emociones, mayor será tu capacidad de disfrutar de la vida, lidiar con el estrés y centrarte en las prioridades personales importantes.

¿QUÉ SABEMOS DE LAS EMOCIONES?

Experimentamos emociones cuando reaccionamos ante algo que sucede alrededor o dentro de nosotros. Todas las emociones son necesarias, es importante sentirlas y expresarlas. La forma en que las manejemos y las gestionemos influirá en nuestra forma de pensar, actuar y relacionarnos con los demás.

Las emociones positivas

Forman parte de nuestro bienestar, nos ayudan a establecer vínculos, a hacer proyectos, facilitan el rendimiento, favorecen el manejo del estrés y mejoran las relaciones sociales y la salud.
Hay que potenciarlas, ya que aumentan nuestra creatividad y nos ayudan a avanzar.

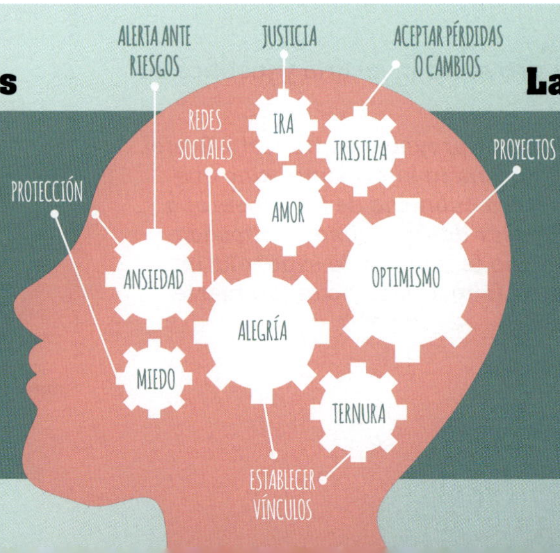

Las emociones negativas

Nos ayudan a restablecer el equilibrio, a aceptar la pérdida, el cambio, a reaccionar, a protegernos, a buscar soluciones a problemas concretos… Es importante aceptar y expresar este tipo de emociones, pero no agarrarse a ellas más tiempo del que nos sean útiles.

Fuente: Ministerio de Sanidad, Consumo y Bienestar Social

AUDIOS, VÍDEOS, DOCUMENTOS ALTERNATIVOS, ETC., DISPONIBLES EN **campus difusión**

EN ESTA UNIDAD VAMOS A

PRESENTAR UN PLAN DE BIENESTAR PARA NUESTRA CIUDAD O BARRIO

RECURSOS COMUNICATIVOS

- algunos rasgos del discurso oral espontáneo
- expresar deseos
- hablar de malestares, de sus causas y de sus soluciones

RECURSOS GRAMATICALES

- oraciones concesivas
- **el** / **el hecho de** + infinitivo, **el que** / **el hecho de que** + subjuntivo
- **como si** + imperfecto y pluscuamperfecto de subjuntivo

RECURSOS LÉXICOS

- salud
- emociones y sentimientos
- condiciones de vida
- expresar satisfacción
- adjetivos relacionales
- adverbios en **-mente**
- el verbo **reconocer**

Empezar

1. BIENESTAR INDIVIDUAL /MÁS EJ. 1

A. Piensa en cosas que te hacen sentir bien y coméntalo con otra persona de la clase.

- *A mí una cosa que me hace sentir muy bien es algo que suelo hacer los domingos: me levanto, me hago un buen desayuno y vuelvo a la cama para leer. Me encanta porque me permite relajarme y descansar.*

B. MAP Lee el texto de la izquierda y contesta a estas preguntas. Luego comenta tus respuestas con otra persona de la clase. P. 162

- ¿En qué medida el bienestar emocional está relacionado con nuestra salud? ¿Y con nuestra vida en sociedad?
- ¿Son tan importantes las emociones positivas como las negativas? ¿Qué consejos se dan acerca de cada tipo de emociones?
- ¿Añadirías otras emociones aparte de las que aparecen en la ilustración de la cabeza? ¿Para qué crees que sirven?

C. ¿Cómo resumirías el contenido del texto en pocas frases?

2. EL MALESTAR Y SUS CIRCUNSTANCIAS /MÁS EJ. 2

A. ¿Con cuál de estas frases de dos psicólogos estás de acuerdo? Coméntalo con otra persona de la clase.

> “Lo que nos provoca malestar o ansiedad no son los eventos, sino cómo vinculamos las emociones a las diferentes situaciones. (Jonathan García-Allen)”

> “No, no tienes un problema de ansiedad, lo que tienes es un trabajo de mierda. Lo que tienes que tener es un horario razonable y un sueldo digno, ya verás como se te pasa la ansiedad. (Ramón Nogueras)”

B. En parejas, intentad poneros de acuerdo sobre cuáles de estas circunstancias vitales influyen más en el malestar individual. Elegid tres. Luego, compartidlo con la clase. P. 163

- Trabajar muchas horas
- Tardar mucho tiempo en llegar al lugar de trabajo
- Tener poco tiempo libre
- No tener amigos o familia
- Llevar en paro mucho tiempo
- Tener un trabajo poco satisfactorio
- Vivir en una ciudad con mucha contaminación

C. MAP Lee la sinopsis del libro *Malestamos* y comenta en clase las respuestas a estas preguntas.

1. ¿Te parece interesante? ¿Tienes ganas de leer el libro?
2. ¿A qué sentimientos hace referencia? ¿Crees que son característicos de la sociedad en la que vives?
3. ¿Con cuál de las frases de A crees que está más relacionado el libro? ¿Por qué?

Un sentimiento recorre nuestras vidas. No es ansiedad, no es depresión, no es euforia ni inquietud. Es, simplemente, que estamos mal. Vivimos en sociedades que hablan de salud mental, pero que, en realidad, están hablando de un conjunto de conceptos entremezclados: desesperanza, cansancio, falta de expectativas, estrés, preocupación y dificultad para saber cuándo se acabará ese sentimiento. El malestar del que hablamos tiene mucho que ver con la incapacidad de imaginar un futuro que sea realizable, con la falta de certezas sobre lo que ocurrirá mañana. En este libro tratamos de abordar los falsos dilemas ante los que nos enfrentamos al hablar de "lo que nos pasa", mirando a las raíces del sufrimiento psíquico y planteando soluciones que no eludan la complejidad del problema. La salida de esta situación generalizada de desesperanza no puede recaer sobre la atención individualizada, sino que alude de forma directa a intervenciones en el ámbito del trabajo, de los derechos de subsistencia y la ampliación a derechos vinculados a los valores postmateriales –autonomía, libertad de expresión, desarrollo de la democracia, etc.– y que son los que hacen que nos podamos permitir pensar en la conquista del futuro.

Fuente: capitanswing.com

D. 17 MAP Escucha un fragmento de una entrevista a Marta Carmona, una de las autoras del libro, y contesta a estas preguntas.

1. ¿Qué entendemos por "malestar"? ¿Por qué eligieron este término?
2. ¿Cuáles son las causas del malestar según Marta Carmona?

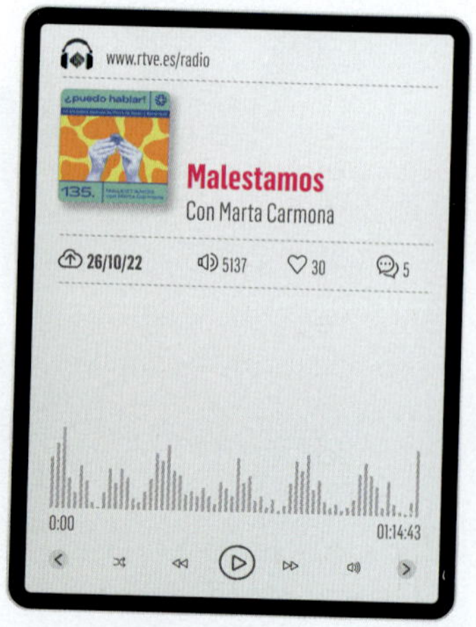

E. En parejas, compartid vuestras respuestas a D y elaborad un resumen de la entrevista.

F. 17 Escuchad de nuevo el pódcast y mejorad el resumen de E.

G. Intenta explicar con tus propias palabras estas frases del pódcast, reformulando de manera más sencilla (para alguien que no habla tanto español como tú) las palabras y expresiones resaltadas.

- esa sensación de **desazón**, de **pesadumbre**, de **temor**, de tener poca capacidad para **vislumbrar un futuro halagüeño**
- lo que más **te pesa** es si puedes **llegar a fin de mes**, si **tienes un techo**

H. 18 Escucha este fragmento del pódcast y fíjate en los fenómenos en negrita, propios de la lengua oral. ¿Podrías decir a qué categoría corresponde cada uno de ellos? P. 165

- Repeticiones (R)
- Correcciones (C)

Bueno, cuando hemos intentado hablar **de... de** este espectro tan amplio, ¿no?, de sentimientos y de emociones, **hemos... escogimos** el término malestar y, de hecho, ¿no?, elaboramos el título desde ahí, un poco intentando eludir los términos clínicos, ¿no? Pero que nosotros queríamos hablar más de esa sensación difusa, **de... de** desazón, **de... de** temor, **de... de** poca capacidad **para... para** vislumbrar un futuro halagüeño, de esta sensación como de muy poquita soberanía sobre el proyecto vital, una sensación como de pesadumbre, un poco se resume, eh..., aunque sea muy poquito técnico, en esta sensación de cuando le preguntas a alguien a tu alrededor de cómo es, ¿no?, en plan ¿cómo estás?, y lo primero que te contesta es: prrrfffff, ¿no?

Entonces, ese suspiro que dice tantas cosas, pero **que... que** no tiene unos bordes delimitados, es precisamente lo que queríamos captar y recoger.

I. ¿Entiendes para qué sirve la expresión **¿no?** subrayada en H? ¿Cómo la traducirías a tu lengua? P. 165

J. Fíjate en estas frases (la primera se dice en el pódcast). Relaciona cada una de ellas con el significado que tiene el adjetivo **vital**. P. 163

1. Poquita soberanía sobre el proyecto **vital**.
2. El asunto de la vivienda es de **vital** importancia en nuestras sociedades.
3. Es una persona muy **vital**.

- ○ enorme
- ○ de vida
- ○ optimista, activa

K. Observa esta frase del pódcast. ¿De qué otra manera podrías expresar **sufras como sufras**? P. 166

> “Al final, **sufras como sufras**, lo que más te pesa es si puedes llegar a fin de mes, si tienes un techo.”

L. Lee las opiniones de estas personas. ¿Con cuáles de ellas estás más de acuerdo? ¿Por qué?

1. El bienestar individual depende, **quieras o no quieras**, de las personas que te rodean y de los vínculos que estableces con ellas.
2. Yo creo que la resiliencia es la clave: si tus condiciones vitales no son las mejores, hay que tratar de sobreponerse, **sea como sea**, y sacar partido de esta dificultad.
3. **Digan lo que digan** los gurús de la felicidad y de la psicología positiva, si no tienes cubiertas tus necesidades básicas, no vas a ser feliz. Es así.
4. La llave del bienestar personal está en uno mismo, en sus pensamientos. Quiérete a ti mismo y serás feliz, **estés donde estés**.

M. En parejas, pensad cómo podríais decir con otras palabras las expresiones resaltadas en L.

N. Comenta con tus compañeros/as si te sientes identificado/a con algo de lo que dicen estas personas que han escuchado el pódcast.

Reacciona a la entrevista con Marta Carmona y contesta a esta pregunta: ¿tienes la vida que desearías? Si la respuesta es no, ¿cuáles son tus deseos para mejorarla?

Rotundamente, no. En mi día a día **me siento agobiado** por la incertidumbre de si podré llegar a fin de mes, si podré ahorrar un poquito de dinero para salir el fin de semana, si me renovarán el contrato... Lo ideal sería poder **tener cubiertas las necesidades básicas** (pagar el alquiler, la comida...) y, además, disponer de algo de tiempo libre para mí. Solo eso.

Aparentemente, sí: tengo un buen trabajo, una pareja, amigos... Sin embargo, me siento bastante identificado con ese malestar que menciona Marta, ese futuro incierto, ese no poder **sentirme dueño de mi vida**. Mi sueño sería comprarme una casa en el campo, llevar una vida tranquila, tener hijos... Pero **no me puedo permitir** pagar una hipoteca. Y repito: tengo un trabajo decente, me pagan bien.

Desgraciadamente, mi vida está muy lejos del ideal soñado: mis mejores horas del día, en las que me siento más activo y optimista, se las regalo a mi empresa. Luego llego a casa, después de una hora y cuarto de transporte, y empieza el otro trabajo: el cuidado de los niños, las compras... Uff, mi sentimiento diario es de agobio, de que no puedo llegar a todo. **El** único **lujo que me permito**: los martes voy al gimnasio mientras mis hijos están en natación. ¡Quién pudiera tener un trabajo más cerca de casa y con una jornada laboral más corta!

En el plano personal y social, sí: tengo una buena red familiar, buenos amigos, soy presidenta de la asociación vecinal de mi barrio, juego en un equipo de rugby... **Me siento** muy **realizada** en estos ámbitos. Podría decir que el sentimiento que predomina es de satisfacción. Sin embargo, no puedo decir lo mismo del ámbito laboral: tengo un trabajo que no me gusta, **no me siento** para nada **reconocida** y encima mi jefa es una persona totalmente tiránica. ¡Qué ganas tengo de jubilarme!

O. ¿Qué expresiones usan las personas de N para manifestar deseos? P. 165

P. ¿Puedes hacer frases con algunas de las expresiones resaltadas en N para hablar de tu realidad? P. 163

3. PRODUCE ANSIEDAD EL SABER QUE...

A. ¿Has oído hablar de la ecoansiedad? Comenta con otra persona de la clase qué crees que es, qué la provoca y cómo crees que pueden sentirse las personas afectadas.

B. ▶ 10 MAP Ve este reportaje sobre la ecoansiedad y contesta a las preguntas. Luego, comenta tus respuestas con otras personas de la clase.

- ¿Qué cosas concretas les preocupan a las entrevistadas?
- ¿Cómo se sienten? ¿Qué emociones tienen?
- ¿Cómo les afecta eso en su día a día? ¿Qué anécdotas personales cuentan?
- ¿Qué les ayuda a combatir la ecoansiedad y a sentirse mejor? ¿Crees que es extrapolable a otro tipo de afecciones o trastornos?

C. Fíjate en estas frases de las entrevistadas y subraya cómo expresan sus emociones. ¿Entiendes el significado de esas expresiones? P. 162-163

“No puedo mirar el tiempo. (...) Me produce mucha ansiedad. Tampoco puedo mirar las noticias, también me agobian un montón.”

“La forma que tenemos de producir y de consumir es tan descabellada... (...) Qué impotencia, qué frustración, qué nervios...”

D. ¿Cómo sustituirías lo marcado en negrita en estas frases por algo con significado parecido?

“**Te vienen** imágenes presentes y futuras de la catástrofe y **te dan ganas de** quedarte sentada y decir "bueno, pues que venga ya".”

“La forma que tenemos de producir y de consumir es tan **descabellada**, **en cuanto a** los límites planetarios, **en cuanto a** los límites biofísicos...”

E. ¿Crees que en estas frases podrías eliminar el artículo **el** sin cambiar su sentido? P. 167

“Lo que produce ansiedad es **el saber** que es una carrera contrarreloj, la crisis climática.”

“Agobia **el pensar**: no, no, es que no va a venir ya, ahora, sino que va a ser un proceso lento.”

F. ¿Sabes en qué consisten los siguientes trastornos? Puedes buscar información en internet. Luego, relaciona cada una de las frases siguientes con uno de ellos. P. 167

- anorexia
- fobia social
- filofobia
- trastorno de ansiedad generalizada

1. Me produce ansiedad **el hecho de** pensar que voy a comportarme de forma extraña y que los demás me van a juzgar.
2. Me da miedo **el hecho de que** me acaben dejando y de que vuelvan a repetirse situaciones de relaciones pasadas que me dejaron muy tocada.
3. Me preocupa **el que** me vean gordo.
4. Cuando mi hija sale, me angustia **que** le pase algo y estoy sufriendo todo el rato.

G. Fíjate en las palabras en negrita de F. ¿Cuáles se podrían eliminar sin alterar la frase?

H. ¿Qué otros trastornos, tipos de fobia o de ansiedad conoces? Escribe algunas frases para hablar de los síntomas que tienen las personas que los sufren. Usa los recursos que has visto en E y en F.

La madre de una amiga mía tiene agorafobia y el hecho de encontrarse en un lugar donde se siente desprotegida le produce mucha ansiedad...

4. SALARIO EMOCIONAL

A. MAP Lee este artículo y resume en pocas frases cuál es la tesis de la autora.

Si quiere pagarte en abrazos, sal corriendo (o la milonga del salario emocional)

"Cuando no es posible aumentar el sueldo de tus colaboradores, hay otras formas de poder compensarlo: a través del salario emocional. ¡Descúbrelo en esta infografía!". Mi primera reacción, simplona y supuestamente graciosa, fue decir: "A mí lo que me emociona es que me paguen más". Esto podría haberse quedado en una cosita de Twitter en busca de un me gusta, pero me dio por hurgar en esa ilustración, en la que tres señores dibujados con expresión jubilosa descubrían la felicidad gracias al reconocimiento en el trabajo y a "oportunidades de esparcimiento y recreación", entre otros asuntos. Como no te puedo subir el sueldo, te pago en abrazos y futbolines. ¿Se puede ser más perverso?

El lenguaje empresarial está plagado de términos tan maléficos como sutiles. En un país lleno de negocios pequeños y autónomos que no están pendientes de los ODS ni la Agenda 2030, por más que nos empeñemos en llamarlos hombres hechos a sí mismos o emprendedores, hay un ejército de egresados en cosas del *business* que insisten en meternos con calzador palabras perniciosas. Ya no eres obrero, por supuesto, qué cosa tan anticuada y qué mal huelen las fábricas. Ni siquiera eres trabajador, ahora eres mi colaborador. Y, como entiendes mucho mejor que yo por lo que pasa esta empresa, he decidido pensar en tu felicidad y por eso te pago en emociones. El salario emocional son los paños calientes y la excusa que ponen ahora para no subirte el sueldo. Sal corriendo cuando escuches la palabra *bienestar*.

Al parecer, ese ejército de personas que hablan con anglicismos sigue insistiendo en hacernos creer que el lugar de trabajo puede ser el paraíso en la Tierra. Tan solo tienes que proponértelo. Por eso te dicen que el salario emocional incluye ingredientes maravillosos como el horario flexible, días libres, actividades de voluntariado, espacios de distracción. Y reconocimiento, mucho reconocimiento. Todo suena bien, como si al entrar a trabajar ahí te hubiera tocado la lotería de la vida. Como si fuera de ahí no existieran los derechos laborales. No solo nos mienten, sino que nos toman por tontos. ¿O acaso han preguntado a sus colaboradores qué esperan de la empresa? Porque hay una única verdad, aplastante e incuestionable. Trabajamos por dinero y un "qué bien lo has hecho" o "estamos muy contentos con tu desempeño" no va a ayudarte a pagar el kilovatio o los filetes de lomo.

Hay hasta cursos en los que a uno le certifican como embajador del salario emocional, definido como "aquel profesional que tiene a otras personas a su cargo y replica eficientemente e incluso mejora el impacto de los programas de salario emocional que la empresa implementa, generando equipos altamente comprometidos". Eficiencia y compromiso. Falta la palabra *productividad* y ya estaría completo uno de mis ejes del mal.

"El pago económico atrae talento, pero el pago emocional permite que el talento brille", leí a continuación. Me empezó a temblar el cuerpo entero. "La libertad que uno siente de poder gestionar sus propios proyectos", escuché. Por no hablar de la alegría que a una le supone "el hecho de pertenecer a un grupo que te valora y te reconoce".

Fuente: adaptado de Ángeles Caballero, elconfidencial.com

B. La autora afirma que "el lenguaje empresarial está plagado de términos tan maléficos como sutiles". ¿Cómo interpretas esa frase? ¿Qué términos de esos se mencionan en el texto? ¿Conoces otros?

Descubre

Pregunta a personas que viven en países de habla hispana qué les parecen sus condiciones de trabajo y qué valoran más de su empleo.

C. En parejas, fijaos en las palabras y expresiones subrayadas en el texto y sustituidlas por otras de significado parecido.

me dio por: se me ocurrió la idea de, tenía ganas de hacerlo y lo hice...

D. ¿Cómo explicarías esta frase de forma más sencilla y sin usar **por más que**? P.166

“**Por más que** nos empeñemos en llamarlos emprendedores, hay un ejército de egresados en cosas del *business* que insisten en meternos con calzador palabras perniciosas.”

E. Fíjate en estas frases del texto y sustituye los adverbios terminados en -**mente**. ¿Por cuál de estas propuestas podrías sustituir cada uno de ellos? P.164

○ muy ○ en teoría ○ de manera eficiente

“Mi primera reacción, simplona y **supuestamente** graciosa, fue decir: "A mí lo que me emociona es que me paguen más".”

“Aquel profesional que tiene a otras personas a su cargo y replica **eficientemente** e incluso mejora el impacto de los programas de salario emocional que la empresa implementa, generando equipos **altamente** comprometidos.”

F. ¿Qué adverbio de E expresa la manera en que se hace algo? ¿Cuál sirve para intensificar el adjetivo? ¿Cuál sirve para valorar subjetivamente lo que se dice? P.164

G. Relee este fragmento del texto. ¿Para qué sirve **como si** + subjuntivo? P.165

“Por eso te dicen que el salario emocional incluye ingredientes maravillosos como el horario flexible, días libres, actividades de voluntariado, espacios de distracción. Y reconocimiento, mucho reconocimiento. Todo suena bien, **como si** al entrar a trabajar ahí te hubiera tocado la lotería de la vida. **Como si** fuera de ahí no existieran los derechos laborales.”

☐ Para describir una situación comparándola con otra situación hipotética.

☐ Para expresar una hipótesis de improbable realización.

H. ▶ 11 ☰ MAP Ve el vídeo de Pantomima Full, en el que se aborda de forma irónica el mismo tema del texto. Contesta a las preguntas.

- ¿Por qué dice que es una oficina que no parece una oficina y un sueldo que no parece un sueldo? ¿Cómo es la oficina y qué es lo que ofrecen a las personas que trabajan allí?
- ¿Cómo son en realidad esa oficina y las condiciones de trabajo?

I. ¿Estás de acuerdo con la visión del texto y el vídeo sobre el salario emocional? ¿Por qué?

LA SALUD /MÁS EJ. 3-4

HABLAR DE ENFERMEDADES

padecer / sufrir — una enfermedad

agravarse — una enfermedad

prevenir — una enfermedad

contraer / incubar / pillar / agarrar* — una enfermedad / un virus

vencer* / curarse de / recuperarse de — una enfermedad

combatir* / luchar contra* / atacar* — una enfermedad

tener / sufrir — una recaída

producirse / extenderse — una epidemia

una enfermedad — crónica / transmisible / contagiosa / mental / cardiovascular / respiratoria / vírica / bacteriana / mortal

trastorno — mental / de la conducta / de ansiedad / bipolar / alimentario / digestivo / nervioso

gozar de — buena salud

estar — delicado/a / indispuesto/a / convaleciente

hacer — terapia / un tratamiento

hacer(se) — pruebas

seguir — un tratamiento / los consejos de un/a médico/a

salud — mental / ambiental / física / laboral / pública / débil / delicada / frágil

* Los verbos **pillar** y **agarrar** son coloquiales.

* En muchas expresiones relacionadas con las enfermedades se usan términos propios de la guerra, como en **vencer**, **combatir**, **luchar contra** o **atacar una enfermedad**.

VERBOS ÚTILES PARA HABLAR DE DATOS Y PROYECTOS

*Las ciudades que **fomentan / incentivan** el uso del transporte público tienen buenos índices de calidad del aire.*

*En nuestra empresa **han implementado** medidas de conciliación laboral que van a mejorar la vida de todo el personal.*

*Un ambiente de trabajo tranquilo y relajado **genera** bienestar.*

*Tener una red afectiva **contribuye a** mantener una buena salud mental.*

*Es importante reunirse de vez en cuando para **reforzar** los vínculos familiares y sentirse mejor.*

*El cambio climático **facilita** el contagio de enfermedades infecciosas.*

*En los últimos años **ha aumentado / se ha incrementado** el número de jóvenes que sufren ecoansiedad.*

*Vivir en un entorno saludable **reduce / disminuye / minimiza** las posibilidades de contraer enfermedades crónicas.*

*Creo que lo más efectivo para combatir la obesidad sería **promover** el ejercicio físico.*

*En invierno tendemos a hacer más actividades en interiores, a menudo mal ventilados, y eso **favorece** la propagación de enfermedades respiratorias.*

*La pandemia del covid-19 **evidenció** que la salud mental es un problema que afecta a una parte importante de la población.*

*El objetivo de esta campaña es **visibilizar** las enfermedades poco frecuentes.*

*En la época de pandemia **se agudizaron** las enfermedades mentales.*

*El tabaco **agrava** los síntomas alérgicos.*

1. En parejas, anotad qué enfermedades conocéis de cada tipo.

enfermedad crónica / enfermedad mental / enfermedad contagiosa / trastorno alimentario / trastorno de la conducta

2. En parejas, hablad de enfermedades que han aumentado o disminuido en los últimos 10 años en vuestro(s) país(es). Podéis buscar información.

EMOCIONES Y SENTIMIENTOS /MÁS EJ. 5

COMBINACIONES

manejar / gestionar / expresar — las emociones

experimentar — dolor / angustia / miedo / una sensación

tener una sensación de — temor / malestar / angustia

producir / provocar — ansiedad / tristeza / malestar

sentir — ansiedad / tristeza / pena

sentirse — agobiado/a / desanimado/a / realizado/a

estar bien / mal — emocionalmente / laboralmente / sentimentalmente

dar ganas de* — huir / llorar

algo hace — sufrir / llorar

* **Me dan ganas de** puede indicar:

1. La expresión de un sentimiento: ***Me dan ganas de** llorar.*
2. La intención de hacer algo que es muy probable que no llegues a hacer.

*Estoy tan cansada de este trabajo que **me dan ganas de** decirle a mi jefa que se busquen a otra persona.*

OTROS RECURSOS

*Lo que más **me pesa** es no poder hacer nada para cambiar la situación. **¡Qué** impotencia! **¡Qué** frustración!*

***Me horroriza** estar en un lugar cerrado. **Me agobia** la idea no poder salir de ahí y no poder respirar…*

*Cuando mis hijos van en coche, siempre **temo** que les pase algo.*

EXPRESAR SATISFACCIÓN

*(**No**) **Estoy** / **Me siento muy satisfecha** con todo lo que he conseguido en la terapia.*

- *¿**Te sientes realizado** en tu trabajo?*
- *Sí, la verdad es que estoy muy satisfecho con lo que he conseguido.*

*Hay personas que son muy exigentes consigo mismas y no logran **tener una vida satisfactoria**.*

***Estoy** muy **contento/a** con mi nuevo barrio.*

*Marta **está bien** / **mal** en su escuela.*

ADJETIVOS RELACIONALES /MÁS EJ. 6

Son adjetivos que expresan la pertenencia a una categoría o ámbito. Siempre van después del sustantivo.

problema **social** (en relación con la sociedad)

bienestar **animal** (en relación con los animales)

proyecto **vital** (en relación con la vida)

Algunos ejemplos de adjetivos relacionales:

ciudad → urbano **familia → familiar** **grupo → grupal**

trabajo → laboral **sociedad → social**

! En algunos casos, el mismo adjetivo puede tener un uso relacional y calificativo.

una empresa **familiar** (= de la familia) → relacional

una cara **familiar** (= conocida) → calificativo

un proyecto **vital** (= de vida) → relacional

una persona **vital** (= muy activa) → calificativo

3. Escribe de qué sustantivo proceden (o derivan) los adjetivos subrayados.

a. salud emocional
b. salud ocular
c. energía solar
d. reunión sindical
e. control policial
f. calle comercial

4. **CORPUS** Elige cinco de estas palabras. ¿Qué adjetivos de este apartado o de la actividad 3 se pueden combinar con ellas? Compruébalo buscando en CORPES XXI (en **campusdifusión** tienes instrucciones).

- huelga
- posición
- actitud
- ciclo
- entorno
- paisaje
- calendario
- estabilidad
- energía
- necesidades
- terapia

– huelga laboral > sindical

HABLAR DE CONDICIONES DE VIDA /MÁS EJ. 7

CONDICIONES DE VIDA

- cobrar el paro / un subsidio / una pensión
- establecer vínculos con otras personas
- llegar a fin de mes
- tener cubiertas las necesidades básicas
- tener un techo
- tener / contar con una red afectiva / de cuidados / familiar / de amigos
- tener libertad de expresión
- tener / recibir una beca / ayudas
- tener asistencia / cobertura sanitaria
- tener oportunidades de recreación / descanso / esparcimiento…
- tener / gozar de tiempo libre
- tener un proyecto vital
- poder permitirse (algo)
- poder permitirse el lujo de (hacer algo)

CONDICIONES LABORALES

- aumentar / congelar / recortar el sueldo
- cobrar las horas extra
- cobrar / tener un salario digno / decente / bajo / alto
- cobrar / tener el salario mínimo
- tener una jornada laboral flexible / reducida
- tener sobrecarga laboral
- tener las vacaciones pagadas
- tener un trabajo gratificante / absorbente / precario / bien remunerado…
- sufrir acoso / explotación laboral
- pedir una excedencia / un año sabático
- prevenir riesgos laborales

5. Busca en internet ejemplos de uso del vocabulario de este apartado que sea nuevo para ti o que no entiendas del todo. Comparte con otras personas de la clase lo que has encontrado.

6. Anota qué cosas deberían cambiar para mejorar tus condiciones de vida o las de otra persona o grupo de personas. Usa el vocabulario de este apartado.

EL VERBO RECONOCER /MÁS EJ. 8-9

RECONOCER ALGO DE ALGUIEN

*Para sentirse bien en un entorno laboral es imprescindible que **reconozcan*** (= valoren) *tu esfuerzo / trabajo.*

RECONOCER ALGO

***Reconozco** que cometí un error al automedicarme.* (Admitir un error).

RECONOCER ALGO O A ALGUIEN

*Ayer vi a tu hermano pequeño, pero ha cambiado tanto que no lo **reconocí*** (= identifiqué). *¡Fue él el que vino a hablar conmigo!*

*Volví hace poco a mi barrio y está tan cambiado que casi no lo **reconocí**.*

RECONOCER UN/A MÉDICO/A A ALGUIEN

*Tras el accidente, fue al hospital y lo **reconoció** un traumatólogo.* (Explorar).

ADVERBIOS EN -MENTE /MÁS EJ. 10-11

Los adverbios que terminan en -**mente** se forman a partir del femenino de algunos adjetivos.

estricta —> estrictamente

necesaria —> necesariamente

feliz —> felizmente

amable —> amablemente

Cuando el adjetivo lleva tilde, el adverbio la mantiene.

rápido —> rápidamente

Es posible añadir el sufijo -**mente** solo al último adjetivo en grupos coordinados de adjetivos o en construcciones comparativas.

*Lo hizo **lenta** pero **minuciosamente**.*

*Esta decisión te afectará tanto **laboral** como **personalmente**.*

Los adverbios terminados en -**mente** pueden expresar:

1. Modo (**lentamente**, **minuciosamente**...)

*Una de las cosas que añadiría bienestar a la vida en las ciudades sería el poder hacer las cosas de la vida diaria más **lentamente**.*

2. Intensificación de un adjetivo (**realmente**, **verdaderamente**, **extraordinariamente**, **especialmente**, **excepcionalmente**, **extremadamente**, **absolutamente**, **completamente**)

*Las consecuencias del cambio climático son **extremadamente** graves y todavía hay personas que niegan esta realidad. Me parece **verdaderamente** abominable.*

3. Atenuar una cualidad (**ligeramente**, **levemente**, **medianamente**...)

Se usan para suavizar una cualidad que consideramos, a menudo, negativa.

- *¿Cómo te sientes hoy?*
- ***Ligeramente** mareado, pero mucho mejor que ayer.*

4. Exclusión (**únicamente**, **solamente**, **estrictamente**...)

- *¿Qué te parecen estos programas de prevención?*
- ***Únicamente** les veo una pega: que no llegan a toda la población.*

5. Afirmación (**obviamente**, **evidentemente**, **claramente**, **indudablemente**, **indiscutiblemente**, **efectivamente**, **naturalmente**...)

- *¿Crees que la reducción de la brecha salarial contribuiría al bienestar social?*
- ***Indudablemente**.*

6. Frecuencia y tiempo (**habitualmente**, **constantemente**, **frecuentemente**, **antiguamente**, **actualmente**, **normalmente**, **sucesivamente**, **brevemente**...)

*Estamos escuchando **constantemente** noticias catastrofistas y esto afecta a la salud mental, sobre todo a la de los niños y adolescentes.*

7. Orden (**primeramente**, **posteriormente**, **finalmente**...)

*Vamos a intentar diagnosticar el problema para, **posteriormente**, tratar de solucionarlo.*

8. Punto de vista, ángulo desde el que se afirma o describe algo (**técnicamente**, **económicamente**...)

*Me encantaría escaparme a la playa o a la montaña algunos fines de semana, pero **económicamente*** (= desde el punto de vista económico) *no puedo permitírmelo.*

9. Juicio o valoración subjetiva del hablante con respecto a lo que está diciendo en la frase (**aparentemente**, **supuestamente**, **presuntamente**, **curiosamente**, **francamente**...)

*Las condiciones de la oferta de trabajo son **aparentemente** buenas, habrá que ver si en la realidad son así.*

***Aparentemente**, las condiciones de la oferta de trabajo son buenas. Habrá que ver si en la realidad son así.*

7. Elige en cada caso la opción más adecuada.

a. Si mi malestar es producto de las condiciones sociales que me rodean, **obviamente** / **constantemente** no voy a poder solucionar el problema yo solo.

b. Si **económicamente** / **frecuentemente** nos lo podemos permitir, lo mejor es vivir cerca del lugar de trabajo.

c. Hoy en día los salarios son tan bajos que dan para vivir justito, con lo **sucesivamente** / **estrictamente** necesario.

d. **Francamente** / **Aparentemente**, creo que estas medidas no sirven para nada. Hace tiempo que se aplican y la mayoría de la gente sigue comiendo fatal.

8. ¿Qué significa cada una de estas frases? Expresa lo mismo con otras palabras (sin usar el adverbio en -**mente**) y piensa en qué contexto se han podido decir para explicar su significado.

- Me encuentro **ligeramente** cansado.
- Me encuentro **extremadamente** cansado.
- Me encuentro **francamente** cansado.
- Me encuentro cansado **constantemente**.
- **Curiosamente**, me encuentro cansado.
- **Únicamente** me encuentro cansado.

EL DISCURSO ORAL ESPONTÁNEO

RASGOS: IMPRECISIONES Y VACILACIONES

El discurso oral se caracteriza por la presencia de repeticiones, redundancias y correcciones.

*La fobia social es **una... un** trastorno que se caracteriza por un miedo irracional ante situaciones sociales.*

***El salario... el salario** emocional se refiere a todos los beneficios que **una... una** empresa ofrece a sus empleados.*

MARCADORES PARA CONTROLAR LA COMUNICACIÓN

También es frecuente el uso de marcadores conversacionales para controlar la marcha de la comunicación y atraer o mantener la atención del destinatario. Estos son algunos de ellos:

¿NO? / ¿VERDAD? / ¿CIERTO?

Son recursos que se usan para pedir la confirmación de otra persona, pero se usan para interpelar a las personas que escuchan, pidiendo su confirmación. A menudo, no se espera respuesta.

*La pandemia de covid-19 obligó a mucha gente a confinarse y eso fue muy duro, **¿no? / ¿verdad? / ¿cierto?** Y, claro, agravó los síntomas de personas con enfermedades mentales.*

¿SABES? / ¿ENTIENDES?

Se usan al final de una frase para confirmar que el / la interlocutor/a entiende lo que estás diciendo, aunque frecuentemente no se espera una respuesta.

*Me siento como si me hubiera pasado un camión por encima, **¿sabes?***

¿SÍ? / ¿VALE? / ¿DE ACUERDO?

Se usan para confirmar si el / la interlocutor/a sigue el discurso o ha entendido lo que hay que hacer.

*Ahora vais a responder a un pequeño cuestionario de salud, **¿sí? / ¿vale? / ¿de acuerdo?***

1. ¿Qué expresiones repites mucho en tu lengua al hablar? ¿Cuál sería la palabra o expresión equivalente en español?

2. En parejas, analizad dos transcripciones de audios o vídeos de este libro y señalad si aparecen los rasgos del discurso oral que has visto en este apartado. ¿Hay marcadores para controlar la comunicación? ¿Cuáles?

EXPRESAR DESEOS /MÁS EJ. 12

***Lo ideal sería** trabajar cuatro días a la semana.*

***Lo ideal habría / hubiera sido** no haber firmado el contrato.*

***Mi sueño sería** tener un trabajo creativo.*

***Mi sueño habría / hubiera sido** trabajar en Estados Unidos.*

¡Quién / Ojalá** pudiera vivir al lado de la oficina**!

***¡Quién / Ojalá** hubiera comprado un piso hace diez años**!** Ahora están por las nubes.*

***Si** al menos pudiera teletrabajar algunos días a la semana...*

***Si** al menos hubiera podido tener unos días de vacaciones...*

¡Qué ganas** (tengo) de vacaciones**!

3. Piensa qué deseos pueden tener estas dos personas y escribe frases con lo que podrían decir, usando los recursos de este apartado.

a. Isabel: Vive en una gran ciudad, en un piso muy pequeño, con poca luz natural. Los alquileres se han disparado en los últimos años y su sueldo no le da para poder mudarse a otro piso.

b. Óscar: Es autónomo y tiene dos hijos pequeños que ahora están de vacaciones porque es verano y no van a la escuela. Óscar tiene mucho trabajo en este momento: trabaja más de nueve horas al día.

COMO SI... /MÁS EJ. 13-14

COMO SI + IMPERFECTO DE SUBJUNTIVO

Se usa para:

- Describir una situación comparándola con otra que no se corresponde con la realidad.

*Vive **como si** fuera rico.*

- Responder con ironía y expresar lo contrario a lo que queremos decir.

- *Lo que habría que hacer es decirles a los jefes que nuestro bienestar laboral depende del sueldo y punto.*
- *Ya, ¡**como si** fuera fácil hablar con los jefes!*

COMO SI + PLUSCUAMPERFECTO DE SUBJUNTIVO

Se usa para describir una situación comparándola con otra que no se corresponde con lo que ha sucedido.

*Estás radiante, es **como si** hubieras pasado un mes de vacaciones en el Caribe...*

4. Escribe frases con **como si** para describir lo que ves en estas imágenes.

1. Estaba muy cansada, como si...

ORACIONES CONCESIVAS /MÁS EJ. 15

Presentan un obstáculo que no llega a impedir la realización de la acción principal o información contradictoria con lo que se afirma en la oración principal. **Aunque** es el conector concesivo más común.

Aunque *no me guste el ambiente de trabajo* (de alguna manera, eso es un obstáculo), *no tengo más remedio que aceptarlo.* (Esta es la acción principal que se va a realizar).

ESTRUCTURAS CON SUBJUNTIVO REDUPLICADO

Hay un tipo de frases concesivas en las que no hay un conector, sino una estructura en la que aparecen dos verbos en subjuntivo.

Son estructuras frecuentes en la lengua oral.

Hables con quien hables, *van a coincidir en señalar las condiciones laborales como una posible causa de malestar.* (No importa con quién hables: todo el mundo te dirá eso).

Hagas lo que hagas, *no vas a conseguir que cambie de opinión.*

Vayas donde vayas, *encontrarás personas dispuestas a mejorar el ambiente de trabajo.*

Preguntes cuando preguntes, *la respuesta va a ser siempre la misma.*

Es necesario mejorar las condiciones de vida de los vecinos, ***sea como sea****.*

Te pongas como te pongas, *tienes que levantarte ya.*

Cueste lo que cueste, *hay que esforzarse para conseguir la igualdad entre las personas.*

Digas lo que digas, *yo voy a tratar de solucionar el problema por mí misma.*

Pase lo que pase, *yo siempre voy a estar ahí para ayudarte.*

Si yo no estoy, no abras la puerta, ***sea quien sea****.*

Lea *los libros* ***que lea,*** *nunca lograré saber tanto como mi padre.*

Tenga *la experiencia* ***que tenga,*** *este trabajo no le va a resultar fácil.*

Quieras o no quieras***,** *tenemos que ir a la boda de tu primo.*

Tus hijos van a querer salir por la noche con sus amigos, ***te guste o no te guste*****.*

* También podemos decir **quieras o no** / **te guste o no**.
Te guste o no, / ***Quieras o no,*** *me voy a hacer un tatuaje.*

OTRAS ESTRUCTURAS CONCESIVAS

- POR MUY / MÁS **+ ADJETIVO / ADVERBIO +** QUE **+ SUBJUNTIVO / INDICATIVO**

Por muy *alegre* ***que*** *parezca la gente en Instagram, la realidad es que vivimos en una sociedad de gente que no se siente bien.*

Por muy *rápido* ***que*** *vayamos, no vamos a tener el informe listo hoy.*

- POR MÁS / MUCHO QUE **+ SUBJUNTIVO / INDICATIVO**

Por más / mucho que *te agobie una situación, piensa que siempre hay una solución.*

- POR MUCHO/A/OS/AS **+ SUSTANTIVO +** QUE **+ SUBJUNTIVO / INDICATIVO**

Por muchos *libros de autoayuda* ***que*** *leas, no vas a conseguir superar tus problemas tú solo.*

5. Reformula estas frases usando estructuras con subjuntivo reduplicado. Puedes cambiar el verbo de la frase mientras respetes el sentido.

a. Aunque los demás te digan lo contrario, creo que debes intentarlo.

b. Aunque preguntes a muchas personas diferentes, todo el mundo te dará la misma respuesta.

c. Aunque se vista de maneras muy diferentes, no podrá ocultar que es muy alto.

6. Completa estas conversaciones usando estructuras con subjuntivo reduplicado. Puede haber varias posibilidades.

a.
- Uf, esta montaña es altísima, yo no sé si vamos a poder llegar a la cima.
- ○ Bueno, ..., tenemos que llegar.

b.
- No sé aún si voy a ir a trabajar a la sede de Londres o a la de Berlín.
- ○ ...., seguro que te encantará la experiencia.

c.
- Papá dice que no vale la pena que vayas a esa entrevista de trabajo, que el candidato ya está elegido.
- ○ A mí me da igual. ...., voy a ir.

d.
- ¿Hay algún requisito para poder inscribirse en este curso de piano? ¿Hay que tener conocimientos mínimos?
- ○ No. Se acepta a todo el mundo, ...

e.
- ¿Qué me pongo para la cena de esta noche? ¿Cómo hay que ir vestido?
- ○ No importa, ..., estarás guapísimo, seguro.

EL HECHO DE (QUE) / EL (QUE) /MÁS EJ. 16-17

Cuando una frase subordinada que empieza por un infinitivo o **que** + subjuntivo funciona como sujeto, podemos enfatizar la importancia de lo que presenta con la expresión **el hecho de** (**que**).

Vivir en esta ciudad te abre a muchas ideas nuevas.

***El hecho de** vivir en esta ciudad te abre a muchas ideas nuevas.*

***Que** vivas en esta casa no implica que sea tuya.*

***El hecho de que** vivas en esta casa no implica que sea tuya.*

En esos mismos casos, también podemos introducir esas frases subordinadas que empiezan por un infinitivo o **que** + subjuntivo mediante **el** (**que**).

Pensar en una misma no es necesariamente malo.

***El** pensar en una misma no es necesariamente malo.*

***Que** pienses en ti misma no te vuelve una persona egoísta.*

***El que** pienses en ti misma no te vuelve una persona egoísta.*

INFINITIVOS SUSTANTIVADOS

Algunos infinitivos están sustantivados, es decir, se comportan como sustantivos: pueden ir acompañados de complementos propios de los sustantivos (adjetivos, sintagmas nominales, artículos indeterminados...) y admiten el plural.

En esos casos, es obligatorio el uso del artículo.

***El** saber no ocupa lugar.* (Aquí el infinitivo está sustantivado y es obligatorio el uso del artículo **el**).

*(**El**) Saber que cada mes tienes tus necesidades vitales cubiertas te hace sentirte muy tranquilo.* (Aquí el infinitivo no está sustantivado y el artículo **el** se puede elidir).

Para saber si un infinitivo está sustantivado puede ser útil pensar si admitiría el plural, un adjetivo o un artículo indeterminado.

***El deber** de un buen profesional de la salud es atender de la mejor manera a todos sus pacientes.*

*¿Cuáles son **los deberes** de la ciudadanía?*

*Es un hermoso **amanecer**.*

*Me gusta escuchar el **cantar** de los pájaros.*

Algunos infinitivos sustantivados:

el amanecer
el atardecer
el pesar
el placer
el ser

Los atardeceres en Menorca son preciosos.

7. Transforma estas frases usando el artículo **el** o **el hecho de**.

a. Me preocupa que la gente sea cada vez más sedentaria.

b. A algunos jóvenes les angustia que el deterioro del medioambiente y sus consecuencias puedan amenazar su futuro.

c. Me agobia pensar que quizás cuando sea mayor no podré jubilarme.

d. Relacionarse con otras personas es esencial para sentirse bien.

e. Que no me llame hace que me sienta insegura porque no sé dónde está ni si necesita algo...

f. Saber que nunca voy a poder permitirme comprar un piso me indigna.

g. No entiendo que en mi empresa no se pueda pedir una excedencia para tomarte un año sabático.

8. Señala las frases en las que es obligatorio el uso del artículo.

- ◯ Cuando te sientes agobiado por algún tema o situación, **el** pararte a reflexionar ayuda a poder gestionar la situación.
- ◯ **El** estar bien informados sobre las consecuencias del cambio climático hace que tomemos conciencia de que es necesario actuar de manera inminente.
- ◯ **El** saber gestionar las emociones es una habilidad para la que a veces se necesita la ayuda de un profesional.
- ◯ **El** saber popular dice que, en el tema de las enfermedades, más vale prevenir que curar y no puedo estar más de acuerdo.
- ◯ **El** poder salir de vacaciones o ir al cine se ha convertido en un lujo para mucha gente que tiene un trabajo decente.
- ◯ Algunos psicólogos dicen que cada persona tiene **el** poder de cambiar su vida si así lo desea, pero yo no lo tengo tan claro.

5. MALESTARES DE HOY EN DÍA

A. En grupos, elegid uno de estos problemas sociales y buscad información para completar la ficha.

- fobia social
- soledad no deseada
- TDAH (trastorno por déficit de atención e hiperactividad)

- qué es
- causas
- cómo se sienten las personas que sufren ese trastorno
- a qué grupo de población afecta
- soluciones

B. Contad a otro grupo la información que habéis recabado en A.

- *La fobia social es un trastorno también llamado "trastorno de ansiedad social" que se caracteriza por un miedo irracional ante situaciones sociales, como fiestas, por ejemplo. A las personas afectadas les produce mucha ansiedad el hecho de que...*

C. Comentad en clase abierta cosas que os hayan sorprendido o que hayáis descubierto de los problemas de A.

Para comunicar

→ Es un trastorno / una enfermedad / problema social...
→ Se produce porque...
→ Una de las causas / Uno de los factores desencadenantes puede ser...
→ Las personas afectadas (se) sienten...
→ Les provoca ansiedad el hecho de (que)...
→ Se sienten como si...
→ Pueden tener una sensación como de...
→ Les angustia / da miedo / preocupa...

6. ¿QUÉ ES EL *NESTING*?

A. ¿Sabéis qué significan estos neologismos? Si no, busca información en internet. ¿Existen en tu lengua? Comentadlo en clase.

B. ¿Por qué crees que han surgido las prácticas de A? ¿Puedes ver aspectos positivos y negativos en ellas? Comentadlo en clase abierta.

- *Yo creo que el friganismo ha surgido por conciencia ecológica.*
- *Sí, pero también...*

C. En parejas, elegid uno de los términos de A, buscad más información sobre él y elaborad un vídeo presentando sus ventajas o criticándolo de manera irónica, como en el vídeo de la actividad 4.

7. PRODUCTOS TEXTUALES CAMBIEMOS LAS REGLAS LABORALES

A. Vamos a imaginar el mundo del trabajo al revés: los / las empleados/as seleccionan a las empresas y, para ello, ponen anuncios con los requisitos y las condiciones. En grupos, pensad en las características de la empresa ideal en la que querríais trabajar.

- condiciones laborales
- entorno de trabajo
- formación, cualidades y comportamiento del jefe o de la jefa
- requisitos imprescindibles

- *Para mí, lo ideal sería una empresa que pagara un salario digno.*
- *Sí, eso está claro. Pero, además, tiene que ser una empresa en la que se respeten los derechos de los trabajadores. Por ejemplo, que ofrezca flexibilidad a la hora de elegir a qué hora se entra y se sale...*

Para recordar

Ve a **campusdifusión** si necesitas revisar la correlación temporal en las oraciones de relativo y cuándo se construyen con indicativo o con subjuntivo.

B. Escribid vuestro anuncio de oferta de trabajo para buscar la empresa ideal en la que trabajar. Podéis seguir este esquema.

- **Introducción:** mensaje claro, directo, dirigido a posibles candidatos/as
- **Buscamos una empresa (que / en la que)...**
- **Imprescindible....**
- **Se valorará positivamente...**
- **Necesario nivel...**
- **Abstenerse...**

B ¿Eres una empresa decente que paga un salario digno y que pone los derechos laborales por encima de cualquier otra cosa? ¡Sigue leyendo! Esta es tu oportunidad. Buscamos una empresa en la que reconozcan nuestro trabajo, pero no con palmaditas en la espalda, sino con aumentos de sueldo...

C. Presentadlo al resto de la clase y comentad qué os han parecido los anuncios, si hay cosas en común... ¿Creéis posible encontrar empresas con esas características?

8. PLAN DE BIENESTAR

A. Lee esta información de la página web de una empresa especializada en bienestar laboral. ¿Estás de acuerdo con lo que dice? ¿Quitarías o añadirías algo? Comentadlo en clase.

Wellness corporativo:
cómo generar un espacio de trabajo saludable

¿Sabías que un entorno laboral saludable puede prevenir hasta el 70 % de las enfermedades crónicas? A mayor bienestar laboral, mayor productividad. Somos expertos en la implementación de planes de bienestar laboral en la empresa. Llámanos e infórmate.

Acciones que favorecen el bienestar de las personas trabajadoras:

→ Flexibilidad horaria y trabajo en remoto.
→ Consulta con nutricionistas y psicólogos.
→ Espacios de descanso y relajación.
→ Reuniones de trabajo activas (caminando).
→ Sesiones de *team building* con actividades lúdicas.
→ Programa de pausas activas.

Ventajas del bienestar laboral:

→ Incentiva la productividad.
→ Reduce el riesgo de contraer enfermedades.
→ Previene las lesiones y las enfermedades relacionadas con un entorno no saludable.
→ Contribuye a reducir la rotación de personas dentro de la empresa.
→ Minimiza el absentismo laboral.
→ Disminuye la deserción laboral.
→ Incrementa las capacidades del personal.
→ Refuerza los vínculos entre los trabajadores.
→ Promueve hábitos saludables.
→ Fomenta el trabajo en equipo y la colaboración entre la plantilla.
→ Favorece las relaciones sociales.

¡Empieza ya! Te ayudamos, paso a paso, a diseñar un plan de bienestar adaptado a las necesidades de tu empresa.

B. En grupos, vais a hacer una presentación para promocionar un plan de bienestar para vuestra ciudad (también podría ser vuestro barrio, vuestra escuela...). Cada grupo elige uno de estos ámbitos.

- salud física
- salud nutricional
- salud medioambiental
- salud emocional y mental
- otros

C. Comentad cuáles son los problemas relacionados con el ámbito que habéis elegido en B. Si es necesario, buscad información en internet.

- *Uno de los principales problemas de salud es que aumenta la obesidad entre la población infantil...*
- *Mira, aquí pone que hay cada vez más casos de diabetes y mucha gente tiene hipertensión.*

D. ¿Cuáles creéis que son las causas principales de los problemas que habéis comentado en C?

- *Bueno, el hecho de que cada vez tengamos menos tiempo hace que la gente casi no cocine y compre platos precocinados y poco saludables, ¿no?*
- *Eso es cierto, pero, comas lo que comas, es muy importante hacer una actividad física también...*

E. Tomad notas de las posibles acciones para solucionar los problemas que habéis comentado en C.

- organizar ferias con charlas sobre productos saludables
- promocionar el deporte mediante...

F. Redactad un texto similar al de A para presentar vuestro plan.

Inicio | Salud | Barrios | Contacto

Cómo mejorar la salud física de los habitantes de nuestro barrio

Ventajas y beneficios de promover un plan de bienestar físico en nuestro barrio:

- Reduce el riesgo de contraer enfermedades.
- Contribuye a mantener un peso adecuado.

Acciones:

- Organizar ferias de productos saludables una vez al mes con mercadillo, charlas, juegos para niños, etc.
- Espacios para hacer deporte en plazas, parques.

Más ejercicios

Este es tu cuaderno de ejercicios. En él encontrarás actividades diseñadas para fijar y entender mejor cuestiones **gramaticales** y **léxicas**. Estos ejercicios pueden realizarse individualmente, pero también los puede usar el / la docente en clase cuando considere oportuno reforzar un determinado aspecto.

También puede resultar interesante hacer estas actividades con otras personas de la clase. Piensa que no solo aprendemos cosas con el profesor o la profesora; en muchas ocasiones, reflexionar con otro/a estudiante sobre cuestiones gramaticales y léxicas te puede ayudar mucho.

1. Relee el texto "El árbol de la lengua" y observa las palabras marcadas. ¿Cuál de las alternativas propuestas te parece mejor para sustituir cada una de ellas?

El árbol de la lengua

La lengua es un árbol, y su fruto, la palabra. **(1) Apreciaremos** su grandeza cuando nos esforcemos por hablar con la justeza que cada **(2) entorno** nos exige, sin confundir pedantería con riqueza lingüística ni imprecisión con **(3) llaneza**. Cuando no **(4) observemos** la ortografía como **(5) corsé**, sino como **(6) consenso**, como el mejor código para que nuestros libros y textos viajen por todo el mundo sin visado previo. Cuando nos creamos de verdad que no hay lenguas mejores que otras. Cuando no **(7) liguemos** la capacidad de un idioma a su número de hablantes. Cuando aceptemos que la lengua que no **(8) cambie** será la próxima dueña del cementerio. Cuando **(9) asumamos** que muchos de los extranjerismos que hoy **(10) usamos** se irán y que otros muchos **(11) se quedarán**. Cuando nos olvidemos de la idea de que a un país le ha de corresponder una sola lengua. Cuando comprendamos que, aunque nuestra lengua nació en Castilla, es mucho más que ese castellano de los orígenes.

Entonces, y solo entonces, estaremos como hablantes a la **(12) altura** de ese árbol gigante que nosotros mismos hemos creado.

Fuente: adaptado de "El árbol de la lengua", Lola Pons (*El País*)

1. apreciar
- **a.** negar
- **b.** darse cuenta (de)
- **c.** poner precio (a)

2. entorno
- **a.** círculo
- **b.** contexto
- **c.** paisaje

3. llaneza
- **a.** suavidad
- **b.** sinceridad
- **c.** simplicidad

4. observar
- **a.** examinar
- **b.** entender
- **c.** escrutar

5. corsé
- **a.** constricción
- **b.** cotilla
- **c.** sujeción

6. consenso
- **a.** sentido
- **b.** acuerdo
- **c.** regla

7. ligar
- **a.** adherir
- **b.** desvincular
- **c.** asociar

8. cambiar
- **a.** contaminarse
- **b.** removerse
- **c.** transformarse

9. asumir
- **a.** aceptar
- **b.** rechazar
- **c.** recordar

10. usar
- **a.** acostumbrarse
- **b.** emplear
- **c.** gastar

11. quedarse
- **a.** detenerse
- **b.** permanecer
- **c.** sobrar

12. altura
- **a.** elevación
- **b.** nivel
- **c.** cumbre

2. Lee las definiciones de estas seis palabras que aparecen en el texto de la página 13, actividad 2. Escribe su equivalente en tu lengua.

1. **muletilla:** palabra, frase o expresión que alguien repite mucho
2. **jerga:** lenguaje especial que usan entre sí las personas de ciertas profesiones o grupos
3. **guiño:** mensaje implícito
4. **restringido:** reducido
5. **incipiente:** que empieza
6. **ajeno:** impropio, extraño

1. ....
2. ....
3. ....
4. ....
5. ....
6. ....

3. ¿Qué muletillas usan más frecuentemente en tu lengua las personas de tu entorno?

En francés, mucha gente dice todo el rato "quoi" o "ben".

....

....

....

....

4. ¿Por cuál o cuáles de estos marcadores y estructuras podrías sustituir las palabras en negrita en estas frases?

cierto | es verdad | es verdad que | vale | no del todo | por ejemplo, | solo en parte | que + subjuntivo + no significa que... | tiene/s razón

a. "El masculino es el género neutro en español". **No exactamente.** Esa función que vemos desempeñar al masculino para referirnos a grupos mixtos no es un género neutro, sino que es lo que en lingüística se llama "no marcado".

No del todo. / ....

b. **Es cierto que** el morfema en -e tiene un uso restringido, pero, si la labor de las gramáticas es dar cuenta del español que se usa, "todes" no deja de ser un uso más.

....

c. **De acuerdo**, el masculino es el género no marcado.

....

d. **Es cierto**: es posible que en estos casos el femenino se explique porque en nuestra cabeza se nos esté cruzando la idea prototípica que tenemos de quién suele ser la persona que trabaja en enfermería.

....

e. El masculino es el género no marcado en castellano, pero podría haberlo sido el femenino. Existen, **de hecho,** lenguas con distinción gramatical entre masculino y femenino que tienen el femenino como género no marcado.

....

f. **Que** algo nos cuadre **no quiere decir que** se corresponda con la realidad.

....

5. ¿A cuáles de estas palabras corresponden las definiciones de la RAE que aparecen debajo?

1. raíz **2.** sufijo **3.** neologismo **4.** acrónimo **5.** préstamo

- ○ adj. Gram. Dicho de un afijo: Que va pospuesto a la base léxica; p. ej., -al en regional, -miento en hundimiento. U. m. c. s. m.
- ○ m. Vocablo formado por la unión de elementos de dos o más palabras, constituido por el principio de la primera y el final de la última, p. ej., ofi(cina infor)mática: ofimática.
- ○ m. Ling. Elemento, generalmente léxico, que una lengua toma de otra.
- ○ m. Ling. Vocablo, acepción o giro nuevo en una lengua.
- ○ f. Gram. Morfema léxico que comparten las palabras de una misma familia, en las que suele expresar un significado común; p. ej., am- en amado, amable, amar, etc.

6. Completa cada frase con una de estas palabras o expresiones.

desempeña la función · hace referencia a · está emparentada con · proviene del · consta · está extendida · está en desuso

a. ¿Sabías que la palabra "aceite" .... árabe?

b. La palabra "empapelar" .... "papel", son de la misma familia.

c. La expresión "en plan" .... entre la gente joven, ¿no? Es que no paro de oírla...

d. La palabra "banco", en este contexto, ... un conjunto de peces que nadan juntos.

e. La palabra "favear" no .... en el diccionario.

f. El infinitivo "vivir" en esta frase .... de un sustantivo.

g. La palabra "fraudar" aparece en el diccionario, pero yo no la había oído nunca. Lo que más se dice es "cometer fraude". De hecho, pone que ....

7. Pon ejemplos de las siguientes cosas.

- una lengua minoritaria (y dónde): ....
- una lengua oficial (y dónde): ....
- una moda actual que crees que no será pasajera: ....
- una moda efímera que ya ha pasado: ....
- algo que está de moda en tu entorno: ....
- una tendencia actual que se está afianzando: ....

8. Lee las siguientes frases y observa las expresiones con la palabra **cuenta**. ¿Qué significan?

a. Carlos empezó a traducir textos en mozárabe **por su cuenta**.

- ☐ por capricho
- ☐ con cuidado y precaución
- ☐ en exceso
- ☐ solo, sin ayuda de otras personas

b. Claro que podemos **tener en cuenta** la opinión de Ainara. Al fin y al cabo, ella es la que más sabe de dialectología.

- ☐ informar
- ☐ dar relevancia a
- ☐ olvidar
- ☐ percibir

c. El reportaje **da cuenta de** las dimensiones del problema y explica sus causas.

- ☐ informar
- ☐ dar relevancia a
- ☐ olvidar
- ☐ pedir

d. Hace 10 años, abrí **por mi cuenta** una pequeña escuela de español en Málaga y la verdad es que no me fue mal.

- ☐ con cuidado y precaución
- ☐ en exceso
- ☐ solo/a, sin ayuda de otras personas

e. Muy pocas personas **se dan cuenta**, cuando visitan la ciudad, de que están paseando por el centro histórico más grande de Europa.

- ☐ percibir
- ☐ olvidar
- ☐ pedir
- ☐ dar relevancia a

f. **He perdido la cuenta** de las veces que he empezado esa novela: algo me dice que me va a encantar, pero luego soy incapaz de ir más allá de la quinta página.

- ☐ informar
- ☐ considerar
- ☐ olvidar
- ☐ pedir

g. Ramón preparó **más** diapositivas **de la cuenta** para su presentación y al final resultó aburridísima.

- ☐ por capricho
- ☐ con cuidado y precaución
- ☐ en exceso
- ☐ solo, sin ayuda de otras personas

h. Su análisis de la situación es muy parcial y, en realidad, no **da cuenta de** los orígenes del problema.

- ☐ percibir
- ☐ olvidar
- ☐ informar
- ☐ pedir

i. Su investigación **tiene en cuenta** varios aspectos hasta ahora no tratados en otros trabajos sobre plurilingüismo.

- ☐ percibir
- ☐ olvidar
- ☐ informar
- ☐ considerar

j. Juliana no esperó a que la compañía pusiera un autobús para viajar hasta la ciudad de destino y viajó **por su cuenta** en un coche alquilado.

- ☐ por capricho
- ☐ con cuidado y precaución
- ☐ en exceso
- ☐ sola, sin ayuda de otras personas

k. Quien lee la novela solo **se da cuenta de** que el personaje es una mujer al final del tercer capítulo.

- ☐ percibir
- ☐ olvidar
- ☐ pedir
- ☐ dar relevancia a

9. **Estos neologismos han sido incorporados al diccionario de la RAE en los últimos años. Elige tres de ellos y explica, siguiendo el ejemplo, cómo se han formado.**

conspiranoico/a | micromachismo | mamitis | edadismo | panetón | brecha (salarial, digital, etc.) | geolocalizar | cuarentañero/a | puntocom

La palabra "conspiranoico/a" fue incorporada al diccionario de la RAE en 2022. Proviene del acrónimo "conspiranoia", que se ha formado mediante la unión de los términos "conspiración" y "paranoia". Luego se le ha agregado el sufijo -ico, que sirve para crear adjetivos con el significado "típico de". Así, "conspiranoico" se aplica a ideas o personas que tienden a explicar fenómenos políticos, sociales o de otro tipo mediante teorías paranoicas —y, por lo tanto, irracionales— basadas en la existencia de conspiraciones.

10. **Completa las siguientes conversaciones con estas estructuras.**

Es cierto… pero | Que… no significa que | De hecho | No exactamente

a.

- ● ¿Un préstamo es lo mismo que un neologismo?
- ○ .... Aunque un neologismo puede ser un préstamo de otra lengua…

b.

- Esta palabra me suena muy mal. Seguro que no sale en el diccionario.
- ○ .... a ti te suene mal .... no esté aceptada en el diccionario.

c.

- La palabra "favear" existe: viene del inglés y significa marcar un tuit como favorito... Lo hemos encontrado en varias páginas web.
- ○ .... que lo hemos encontrado, ... yo creo que no se usa mucho, ¿no? Además, no aparece en el diccionario.

d.

- ¿La palabra "cuarentañero" está reconocida?
- ○ Está aceptada en el diccionario, sí. ...., es un neologismo que se ha reconocido hace poco.

11. Termina de forma lógica estas frases, en las que se expresan opiniones, teniendo en cuenta el marcador en negrita.

a. Todas las lenguas evolucionan. **De hecho,** ....

b. No es cierto que la ortografía complique la escritura. **Al contrario,** ....

c. En un país puede haber territorios en los que se hablen lenguas diferentes de la que es oficial en el país. **De hecho,** ....

d. Esa es una lengua que hablan cientos de millones de personas y, **sin embargo,** ....

e. Luisa habla muy bien varias lenguas eslavas, como el ruso y el polaco, y, **sin embargo,** ....

f. En los EE. UU. hay muchos millones de personas que hablan español; **ahora bien,** ....

g. En España, en general, se estudia inglés de los 6 a los 18 años; **ahora bien,** ....

h. Llegó a Hungría después de varios años estudiando húngaro. **Aun así,** ....

i. He hablado en público centenares de veces y sé que no lo hago mal. **Aun así,** ....

j. Los derechos lingüísticos de los pueblos indígenas están reconocidos por la constitución; **con todo,** ....

12. ¿Cuál de las alternativas propuestas es mejor para cerrar la frase?

1.

- Entonces, ¿vas a viajar en primera clase?
- ○ Sí. **Al fin y al cabo,**

a. para eso sirve el dinero, para gastarlo.

b. me gusta viajar en segunda clase.

c. se me pasó.

2.

- O sea, que sigues trabajando en el restaurante de tus padres. ¿No querías dejarlo?
- ○ Sí, pero, **después de todo,**

a. hice un curso de cocina.

b. es mi herencia y la quiero cuidar.

c. no soporto trabajar con ellos.

3.

Al final, no voy a ponerme a estudiar violín. **Total,**

a. la música es mi pasión.

b. no tengo dinero para comprar un instrumento.

c. es un curso muy bueno.

13. **¿Cuáles de las palabras marcadas en negrita son realmente perífrasis?**

- ☐ El perro **viene arrastrando** algo. ¿Qué habrá cazado?
- ☐ Esta crisis se **viene arrastrando** desde el año 2016.

- ☐ Esta temporada, la fortuna **viene sonriendo** al grupo, que ha conseguido tres premios internacionales.
- ☐ Creo que el examen le ha salido bien, **viene sonriendo** y con cara de haberlo hecho genial.

- ☐ Como tengo que familiarizarme con todos los vehículos de la empresa, durante los próximos meses voy a **ir conduciendo** coches, furgonetas y camiones hasta conocerlos bien todos.
- ☐ Es un viaje muy largo, pero me apetece mucho **ir conduciendo** hasta Granada.

- ☐ Carlos **va comiendo** algo... Creo que es un bocadillo.
- ☐ Carlos, mientras me esperas, **ve comiendo** algo; llego en 10 minutos.

- ☐ Juan **anda levantando** mucho las rodillas porque se lo ha recomendado el fisioterapeuta.
- ☐ Juan vuelve a estar en plena forma y **anda levantando** pasiones entre sus fans.

14. **¿Qué nombres colectivos y genéricos se pueden usar para sustituir estas denominaciones?**

a. Las enfermeras de un centro de salud → *el personal de enfermería*

b. El presidente → ....

c. Las mujeres de la limpieza → ....

d. Los profesores de un centro o de una facultad → ....

e. Los trabajadores de una empresa → ....

f. Los médicos de un hospital → ....

g. Los investigadores → ....

h. Los directores → ....

i. Los clientes → ....

j. Las cocineras → ....

15. **Usa nombres colectivos para hacer estos titulares y fragmentos de prensa más inclusivos.**

a. Los alumnos de Geología de la Universidad Nacional elogian la calidad de sus profesores.

El alumnado de Geología de la Universidad Nacional elogia la calidad del profesorado.

b. Los franceses salen a la calle para protestar por la reforma de las pensiones.

....

c. Los trabajadores de Felsa, dispuestos a aceptar la última propuesta de sus directivos.

....

d. Las azafatas de vuelo de Iberia reclaman mejoras laborales.

....

e. El número de oyentes de radio disminuye por cuarto mes consecutivo.

....

f. Los espectadores del último concierto de Pablo G. salen entusiasmados.

....

g. Los fontaneros de España, entre los peor pagados de Europa.

h. La nueva ley preocupa a los empresarios del sector cárnico.

i. Los asistentes al concierto de ayer en el teatro Real aplaudieron durante más de 5 minutos a los músicos de la orquesta.

j. Los empleados de Herméticos López, preparados para afrontar el cambio.

16. Usa los pronombres relativos para hacer los siguientes mensajes más inclusivos.

a. La policía obligó a los manifestantes a dirigirse hacia el paseo marítimo.

La policía obligó a quienes se manifestaban / a las personas que se manifestaban a dirigirse hacia el paseo marítimo.

b. Los cambios han sorprendido a los usuarios de la plataforma.

c. Los candidatos deben enviar su CV por correo electrónico a la siguiente dirección.

d. La organización no avisó con tiempo a los participantes en el congreso.

e. La compañía se comprometió a pagar una compensación a los viajeros de aquel vuelo.

17. Usa formas impersonales o pasivas reflejas para hacer los siguientes mensajes más inclusivos.

a. En España los médicos podrán recetar 340 nuevos medicamentos.

Se podrán recetar 340 nuevos medicamentos.

b. En el acto de compraventa, los compradores deberán presentar todos los documentos originales solicitados.

c. En aquella ocasión, los negociadores llegaron a un acuerdo al tercer día de deliberaciones.

d. Los congresistas aprobaron la reforma de la ley y la enviaron al Senado.

e. Un asistente telefónico atenderá su petición en los próximos minutos.

f. Los representantes han de entregar sus proyectos de resolución.

g. Los trabajadores propusieron soluciones alternativas.

Más ejercicios

1. Sustituye las palabras en negrita por otras de la siguiente lista.

- un coche de caballos
- un fósforo
- un micrófono
- unos vasos que el camarero lleva en una bandeja
- el motor de una barca
- una explosión
- un público atento
- una erupción volcánica
- unos palillos
- una llama
- una ola gigante

a. Una persona susurrando algo a **un oído**.

....

b. El tintineo rítmico de **las gotas de lluvia en una ventana**.

....

c. **Un gato** ronroneando mientras cae la lluvia.

....

d. El traqueteo de **un vagón de tren antiguo**.

....

e. El sonido ensordecedor de **un trueno**.

....

f. **Unos dedos** que tamborilean sobre una superficie.

....

g. El crepitar de **una hoguera**.

....

2. Busca un título para cada párrafo del texto de la página 32.

1. ....

....

2. ....

....

3. ....

....

4. ....

....

5. ....

....

3. Elige, entre los propuestos, el término con un significado más parecido al de las palabras marcadas.

Natalia Lafourcade busca las musas de su inspiración en el pasado. La compositora mexicana **(1) ha entendido** que este proceso de búsqueda **(2) constante** la lleva a **(3) explorar** su esencia a través de las canciones e historias que se esconden noblemente entre palabras, acordes y melodías. Así, después de *Hasta la raíz*, llega *Musas*. Un disco que **(4) resalta** la belleza de México: la naturaleza, los sabores, los colores, la cultura, la historia y la manera en la que los mexicanos aman. Y que trata de llegar a lo más profundo, compartiendo algo que en estos tiempos hay riesgo de **(5) perder**: las raíces.
Pero no solo en México encuentra la inspiración que está buscando, también la encuentra en los mexicanos que más admira. Esos artistas que a lo largo de los años la han **(6) movido** a ofrecer lo mejor de ella. En esta nueva producción, conviven en armonía su gran voz y la **(7) calidez** de dos guitarras acústicas: las de Los Macorinos (Juan Carlos Allende y Miguel Peña), el cuatro venezolano y la jarana de Gustavo Guerrero, las percusiones de Martín Bruhn, el armonio de Cheche Alara y el contrabajo de Luri Molina.

Fuente: pop100.es

1. ☐ ha comprendido ☐ ha inferido

2. ☐ incesante ☐ terca

3. ☐ examinar ☐ dejar de lado

4. ☐ ignora ☐ remarca

5. ☐ malgastar ☐ olvidar

6. ☐ impulsado ☐ impedido

7. ☐ amabilidad ☐ suavidad

4. Para cada una de las frases siguientes, marca qué alternativa te parece más intensificada (+) y cuál menos (–).

a. Fue un flechazo.

- ◯ Me enamoré inmediatamente.
- ◯ Me gustó inmediatamente.

b. Marcó mucho mi visión del arte.

- ◯ Modificó mi visión del arte.
- ◯ Influyó en mi visión del arte.

c. Fue una catarsis.

- ◯ Fue algo que me afectó.
- ◯ Fue algo que me transformó.

d. Abracé su música.

- ◯ Me hice devoto/a de su música.
- ◯ Me aficioné a su música.

e. Fue un viaje puro.

- ◯ Fue todo un viaje.
- ◯ Fue un viaje sublime.

f. Este disco transpira esa fusión.

- ◯ Este disco demuestra esa fusión.
- ◯ Este disco está impregnado de esa fusión.

5. Escribe una experiencia personal tuya (o de otra persona) de la que puedas decir que fue un flechazo, una catarsis o marcó tu manera de ver algo.

....

6. 19 Vas a escuchar los siguientes sonidos. Marca en qué orden los oyes.

☐	un silbido	☐	un pitido
☐	un aullido	☐	un ladrido
☐	un chasquido	☐	un maullido
☐	un chillido	☐	un ronquido
☐	un estallido	☐	un soplido
☐	un gemido		

7. Reformula las expresiones marcadas en negrita usando un verbo.

a. Se escuchaba **el goteo** de una tubería rota. → Se escuchaba cómo goteaba una tubería rota.

b. Aquel sonido era **el ronroneo** de un motor de barco. → ....

c. Oímos en aquel momento **el crujido** de una rama al ser pisada. → ....

d. Desde mi casa oía **el griterío** de los manifestantes. → ....

e. **El chisporroteo** del aceite al hacer unos huevos fritos me recuerda mi infancia. → ....

f. El silencio era sobrecogedor, pero de pronto escuché **el susurro** de una voz infantil. → ....

g. No soporto **el chirrido** de esa ventana al abrirse. → ....

h. Ese mensaje fue grabado en un bar o una cafetería: ¿no oyes **el tintineo** de los vasos? → ....

i. ¿Oyes esos **pitidos** de coches? Pues todas las tardes es así. Ya no lo aguanto más. → ....

8. **Completa las siguientes frases con estos sustantivos.**

chirrido | chasquido | crujido

a. La casa era muy antigua y al caminar por el suelo se oía constantemente el .... de la madera.

b. A pesar de que no había nadie más en la mansión, la puerta se abrió lentamente, emitiendo un agónico .... que resonó en toda la estancia.

c. El .... de nuestras pisadas sobre las hojas secas alertó al ciervo, que huyó asustado.

d. Llamó la atención de sus cómplices con un .... de dedos.

e. Al frenar bruscamente con la bicicleta, se oyó un penetrante .... que atrajo las miradas de los transeúntes.

9. **Responde a las siguientes preguntas.**

a. ¿Qué es una canción pegadiza?

....

....

....

b. ¿En tu país o tu región existe un género de música tradicional? Si es así, ¿cómo se llama?

....

....

....

c. ¿Qué letra de canción sabes de memoria desde hace años?

....

....

....

d. ¿Qué es un álbum instrumental? ¿Puedes citar alguno?

....

....

....

e. Di los nombres de dos instrumentos de percusión, dos de cuerda y dos de viento.

....

....

....

....

f. ¿A qué artista de tu país crees que se le debería rendir homenaje? ¿Por qué?

....

....

....

....

10. **¿Qué adjetivos expresan estas cosas?**

a. Algo que provoca una catarsis es *catártico.*

b. Algo que te fascina es ....

c. Algo que te maravilla es ....

d. Algo que te flipa es ....

e. Algo que te relaja es ....

f. Algo que te hipnotiza es ....

g. Algo que te adormece es ....

h. Algo que te irrita es ....

i. Algo que te emociona es ....

11. **Escribe frases en las que uses los adjetivos de la actividad 10 para hablar de música o de sonidos.**

a. ....

b. ....

c. ....

d. ....

e. ....

f. ....

g. ....

h. ....

i. ....

12. Marca qué expresiones de abajo tienen el mismo significado que las de a y b.

a. Tiene **recuerdos nítidos** de algo.

b. Tiene **recuerdos borrosos** de algo.

- ◯ Sus recuerdos son claros.
- ◯ Sus recuerdos son vívidos.
- ◯ Sus recuerdos son confusos.
- ◯ Sus recuerdos son imprecisos.
- ◯ Se acuerda como si hubiera sido ayer.
- ◯ Apenas lo recuerda.
- ◯ Tiene un vago recuerdo.
- ◯ Tiene un vivo recuerdo.
- ◯ Aquello le dejó un recuerdo imborrable.

13. Elige el mejor equivalente de la expresión resaltada en negrita.

a. Lo que me cuentas **me lleva a creer** que eres una persona sensible.
- ☐ me hace creer
- ☐ me obliga a creer
- ☐ me permite creer

b. Mi conversación con Aurelia **me llevó a decidir** que tenía que salir de casa.
- ☐ me dejó decidir
- ☐ me impulsó a decidir
- ☐ me impidió decidir

c. No planeé nada de aquellas vacaciones: **me dejé llevar por** los sucesos de cada día y mis propios descubrimientos.
- ☐ me ayudaron
- ☐ me guiaron
- ☐ me limitaron

d. Su música **nos hace llegar** los ecos de una infancia feliz.
- ☐ nos habla de
- ☐ nos repite
- ☐ nos transmite

e. Tú dices que su música es muy potente; lo entiendo, es buena, pero a mí no **me llega**.
- ☐ me gusta nada
- ☐ me emociona
- ☐ me viene

f. Empezó a publicar sus recuerdos por el puro placer de compartirlos, no **le movía** un interés económico.
- ☐ le obligaba
- ☐ le desplazaba
- ☐ lo hacía por

14. ¿Por cuál de estos verbos que expresan movimiento reemplazarías la expresión resaltada en negrita en las frases de debajo?

esconderse | transportar a | alejarse de | atrapar | rescatar de | impulsar a

a. Me encanta su música porque me **hace pensar en** los Balcanes, que es una de las regiones más fascinantes de Europa.

....

b. Detrás de su imagen sofisticada **hay** un hombre corriente, muy familiar y muy casero.

....

c. El tono de su última novela, más íntima y personal, **es** claramente **diferente del** de las anteriores.

....

d. No sucedió nada en concreto, pero poco a poco **dejó de tener contacto con** María, que había sido su mejor amiga en la universidad.

....

e. ¿Qué **hay** detrás de las misteriosas iniciales T. I. A.?

....

f. La literatura de ciencia ficción, especialmente la de Arthur C. Clark, fue una de las cosas que me **motivaron para** estudiar Ingeniería.

....

g. Este restaurante **salva del olvido** recetas tradicionales de la cocina de pescador.

....

h. El público audiovisual es cada vez menos paciente; los especialistas dicen que, hoy en día, las series de éxito te deben **convencer** en los 30 primeros minutos del primer episodio.

....

i. Sus novelas te **hacen descubrir** mundos lejanos y realidades muy diferentes.

....

15. Completa las siguientes descripciones usando los conectores propuestos.

igual que | como | (de manera) **semejante a** | (de manera) **parecido/a a**

a. El ritmo de la película es rápido, trepidante, como un tren de alta velocidad.

b. Los ritmos de su último disco son suaves, envolventes, ...

c. El cantante atrapó al público desde el primer segundo del concierto y casi podemos decir que lo hipnotizó, ...

d. La fotografía de su último filme es la ideal para el ambiente postindustrial que recrea –triste, oscura, algo nebulosa–, ...

e. Durante el concierto me sentí extrañamente agredido, su música –que hasta entonces siempre me había gustado– me pareció violenta, ...

f. Cuando está componiendo una canción, su personalidad cambia. Se aísla, se concentra de una manera casi mística, ...

16. Coloca alrededor de cada abanico las expresiones.

1.

- soberbio/a
- horrible
- malo/a
- muy bueno/a
- insuperable
- buenísimo/a
- bueno/a
- el / la mejor del año / siglo...
- malísimo/a
- nefasto/a
- muy malo/a
- el / la peor del año / siglo...

el / la peor del año / siglo...

– calidad **+ calidad**

2.

- bonito/a
- un horror
- muy bonito/a
- precioso/a
- bellísimo/a
- una preciosidad
- feo/a
- muy bello/a
- muy feo/a
- feísimo/a
- espantoso/a
- bello/a
- un espanto

un horror / un espanto

– belleza **+ belleza**

3.

- entretenido/a
- aburridísimo/a
- divertido/a
- muy entretenido/a
- inaguantable
- muy divertido/a
- entretenidísimo/a
- un tostón
- divertidísimo/a
- fascinante
- aburrido/a
- tedioso/a
- muy aburrido/a
- soporífero/a

– entretenimiento **+ entretenimiento**

17. Escribe valoraciones usando los adjetivos de la actividad 16.

"Hamnet", de Maggie O'Farrell, es una novela soberbia.

18. Reformula las frases siguientes usando un gerundio independiente para expresar condición o causa.

a. Si visitas el Prado, aprenderás mucho de la pintura española.

Visitando el Prado, aprenderás mucho de la pintura española.

b. Si escuchas la música pop española de los años 80, entiendes cómo estaba cambiando la sociedad del país en ese momento.

c. Hablar con la gente es la mejor manera de aprender español.

d. Si te quedas en el hotel y te pasas el día conectado a Instagram, no vas a conocer la ciudad: aprovecha estos días y paséate.

e. Cuando escuchas la segunda canción del álbum, "La Campanera", entiendes la importancia que tiene Oaxaca en su música.

19. Marca en qué frases los conectores en negrita hacen referencia a un suceso repentino y en cuáles expresan probabilidad.

1. Suceso repentino: a,

2. Probabilidad:

a. El otro día, estaba estudiando y **de repente** me vino a la cabeza aquella canción tan pegadiza de Shakira, ¿sabes? Esa que…

b. Ya sé que no eres muy fan del trap, pero **de repente** esta cantante te gusta, me parece que es muy para todos los públicos.

c. Estábamos en la sala de conciertos y **de repente** se hizo un silencio absoluto.

d. Podrías intentar dedicarte a la música, sé que no es fácil, pero **de pronto** tienes éxito y haces tu sueño realidad.

e. La canción parece un bolero clásico, pero **de pronto** empiezan a sonar los charangos y se convierte en algo más folk.

f. Me suena mucho la cara de ese guitarrista, **de pronto** lo conozco de otro grupo, ¿no?

g. ¿Y si tomamos este camino de la derecha? **De repente** lleva al pueblo.

20. Completa estas tablas pasando de un registro más informal a uno más formal y viceversa.

+ CERCANÍA	+ DISTANCIA
A ti, que no te gusta mucho la autoficción, no te va a gustar esta novela.	Esta novela no será del gusto de los detractores de la autoficción.
Es una canción que te hipnotiza, te la puedes poner en bucle y estar una hora escuchándola.	
	Los incondicionales de Rosalía encontrarán, en este álbum, una nueva razón para seguir admirándola.
Es una serie muy buena, pero no es para hacer un maratón. Tienes que ver un capítulo al día como máximo.	

LÉXICO COMÚN, COTIDIANO	LÉXICO PRECISO, ESPECIALIZADO, BELLO
Canta superbién y tiene muy buena voz, una voz que te llega.	Tiene un gran dominio de la técnica vocal y su voz, de una potencia considerable, es muy expresiva.
	Farsa (Género imposible) es un trabajo emotivo, pausado y de sonido limpio, donde la voz de la artista luce en todo su esplendor, rodeada en ocasiones de violines, coros, piano o guitarra clásica y en otras de silencio. (*Mondosonoro*)
La Plazuela ha vendido todas las entradas de sus dos últimos conciertos y ha demostrado que son el nuevo grupo de moda en Granada.	
	La saga de Evil Dead siempre se ha asentado en un lugar extraño en cuanto a género se refiere, puesto que el film inicial basculaba entre el terror y el humor, con un increíble Bruce Campbell que hizo de la sobreactuación un arte y un Raimi que supo sacarle partido como nadie al presupuesto. (*Mondosonoro*)

– CONECTORES: YUXTAPOSICIÓN Y COORDINACIÓN	+ CONECTORES: SUBORDINACIÓN
Tiene una presencia muy fuerte y, por eso, sus actuaciones en directo suelen ser muy impactantes.	Su presencia es muy fuerte, razón por la que sus actuaciones en directo resultan impactantes.
En las entrevistas parece tímido y reservado, pero luego sube al escenario y se transforma.	
	Aquella primera canción, en la que hablaba de una infancia perdida, aunque sencilla y algo pueril, nos mostraba el potencial de lo que sería su madurez.
Oí aquella canción en 2016 y un año más tarde fui al primer concierto que dieron en Madrid. No me entusiasmó, pero les di otra oportunidad.	

1. Traduce a tu lengua estas expresiones.

- (Alguien) tomarle el pelo a alguien →
- (Alguien) separar el grano de la paja →
- (Algo) correr como la pólvora →
- (Alguien) tragarse una mentira →
- (Alguien) colársela a alguien →

2. ¿Cómo continuarías las siguientes frases usando estas cuatro expresiones?

(alguien) tomarle el pelo a alguien

(alguien) separar al grano de la paja

(algo) correr como la pólvora

(alguien) tragarse algo

a. Es increíble lo rápido que circula todo lo malo. He suspendido en el examen de conducir y la noticia

b. Cuando buscas información sobre famosos en internet, hay mucha basura; es muy difícil

c. Marc es muy inocente: mi hermano le dijo que es astronauta y era mentira, pero él

d. Me dijo que era astronauta y yo no me di cuenta de que

3. Intenta explicar qué quieren decir realmente las personas que usan la ironía en las siguientes frases.

a. Tienes razón: la ciencia no ha explicado aún cómo se construyeron las pirámides. Está muy claro que las hicieron los extraterrestres.

b. Claro, claro. La ciencia explica a la perfección cómo se construyeron las pirámides. Por eso los científicos sacan cada diez años una teoría nueva que niega todo lo que decía la anterior.

c. Es cierto, cuidarse con plantas es una cosa ridícula, de personas incultas. No es nada más que una sabiduría que tiene miles de años y que han desarrollado todas las culturas del planeta.

d. Por supuesto, las plantas lo curan todo. Por eso todo el mundo, cuando tiene una apendicitis, se toma una tisana de manzanilla y hierba luisa.

e. No, no, no te preocupes. Me ha encantado estar aquí 30 minutos esperándote, mientras tú te arreglabas la barba.

f. Lo siento muchísimo. Seguro que esta ha sido una media hora durísima, tomándote este horrible capuchino con esos dos cruasanes horrorosos.

Más ejercicios

4. Crea frases irónicas que utilicen la hipérbole en las siguientes conversaciones.

a.

- Está muy rico este bocadillo, ¿verdad?
- **(te parece horrible)** → Sí, el mejor que he probado en mi vida.

b.

- Para los dolores musculares van muy bien las infusiones de romero, ¿por qué no te tomas unas?
- **(te parece una idea absurda)** → ....

c.

- No te importa que venga a la fiesta con mi hermana, ¿verdad?
- **(no la soportas)** → ....

d.

- Alfredo solo paga 900 euros por el piso. Es algo pequeño, pero es superbonito, ¿verdad?
- **(te parece minúsculo y feo)** → ....

e.

- Viniendo por esta carretera hemos dado un poco más de vuelta, pero el paisaje vale la pena, ¿no crees?
- **(el viaje se te ha hecho larguísimo y no has visto el paisaje)** → ....

5. ¿Sabes cuál es el género de los siguientes nombres? Coloca el artículo indefinido adecuado.

- una mentira
- .... bulo
- .... timo
- .... fraude
- .... patraña
- .... rumor
- .... noticia
- .... mito

6. Completa las frases con el sustantivo más exacto.

a. Cuando juzgas si algo es verosímil, juzgas su verosimilitud.

b. Cuando te preguntas si un testimonio es veraz, te preguntas sobre su ....

c. Si dudas que un cuadro sea auténtico, dudas de su ....

d. Cuando tienes la convicción de que algunas cosas son ciertas, tienes algunas ....

e. Cuando te gusta una obra de arte porque es muy realista, te gusta su ....

7. Completa las siguientes frases con las expresiones y los verbos propuestos (tienes que conjugarlos). Pueden existir varias opciones.

cocerse | madurar | digerir | tragarse | estar verde | comer el coco | hincar el diente

a. Mi traslado a Australia es todavía una idea poco definida, tengo que .... la, sopesar los pros y los contras.

b. Las reuniones del comité son muy secretas, nadie sabe qué .... allí.

c. Alberto estuvo 3 semanas convenciendo a Jacinto para que se hiciera una carta astral. Al final, le .... tanto que se la hizo.

d. La noticia de la disolución de la sociedad ha sido muy repentina, todavía tengo que .... la.

e. Le dije a la profesora que mi perro se había comido los deberes de matemáticas. ¿Tú crees que .... lo ....?

f. Dicen que es una novela muy interesante y que, si la empiezas, no quieres parar, pero yo aún no le ...., aunque tengo ganas, ¿eh?

g. Creo que vuestra idea de crear una empresa es solo una idea; no sabéis dónde queréis instalarla, quiénes serán los clientes, cuándo vais a empezar. Vaya, a mí me parece que ese proyecto ....

8. Elige el mejor sinónimo, en cada caso, del verbo marcado en negrita.

a. En su discurso, la ministra **apeló a** la solidaridad de los ciudadanos.

☐ recurrió a
☐ acudió a

b. Nunca **confíes en** los estudios supuestamente científicos pagados por empresas alimentarias.

☐ te fíes de
☐ esperes

c. No tiene conocimientos musicales formales, pero **tira de** su oído y de su intuición. El resultado tal vez no es perfecto, pero es muy atractivo para un público joven.

☐ arrastra
☐ usa como recurso

d. Mi médico **se empeña en** recetarme analgésicos fortísimos, pero no sabe que yo no los tomo nunca.

☐ insiste en
☐ se obsesiona en

e. Este blog **huele a** propaganda política. Aquí dice que es de una asociación de padres y madres, pero yo creo que es de algún partido.

☐ apesta a
☐ hace sospechar que es

f. Cuando leí aquella historia, **me sonó a** leyenda urbana; investigué en la red y encontré varias versiones de ese mismo relato en diferentes países.

☐ me hizo pensar en
☐ me resonó a

9. Transforma estas frases sustituyendo los verbos en negrita por una expresión formada por verbo + sustantivo de la misma familia de los verbos en negrita. Puedes usar los siguientes verbos.

tener | poner | hacer | sentir

a. No **confío** mucho **en** los periódicos digitales.

....

b. Marcos **se empeñó en** aprender francés y lo consiguió.

....

c. En sus conferencias la Dra. Zikin **se ha referido a** varios estudios muy controvertidos.

....

d. Soy bastante escéptico, siempre **he recelado de** los artículos que proponen dietas milagrosas.

....

10. Transforma estas frases sustituyendo lo marcado en negrita por expresiones con posesivos tónicos (**lo mío, lo tuyo, lo suyo...**).

a. Al tercer día que trabajé en el restaurante de mi abuela, me di cuenta de que aquello **era para lo que estaba hecho**.

....

....

b. Cuando te encuentras una cartera, yo creo que **lo que hay que hacer es** intentar encontrar a la persona que la ha perdido, ¿no?

....

....

c. En realidad, no creo que seas un buen compañero: **solo te preocupas por ti mismo** y no muestras una pizca de empatía.

....

....

d. Les hemos dejado la casa y nos hemos portado genial con ellos. **Lo que deberían hacer es** comprarnos un buen regalo, como mínimo.

....

....

e. Parece fácil al principio, pero hacer un gorro de lana **es más complicado de lo que parece**.

....

....

f. Realmente **no tenéis ningún talento para** la fotografía: estas fotos están muy mal hechas.

....

....

g. Sara pensaba que aprobar aquel máster iba a ser facilísimo, pero al final **le dio mucho trabajo**.

....

....

h. Zoraida es muy generosa y siempre puedes contar con ella; no es una de esas personas que **únicamente piensan en sus intereses**.

....

....

11. Transforma estas frases sustituyendo lo marcado en negrita por diferentes usos del verbo **acabar** (**acabar, acabarse, acabar con…**).

a. ¿Por fin **ha terminado** Zulema la carrera?

....

....

b. El uso de pesticidas puede **destruir** la biodiversidad de la zona.

....

....

c. ¿Por qué en esta casa nadie avisa cuando **no hay más** leche?

....

....

d. Pusieron a la venta 40 000 ejemplares de su novela el día 3 de marzo y, al cabo de una semana, **se habían vendido todos**.

....

....

e. Estoy decidido a **poner fin** a mis malos hábitos.

....

....

f. La última novela de Portillo no me ha gustado mucho; además, **termina** de una manera abrupta, extraña.

....

....

g. Realmente estoy harto de esta situación: ya **no tengo más** paciencia.

....

....

h. Hemos ido a comprar empanadas chilenas a la tienda de la esquina, pero era tarde y **no tenían más**.

....

....

i. La sequía **ha hecho desaparecer** todas las lagunas que había en esta región.

....

....

j. Al final, muchas formas de expresión resisten al paso del tiempo o vuelven después de unos años; por ejemplo, la fotografía no **mató** la pintura.

....

....

k. **No aguanto más**. Me voy a ir de vacaciones solo, os parezca bien o mal.

....

....

l. El pintor **finalizó** el retrato de su hija, pero nunca lo expuso ni se lo mostró a nadie.

....

....

m. Mi hija me insistió tanto que **terminé dándole** los veinte euros que me pedía.

....

....

12. Lee las frases siguientes. ¿Cuál de las opciones propuestas en cada caso está implícita?

a. No me acaba de gustar cómo presentó el tema.
- ☐ Hay algo que no me convence del todo.
- ☐ Me gustará más adelante.

b. Me acabo de enterar de la noticia.
- ☐ Me ha llegado la información recientemente.
- ☐ Por fin me ha llegado la información.

c. Acabó por pagar la multa.
- ☐ La ha pagado recientemente.
- ☐ Al final, decidió pagarla.

d. No me acaba de parecer creíble este titular.
- ☐ Me parece creíble desde hace tiempo.
- ☐ Algo me parece poco creíble en él.

e. Acabó por aceptar la oferta.
- ☐ La ha aceptado recientemente.
- ☐ Al final, la ha aceptado.

13. 20 Vas a escuchar dos versiones de cada conversación. Marca en cada caso cuál de las dos réplicas es irónica: la 1 o la 2.

	1	2
a. ● Está lloviendo mucho, ¿no? ❍ **Sí, esto parece el diluvio.**		
b. ● Este lugar no me gusta, parece muy peligroso. ❍ **Es verdad, da muchísimo miedo.**		
c. ● Esta infusión es muy sana. ❍ **Sí, la tomas y te curas de todo.**		
d. ● No me fío mucho de esa terapia. ❍ **Tienes razón, es terrorífica.**		
e. ● Esta noticia es muy importante. ❍ **Importantísima, la más importante del año sin duda.**		

14. Reescribe las partes en negrita de estas conversaciones usando **que** + subjuntivo.

a.

● Ya nos vamos, Rosa.
❍ ¿Ya? Pues nada, **¡pasáoslo bien!**

....

b.

● La fiesta es mañana, ¿verdad?
❍ Sí, en un parque. **¡Ojalá no llueva!** Porque no hay donde resguardarse.

....

c.

● Mañana ya salgo del hospital.
❍ ¡Qué bien! ¡Pues **recupérate pronto**! ¡Tengo muchas ganas de verte!

....

d.

● Martina está un poco sola estos días.
❍ ¿Sí? Pues habla con ella, **puede venir** a verme uno de estos días.

....

e.

● Carlos está siempre preocupado por su salud.
❍ ¡Pues **no sé por qué no va al médico**! Nadie se lo impide.

....

f.

● El perro se aburre de estar todo el día aquí en casa.
❍ ¡No es mi problema! Su dueña **lo debería llevar** al parque.

....

g.

● Prueba este té, te va a ir fenomenal para la tos.
❍ ¿Qué dices?
● He dicho "**Prueba** este té, te va a ir fenomenal para la tos".

....

h.

● Por favor, tráeme las revistas que están en la sala.
❍ ¿Cómo?
● Las revistas que están en la sala, **tráemelas**.

....

i.

● Se queja de que es duro ir a correr cuando hace tanto calor.
❍ Pues **¿por qué lo hace?** No lo obliga nadie, ¿no?

....

15. Transforma estos fragmentos de prensa usando el condicional simple o el compuesto.

a

Indicios de que la ola de calor puede durar 10 días más.

....

b

Sospechas de que el asesino entró por la puerta trasera.

....

c

Parece que los precios de la alimentación se están estabilizando.

....

d

Aparentemente, la policía encontró al bebé dentro de una cesta.

....

e

Se cree que una "dieta milagro" influyó en su empeoramiento.

....

f

Hay indicios de que la contaminación está relacionada con esta enfermedad.

....

g

Existen sospechas de que la ganadora compró el billete de lotería por internet.

....

h

Parece ser que el tratamiento se descubrió hace 10 años, pero que los laboratorios ocultaron el hallazgo.

....

16. Completa estas frases con el conector más lógico: **incluso** o (**ni**) **siquiera**.

a. Mucha gente se creyó la noticia, ... personas muy bien informadas.

b. Nadie se creyó la versión del futbolista, ... sus mejores amigos.

c. .... yo entiendo mi propia letra en esta carta, ¿qué dice aquí?

d. .... yo entiendo esta canción en francés: está en un lenguaje sencillo y el ritmo es muy lento.

e. .... los franceses entienden esta canción: el cantante canta muy rápido y en una voz muy baja.

f. .... los mejores especialistas se equivocan alguna vez: ¡somos humanos!

g. Es increíblemente buena en sus diagnósticos: .... ante los casos más complejos se equivoca.

h. Estamos muy decepcionados: no nos han apoyado .... nuestras familias.

17. Completa estas frases con alguno de los siguientes cuantificadores.

todo/a | de todo | cualquiera | cuanto/a/os/as

a. .... estudiante de Periodismo sabe que se deben verificar las informaciones.

b. Eso lo sabe un estudiante de Periodismo ....

c. Puedes preguntarles eso a .... médicos quieras: recibirás la misma respuesta.

d. Eso de que hay de comer .... es un mito: hay alimentos que es mejor no comer nunca.

e. Habló con el médico y le dijo lo que .... persona con sentido común le habría dicho: que dejara de fumar.

f. Puedes leer sobre el asunto .... quieras: no vas a saber más que alguien que ha estudiado Farmacia, ¿no crees?

g. Mucha gente, en vez de preguntar a un especialista, entra en una web .... y se cree lo que le cuentan.

h. En aquella época, llamó a .... amigos tenía pidiendo ayuda.

i. .... buen terapeuta debería consultar a otros especialistas en casos difíciles, ¿no?

18. Completa las siguientes frases con **cualquier** o **cualquiera**.

a. .... persona puede aprender a tocar un instrumento, a la edad que sea.

b. Esto lo puede hacer ...., incluso un niño de cinco años.

c. .... comentario irresponsable en las redes sociales puede tener consecuencias negativas para la reputación de una persona o empresa.

d. Laia, ¿me das una revista? Una .... de esas que tienes ahí a tu lado.

e. La desinformación puede provenir de .... fuente; por eso es importante contrastar diversas fuentes.

f. .... puede creerse una noticia falsa.

g. En las redes sociales, ... puede compartir información y difundir rumores.

19. Transforma las frases usando estructuras comparativas.

a. Yo vivo bien.
Tú crees que vivo mal.
→ Vivo mejor de lo que tú crees.
....

b. He comprado 30 cosas.
Creía que iba a comprar 10.
→ ....
....

c. Llegamos pronto.
Álvaro creía que llegaríamos tarde.
→ ....
....

d. Martín mide 1,93.
La policía sospechaba que medía 1,80.
→ ....
....

e. Tardasteis tres horas en llegar.
Habíais calculado que tardaríais cuatro horas.
→ ....
....

f. Es una persona desconfiada.
Nunca hubiera imaginado que sería tan desconfiada.
→ ....
....

g. Mi hijo come mal.
Yo, cuando era pequeño, comía mejor que él.
→ ....
....

h. Héctor es bastante antipático.
Su novio nos había dicho que era simpatiquísimo.
→ ....
....

i. Participaron en la investigación 89 médicos.
Recibieron la invitación a participar 123.
→ ....
....

j. Paula gana mucho dinero.
En su familia piensan que no gana mucho.
→ ....
....

k. Nos creemos muchas noticias que son falsas.
No queremos admitir que nos pasa tanto.
→ ....
....

Más ejercicios

1. Mira estas otras obras de arte y lee las descripciones. ¿Qué ideas sobre el tiempo crees que transmite cada una de ellas? Escríbelo en tu cuaderno.

En *El aguador de Sevilla* (1620), de Diego Velázquez, se ve a un anciano aguador dando de beber a un niño. Entre ellos se percibe a un hombre de mediana edad.

El sol del membrillo (1992) es un documental que explora el proceso creativo a través de la contemplación del artista Antonio López pintando un membrillo. Durante los días que lo pinta, López trata de captar la realidad mientras el árbol no deja de transformarse.

El Ministerio del Tiempo (2015-2020) es una serie española de ficción histórica. Ese ministerio es una institución gubernamental secreta que envía a sus empleados a épocas del pasado para asegurarse de que nadie va a cambiar la historia.

2. ▶ 3 Vuelve a ver el vídeo de la actividad 3 y completa la transcripción con las palabras que faltan.

- El uso que cada uno hace del tiempo también es una forma de comunicación no verbal, ¿no? Cuando ves a una persona que llega como he llegado yo ahora…
- Es una forma de transmitir imagen porque dice cómo somos. Una persona, por ejemplo, que es incapaz de **(1)** ………… ………… ………… …………, como hablaba ahora Patricia y que no **(2)** ………… ………… ………… ………… de entrega de los trabajos o que siempre acaba llegando 5 minutos tarde a la cita.
- Pero, a ver, por ejemplo, hay muchos jefes que **(3)** ………… ………… a las reuniones.
- Jefes, políticos… porque son personas que… incluso maestros también…, que creen que tienen más poder que los demás, que las personas que esperan, y que pueden utilizar este tiempo a su manera.
- El tiempo de los demás.
- El tiempo de los demás, claro que sí, el tiempo de los demás. Y, por lo tanto, lo que están indicando es una **(4)** ………… ………… …………, es una **(5)** ………… ………… …………. Muchas veces, incluso una **(6)** ………… ………… …………, porque cuando **(7)** ………… ………… a otra persona le estamos robando su tiempo. Es como robarle también otra cosa, ¿no? Como robarle… pues algún objeto que tenga porque, en una sociedad donde el tiempo personal es tan escaso y donde el tiempo en la empresa es dinero, cuando nosotros **(8)** ………… ………… ………… de los demás, estamos realmente robando este tiempo.
- Tú distingues entre, en general, las personas que ocupan su tiempo a hacer una sola actividad o a hacer más, ¿no? ¿Tú crees que España en general es monocrónica o es policrónica?
- Bueno, esto sí… es una distinción que hacen los expertos entre dos tipos de cultura distinto: la cultura latina es más policrónica, es decir, que no da tanta importancia al **(9)** ………… ………… ………… ………… no es tan estricta con el tiempo y, en cambio, da más importancia, por ejemplo, a las relaciones, ¿no? Pues un ejemplo sería que tú y yo estamos hablando ahora y estamos charlando tranquilamente y damos más importancia a la conversación que a cumplir con el horario y quizá con **(10)** ………… que tenemos después. En cambio, las culturas monocrónicas, que son sobre todo culturas occidentales lideradas por Estados Unidos, Centroeuropa, norte de Europa, el caso de Alemania, por ejemplo, que es tan tópico, pues en estas culturas se respetan muchísimo los **(11)** …………, los **(12)** …………, los **(13)** ………… y hacer esto quiere decir que son países, sociedades más productivas, más rigurosas, tienen mejor imagen, son más respetadas.

3. Indica en cada caso cuál de las dos opciones propuestas tiene un significado más parecido a lo destacado en el texto.

Empecé por preguntarme cuándo (a) tomé conciencia de ser viejo y creo que fue muy poco antes de aquel día. A los cuarenta y dos años (b) había acudido al médico con un dolor de espaldas que (c) me estorbaba para respirar. Él no le dio importancia: "Es un dolor natural a su edad", me dijo.
—En ese caso —le dije yo—, lo que no es natural es mi edad.
El médico me hizo una sonrisa de lástima. "Veo que es usted un filósofo", me dijo. Fue la primera vez que pensé en mi edad en términos de vejez, pero (d) no tardé en olvidarlo. Me acostumbré a despertar cada día con un dolor distinto que iba cambiando de lugar y forma a medida que pasaban los años. A veces parecía ser un zarpazo de la muerte y al día siguiente (e) se esfumaba. Por esa época oí decir que el primer síntoma de la vejez es que uno empieza a parecerse a su padre. (f) Debo de estar condenado a la juventud eterna, pensé entonces, porque mi perfil equino no se parecerá nunca al caribe crudo que fue mi padre, ni al romano imperial de mi madre. La verdad es que los primeros cambios son tan lentos que (g) apenas si se notan, y uno sigue viéndose desde dentro como había sido siempre, pero los otros (h) los advierten desde fuera.
En la quinta década había empezado a imaginarme lo que era la vejez cuando noté los primeros huecos de la memoria. Sabaneaba la casa buscando los espejuelos hasta que descubría que los llevaba puestos, o me metía con ellos en la regadera, o me ponía los de leer sin quitarme los de larga vista. Un día desayuné dos veces porque olvidé la primera, y aprendí a (i) reconocer la alarma de mis amigos cuando (j) no se atrevían a advertirme que les estaba contando el mismo cuento que les conté la semana anterior. Para entonces tenía en la memoria una lista de rostros conocidos y otra con los nombres de cada uno, pero en el momento de saludar no conseguía que coincidieran las caras con los nombres.

a. tomé conciencia de ser viejo
- ☐ me di cuenta de que era viejo
- ☐ acepté ser viejo

b. había acudido al médico
- ☐ había llamado al médico
- ☐ había ido al médico

c. me estorbaba para respirar
- ☐ me impedía respirar
- ☐ me molestaba para respirar

d. no tardé en olvidarlo
- ☐ lo olvidé rápidamente
- ☐ me costó mucho olvidarlo

e. se esfumaba
- ☐ desaparecía rápidamente
- ☐ se extendía, se hacía más grande

f. debo de estar condenado a la juventud eterna
- ☐ quizás estoy obligado a ser siempre joven
- ☐ quizás ya no seré nunca más joven

g. apenas si se notan
- ☐ enseguida se notan
- ☐ casi no se perciben

h. los advierten
- ☐ los ven, se fijan en ellos (en los cambios)
- ☐ los avisan (a las personas que sufren los cambios)

i. reconocer
- ☐ examinar
- ☐ identificar

j. no se atrevían a advertirme
- ☐ no tenían el valor de decirme
- ☐ no confiaban en que avisarme sirviera de algo

4. Ponte en la piel del narrador de la actividad 3 y grábate contándole a alguien de tu entorno, con un registro más informal, cuándo empezaste a darte cuenta de que eras mayor y por qué.

5. Aquí tienes frases hechas sobre el tiempo. Relaciónalas con su significado. ¿Existen frases parecidas en tu idioma?

a. Al mal tiempo, buena cara.

b. El que espera desespera.

c. Más vale tarde que nunca.

d. El tiempo lo dirá.

e. El tiempo pone a cada uno en su lugar.

f. Tiempo pasado, jamás tornado.

g. Mañana será otro día.

- ○ Uno se pone nervioso esperando que suceda algo que no se sabe con exactitud si ocurrirá.
- ○ Cuando las cosas van mal o se complican, lo más conveniente es afrontarlas con la mejor actitud.
- ○ Tenemos que esperar para saber si la decisión tomada es acertada o no.
- ○ Si estamos ante una situación difícil y no encontramos la solución, depositamos nuestra esperanza en el tiempo. Con el nuevo día puede que encontremos la solución o mejore nuestra percepción del problema.
- ○ Viene a decir que es mejor haber alcanzado un propósito más tarde de lo previsto que no llegar a completarlo nunca.
- ○ Si vives una injusticia, tienes el consuelo de que con el tiempo la verdad saldrá a la luz y culpables e inocentes ocuparán el verdadero lugar que les toca.
- ○ Lo que se ha vivido ya no vuelve a venir.

6. Completa estas conversaciones usando estas frases hechas sobre el tiempo.

el tiempo todo lo cura | el tiempo pasa volando

a.

- ● Paula ya va a ir a la universidad el próximo curso.
- ○ ¿Ya? Uf, ...

b.

- ● ¿Cómo está Martín?
- ○ Pues un poco triste. No le han dado una beca que estaba esperando para ir a estudiar a Estados Unidos… Está disgustado, la verdad.
- ● Vaya… Bueno, quizás empieza a hacer otra cosa aquí el año que viene y se le olvida lo de marcharse al extranjero, ¿no?
- ○ Sí, supongo. ....
Y, si no, el año que viene puede volver a pedir la beca.

7. Completa las siguientes conversaciones con estos verbos.

darse | ganar | hacer | pasar | invertir

a.

- ● ¿Y en verano vas a Cádiz con tu familia?
- ○ Sí, como casi siempre. Es que, como vivo lejos de mis padres, me gusta .... **tiempo** con ellos en vacaciones.

b.

- ● Si salimos ahora al aeropuerto, llegaremos muy pronto, ¿no?
- ○ Sí, pero no pasa nada. Yo prefiero llegar antes y .... **tiempo** viendo tiendas o tomando algo…

c.

- ● No he aprobado el examen de conducir y aún no tengo el carné…
- ○ Oh, y lo necesitabas para tu trabajo, ¿no?
- ● ¡Sí! ¡Qué rabia! .... **tiempo** en esto para nada…

d.

- ● Mi hija ya ha terminado la carrera, pero dice que no sabe a qué se quiere dedicar exactamente.
- ○ Bueno, tiene que .... **tiempo** para descubrirlo. Cuando tenga unos años de experiencia y haya probado varias cosas, seguro que ya tendrá más claro lo que quiere.

e.

- Estoy pensando en comprarme un robot de cocina. Tú tienes uno, ¿verdad?
- Sí, y va muy bien, te permite .... **tiempo** porque lo hace todo: solo tienes que poner los ingredientes.

8. Relaciona cada uno de estos adjetivos que se pueden usar para referirse al tiempo con su significado.

1. inaprensible	◯ que dura poco
2. infinito	◯ que no se puede evitar
3. inexorable	◯ que no se termina nunca
4. irreversible	◯ que no se puede entender
5. fugaz	◯ que no se puede volver atrás

9. Completa estas frases con adjetivos de la actividad 8.

a. ¿El espacio es .... o finito?

b. Marcos me lanzó una mirada ...., pero enseguida bajó los ojos.

c. Fede tenía algo ...., misterioso. No lograba saber qué era, pero eso era justamente lo que me gustaba de él.

d. "El envejecimiento es un proceso .... y característico de la naturaleza humana", dijo Luis.

e. El médico explicó que el tabaco dañaba los pulmones de forma prácticamente .... porque las personas que habían sido fumadoras difícilmente podían recuperar el estado anterior de sus pulmones.

10. Completa con adjetivos formados con los sufijos -**able**, -**ible** o -**izo**/-**a**.

TIENE FACILIDAD PARA O TIENE TENDENCIA A...

a. huir → *huidizo/a*

b. moverse → ....

c. olvidarse → ....

d. enfermar → ....

e. enamorarse → ....

SE PUEDE...

f. inflamar → ....

g. creer → ....

h. prorrogar → ....

i. demostrar → ....

NO SE PUEDE...

j. leer → ....

k. aceptar → ....

l. reconocer → ....

11. Completa estas frases con algunos de los adjetivos de la actividad 10.

a. Ayer vi a Javi, el del instituto, y estaba ....: delgadísimo, con barba y gafas, el pelo negro... ¡Me saludó él y me tuvo que decir quién era!

b. Dos personas encapuchadas vertieron líquido .... sobre un cajero y le prendieron fuego.

c. Gaudí fue un niño muy .... Padecía reuma y a menudo tenía que quedarse largas temporadas en casa.

d. Este fin de semana hicimos un recorrido entre los árboles, pasando por puentes .... Fue muy divertido.

e. Esta letra es .... Es pequeñísima y muy fina. ¿Cómo han podido publicar un libro así?

f. Mi amiga Ana es muy ....: cada dos por tres se deja el teléfono en el trabajo, pierde las llaves...

g. Que el ministro no supiera que estaba incumpliendo la norma es poco .... Esa explicación creo que no se la va a creer nadie.

h. No creo que Raquel tarde mucho en tener pareja otra vez porque es muy ....

i. Este retraso de tres meses en la entrega es .... No le vamos a pagar la factura porque no ha cumplido con el plazo fijado.

12. Relaciona estas expresiones con su significado.

1. volverse retraído/a	◯ convertirse en una persona que escoge con mucho cuidado a las personas de su entorno
2. volverse selectivo/a	◯ alterarse o preocuparse en exceso por todo lo que te ocurre
3. perder la memoria	◯ convertirse en una persona poco comunicativa, a la que le gusta estar sola
4. tomar las riendas de tu vida	◯ no acordarse de las cosas
5. tomarse las cosas a la tremenda	◯ tener la sensación de que las personas de nuestro entorno nos aceptan
6. tomarse la vida con filosofía	◯ terminar una relación
7. sentirse aceptado/a	◯ no seguir las normas establecidas
8. romper moldes	◯ afrontar lo que te ocurre con calma y de forma pragmática
9. romper con alguien	◯ asumir la responsabilidad de lo que te ocurre, tomar tus propias decisiones

13. Elige la opción que mejor explica el significado de estas metáforas del lenguaje cotidiano (en negrita).

a. Laura, tu novio es **un sol**.

- ☐ Es muy bueno, maravilloso.
- ☐ Es muy inteligente.

b. Después de publicar su primer libro, le **llovieron** críticas.

- ☐ Recibió pocas críticas.
- ☐ Recibió muchas críticas.

c. Uf, Juan **me mató** con la noticia de que no va a venir con nosotros de vacaciones.

- ☐ La noticia me afectó mucho.
- ☐ La noticia no me importó.

d. Esta casa es **un paraíso**.

- ☐ Se está muy bien.
- ☐ Se está muy mal.

e. Mi padre es **un lince** para los negocios.

- ☐ Es muy agresivo haciendo negocios.
- ☐ Es muy astuto, es bueno para ver qué negocios son interesantes.

f. Mario era muy divertido e, incluso los días en que yo estaba más deprimida, me **robaba** una sonrisa.

- ☐ Conseguía hacerme reír.
- ☐ Me impedía reír.

g. Hace un mes fui a una conferencia que me **iluminó**: ya sé sobre qué tema voy a hacer el trabajo de Filosofía.

- ☐ Me confundió.
- ☐ Me dio ideas nuevas, me hizo pensar.

14. Termina estas frases de forma lógica, con el objetivo de aclarar, rectificar o precisar lo dicho anteriormente.

a. Yo, cuando he quedado en casa de alguien, no soy tan puntual como cuando voy a una reunión. **Es decir,** ....

....

b. Yo creo que a medida que te haces mayor percibes que el tiempo pasa más rápidamente. **O sea,** ....

....

c. Ha pasado un año duro Marta, con la enfermedad de su padre, los problemas en el trabajo... Pero ella se toma la vida con filosofía. **O sea,** ....

....

d. Yo valoro la puntualidad, pero no es la cualidad que más me importa de alguien. **Es decir,** ....

....

e. El paso del tiempo es irreversible; **esto es,** ....

....

f. En esta vida, los momentos de felicidad son fugaces. **Dicho de otra manera,** ....

....

g. Mi padre, a partir de los sesenta y cinco años, empezó a perder la memoria. **Mejor dicho,** ....

....

h. Parece que Hugo con la adolescencia se ha vuelto un poco retraído, **o, más bien,** ....

....

15. Lee estas frases y subraya los dos marcadores propuestos, si se pueden usar los dos, o bien solo uno, si solo es posible usar uno de ellos.

a. En el cuadro de Dalí *La persistencia de la memoria*, los relojes son un claro símbolo del paso del tiempo. **En cambio / Por el contrario,** para mí las moscas no lo son…

b. Me cuesta mucho levantarme pronto por la mañana. **En cambio / Por el contrario,** por la noche puedo trabajar hasta tarde.

c. No me molesta nada la gente que es flexible con los horarios. **En cambio / Por el contrario,** me relaja porque sé que si llego un poco tarde no se van a enfadar.

d. Yo no soy rígida con los horarios de las comidas. **En cambio / Por el contrario,** puedo comer a cualquier hora.

e. Cuando quedo con mis amigos, raramente soy puntual. **En cambio / Por el contrario,** en contextos profesionales nunca llego tarde.

f. Yo, cuando me voy de una fiesta, nunca me despido de todo el mundo. **En cambio / Por el contrario,** mi novio siempre tiene que despedirse de todos antes de irse. ¡Y se me hace eterno!

16. Piensa en personas de tu entorno y escribe frases comparándolas (contigo o entre ellas) en lo que se refiere a la gestión del tiempo. Usa **en cambio** y **por el contrario**.

Cuando tenemos una comida familiar, yo siempre llego unos quince minutos antes de la hora que hemos fijado. En cambio, mi hermano llega siempre por lo menos media hora tarde.

....

....

....

....

....

....

....

17. Lee lo que dicen estas personas sobre el tiempo y la percepción del tiempo y transfórmalo en frases impersonales, usando **uno/a**.

a. **Pilar:** Cuando cumplí sesenta años, sentí que ya no me quedaba tanta vida por delante.

....

....

b. **Carla:** A los cuarenta años ya no te ven como una persona joven.

....

....

c. **Ana:** Cuando se es pequeño, se cree que la muerte está muy lejos.

....

....

d. **Edu:** Cuando estás pasando un mal momento el tiempo se te hace más largo.

....

....

e. Ernesto: A los 22 años, cuando terminé los estudios, me di cuenta de que tenía que buscar un trabajo para ganarme la vida y me estresé.

....

....

18. Completa los siguientes enunciados de forma lógica. Presta atención a la correspondencia temporal.

a. Cuando era pequeña me encantaba actuar y hacer espectáculos delante de la gente, pero, **a medida que** me iba haciendo mayor, ...

....

b. Cuando empiezan las vacaciones tengo muchas ganas de ir a un lugar tranquilo, con playa, y no hacer nada, pero, **a medida que pasa el tiempo**, ...

....

....

c. Esto de cocinar con el robot de cocina es un vicio. Al principio te parece raro, pero, **conforme** te acostumbras, ...

....

d. De pequeño, Jaime era un niño muy callado e incluso bastante solitario, pero **según** fue pasando el tiempo ....

....

e. Al principio, me daba mucha pereza ir al gimnasio, pero, **conforme** empecé a ir con regularidad, ...

....

....

19. Relaciona estos adjetivos con su significado.

1. flexible **2.** procrastinador/a **3.** cumplidor/a **4.** impuntual **5.** sabe delegar

◯ Deja las tareas para más adelante.

◯ No llega a la hora.

◯ Hace las tareas que le tocan en el tiempo fijado.

◯ Es capaz de encargarle a otra persona una tarea que le corresponde.

◯ Está abierto/a a cambios y se adapta con facilidad a ellos.

20. 🔊 21 Escucha a Silvia hablando de su infancia. Toma notas en tu cuaderno.

- ¿Cómo se sentía?
- ¿Qué dos anécdotas cuenta?
- ¿En qué momento se dio cuenta de que ya no era una niña?

21. Ahora, transforma el testimonio de Silvia (actividad 20) y escribe en tu cuaderno un texto literario. Piensa qué cambiarías, qué estilo le darías, qué metáforas podrías usar, etc., para adaptarte a ese formato textual.

22. Imagina que puedes escribir a tu yo del pasado. Escríbele para ayudarlo a entender cómo se siente, explicarle cómo serán las cosas años más tarde y darle consejos.

1. Marca por cuál de las palabras propuestas podrías sustituir la destacada en negrita, en cada una de estas frases del texto de las páginas 82 y 83.

a. Cuando hablamos de comunicación, hablamos de un proceso a través del cual tenemos la **oportunidad** de abrirnos al mundo.

☐ ocasión ☐ pertinencia

b. En el **terreno** interpersonal, la comunicación es el proceso a través del cual establecemos…

☐ suelo ☐ ámbito

c. Aprendemos a relacionarnos, a **vincularnos**.

☐ conectarnos ☐ atarnos

d. Sin embargo, como todo aprendizaje, no se está **exento de** caer en errores comunes que pueden entorpecer el desarrollo y mantenimiento de la relación.

☐ libre de ☐ obligado/a a

e. Sin embargo, como todo aprendizaje, no se está exento de caer en errores comunes que pueden **entorpecer** el desarrollo y mantenimiento de la relación.

☐ facilitar ☐ dificultar

f. **Procurar** que lo que se dice sea coherente con la manera de decirlo.

☐ Adquirir ☐ Intentar

g. Dar detalles concretos para **garantizar** una buena comprensión del mensaje.

☐ asegurar ☐ intentar

h. **Animar** a la otra persona a que ofrezca su opinión.

☐ Alentar ☐ Confortar

i. En la comunicación, también es importante considerar la necesidad de aprender paso a paso, progresivamente, sin miedo a equivocarse, para **lograr** el objetivo deseado.

☐ disfrutar ☐ alcanzar

j. Prestemos atención, por tanto, a nuestra manera de comunicarnos y **atendamos a** nuestros errores y aciertos en esa comunicación como un primer paso hacia la mejora de esas relaciones.

☐ tomemos en consideración ☐ esperemos

2. ¿Cuál es el equivalente más adecuado de cada uno de estos recursos usados en los debates?

a. Solo nos quedan 20 minutos.	Solo hemos usado 20 minutos. Solo tenemos 20 minutos más.
b. Por ahora…	Ahora más o menos. De momento.
c. Entonces, ¿en qué quedamos?	¿A qué acuerdo llegamos? ¿Dónde nos encontramos?
d. Eso me suena.	Eso lo oigo. Eso me resulta familiar.
e. Vamos a recapitular.	Resumamos. Retomemos el tema.
f. Busquemos un consenso.	Busquemos un acuerdo. Busquemos un sentido común.
g. ¿Te gustaría aportar algo al debate?	¿Quieres decir algo? ¿Quieres traer algo?
h. ¿Cómo vamos de tiempo?	¿Cuánto tiempo nos queda? ¿Cuánto tiempo vamos a necesitar?

3. Las siguientes palabras son muy polisémicas. Encuentra cuál de estos significados que aporta el diccionario de la Real Academia Española es el que corresponde al ámbito de la comunicación.

Canal

- ☐ 1. m. o f. Cauce artificial por donde se conduce el agua para darle salida o para otros usos.
- ☐ 2. m. o f. Parte más profunda y limpia de la entrada de un puerto.
- ☐ 3. m. o f. En el mar, lugar estrecho por donde sigue el hilo de la corriente hasta salir a mayor anchura y profundidad.
- ☐ 4. m. o f. Cada una de las vías por donde las aguas o los gases circulan en el seno de la tierra.
- ☐ 5. m. o f. Llanura larga y estrecha entre dos montañas.
- ☐ 6. m. Medio de transmisión.

Código

- ☐ 1. m. Conjunto de normas legales sistemáticas que regulan unitariamente una materia determinada.
- ☐ 2. m. Recopilación sistemática de diversas leyes.
- ☐ 3. m. Combinación de letras, números u otros caracteres que tiene un determinado valor dentro de un sistema establecido.
- ☐ 4. m. Sistema de signos y de reglas que permite formular y comprender mensajes secretos.
- ☐ 5. m. Conjunto de reglas o preceptos sobre cualquier materia.

Sentido

- ☐ 1. m. Capacidad para percibir estímulos externos o internos mediante determinados órganos. Los sentidos corporales clásicos son vista, oído, olfato, gusto y tacto. *Tiene afectado el sentido del equilibrio.*
- ☐ 2. m. Capacidad de reconocer la realidad circundante y de relacionarse con ella. *Fue un golpe tan fuerte que quedó sin sentido.*
- ☐ 3. m. Capacidad de entender, apreciar o juzgar algo. *El buen sentido aconseja esperar.*
- ☐ 4. m. Modo particular de enfocar, de entender o de juzgar algo. *Tiene un gran sentido del deber.*
- ☐ 5. m. Habilidad o destreza para hacer algo o para juzgar bien en ello. *Sentido del ritmo, de la orientación.*
- ☐ 6. m. Significado de una palabra o de un grupo de palabras. *Una pasión, en el mejor sentido de la palabra.*

Pausa

- ☐ 1. f. Breve interrupción del movimiento, acción o ejercicio.
- ☐ 2. f. Tardanza, lentitud. *Hablar con pausa.*
- ☐ 3. f. Ling. Interrupción de la fonación, de duración variable, que delimita unidades entonativas o discursivas.
- ☐ 4. f. Mús. Breve intervalo en que se deja de cantar o tocar.
- ☐ 5. f. Mús. Signo de la pausa en la música escrita.

Gesto

- ☐ 1. m. Movimiento del rostro, de las manos o de otras partes del cuerpo, con que se expresan afectos o se transmiten mensajes. *Hizo un gesto de cautela. Puso gesto burlón.*
- ☐ 2. m. Movimiento exagerado del rostro por hábito o enfermedad.
- ☐ 3. m. Semblante, cara, rostro.
- ☐ 4. m. Acto o hecho que implica un significado o una intencionalidad. *Tuvo un gesto de generosidad con sus deudores.*

Postura

- ☐ 1. f. Manera en que está colocado el cuerpo o una parte del cuerpo de una persona o de un animal.
- ☐ 2. f. Actitud que alguien adopta respecto de algún asunto.
- ☐ 3. f. Acción de poner o plantar árboles tiernos o plantas.
- ☐ 4. f. Planta o árbol tierno que se trasplanta.
- ☐ 5. f. Precio que el comprador ofrece por algo que se vende o arrienda, particularmente en almoneda o por justicia.
- ☐ 6. f. Pacto o concierto, ajuste o convenio.

4. En tu cuaderno, escribe definiciones sencillas para los siguientes términos relacionados con la comunicación.

1. emisor/a **2.** receptor/a **3.** destinatario/a **4.** interlocutor/a **5.** hablante

5. Relaciona estos verbos con su definición.

1 conectar · 2 descodificar · 3 inferir · 4 interpretar · 5 transmitir

a. ☐ Hacer llegar a alguien mensajes o noticias.

b. ☐ Unir o poner en comunicación dos cosas o dos personas, o una con otra.

c. ☐ Aplicar inversamente las reglas de su código a un mensaje codificado para obtener la forma primitiva de este.

d. ☐ Explicar o declarar el sentido de algo, y principalmente el de un texto.

e. ☐ Deducir algo o sacarlo como conclusión de otra cosa.

6. Relaciona cada una de estas expresiones con su significado, en la tabla.

1. decir / tener la última palabra · **2.** no decir ni mu · **3.** hablar por los codos · **4.** ser todo oídos · **5.** saltar de un tema a otro · **6.** ser una tumba

○	Estar muy callado/a, no participar en la conversación.
○	No revelar un secreto.
○	Estar muy atento/a.
○	Querer imponer su punto de vista.
○	Hablar demasiado.
○	Cambiar de asunto todo el rato.

7. Elige el mejor equivalente para las expresiones en negrita.

a. Para no **desviarme** mucho **de**l tema, voy a recapitular las ideas principales.

- ☐ olvidarme de
- ☐ apartarme de
- ☐ centrarme en el

b. Al final dio tanta información que **perdí el hilo** y dejé de escuchar.

- ☐ me dejó de interesar
- ☐ dejé de seguir su discurso
- ☐ lo comprendí todo

c. **No des tantos rodeos** y cuéntamelo ya, que no puedo perder el tiempo.

- ☐ No cambies los hechos
- ☐ No pierdas el tiempo
- ☐ Ve directamente al asunto

d. Cuando nos ha dado las instrucciones, ha ido **paso a paso**.

- ☐ lentamente
- ☐ por etapas
- ☐ pacientemente

e. **Al hilo de** lo que decías, me ha venido a la cabeza un humorista argentino que era muy gracioso.

- ☐ siguiendo
- ☐ contradiciendo
- ☐ apoyando

f. No se lo he podido explicar bien porque **me he hecho un lío**.

- ☐ me he embrollado
- ☐ me he avergonzado
- ☐ me he perdido

8. Busca equivalentes a las expresiones en negrita de estas frases.

a. No se le puede hacer una broma: **carece de** sentido del humor.

....

b. Como estábamos en un contexto serio, tuvimos que **reprimir** la risa.

....

c. Juan me contó cómo conoció a su mujer de una manera divertidísima: **me partí de la risa**.

d. No aguanto cuando Julio se ríe de esa manera tan **forzada**: se nota que no es de verdad.

e. Tiene una risa **pegadiza**: empieza a reírse y todo el mundo se ríe.

9. Elige la continuación más adecuada para cada frase.

a. Saberse un chiste implica, en general, ...
- ☐ entenderlo a la primera.
- ☐ haberlo escuchado antes.
- ☐ haberlo creado.

b. Contar un chiste implica, en general, ...
- ☐ hablar.
- ☐ dibujar.
- ☐ actuar.

c. Decir que un chiste es grosero implica, en general, que alguien...
- ☐ se puede desternillar.
- ☐ se puede sorprender.
- ☐ se puede ofender.

d. Decir que un chiste es manido implica, en general, que...
- ☐ es muy infantil.
- ☐ es muy conocido.
- ☐ es muy divertido.

10. Escribe debajo de cada imagen la onomatopeya correspondiente.

bla, bla, bla · ¡chist! · ¡puaj! · ¡bua! · ¡mua! · ¡ay! · ¡achís! · ¡buff! · ¡grrr!

11. Sustituye los elementos en negrita por expresiones con el verbo **quedar**(**se**).

a. Esta tortilla **te ha salido** algo seca, ¿no?

b. ¿**Todavía tienes** ganas de ir al cine o ya no?

c. ¿**Hay más** azúcar o voy a buscar?

d. Al final, **voy a alquilar** el piso del casco antiguo, es el más bonito.

e. Después de la reforma, la plaza de la Villa **está** preciosa.

f. **Hemos decidido** ir a la piscina este sábado. ¿Te animas?

g. ¿**Se va a llevar** la camisa? ¡Es muy bonita!

....

h. **Establecimos** que habría tres tipos de pruebas.

....

i. De los tres temas propuestos para el trabajo, **hemos elegido** el de la comunicación en las redes sociales.

....

j. No me gusta el dibujo que he hecho. **Es** muy feo.

....

k. ¿**Falta** mucho para llegar a la playa?

....

l. Solo **hay** tres capítulos más y termina la serie.

....

12. ¿Cómo expresarías de otra manera estos otros usos de **quedar**?

a. No te compres ese abrigo; no **te queda** nada bien.

....

b. Mañana **hemos quedado** en el parque a las 16:00.

....

c. Le dije que me gustaba su casa solo para **quedar bien**. En realidad, me pareció un horror.

....

d. No hizo nada, pero la prensa publicó que él había tenido todo el mérito y **quedó como** el héroe de la historia.

....

e. ¿Y la aldea de tu padre por dónde **queda**?

....

f. ¿De verdad que tú has pintado este cuadro? No te creo… **Te estás quedando con**migo, ¿no?

....

g. Antonio era un gran poeta, pero Manuel no **se quedaba atrás**.

....

13. Mira en esta tabla los principales rasgos de las formas verbales voseantes. Luego, transfórmalas a la forma voseante completa; es decir, con el pronombre sujeto **vos**.

Este pronombre se combina con la forma verbal de la segunda persona del plural **vosotros** (**vos escribís**). Esta forma verbal se somete a variadas modificaciones formales, entre las que destacan:
- Las terminaciones -**áis** y -**éis** pierden la -**i**- en el presente de indicativo (**vos caminás**).
-La terminación -**ís** del presente de indicativo se mantiene igual, excepto en el verbo **ser** (**vos sos**).
- Los cambios vocálicos e irregularidades del presente de indicativo no se producen porque se emplea la raíz regular de **vosotros**: **vos tenés**, **vos pedís**, **vos podés**, **vos hacés**...
- La terminación de imperativo afirmativo pierde la -**d** final (**pensá**, **comé**, **subite**...) y las raíces verbales son regulares (**poné**, **venite**, **decime**...).

a. Tú te ríes → vos te reís

b. Tú no entiendes → ....

c. Tú no sabes → ....

d. ¿Tú recuerdas? → ....

e. ¡Corta! → ....

f. ¡Habla! → ....

g. ¡Siéntate! → ....

h. ¡Ayúdame! → ....

i. ¡Tú colaboras! → ....

j. Tú no eres → ....

k. ¡Ven! → ....

l. ¡Haz! → ....

m. ¡Sal! → ....

n. ¡Pon! → ....

o. Tú puedes → ....

p. Tú vienes → ....

14. **Reescribe el siguiente texto en la forma voseante completa.**

¿No te ha pasado alguna vez que estás en una situación muy tensa y delicada y empiezas a reírte? Sabes que no debes hacerlo, pero no puedes parar. Te pones rojo, intentas controlarte, pero es imposible. ¿Recuerdas la última vez que viviste una situación así y pensaste "Tierra, trágame"? Es normal, eres humano: la risa es un mecanismo de defensa frente al estrés. La próxima vez, intenta lo siguiente: explícales a los demás que no era tu intención reírte, piensa en una situación relajante y ríete para dentro.

....

....

....

....

....

....

....

....

....

....

....

....

15. **Conjuga el verbo entre paréntesis en indicativo o subjuntivo, según el significado de la frase.**

a. Como **(llegar, nosotros)** .... antes de la hora al acto, aún no había casi nadie.

b. Como el viernes **(tener, nosotros)** .... fiesta, aprovecharemos para pintar.

c. Como algún día **(tener, tú)** .... que hablar en público, lo vas a pasar mal: tienes que vencer ese miedo.

d. Como esta semana no **(haber)** .... clases, nos podemos ver para avanzar con el trabajo de Ciencias.

e. Como **(seguir, tú)** .... riendo de esa manera, vas a despertar a los vecinos.

f. Como **(venir)** .... los vecinos a quejarse del ruido, yo no pienso abrirles la puerta: vas a ir tú.

g. Como **(contar, tú)** .... tan bien los chistes, la gente piensa que eres un gran humorista.

h. Como **(volver)** .... a cortarse la comunicación, dejamos la videoconferencia para mañana… La red está fatal.

16. **¿Qué puedes inferir de las frases suspendidas siguientes? Termina las frases.**

a. Zoraida no tiene mucho sentido del humor. Como le cuentes un chiste de los tuyos, no le va a hacer ninguna gracia.

b. ¿Me dejas una de tus raquetas? Como tú tienes tantas, ...

c. Es una políglota nata. Como en su casa se hablaban cuatro lenguas, ...

d. En este teatro son muy estrictos con el horario. Como llegues un poco tarde, ...

e. Te he pedido ya un café y un cruasán para llevar. Como tenemos un poco de prisa, ...

f. Seguro que os lleváis bien. Como los dos tenéis muchos puntos en común, ...

g. No quiero ver más monólogos, por favor. Como pongas otro, ...

h. Un perro es una responsabilidad muy grande. Como te quedes con este cachorro, ...

....

i. Martina empezó a jugar al tenis de niña. Como su padre era jugador profesional, ...

....

j. Bueno, basta ya de repetir lo mismo una y otra vez. Como me vuelvas a decir que quieres un cruasán, ...

....

17. Completa esta conversación entre dos estudiantes con los siguientes recursos.

nos quedan | Qué te parece si | Propongo que | Que sí | dejarlo para después | primero | luego | ¿Con cuál nos quedamos? | Cómo que | todavía nos queda | tenemos que darnos prisa

- ¿.............................. elegimos a Elon Musk como persona más influyente?
- ❍ No, pero tiene que ser hispanohablante.
- ¿.............................. tiene que ser hispanohablante? No, el profesor dijo que podía ser de donde quisiéramos.
- ❍ ...., que tiene que serlo. Mira, aquí lo pone: "figura hispanohablante".
- Ya, ya sé que es lo que pone, pero el profesor dijo que podíamos hacerlo de quien quisiéramos y que no tenía que ser necesariamente de este año.
- ❍ Bueno, vale, pero de todas formas no sé si Elon Musk es la persona que buscamos. .... primero hagamos una lista de personas y luego elijamos la que más nos guste.
- De acuerdo, pero tenemos que escribir un correo electrónico explicando sus logros.
- ❍ Sí, pero eso podemos ...., ¿no?
- Sí, ok.

(...)

- ❍ ¿Y si elegimos a Carlos Alcaraz?
- Yo prefiero a Kylian Mbappé...
- ❍ Quizás mejor alguien que no sea del mundo del deporte, ¿no? Como, por ejemplo, Luis Caffarelli. O también podría ser Olimpia Coral Melo.
- Vale, pues uno de esos dos. ....
- ❍ ¿Con Olimpia Coral Melo?
- Perfecto. Pues, bueno, ya tenemos la persona.
- ❍ Sí, pero .... escribir el mail.
- Bueno, a ver, ... 10 minutos, ...
- ❍ Sí. ¿Cómo nos organizamos?
- A ver, ... hacemos una lista de sus logros y .... escribimos el mail. ¿Te parece bien?

18. ¿Entiendes el significado de lo destacado en estas frases que aparecen en el vídeo de la página 99? Intenta explicarlo con tus propias palabras.

a. **perder el tren** de la digitalización

b. se utiliza **de forma peyorativa**

c. creo que es bastante común, entre gente joven, por lo menos **en mis círculos**

d. muchas veces, ese hablar como mal **entre comillas**, juntar palabras o escribir en minúsculas, se hace de manera muy consciente

e. las redes **han fomentado** nuevos términos y códigos que antes no existían, pero la voluntad sigue siendo la misma: **hacernos entender**

19. Piensa en emoticonos, imágenes, formas de escribir o actitudes de alguna gente cuando se comunica en redes sociales. ¿De cuáles dirías lo siguiente? Coméntalo con un/a compañero/a.

- Es el típico que me envía mi madre / mi padre.
- Lo / La envío cuando me estoy riendo mucho.
- Lo / La utilizo irónicamente.
- Es de persona borde.
- Significa "no me ha hecho nada de gracia".

Más ejercicios

1. Completa estas noticias de las páginas 100-101 con las siguientes palabras.

aprobó | privatización | sanción | reforma | discriminación | alquilar | multas | racismo | espacios públicos

Puerto Rico se levanta contra la privatización de sus playas

Tamboradas, caceroladas y acampadas, así protestan los puertorriqueños contra la continua **(1)** .... de los **(2)** ...., en especial las playas, a pesar de que la ley dicta el libre acceso a estas áreas de la llamada Isla del Encanto.

El movimiento Las Playas Son del Pueblo lucha desde hace años contra este fenómeno ante la construcción de hoteles y fincas privadas en estas zonas y el cobro en algunas por el acceso.

Barcelona impone una sanción de 45 000 euros por no alquilar un piso a un marroquí

El Ayuntamiento de Barcelona ha impuesto una **(3)** .... de 45 000 euros a los propietarios de un piso y a la inmobiliaria que lo comercializaba por **(4)** .... directa por **(5)** ...., según ha anunciado el consistorio. La sanción se basa en la constatación de que, pese a que había una persona interesada en **(6)** .... el piso, no se le alquiló por ser marroquí. La sanción impuesta está prevista en la ley de vivienda que aprobó el Gobierno catalán en 2007.

Multarán con hasta 9 mdp a 'vecinos ruidosos' en CDMX

La (7) .... aprobada en el Congreso capitalino también establece la 'clausura temporal o definitiva' de las fuentes contaminantes auditivas.

Con 46 votos a favor y por unanimidad, el Congreso local de la Ciudad de México **(8)** .... este martes una iniciativa de Morena que reforma la Ley Ambiental de Protección a la Tierra del Distrito Federal, que establece que quien contamine en la ciudad con ruido más allá de lo permitido podrá ser detenido y sancionado con **(9)** .... de más de 8 962 000 pesos.

2. Sustituye cada palabra destacada por una de las siguientes, que aparecen en el texto de la página 107. Ten en cuenta que tienes que poner los verbos en la forma adecuada.

transitar | entrañar | figurar | poseer | provisto de

a. Está prohibido que los animales sueltos **vayan** por las calles, ya que eso podría causar accidentes.

→ ....

b. Cualquier persona que **tenga** un animal está obligada a adoptar las medidas necesarias para evitar situaciones que puedan **causar** daños o molestias a terceros.

→ ....

c. Está prohibida la entrada de los perros en las playas a no ser que **aparezca** escrito lo contrario.

→ ....

d. Los peatones deberán llevar un documento de identidad **con** una fotografía actualizada.

→ ....

3. Lee estos titulares de noticias y transforma las frases usando verbos en lugar de sustantivos.

a. Se va a aprobar una ley que permite la **expropiación** de terrenos rurales poco utilizados para construir carreteras.

Se va a aprobar una ley que permite expropiar algunos terrenos poco utilizados para construir carreteras.

b. Se procede al **derribo** de decenas de viviendas para crear zonas verdes.

....

....

c. El ayuntamiento va a invertir 6 millones de euros en la **rehabilitación** del mercado, que estaba inhabilitado desde los daños causados por las inundaciones...

....

....

d. El nuevo jardín botánico abre sus puertas: la **inauguración** es el día 12 de febrero.

....

....

e. Violentas manifestaciones por la **privatización** de dos empresas eléctricas que pertenecían al Estado.

....

....

f. Continúan las protestas por la **ocupación** de los aparcamientos de la playa.

....

....

g. Cientos de vecinos piden el **cierre** de varios locales nocturnos.

....

....

4. Completa la conversación con estos verbos.

ampliar | gentrificar | peatonalizar | expropiar | rehabilitar

- ¿Sabes que han empezado a .... algunas calles del barrio? Bueno, la calle donde trabajas tú, ¿no?
- ○ Sí, menudo lío las obras. Se oye un ruido…
- Ya, pero cuando terminen va a ser muy agradable: sin ruido de coches, con gente paseando… Además, el comercio mejorará seguro. A tu tienda le irá bien.
- ○ Sí, eso es verdad. Pero están haciendo muchas cosas para transformar el barrio en un lugar muy atractivo para gente con dinero y, entonces, también se va a .... aún más el barrio y va a subir el alquiler del local… Mira, al lado de mi casa van a hacer un parque precioso, pero para hacerlo está previsto .... unas veinte viviendas y los vecinos se quejan… Y también van a .... el centro deportivo, que ahora es bastante pequeño, para instalar una piscina exterior y unas pistas de tenis.
- Pero también he oído que van a .... la antigua fábrica de chocolate que había al lado de la estación y que estaba casi en ruinas, para destinarla a edificios de vivienda social. O sea, que también piensan en personas con menos recursos.

5. Relaciona las siguientes palabras y expresiones para hablar de la vivienda con su significado.

1. tener (algo) un precio asequible

2. tener (algo) un precio desorbitado

3. alquiler con opción a compra

4. subalquilar una vivienda | **5.** pagar una hipoteca

6. recibir una indemnización | **7.** vivienda social

8. precio del suelo | **9.** inquilino/a

10. desahuciar a alguien | **11.** desalojar a ocupas

- ◯ Valor del terreno antes de su edificación.
- ◯ Persona que ha tomado una vivienda en alquiler para vivir en ella.
- ◯ Valer demasiado dinero.
- ◯ Tener un valor que se puede asumir.
- ◯ Vivienda que se alquila o vende por unos precios que no se rigen por el mercado, sino por la capacidad económica de las personas que la adquieren.
- ◯ Obtener una compensación económica por algún daño o perjuicio.
- ◯ Devolver periódicamente un crédito que se ha recibido para poder comprar una vivienda.
- ◯ Alquilar una persona a otra una vivienda (o una parte de ella) que no es de su propiedad, sino que está alquilando.
- ◯ Posibilidad de pagar una renta mensual por una vivienda que al cabo de un tiempo se comprará (y de cuyo precio se descontarán las mensualidades pagadas).
- ◯ Despedir al inquilino o arrendatario mediante una acción legal.
- ◯ Hacer salir de una vivienda a personas que han tomado posesión de ella ilegalmente.

6. Reformula estas frases usando en lugar del adjetivo destacado un verbo o un sustantivo de la misma familia.

a. Es **desesperante** ver que no se consigue hacer nada para disminuir la contaminación en las grandes ciudades.

Me desespera que...

b. Ir a la playa en verano es **agobiante**. Está llena de gente, no tienes sitio ni para poner la toalla.

c. Me parece **vergonzoso** que en algunos hoteles y restaurantes no se pueda ir con niños.

d. Buscar piso y ver que todo está tan caro y que no lo puedes pagar es **deprimente**.

e. Es **indignante** que no sea legal acampar libremente en zonas montañosas donde casi no hay nadie.

7. ¿Cuáles de estas expresiones podrías usar para sustituir las destacadas en negrita en las frases de abajo? Anota todas las opciones válidas.

me hace sentir triste · me pone enfermo/a · me llena de pena · me llena de alegría · me pone de mal humor · me indigna · se me parte el alma · me da rabia · no me queda otra

a. **Se me parte el corazón** cuando veo que hay niños que no pueden ir a la escuela.

b. **Me pone de los nervios** que me pregunten constantemente de dónde soy cuando ven mi apellido. ¡Es que no lo soporto más!

c. **Me pone contento** ver que hay tantas personas que colaboran para ayudar a otras que lo necesitan.

d. No suelo trabajar en vacaciones, pero este año **no tengo más remedio** que hacerlo.

8. Marca en cada caso qué significan las expresiones destacadas en negrita.

a. Últimamente Vega **lo ve todo negro**. Pero, bueno, es normal: ha perdido el trabajo, se ha separado...

☐ Lo ve todo negativo.
☐ Lo ve todo positivo.

b. Desde que Javier está con Carla se pasa el día riendo y **lo ve todo de color de rosa**.

☐ Ve la vida con optimismo.
☐ Ve la vida con pesimismo.

c. **Me llena de orgullo** que mi ciudad sea una de las que tiene mayor calidad de vida en Europa.

☐ Siento superioridad por ese hecho.
☐ Siento satisfacción por ese hecho.

d. Me gustaría trabajar menos horas, pero, si quiero poder pagar el alquiler y mantener a mis hijos, **no me queda otra** que trabajar ocho horas al día.

☐ No tengo otra opción.
☐ No me dan la posibilidad de elegir esa opción.

e. Escuchar esta canción tan triste **me baja la moral**.

☐ Hace que me sienta peor.
☐ Hace que me sienta mejor.

f. Llevan diez años con las obras de la nueva línea del metro y no terminan nunca, siempre hay problemas. **Me pone enferma** que sean tan incompetentes.

☐ Hace que me encuentre mal.
☐ Me indigna.

9. Completa estos testimonios sobre la identidad con estas expresiones. Ten en cuenta que tienes que conjugar los verbos.

sentirse de | identificarse con | ser de origen | sufrir discriminación | tener prejuicios | adaptarse | poner la etiqueta

a. **Nora:** Yo .... marroquí porque mis padres y mis abuelos son de Marruecos, y me encanta ese país, pero no .... allí porque siempre he vivido en España.

b. **Víctor:** La gran mayoría de la gente .... sobre las personas que vamos en silla de ruedas. Yo siento que a mí, nada más verme, ya me .... de "persona enferma que no puede hacer lo mismo que los demás." Y por eso se sorprenden cuando me ven ir a una discoteca y bailar...

c. **Asa:** Yo he .... por ser extranjero, sobre todo a la hora de buscar piso. Cuando quedo con la persona de la agencia inmobiliaria ya veo su cara de "uy, no, este no...". Y me cuesta mucho encontrar piso.

d. **Julia:** Mis abuelos llegaron a Argentina cuando eran niños: mi abuelo, de Italia y mi abuela, de España. Siempre mantuvieron la relación con su familia en Europa, pero .... bien y se sentían muy de aquí.

e. **Amaya:** Yo soy actriz y me encanta mi trabajo, pero no .... muchas de las personas que ejercen mi profesión porque creo que tengo otras ideas y otro estilo de vida.

10. Marca la interpretación adecuada de cada una de estas frases.

a. El 26 de mayo **entró en vigor** la nueva ley de vivienda.

- ☐ A partir de ese día empezó a ser efectiva.
- ☐ Se ha decidido en el Parlamento que se va a aprobar.

b. La ley **dicta** que el incremento máximo anual del precio del alquiler es del 3 %.

- ☐ La ley impone, establece esa norma.
- ☐ La ley propone esa medida.

c. Es importante **aplicar la ley** de manera justa y equitativa.

- ☐ Es importante proponer leyes justas.
- ☐ Es importante poner en práctica lo que dice la ley con justicia.

d. **Se ha reformado la ley** que regula las penas por agresión sexual.

- ☐ Se ha hecho un proyecto de ley.
- ☐ Se han hecho cambios en la ley.

e. Es importante explicar a los jóvenes cuáles pueden ser las repercusiones de **incumplir la ley**.

- ☐ Es importante explicarles qué puede pasar si no se respeta lo que dice la ley.
- ☐ Es importante explicarles qué puede pasar si se lleva a cabo lo que dice la ley.

f. Las leyes **regulan** los derechos y responsabilidades de las personas.

- ☐ Determinan las reglas o normas a las que debe ajustarse alguien o algo.
- ☐ Miden hasta qué punto se respetan las normas.

11. Lee estos fragmentos de ordenanzas e imagina que tienes que explicárselo a alguien usando un vocabulario más sencillo. Reformula las frases sin usar lo destacado en negrita.

a. Los vehículos eléctricos **quedan exentos de** pagar impuestos de circulación durante los primeros cinco años.

....

....

b. El acceso a los servicios de salud mental debe ser garantizado para todos los ciudadanos, **sin distinción de** edad, género, raza o condición socioeconómica.

....

....

c. Se establece un límite de velocidad de 40 km/h en zonas residenciales, **sin perjuicio de** las restricciones más bajas impuestas por las leyes de tráfico y seguridad vial.

....

....

d. Se realizarán inspecciones periódicas **a fin de** garantizar el cumplimiento de los estándares de calidad y seguridad en los procesos de producción de alimentos.

....

....

e. **En virtud de** los acuerdos internacionales suscritos, se establecerán medidas para promover la sostenibilidad ambiental a nivel global.

....

....

12. Completa estas frases con **cuanto**, **cuanta**, **cuantos** o **cuantas**.

a. .... más leo sobre este asunto, menos claro lo tengo todo.

b. .... menos prejuicios tengamos, mejor conviviremos con personas de diferentes culturas y orígenes.

c. .... más oportunidades ofrezcamos a la gente joven para aprender y desarrollar sus talentos, más preparados estarán para afrontar los retos del futuro.

d. .... más información recopilemos sobre este tema, mejor.

e. .... más ruido hagamos en la lucha contra la corrupción, más difícil será para la gente corrupta evadir la justicia.

13. Completa estas frases con los siguientes verbos en presente o en futuro.

tratar | sentirse | hacer | surgir | estar | apreciar

a. Cuanto más se hable sobre la necesidad de reciclar, más gente lo ....

b. Cuanto más trabajo con Julia, más la ....

c. Cuantas más charlas demos sobre casos de discriminación, más concienciada .... la gente.

d. Cuanto más deporte hago, mejor ....

e. Cuanto menos hables con Alberto, mejor te ....: no le gusta que lo molesten.

f. Cuanto menos se invierte en sanidad, más problemas de salud .... en nuestra sociedad.

14. Reformula estas frases usando en cada caso las palabras en negrita.

a. En estos últimos sesenta años ha habido muchos cambios en la ciudad. Algunos barrios que eran antes barrios obreros han sufrido un proceso de gentrificación y, en cambio, otros en los que había una población de clase media alta se han degradado.

mientras que: ....

....

....

....

b. Prefiero vivir lejos de mi trabajo y perder tiempo en desplazamientos a vivir en un barrio carísimo donde no podría pagar el alquiler de un piso.

antes que: ....

....

....

....

c. Lo que deseo es tener más responsabilidades y aprender cosas nuevas. No tanto una subida de sueldo.

más que: ....

....

....

....

d. El alcalde dice que ha reducido el tráfico en la ciudad, pero lo que ha hecho realmente con sus medidas de recaudación es permitir que solo la gente con recursos pueda circular.

más que: ....

....

....

....

15. Indica si en estas frases **antes que** introduce una comparación o tiene un sentido temporal.

1 comparación 2 temporal

a. ☐ Tenemos que comprar los billetes de avión **antes que** suban los precios.

b. ☐ Hoy la verdad es que prefiero quedarme en casa y ver una serie **antes que** salir al cine.

c. ☐ **Antes que** el éxito profesional, la estabilidad familiar es lo que más valoro.

d. ☐ Tenemos que hacer algo para reducir la contaminación **antes que** sea demasiado tarde.

16. Indica si en estas frases **mientras** introduce un contraste entre dos elementos o una condición.

1 contraste 2 condición

a. ☐ **Mientras** algunos se quejan, otros trabajan para solucionar los problemas.

b. ☐ A mí, **mientras** no haya bicis en la acera, no me parece mal que hagan carriles para bicis en la ciudad.

c. ☐ **Mientras** bajen el volumen de la música, no me importa que los vecinos hagan una fiesta.

d. ☐ **Mientras** las bicicletas plegables se pueden poner en cualquier lugar del metro, las que no lo son deben dejarse en lugares especialmente habilitados.

17. 22 Vas a escuchar una conversación entre Cristian y Clara. Toma notas de lo que le dice él a ella.

....

....

....

....

....

....

....

....

18. Ahora escribe cómo podría contarle Clara unos días después a una amiga lo que le dijo Cristian. Usa **que si** o **qué** + partícula interrogativa.

....

....

....

....

....

....

....

....

....

....

19. Lee lo que dicen estas personas sobre una fiesta de cumpleaños que se está celebrando en un parque y subraya, en cada caso, el conector más adecuado.

a. **María:** **Mientras / Como** lo recojan todo, a mí no me importa que hagan una fiesta de cumpleaños.

b. **Isabel:** Hombre, es que **mientras / como** no recojan llamo a la policía.

c. **Hugo:** Yo creo que no está permitido hacer fiestas en lugares públicos, **siempre y cuando / a no ser que** se indique especialmente que en ese lugar se puede. Y aquí en este parque no dice nada, ¿no?

d. **Javier:** A mí no me molestan las fiestas de cumpleaños **siempre y cuando / a menos que** no pongan música. Escuchar música a todo volumen sí que me molesta.

20. Relaciona cada frase con su continuación más lógica.

a.	Haremos una excursión a la montaña este fin de semana, **a menos que**…	◯ no llueva.
b.	Haremos una excursión a la montaña este fin de semana, **siempre y cuando**…	◯ llueva.
c.	Está permitido hacer fotografías **a condición de que**…	◯ no se use el flash.
d.	No está permitido hacer fotografías, **salvo si**…	◯ se hacen sin flash.
e.	No se puede aparcar aquí. **Como** os vea la policía, …	◯ podéis hacerlo.
f.	No se puede aparcar aquí, pero, **mientras** no os vea la policía, …	◯ os pone una multa.
g.	María dice que irá a la boda de Berta **a condición de que**…	◯ va también Teo.
h.	María dice que irá a la boda de Berta, **excepto si**…	◯ vaya también Teo.

21. Escribe un comentario en un foro de internet o en una red social para reaccionar a estas opiniones.

¿Quieres hacer acampada libre durante las vacaciones? Mucho cuidado con las multas

Aunque existen algunas excepciones, la acampada libre está prohibida en prácticamente toda España y existen diferentes sanciones (elconfidencial.com)

Lola León - 19/7/2023

Pues hay un montón de gente que acampa de forma ilegal. Yo veraneo en una urbanización en la Costa del Sol y me agobia ver todas esas furgonetas con gente que duerme por ahí. Y, claro, esa gente, cuando tiene que ir al baño, ¿qué hace? No es muy limpio, la verdad.

¿Te pueden multar por ir sin camiseta por la calle?

Hay ciudades españolas en las que te pueden caer hasta 750 euros por ir con el torso desnudo (superdeporte.es)

Juan Mejía - 25/06/2023

Pues me parece fatal, la verdad. O sea, ¿que me pueden multar si salgo de la playa y voy a comprar algo a una tienda que está tres calles más allá? ¡Cada vez somos menos libres! Es desesperante tanto control…

1. ¿Por cuál de estos verbos (que aparecen en el texto de la página 121) podrías sustituir los verbos destacados en estas frases?

reside | solventar | trasciende | concierne | supeditado/a a | da lugar a | emana de

a. El significado de una obra de arte **va más allá de** lo que ha querido transmitir el artista. Es el resultado de todas las interpretaciones que se hacen de ella.

....

b. Este problema es muy grave y es necesario **solucionar**lo cuanto antes.

....

c. El número de personas con nacionalidad española que **vive** en el extranjero ha aumentado en los últimos años.

....

d. La luz artificial que **sale de** las ciudades afecta a nuestra salud.

....

e. Esta crisis económica **afecta** a todo el mundo y tenemos que sacar conclusiones de lo que ha pasado para que no se vuelva a repetir.

....

f. La financiación del premio estará **condicionada a** la existencia de crédito adecuado y suficiente en el momento de la adquisición del compromiso del gasto.

....

g. El simbolismo que hay detrás de las obras de arte siempre **provoca** múltiples interpretaciones.

....

La ventana abierta, de Juan Gris, 1921

2. Completa cada frase con una de estas expresiones, conjugando el verbo si es necesario. En algún caso puede haber más de una opción.

dejarse seducir | perder la cabeza | perder el norte | perder el conocimiento | correr peligro

a. Cuando recibí aquellas críticas, me puse nerviosa, ... y empecé a gritar sin control. No entiendo cómo me pasó eso...

b. Yo solo recuerdo que tenía mucho calor y, luego, empecé a marearme y a sentirme mal, hasta que, según me han contado, me desplomé y ....

c. No tenía expectativas concretas sobre México, pero una vez allí enseguida .... por su gente y sus paisajes.

d. Tendríamos que planificarnos: hacer una lista de objetivos y de fechas aproximadas... Para no .... y saber en todo momento lo que tenemos que hacer y por qué lo hacemos.

e. Muchas especies de animales .... debido a los efectos del cambio climático.

3. Indica en cuáles de estas frases las palabras destacadas se refieren al ámbito artístico.

- ☐ A Elena le gusta mucho la pintura de **género** paisajístico.
- ☐ Al fondo del cuadro podemos ver una figura de **género** femenino que mira hacia el espectador.
- ☐ A Gina le encanta discutir sobre conceptos **abstractos**, como el valor del arte o la experiencia estética.
- ☐ Se suele decir que Kandinsky fue uno de los primeros pintores en hacer cuadros **abstractos**.
- ☐ En el salón tiene un cuadro con **motivos** africanos.
- ☐ Picasso pintó el cuadro por **motivos** muy concretos: en primer lugar, fue un encargo para la Exposición Internacional de París de 1937.

Más ejercicios

- ☐ Mi abuelo tiene una **colección** de máscaras africanas.
- ☐ La **colección** permanente del Museo Thyssen-Bornemisza está compuesta por unos 700 cuadros.

- ☐ Criticó su obra con un **tono** muy despectivo.
- ☐ El cielo tiene un **tono** amarillento.

- ☐ Desde una **perspectiva** económica, David Hockney es el mejor pintor actual.
- ☐ En *La Gioconda*, Leonardo da Vinci usa a la perfección la técnica de la **perspectiva**.

- ☐ El fauvismo o fovismo fue un **movimiento** pictórico de vanguardia que tuvo su origen en 1905 en París.
- ☐ A los futuristas les interesaba captar el **movimiento** en sus cuadros.

4. Completa estos textos con las siguientes palabras del ámbito artístico.

exposición | ferias | movimiento | obras | galerías de arte | artistas | comisario | puja | permanente | bodegón | colección (2)

1. El Museo Picasso de Barcelona es el centro de referencia para el conocimiento de los años de formación de Pablo Picasso. El genio del joven artista se muestra a través de unas 5 000 **(1)** .... que componen la **(2)** .... permanente. (Museo Picasso de Barcelona)

2. No pierdas la oportunidad de conseguir piezas exclusivas. Consulta el catálogo y **(3)** .... *online*. (ansorena.com)

3. El **(4)** .... de arte es aquella persona que se encarga de comisariar una **(5)** .... temporal o **(6)** .... Se trata, pues, de un experto que está a cargo de los objetos que integran una **(7)** .... (por ejemplo, cuadros, libros o esculturas). Dicho puesto puede ser desempeñado por un profesional externo o interno. (igeca.net)

4. Juan Gris es considerado una de las principales figuras del **(8)** .... cubista. Su importancia radicó tanto en sus obras, en las que predominó el interés por el retrato y el **(9)** ...., como en su aportación teórica. (museothyssen.org)

5. Para los seguidores y principiantes *arty* que viajan a (o viven en) Barcelona, os proponemos una ruta de algunas de las **(10)** .... contemporáneas más conocidas de la ciudad catalana. Espacios únicos que muestran trabajos de **(11)** .... nacionales, internacionales, consagrados y también emergentes. Muchas acuden a **(12)** ...., como ARCO, en Madrid; o Art Basel, una expo de arte contemporáneo que tiene lugar anualmente en diferentes ciudades, principalmente en Basilea, pero también en Miami, Hong Kong y, este año también, en París. (elledecor.com)

5. Mira las imágenes y completa con estas palabras las descripciones.

lima | limón | teja | botella | chicle | perla

a. Es una libreta de color rosa ....

b. Es una bufanda de color rojo ....

c. La fachada tiene un color amarillo ....

d. La pared está pintada de color gris ....

e. Lleva una camiseta de un color verde ....

f. Las zapatillas son de un color verde ....

6. Completa las descripciones de estas imágenes con los sufijos que faltan.

a. La arena de este desierto es de un color roj............

b. Es una libreta vieja y las páginas tienen un color amarill............

c. El cielo tiene un color gris......... Creo que va a haber una tormenta.

d. El agua del mar tiene un color verd............ muy intenso.

e. Está precioso el bosque en otoño. Las hojas de los árboles tienen un color anaranj............ y amarill............

7. Haz tres fotografías de tu entorno (paisaje, personas, objetos...) y describe los colores usando términos compuestos y adjetivos derivados de colores.

1. ....
....
....

2. ....
....
....

3. ....
....
....

8. Completa con **cuyo**, **cuya**, **cuyos** o **cuyas**.

a. Albarracín, Ávila o Santillana del Mar son algunas de las poblaciones españolas .... murallas siguen en pie después de muchos siglos.

b. La casa de Ana Frank es una vivienda convertida en museo en .... interior existe un espacio secreto que usaron dos familias judías para esconderse durante la Segunda Guerra Mundial.

c. En el cuadro se ve a un niño de .... cabeza brotan las ramas de un árbol.

d. He leído un artículo sobre cuatro padres artistas .... hijos fueron tan famosos como ellos.

e. Este pueblo tiene un dique .... construcción se atribuye a los fenicios.

f. Voy a presentar a dos pintores .... estilo influyó mucho en la pintura de su siglo.

9. Completa estas frases con **que**, **quien** o **quienes**. En algún caso hay varias posibilidades.

a. .... aprecian las obras surrealistas suelen admirar la obra de Leonora Carrington.

b. En la imagen se observa a Dora Maar, ... fue la mujer del pintor.

c. El pintor retrató a sus hijos, ... tenían la varicela.

d. Es un paisaje .... el artista conocía bien porque pasaba allí todos los veranos.

e. .... quiera venir al museo conmigo, que lo diga.

10. Aquí tienes información sobre las dos obras arquitectónicas más visitadas de España. En tu cuaderno, fusiona las frases de cada una de las cajas y redacta un pequeño texto usando construcciones relativas.

Se llama la Alhambra.

Su nombre viene del árabe "al-hamra", "la roja".

Es un conjunto arquitectónico del siglo XIII.

Hay dos zonas claramente diferenciadas: la zona militar y la ciudad palatina.

En la ciudad palatina se encuentran los Palacios Nazaríes.

La construcción de los palacios data del siglo XIV y gran parte fue obra de Yusuf I.

Su hijo, Muhammed II, encargó hacer el famoso Patio de los Leones.

Después de 1492, se construyó una iglesia y cuarteles militares.

En 1492 los Reyes Católicos conquistaron Granada.

La Alhambra es un ejemplo de arte nazarí.

El arte nazarí se desarrolló durante los siglos XIII-XV en la península ibérica.

Es obra del arquitecto Antoni Gaudí.

Este arquitecto construyó también otras obras famosas en Barcelona, como el Park Güell, la Casa Batlló o la Pedrera.

Empezó a construirse en 1882. Se paró temporalmente la construcción en 1926.

En 1926 murió Gaudí, atropellado por un tranvía.

Durante la vida de Gaudí solo se completaron la cripta, el ábside y, parcialmente, la fachada del Nacimiento.

De la fachada del Nacimiento, Gaudí solo vio terminada la torre de San Bernabé.

La Sagrada Familia aún no está terminada.

Tendrá 18 torres.

En 2021 se terminó la construcción de la torre de la Virgen María.

En el pináculo de esa torre se colocó una estrella.

La estrella pesa más de cinco toneladas y se ilumina cada noche.

Sala de los Leones en la Alhambra de Granada

La Sagrada Familia, Gaudí

11. Fíjate en estas frases que aparecen en la unidad. ¿Por qué otra construcción de relativo podrías sustituir la que está destacada en negrita? En algún caso, puede ser necesario que transformes la frase.

a. ¿Cómo se llama aquella pintora que hizo aquel autorretrato **en el que** aparece con forma de ciervo?

....

b. **Quienes** más entienden de arte suelen admirar mucho a este pintor.

....

c. Estos son los vecinos **con quienes** fuimos de excursión el fin de semana pasado.

....

d. Desconfío **de quienes** afirman no haber mentido nunca.

....

e. Han sacado a subasta el cuadro, **el cual** se cree que puede ser un Sorolla auténtico.

....

f. El número de artistas masculinos representados en el museo está cerca de los 5000, **de los cuales** algo menos de 1500 son pintores.

....

g. Es una iglesia gótica del siglo XIV **en cuyo** interior se encuentra un retablo flamenco del siglo XVI.

....

h. Para que una artista pudiera formarse y hacer carrera era necesario tener compañeros **con los que** competir y colaborar, formar parte de organizaciones gremiales, relacionarse con clientes, obtener el apoyo de alguien con dinero y poder.

....

i. Además de que pocas mujeres consiguieron dedicarse profesionalmente al arte, **las que** lo hicieron con frecuencia se vieron empujadas a actividades diferentes de la pintura, puesto que esta tenía más prestigio y dificultad de acceso.

....

12. Lee estas opiniones de algunas personas y escribe debajo tu reacción, expresando acuerdo o desacuerdo.

a. **María:** Yo creo que no podemos separar al artista de su vida y que se debería retirar de los museos obras de artistas que fueron maltratadores, xenófobos o asesinos... No se merecen que les rindan homenaje ni que se invisibilice ese rasgo de su personalidad.

....

....

....

....

....

....

....

....

b. **Rubén:** Las mejores obras de arte son las que no se hacen por dinero porque, cuando el arte se convierte en una mercancía, se producen obras más comerciales y menos arriesgadas.

....

....

....

....

....

....

....

....

c. Rita: Para mí el arte callejero es una violación del espacio público y un acto de vandalismo. Porque la mayoría de los grafiteros lo hacen sin permiso. Además, ¡se gasta un montón de dinero público en limpiar esas pintadas!

....

....

....

....

....

....

....

....

....

d. Sam: Yo no veo claro que tenga que haber financiación pública para realizar obras de arte. Siempre hay un interés detrás de eso. ¿A quién se le da financiación? ¿A personas que van a transmitir el mensaje que interesa a las autoridades? ¿A personas de una nacionalidad o de un género determinados?

....

....

....

....

....

....

....

....

13. Lee estos argumentos usados para apoyar la tesis de que los museos deberían ser gratuitos. Indica de qué tipo de argumento se trata en cada caso.

1 racional | 2 deductivo | 3 de causa | 4 de ejemplificación | 5 por analogía | 6 por definición | 7 *ad personam* | 8 de autoridad

a. ☐ Los museos deberían ser gratuitos porque son espacios educativos y pueden promover la inclusión social.

b. ☐ Si la escuela pública es gratuita, ¿por qué los museos no pueden serlo?

c. ☐ Como dijo Will Gompertz, director de Arte de la BBC, los museos deberían ser gratuitos como lo son los parques públicos, ya que son parques para la mente.

d. ☐ Creo que estamos todos de acuerdo en que sin acceso a la cultura y a la educación no podemos confiar en el futuro de nuestra sociedad.

e. ☐ Hay muchas iniciativas para favorecer el acceso gratuito a los museos. Por ejemplo, en algunas ciudades la entrada a los museos es gratuita el primer domingo de mes.

f. ☐ Un museo es una institución, sin fines de lucro, que tiene el objetivo de adquirir, conservar y exponer al público objetos de interés cultural. ¡Sin fines de lucro!

g. ☐ Que el director de este museo haya dicho que los museos no pueden ser gratuitos no significa nada: todo el mundo sabe que tiene un montón de empresas y que lo único que quiere es enriquecerse. La cultura no le importa nada.

h. ☐ Una de las grandes finalidades de los museos es exponer al público obras de interés cultural para educar, difundir conocimiento entre la población. Por lo tanto, si lo que se pretende es educar, lo lógico es que sean gratis, ¿no?

14. Escribe en tu cuaderno cuatro argumentos para apoyar la tesis contraria a la de la actividad 13: que los museos no deben ser gratuitos.

15. 23 Escucha esta conversación entre amigos sobre el sentido del arte rupestre y toma notas en tu cuaderno.

16. Con la información que has anotado en la actividad 15, escribe frases usando estos recursos para hacer hipótesis sobre el sentido del arte rupestre. Puedes añadir ideas propias.

cabe la posibilidad de que | para mí (que) | puede que | podría ser que | yo diría que | ¿y si...?

....

....

....

....

....

....

....

....

17. Reformula estas frases usando **verse** + participio o **encontrarse** + participio.

a. El padre de Elena no quería comprar aquella obra de arte, pero sintió que tenía que hacerlo porque es amigo del galerista.

....

....

b. El covid afectó a los museos de todo el mundo.

....

....

c. Para no hundirse, durante la pandemia de covid-19, los museos tuvieron que aumentar su oferta digital.

....

....

d. El cuadro *Guernica*, de Picasso, está en el Museo Reina Sofía de Madrid.

....

....

18. Escribe frases usando los recursos de la página 131 para comentar esta obra de arte. Si lo prefieres, puedes hacer lo mismo con otra obra que conozcas bien.

Mujer con abanico, de María Blanchard, 1915.

1. Elige la opción correcta para las expresiones marcadas en negrita provenientes de los textos de las páginas 136-137.

a. Soy **berenjenófilo**.

☐ Es una palabra inventada y tiene un matiz humorístico.
☐ Es una palabra técnica y tiene un uso científico.
☐ Es una palabra antigua en desuso.

b. Es que permite miles de combinaciones posibles y todas **me chiflan**.

☐ Es una manera informal de decir "encantar".
☐ Es una manera culta de decir "encantar".
☐ Es una manera antigua de decir "encantar".

c. ¿Alguien se declara de la misma **secta**?

☐ Se refiere a una secta religiosa.
☐ Se refiere a un grupo de *gourmets*.
☐ Es una manera divertida de declarar su pasión por la berenjena.

d. Hacen una tostada **superglamurosa** con este pan, con una pasta de olivas verdes, con nueces y un toque de jengibre.

☐ Es una manera informal de intensificar "glamurosa".
☐ Es una manera culta de intensificar "glamurosa".
☐ Es una manera de intensificar "glamurosa".

e. Ayer, en **la por otra parte excelente** pizzería de mi barrio, a mi pizza mexicana le habían colocado una ramita [de cilantro] encima.

☐ Significa "sin duda, excelente".
☐ Significa "sorprendentemente excelente".
☐ Significa "a pesar de ello, excelente".

f. ¡Mira, **no cuela**: el sabor permanece en la masa!

☐ Significa "no pasa nada".
☐ Significa "no me lo creo".
☐ Significa "no lo soporto".

g. Las **fotazas** de los platos que veis son de un restaurante vasco maravilloso que he descubierto este verano.

☐ Es un aumentativo informal de "fotos".
☐ Es un aumentativo culto de "fotos".
☐ Es un aumentativo antiguo de "fotos".

h. Al principio, cuando me propusieron ir pensé: el típico sitio a la carta donde **te dejas la billetera**, con platos sofisticados pero insulsos.

☐ Significa "tienes que dejar las cosas en el guardarropa".
☐ Significa "solo van personas elegantes".
☐ Significa "la cuenta es muy elevada".

2. Estos alimentos tienen en español varios nombres. Realiza búsquedas en internet y marca a cuál corresponde cada uno de los siguientes.

a. ☐	alubia	**i.** ☐	lechosa
b. ☐	anacardo	**j.** ☐	papa dulce
c. ☐	banana	**k.** ☐	merey
d. ☐	cayú	**l.** ☐	batata
e. ☐	cambur	**m.** ☐	papaya
f. ☐	maní	**n.** ☐	plátano
g. ☐	frijol	**o.** ☐	cacahuete
h. ☐	fruta bomba	**p.** ☐	camote

3. ¿Cuál es el significado de las expresiones destacadas? Elige la opción correcta.

a. Esta cocinera **supera con creces** a la anterior.

☐ es claramente superior
☐ es levemente superior
☐ es gradualmente superior

b. Aquí hacen una cocina sin **florituras**.

- ☐ flores y frutos
- ☐ adornos superfluos
- ☐ fritos

c. El talento de la pastelera **eclipsa** el de los demás cocineros.

- ☐ es tan brillante que oculta
- ☐ estimula de manera brillante
- ☐ desafía

d. **Como no podría ser de otra forma**, el rey de la carta es el espárrago.

- ☐ Como ya se dijo antes
- ☐ Como le han obligado
- ☐ Como era de esperar

e. **La única pega** que le encontramos al restaurante fue la ubicación.

- ☐ El único defecto
- ☐ La única virtud
- ☐ El único golpe

f. El restaurante **no deja de ser** una pizzería elegante.

- ☐ en el fondo es
- ☐ no quiere ser
- ☐ vuelve a ser

4. 24 Escucha los siguientes comentarios sobre restaurantes y transfórmalos en frases que podrían aparecer en un artículo escrito, usando expresiones de la actividad 3.

1. ....
....

2. ....
....

3. ....
....

4. ....
....

5. ....
....

6. ....
....

5. Define o explica las siguientes expresiones.

a. comer como un pajarito

→ ....

b. comer por los ojos

→ ....

c. comer por dos

→ ....

6. Relaciona estos nombres y adjetivos con sus definiciones.

1. cocinillas **2.** comilón/ona **3.** *gourmet* **4.** sibarita **5.** quisquilloso/a

- ◯ Persona de gustos exquisitos en lo relativo a la comida y a la bebida.
- ◯ Persona aficionada a cocinar.
- ◯ Persona que se trata a sí misma con mucho refinamiento y que tiene inclinación por el lujo.
- ◯ Persona que come mucho.
- ◯ Persona excesivamente delicada.

7. Completa la tabla con los términos que faltan.

SUSTANTIVO	ADJETIVO	VERBO
el origen	originario/a de	originarse en
la proveniencia	....	....
la procedencia	....	....
la introducción	introducido/a	....
la penetración	....	....
la	preparado/a	....
la proliferación	....	....
la	extendido/a	....

8. **Relaciona estos verbos con sus definiciones.**

1. ahumar **2.** congelar **3.** curar **4.** deshidratar **5.** fermentar **6.** marinar **7.** pasteurizar **8.** refrigerar

◯ Enfriar alimentos en cámaras especiales, hasta una temperatura de cerca de 0 °C, para que se conserven.

◯ Dejar un alimento durante un tiempo en una especie de salsa o adobo para condimentarlo o conservarlo.

◯ Someter un alimento a una temperatura lo bastante baja como para que el líquido que este contiene se transforme en sólido.

◯ Extraer parcial o totalmente el agua de un alimento para conservar el producto más tiempo.

◯ Sanar, conservar o sazonar alimentos, especialmente carne y pescado, o vegetales o frutos, mediante la adición de una combinación de sal, azúcar, nitratos o nitritos.

◯ Someter un alimento, generalmente líquido, a una temperatura aproximada de 80 grados durante un corto período de tiempo, y enfriarlo después rápidamente, con el fin de destruir los microorganismos.

◯ Transformarse químicamente una sustancia orgánica en otra por la acción de un fermento.

◯ Exponer un alimento a la acción del humo para conservarlo o para darle un sabor especial.

9. **Traduce a tu lengua o a otra que conozcas bien los siguientes verbos y participios.**

a. freír (frito/a) → ....

b. hornear (horneado/a) → ....

c. asar (asado/a) → ....

d. hervir (hervido/a) → ....

e. cocer (cocido/a) → ....

f. gratinar (gratinado/a) → ....

g. saltear (salteado/a) → ....

h. rebozar (rebozado/a) → ....

i. caramelizar (caramelizado/a) → ....

....

10. **Piensa en un alimento que tú comes o normalmente se come...**

a. frito/a → las patatas fritas

b. asado/a → ....

c. hervido/a → ....

d. cocido/a → ....

e. gratinado/a → ....

f. salteado/a → ....

g. rebozado/a → ....

11. **Adjudica a cada alimento un adjetivo de sabor y uno (si es posible) de textura. Si nunca has probado alguno de ellos, puedes buscar información en internet.**

1. kiwi

2. totopos

3. manzana

4. queso brie

5. *mousse* de chocolate

6. chocolate negro 99 % de cacao

7. tofu

8. endivias

9. bizcocho

10. rábano

11. dulce de leche

12. jengibre

12. Piensa en ejemplos de...

a. un alimento o plato muy duro →

b. un alimento o plato muy blando →

c. un alimento o plato muy suave →

d. un alimento o plato muy crujiente →

e. un alimento o plato muy pegajoso →

f. un alimento o plato muy esponjoso →

g. un alimento o plato muy cremoso →

h. un alimento o plato muy caldoso →

i. un alimento o plato muy picante →

j. un alimento o plato muy salado →

k. un alimento o plato muy dulce →

l. un alimento o plato muy ácido →

m. un alimento o plato muy amargo →

n. un alimento o plato muy empalagoso →

o. un alimento o plato muy insulso →

13. Elige uno de estos alimentos o platos típicos de países hispanohablantes, busca información y haz una descripción completa. Piensa en hablar de sus ingredientes, su origen, su sabor y textura, su elaboración, con qué se acompaña, los momentos del día o del año en que se come más, etc.

turrón de Jijona | arroz con leche | pozol | gazpacho | croquetas de jamón | arepas | gallopinto | empanadas de pino

14. Elige la mejor opción para sustituir las expresiones marcadas en negrita.

a. Esta sopa no **sabe a** marisco.
- ☐ tiene gusto de
- ☐ lleva
- ☐ conoce el

b. En este gazpacho **predomina el sabor del** ajo.
- ☐ el mejor sabor es el del
- ☐ el sabor más presente es el del
- ☐ el sabor final es el del

c. En esta crema **se percibe** un gusto de ahumado.
- ☐ destaca
- ☐ se nota
- ☐ falta

d. El comino **potencia** el sabor de las berenjenas.
- ☐ posibilita
- ☐ oculta
- ☐ realza

e. La endivia **le da un toque amargo a la ensalada**.
- ☐ hace que la ensalada sea muy amarga
- ☐ hace que la ensalada sea amarga
- ☐ hace que la ensalada sea ligeramente amarga

f. Este pan tiene **un regusto a moho**.
- ☐ un gusto a moho que se nota al final
- ☐ un gusto a moho que se nota al principio
- ☐ un gusto potente a moho

g. Es una receta bastante **elaborada**.
- ☐ popular o conocida
- ☐ rara o desconocida
- ☐ larga o compleja

h. Aquí el pescado **es muy rico**.
- ☐ es muy sabroso
- ☐ es muy graso
- ☐ lleva muchos ingredientes

i. Una caponata **vendría a ser** un pisto, pero al final se le pone vinagre.
- ☐ es
- ☐ es semejante a
- ☐ se hace a partir de

j. Esta tarta salada **se ve** muy sana.
- ☐ es
- ☐ resulta
- ☐ tiene aspecto de

k. El jamón tiene **una pinta** estupenda.
- ☐ una apariencia
- ☐ una procedencia
- ☐ una calidad

15. Usa las expresiones de la actividad 14 para describir platos o alimentos que conoces bien.

a. *La boullabeise sabe a pescado.* ....

16. Completa estas frases con las preposiciones adecuadas.

El restaurante…

a. está ubicado .... el paseo marítimo.

b. forma parte .... una cadena de establecimientos.

c. tiene una carta .... vinos muy notable.

d. cuenta .... 3 estrellas Michelin.

e. goza .... una fama merecida.

f. ofrece una gran variedad .... quesos.

g. supera .... creces la calidad de los restaurantes vecinos.

h. va mucho más allá .... un restaurante de paellas.

i. satisface .... completo a los *gourmets*.

j. permite disfrutar .... una vista increíble al mar.

17. Transforma cada par de frases usando (**pero / cuando**) **en realidad** o **de hecho**. En algunas, los dos pueden ser posibles.

a. Dijo que le había gustado el restaurante. No le gustó.

....

....

b. En Francia a la paella siempre le ponen chorizo. La receta original no lleva.

....

....

c. El hummus lleva limón. Para mí, es uno de los ingredientes más importantes.

....

....

d. En la *crème brûlée* se usa nata o crema, mientras que en la crema catalana se usan huevos y leche. Son postres muy parecidos.

....

....

18. Marca qué formas atenúan (–) y qué formas intensifican (+) el adjetivo **duro**.

a. ☐ El pan está **algo** duro.

b. ☐ El pan está dur**illo**.

c. ☐ El pan está dur**ísimo**.

d. ☐ El pan está **un pelín** duro.

e. ☐ El pan está duro **como una piedra**.

f. ☐ El pan está **un poco** duro.

g. ☐ El pan está duro **hasta decir basta**.

h. ☐ El pan está **muy** duro.

i. ☐ El pan está **re**duro / **recontra**duro.

j. ☐ El pan está **super**duro.

k. ☐ El pan está **un pelo** duro.

l. ☐ El pan está **un poquito** duro.

19. ¿Qué frases de la actividad 18 te parece que están más intensificadas? ¿Cuáles más atenuadas?

20. Marca cuál de las opciones atenúa la crítica.

a. El pollo asado le ha salido seco a Antonio.

☐ Está seco. Seguramente no sabe que nuestro horno es muy potente.

☐ Está seco. ¿Cómo es que no sabe que nuestro horno es muy potente?

b. El pescado está crudo.

☐ Está crudo. ¿Cómo es que no sabe cómo nos gusta?

☐ Está crudo. Quizá no sepa cómo nos gusta.

c. La fruta no tenía buen aspecto.

☐ No tenía buen aspecto. Se notaba un montón que llevaba días cortada.

☐ No tenía buen aspecto. Quizás llevaba días cortada.

d. Los camareros son simpáticos, pero no tienen experiencia.

☐ Se ve que no tienen experiencia.

☐ Es como que no tienen demasiada experiencia, ¿no?

e. El banquete no era bueno.

☐ Para ser honestos, el banquete no era nada especial.

☐ El banquete no era nada especial.

f. El servicio no es bueno.

☐ Y el servicio es, la verdad, mejorable.

☐ Y el servicio es verdaderamente mejorable.

g. Los arroces no eran buenos.

☐ La calidad de los arroces me pareció inferior a lo que esperaba.

☐ La calidad de los arroces me pareció inferior a lo que uno podía esperar.

h. Las porciones son pequeñas.

☐ Las porciones son menos generosas de lo que se puede considerar correcto.

☐ Las porciones son menos generosas de lo que yo considero correcto.

21. Traduce las frases de la actividad 20 a tu lengua. ¿Se usan recursos parecidos para atenuar?

22. Elige la mejor opción para las expresiones marcadas en negrita.

a. Entonces un litro de leche **venía a costar** 50 pesetas.

- ☐ costaba
- ☐ llegaba a costar
- ☐ costaba aproximadamente

b. En febrero la directora mundial **viene a inaugurar** la nueva sede de la empresa en Toledo.

- ☐ viene e inaugura
- ☐ quiere inaugurar
- ☐ inaugura de manera oficiosa

c. Esta película **viene a cerrar** la trilogía sobre el origen del mundo.

- ☐ cierra
- ☐ cerró
- ☐ cierra de alguna manera

d. Un salmorejo **viene a ser** un gazpacho, pero más espeso, ¿no?

- ☐ es
- ☐ está destinado a ser
- ☐ es semejante a

23. Transforma los pares de frases usando **lo mismo... que / como**.

a. Mi prima es una manitas: arregla desde motores de coches a teléfonos móviles.

....

....

b. No sé cómo actuar con Verónica, un día me dice que soy su mejor amigo y otro no me mira a la cara.

....

....

c. Me encanta este restaurante, aquí todo es delicioso y hecho en casa: el pan, las tartas...

....

....

d. Creo que no tienen clara la política de precios: te cobran 1 euro por el café y 6 por un agua con gas.

....

....

e. Como tenista profesional, es poco constante: un día vence al número 2 mundial y, otro, pierde ante el 145 del mundo.

....

....

f. Soy un pastelero muy versátil: te hago una tarta de Santiago o un milhojas y una tarta de limón o una Sacher.

....

....

24. Completa las siguientes frases con el pronombre personal adecuado de primera persona (**yo**, **mí...**) y, si es necesaria, una preposición (**a mí**, **conmigo**, **de mí...**).

a. Ayer Enrique estaba muy charlatán y habló con todo el mundo, hasta ...., que no le caigo muy bien.

b. Te quejas de todo y de todo el mundo, hasta ...., que estoy siempre preocupándome por ti.

c. Apareció por la puerta, vino hasta .... y me entregó un regalo.

d. En el banquete, había platos deliciosos para todos los asistentes; hasta ...., que soy tan quisquilloso.

e. Como no me podía mover, el camarero trajo hasta .... el carrito de los postres.

f. Insistieron tanto en que probáramos el cocido que hasta .... tuve que comer un poco.

g. La ceremonia fue muy emocionante; hasta .... me dieron ganas de llorar.

h. Hasta .... sé que la tortilla de patatas es mejor con cebolla. ¿Por qué no lo ibas a saber tú?

25. Señala en cuáles de las frases de la actividad 24 **hasta** equivale a **incluso**.

a.	☐	**d.**	☐	**g.**	☐
b.	☐	**e.**	☐	**h.**	☐
c.	☐	**f.**	☐		

1. Estos verbos, presentes en el texto de la página 154, se usan con preposición. ¿Con cuál o cuáles?

a. motivar(se) .... hacer algo

b. lidiar .... algo

c. centrarse .... algo / hacer algo

d. reaccionar .... algo

e. influir .... algo

f. ayudar .... algo / hacer algo

g. buscar soluciones .... algo

h. agarrarse .... algo

i. formar parte .... algo

2. Las dos frases de los psicólogos de la actividad 2 (página 156) presentan estructuras con **lo que**. La primera, además, contiene una frase adversativa con **sino**. Transforma las frases propuestas siguiendo el modelo.

a. No nos provocan malestar los eventos, nos provoca malestar cómo vinculamos las emociones a las situaciones.

Lo que nos provoca malestar no son los eventos, sino cómo vinculamos las emociones a las situaciones.

....

b. No te preocupa el futuro del planeta, te preocupa cómo llegar a final de mes.

....

....

....

c. No preguntamos si nuestras condiciones de trabajo iban a mejorar, preguntamos cuándo iba a suceder eso.

....

....

....

d. No pidieron que les permitieran ir a la oficina el sábado, pidieron no tener que hacerlo.

....

....

....

e. No me emociona que me llames el día de mi cumpleaños, me emociona que te acuerdes de mí todos los días.

....

....

....

f. No pretendían que los consideraran héroes, pretendían que valoraran su trabajo en todos los aspectos.

....

....

....

g. No nos interesa que nuestros clientes se cuenten por millones, nos interesa que estén realmente satisfechos.

....

....

....

3. Busca el mejor sinónimo en cada caso.

a. combatir | empeorar | enfermar | recibir | sufrir | gozar | vencer

1. padecer o .... una enfermedad

2. agravarse o .... una enfermedad

3. contraer una enfermedad o ....

4. curarse de o .... una enfermedad

5. luchar contra o .... una enfermedad

6. disfrutar de o .... de buena salud

7. seguir o .... un tratamiento

b. mortal | contagiosa | médica | frágil

1. una enfermedad transmisible o ....

2. una enfermedad fatal o ....

3. una salud delicada o ....

4. prescripción facultativa o ....

4. **Marca cuál de las opciones propuestas es mejor para sustituir a las palabras en negrita.**

a. Crecen las iniciativas que **fomentan** el uso de la bicicleta.

- ☐ reducen
- ☐ promueven
- ☐ agravan

b. Cuando hay horarios flexibles, **se reducen** los conflictos familiares vinculados al trabajo.

- ☐ se agravan
- ☐ se minimizan
- ☐ disminuyen

c. Durante su mandato, la alcaldesa **promovió** las actividades deportivas.

- ☐ incentivó
- ☐ evidenció
- ☐ aumentó

d. El calor, superior a los 40°, **agravó** su malestar.

- ☐ facilitó
- ☐ empeoró
- ☐ favoreció

e. El candidato prometió **incentivar** la creación de empresas tecnológicas.

- ☐ aumentar
- ☐ promover
- ☐ agravar

f. El informe de la ONU **evidenció** el impacto de la ganadería en el medioambiente.

- ☐ mostró
- ☐ favoreció
- ☐ generó

g. El último año **aumentó** el porcentaje de ciudadanos preocupados por el clima.

- ☐ creció
- ☐ se facilitó
- ☐ se favoreció

h. Gracias al teletrabajo, **disminuyen** los gastos de las empresas por el mantenimiento de las oficinas.

- ☐ se reducen
- ☐ se visibilizan
- ☐ se generan

i. La buena higiene **minimiza** los contagios por contacto.

- ☐ reduce drásticamente
- ☐ reduce gradualmente
- ☐ reduce levemente

j. La empresa **implementó** un plan de cero residuos.

- ☐ creó
- ☐ puso en marcha
- ☐ estudió

k. La humedad **favorece** la propagación de los hongos.

- ☐ facilita
- ☐ articula
- ☐ muestra

l. Las medidas de la dirección **generaron** malestar.

- ☐ provocaron
- ☐ dispensaron
- ☐ hicieron

m. Su fobia **se agudizó** con la llegada de la pandemia.

- ☐ se agravó
- ☐ se reprodujo
- ☐ concluyó

n. Se realizan actividades lúdicas para **reforzar** los vínculos entre empleados.

- ☐ fortalecer
- ☐ multiplicar
- ☐ estimular

5. Completa la tabla con sustantivos y adjetivos.

SUSTANTIVOS	ADJETIVOS
sentir ansiedad	sentirse ....
sentir	sentirse triste
sentir pena	sentirse ....
sentir agobio	sentirse ....
sentir desánimo	sentirse ....
sentir	sentirse angustiado/a
sentir emoción	sentirse ....
sentir	sentirse mal

6. Encuentra los adjetivos relacionales.

a. Un conflicto en el ámbito de la sociedad
→ un conflicto social

b. Un conflicto en el ámbito del trabajo
→ ....

c. Un conflicto en el ámbito de las emociones
→ ....

d. Un conflicto en el ámbito de la familia
→ ....

e. Un desarrollo en el ámbito de las ciudades
→ ....

f. Una angustia ante la vida
→ ....

g. Un problema en los ojos
→ ....

h. La luz del sol
→ ....

i. Una perspectiva propia del grupo
→ ....

j. Una política referente al comercio
→ ....

k. Una política referente a la policía
→ ....

l. Una política referente a los sindicatos
→ ....

m. Un conflicto en el ámbito de la medicina
→ ....

n. Un conflicto en el ámbito del deporte
→ ....

o. Un conflicto en el ámbito de las leyes
→ ....

p. Un sentimiento propio de hermanos
→ ....

q. El desarrollo en el ámbito de la industria
→ ....

r. Un problema en la nariz
→ ....

s. Una política referente a la agricultura
→ ....

t. Una política referente a la lengua
→ ....

u. Una política referente a la educación
→ ....

v. La luz de la luna
→ ....

7. Traduce a tu lengua (o a otra que conozcas bien) las siguientes combinaciones léxicas frecuentes. Luego, fíjate en los diferentes tipos de combinaciones. ¿Se traducen a tu lengua de la misma manera (con o sin artículo, con o sin preposición, con adjetivos, con otros recursos)?

1. Verbo + **un** / **una** + nombre (+ adjetivo)

a. cobrar una pensión →

....

b. pedir una excedencia →

....

c. tener un salario digno →

....

d. recibir una beca →

....

e. tener un techo (bajo el que dormir) →

....

f. tener un trabajo gratificante →

....

g. tener una jornada laboral flexible →

....

2. Verbo + preposición + nombre (+ adjetivo)

a. llegar a fin de mes →

....

b. gozar de tiempo libre →

....

c. contar con una red familiar →

....

3. Verbo + nombre (sin artículo)

a. tener libertad →

....

b. sufrir acoso →

....

c. establecer vínculos (con otras personas) →

....

d. prevenir riesgos →

....

8. Elige el mejor sustituto de **reconocer** en cada caso.

a. ¿**Reconocería** usted al agresor ante este tribunal?

☐ Aceptaría ☐ Identificaría ☐ Examinaría

b. No **reconozco** este camino... ¿Seguro que no nos hemos perdido?

☐ acepto ☐ recuerdo ☐ examino

c. Para poder mejorar en cualquier ámbito, es necesario **reconocer** los propios errores.

☐ aceptar ☐ recordar ☐ examinar

d. Por fin se ha **reconocido** el papel de la científica Rosalind Franklin en el descubrimiento de la hélice de ADN.

☐ admitido ☐ recordado ☐ examinado

e. Si tienes esos dolores, mejor que te **reconozca** un especialista del aparato digestivo, ¿no?

☐ acepte ☐ recuerde ☐ examine

9. Traduce a tu lengua las frases de la actividad 8. ¿Qué verbos o expresiones has usado para traducir el verbo **reconocer** en cada caso?

a. ....

....

b. ....

....

c. ....

....

d. ....

....

e. ....

....

10. Señala en cada caso cuál de los siguientes valores tienen los adverbios en -**mente** destacados en las frases de la tabla.

1. Modo: **de manera** + adjetivo

2. Intensificación de un adjetivo / adverbio

3. Atenuación de una cualidad

4. Exclusión **5.** Afirmación

6. Frecuencia y tiempo

7. Punto de vista desde el que se afirma o describe algo

8. Juicio o valoración subjetiva

- ○ ¿Podemos hablar del asunto más **tranquilamente**?
- ○ Reconocí al sospechoso **inmediatamente**.
- ○ Trata a sus empleados muy **amablemente**.
- ○ Sus ideas son **extraordinariamente** brillantes.
- ○ El proyecto está **ligeramente** atrasado.
- ○ Nosotros **solamente** hicimos una propuesta informal.
- ○ Hubo una convocatoria, pero **curiosamente** nadie se presentó.
- ○ Juan habló **únicamente** de su situación personal, de la de nadie más.
- ○ ¿Queremos realizar el proyecto? **Indudablemente**.
- ○ **Efectivamente**, vamos a contratar a tres comerciales.
- ○ Dejémoslo; **francamente**, no tengo ganas de hablar más de ese asunto.
- ○ Las revistas **normalmente** las leo por internet.
- ○ **Antiguamente** los trabajadores venían cinco días por semana a la oficina.
- ○ Es una pianista **técnicamente** extraordinaria.
- ○ **Literariamente**, la ciudad está en ebullición.

11. ¿Qué adverbio en -**mente** usarías para expresar lo resaltado en negrita?

a. Vive **de manera peligrosa**. →

peligrosamente

b. Llegará **en este mismo instante**. →

....

c. **Un poquito** preocupado. →

....

d. **Muy muy muy** barato. →

....

e. **Solo** trabaja los martes. →

....

f. Lo explicó **de manera magistral**. →

....

g. **Es curioso,** no me acuerdo. →

....

h. **Es evidente,** Rita está enfadada. →

....

i. **Al final,** la empresa cambió de política. →

....

j. Trabaja **lento**, pero **de forma minuciosa**. →

....

k. **Desde el punto de vista deportivo,** su carrera ha acabado. →

....

l. **Se supone que** está enfermo. →

....

m. ¿Qué si me opongo a esa norma? Mi respuesta es un sí **rotundo**. →

....

n. Ha sido una decisión hábil **desde el punto de vista político**. →

....

o. **Por lo que parece,** el conflicto se ha calmado. →

....

12. Clasifica las frases a-k en la tabla, según lo que expresan.

DESEOS HIPOTÉTICOS, DIFÍCILMENTE REALIZABLES	DESEOS RELATIVOS A HECHOS PASADOS (E IRREALIZABLES)

a. ¡Ojalá hubiera comprado una casa como la tuya!
b. ¡Ojalá tuviera tu casa!
c. ¡Quién pudiera tener tu casa!
d. El sueño de mi vida hubiera sido tener un trabajo creativo.
e. Habría sido ideal vivir en un pueblo grande.
f. Lo ideal hubiera sido vivir en un pueblo grande.
g. Lo ideal sería vivir en un pueblo grande.
h. Mi sueño habría sido tener un trabajo creativo.
i. Mi sueño sería tener un trabajo creativo.
j. Si al menos me dieran una excedencia de 6 meses…
k. Si al menos me hubieran dado una excedencia de 6 meses…

13. Elige la mejor opción en cada caso.

a. Habla del tema como si fuera un experto.

☐ Implica que lo es.
☐ Implica que no lo es.

b. Habla del tema como el experto que es.

☐ Lo es.
☐ No lo es.

c. Estaba diferente, como si hubiera vivido una experiencia transformadora.

☐ Sabemos que la vivió.
☐ No sabemos si la vivió.
☐ Sabemos que no la vivió.

d. Tú no te preocupes, actúa como si vivieras aquí.

☐ Vive aquí.
☐ No vive aquí.

e. Seguimos siendo amigos, como si no hubieran pasado más de 10 años desde la última vez que nos vimos.

☐ Sabemos que han pasado más de 10 años.
☐ Sabemos que no han pasado más de 10 años.
☐ No sabemos si han pasado más de 10 años.

f. ¿Que vaya contigo al fútbol? ¡Como si no tuviera nada más que hacer!

☐ Implica que tiene otras cosas que hacer.
☐ Implica que no tiene otras cosas que hacer.

14. Completa estas frases de manera lógica.

a. Se tiró al mar como si ……………………, pero tuvieron que rescatarlo. ¡Qué irresponsable!

b. Me saludó muy cariñoso, como si …………………… ……………………, pero no sé quién es.

c. Nos dijo que había estado enfermo en su casa, pero estaba moreno y tenía un aspecto buenísimo, como si …………………….

d. Contempló aquel paisaje nevado como si ……………………. Parecía realmente que fuera algo nuevo para él.

e. Gastaba miles de euros en restaurantes y en ropa, como si …………………….
Luego supimos que tenía unas deudas enormes.

f. Es muy protector; me trata como si …………………… ……………………, aunque apenas tiene dos años más que yo.

g. Aitor no ríe nunca y mira a los demás con mala cara, como si …………………….

15. Sustituye las expresiones marcadas en negrita por estructuras de subjuntivo reduplicado.

a. **No importa lo que digan los gurús de la felicidad**; si no tienes cubiertas tus necesidades, no vas a ser feliz.
Digan lo que digan los gurús de la felicidad, si no tienes cubiertas tus necesidades, no vas a ser feliz.
……………………

b. **Da igual la raza**; un perro necesita cuidados.

....

....

....

c. **Le da igual si se lo pide una persona u otra**; él nunca va a las reuniones.

....

....

....

d. **No importa si vives en un sitio o en otro**; los vecinos son siempre una fuente de problemas.

....

....

....

e. **Da lo mismo si te casas con uno o con otro**; el matrimonio no es un cuento de hadas.

....

....

....

f. **Que se lo preguntes a una persona o a otra es irrelevante**; todo el mundo te dirá que esta ciudad es más dura de lo que parece.

....

....

....

g. **No importa lo que pienses tú**; la realidad es la que es.

....

....

....

h. **Da lo mismo que vayas con una persona que con otra**; ¡tú lleva tu propio dinero!

....

....

....

i. **Me da igual lo que cueste**; tengo que conseguir una entrada para ese concierto.

....

....

....

16. Relaciona estos infinitivos sustantivados con su definición.

1. amanecer **2.** andar **3.** deber **4.** devenir **5.** pesar **6.** poder **7.** saber **8.** ser

- ◯ Dominio o capacidad para mandar o ejecutar una acción.
- ◯ Conjunto de conocimientos.
- ◯ Tristeza.
- ◯ Aparición de la luz del día.
- ◯ Cosa, especialmente aquella que tiene vida.
- ◯ Lo que se tiene la obligación de hacer.
- ◯ Manera de caminar.
- ◯ Realidad entendida como cambio continuo.

17. Traduce las palabras de la actividad 16 a tu lengua. ¿Son también infinitivos (o formas equivalentes al infinitivo)?

1. ....

2. ....

3. ....

4. ....

5. ....

6. ....

7. ....

8. ....

AULA C1

AUTORES/AS Silvia López López, Ana Martínez Lara, Arancha Pastor Haro, Adolfo Sánchez Cuadrado, Carlos Soler Montes, Carmen Soriano Escolar, Juan Francisco Urbán Parra

REVISIÓN Y ASESORÍA GRAMATICAL José Amenós

COORDINACIÓN EDITORIAL Y REDACCIÓN Núria Murillo

DISEÑO Y MAQUETACIÓN estudio Moon, Aleix Tormo (*Más ejercicios*)

DOCUMENTACIÓN Sabrina Feliz, Núria Murillo

CORRECCIÓN Pablo Sánchez

REVISIÓN DIDÁCTICA Agnès Berja, Agustín Garmendia, Pablo Garrido, Núria Murillo

ASESORES/AS

José Amenós (Universidad Complutense de Madrid, España) · José Luis Cavanillas (CLIC International House, Sevilla, España) · Juan García Romeu (Instituto Cervantes Praga, República Checa) · Jesús Fernández Álvarez (Universidad de Erfurt, Alemania) · Carmelo Fernández Loya (Universidad La Sapienza, Roma, Italia) · Carlos Alberto Garzón (BCN Lip, España) · Ana Martínez Lara (Centro de Lenguas de la Universidad Politécnica de Madrid, España) · Marina Rabadán (University of Liverpool, Reino Unido) · Alejandro Sáenz (BCN Lip, España) · Miguel Sauras (Instituto Cervantes Cracovia, Polonia) · Carmen Soriano (EOI, Barcelona, España)

Reimpresión: diciembre 2024
ISBN edición híbrida: 978-84-19236-11-1
Impreso en la UE

difusión
Centro de Investigación y Publicaciones de Idiomas, S. L.

C/ Trafalgar, 10, entlo. 1ª
08010 Barcelona
Tel. (+34) 93 268 03 00
Fax (+34) 93 310 33 40
editorial@difusion.com

www.difusion.com

FSC www.fsc.org MIXTO Papel | Apoyando la silvicultura responsable FSC® C172011

ILUSTRACIONES
Ernesto Rodríguez

FOTOGRAFÍAS E IMÁGENES
cubierta: Westend61/Amazing Aerial; **unidad 1:** pág. 10-11 philsajonesen/iStock; pág. 12 stockyimages/iStock; pág. 13 aelitta/iStock; pág. 15 hobo_018/iStock, AaronAmat/iStock, adamkaz/iStock; pág. 16 EKIN KIZILKAYA/iStock, pódcast Con la lengua fuera, pág. 17 FatCamera/iStock; pág. 20 Cultura Creative RF/Alamy; pág. 23 VioletaStoimenova/iStock; pág. 24 m-imagephotography/iStock; pág. 25 AndreyPopov/iStock; p. 26 Khosrork/iStock; p. 27 Anatolii Babii/Alamy; **unidad 2:** pág. 28 martin-dm/iStock, Jennifer_Sharp/iStock, lovelypeace/iStock, Marco Ritzki/iStock, BrilliantEye/iStock, Image Source/iStock; pág. 30 Serie documental "Tierra de músicas" coproducida por Cooperativa de Trabajo Nalá Limitada y Sonamos Latinoamérica. (Red de circulación de Música Latinoamericana) en Santa Fe, Argentina; pág. 31 LJSphotography/Alamy, Kobby Dagan/VWPics/Alamy, J.Enrique Molina/Alamy, tunart/iStock, WENN Rights Ltd/Alamy, Wikimedia commons, Image Professionals, GmbH/Alamy, Richard Ellis/Alamy, James Quine/Alamy, Danita Delimont/Alamy, ZUMA Press, Inc./Alamy, Michael Flippo/Dreamstime, Edwin Remsberg/Alamy, B Christopher/Alamy, John Dambik/Alamy , Jose Luis Suerte/Alamy, Toniflap/Alamy, tilialucida/Alamy, Christoph Keller/Alamy, JORDI CAMÍ/Alamy, Yaacov Dagan/Alamy; pág. 32 ZUMA Press, Inc./Alamy; pág. 35 Borja B. Hojas / Colaborador/Getty, Eduardo Parra / Colaborador/Getty, Borja B. Hojas / Colaborador/Getty, Javier Bragado / Colaborador/Getty; pág. 40 Jorge Garcia Argazkiak/iStock; pág. 42 © Archivo Cadena SER, 2023. © Sociedad Española de Radiodifusión, S.L.U., 2023, España, Antonio_Diaz/iStock; pág. 43 ZUMA Press Inc/Alamy; pág. 44 robertharding/Alamy; Signal Photos/Alamy, scibak/iStock, Patrick Wallac /Alamy; pág. 45 master1305/iStock; **unidad 3:** pág. 46 vídeo de Learn to check (https://learntocheck.org/), Garfieldbigberm/iStock; pág. 47 ViktorCap/iStock; pág. 48 Pobytov/iStock; pág. 51 Everyday better to do everything you love/iStock, Keith Homan/Alamy, Foxeel/iStock, Archivo RTVE; pág. 52 Anton Vierietin/iStock; pág. 61 Olga Zaremska/iStock; pág. 62 agrobacter/iStock, laflor/iStock, stray_cat/iStock, hobo_018/iStock, baibaz/iStock, carlosgaw/iStock, Miljan Živković/iStock, Juanmonino/iStock; pág. 63 martinwimmer/iStock; **unidad 4:** pág. 64 keith morris/Alamy, Martin Shields/Alamy, © Salvador Dali, Fundació Gala-Salvador Dali, VEGAP, Barcelona, 2023, pág. 65 marlenka/iStock; LANDMARK MEDIA/Alamy, pág. 66 koya79/iStock; pág. 67 Wikipedia; pág. 69 Archivo RTVE; pág. 70 Everett Collection Historical/Alamy; pág. 74 vaitekune/iStock; pág. 78 oatawa/iStock; pág. 79 Leks117/Dreamstime; pág. 80 Pixel-shot/Alamy; pág. 81 supersizer/iStock; **unidad 5:** pág. 82 SolStock/iStock, pág. 83 fizkes/iStock; Rawpixel/iStock; pág. 84 pixelfit/iStock; pág. 85 simonapilolla/iStock; pág. 86 archivo ATRESMEDIA; pág. 91 malerapaso/iStock; pág. 96 Quino, pintzap.com/memegenerator, Ingesman; pág. 97 Photoplotnikov/iStock, Sipa USA / Alamy; pág. 98 FatCamera/iStock; pág. 99 LA VANGUARDIA; **unidad 6:** pág. 100 Sharan Singh/iStock, Kosamtu/iStock, Manuel Milan/iStock; pág. 101 LIVINUS/iStock; pág. 102 reportaje realizado por Animal Político publicado el 24 de octubre de 2022; pág. 103 Opla/iStock; pág.104 Gente de aquí, gente de allí, Quan Zhou Wu (Astiberri, 2020); pág. 107 bravo1954/iStock; pág. 114 Image Professionals GmbH/Alamy; pág. 115 ljubaphoto/iStock, TCD/Prod.DB/Alamy, UtCon Collection/Alamy; pág. 116 djedzura/iStock AndreyPopov/iStock, Freepik; pág. 117 Richard Levine/Alamy; **unidad 7:** págs. 118 - 119 Album; pág. 120 dpa picture alliance/Alamy; pág. 121 Album; pág. 122 Alex Segre/Alamy; pág. 123 Fine Art Images/Album © 2023 Banco de México Diego Rivera Frida Kahlo Museums Trust, Mexico, D.F. /VEGAP, pág. 124 BBVA, Proyecto Aprendemos juntos, Album/Kocinsky, santirf/iStock, Album/Joseph Martin; pág. 125 TommL/iStock; p. 126 Album/Prisma; pág. 130 Album; pág. 132 Oscar Elias/Alamy , PRISMA ARCHIVO/Alamy , Wikipedia, Adam Eastland/Alamy; pág. 133 Sean Gallup/Fotógrafo de plantilla/Getty, Helena Sotoca, Femme sapiens; pág. 134 SAMUEL KUBANI/Fotógrafo de plantilla/Getty, Juan Bautista/Alamy, China News Service/Colaborador/Getty; pág. 135 album / akg / historic-maps, Wikipedia; **unidad 8:** pág. 136 akinbostanci/iStock, Mbezvodinskikh/iStock, Mbezvodinskikh/iStock, Gorka Madariaga/iStock, Waqar Hussain/iStock, pág. 137 Martin Silva Cosentino/iStock, undefined undefined/iStock; pág. 138 Erich Lessing/Album, ID 142348566 © Nastasiasosedova | Dreamstime.com; pág. 139 "The world in a painting - Velasquez's Chili Pepper", dirigida por Nicolas Autheman, producida por Schuch Productions y distribuida por CLPB Rights Schuch Productions - 2021, ma-no/iStock; pág. 140 Dos Locos de Viaje Youtube: @DosLocosDeViaje Instagram y Tiktok: @doslocosdeviaje", Dos Locos De Viaje; pág. 143 Ingus Kruklitis/Alamy, Alison Wrigh /Alamy, Rosemary Harris/Alamy; pág. 145 from_my_point_of_view/iStock miomea/iStock; pág. 146 Odu Mazza/iStock, Cristina Canton/iStock; pág. 147 acprints/iStock, Matheus Silva/iStock, Amax Photo/iStock, Taras Dovhych/iStock, FotografiaBasica/iStock, BruceBlock/iStock, Serhii Tychynskyi/iStock, luoman/iStock, DrewBuzz/iStock, Bruce Peter Morin/iStock, FotografiaBasica/iStock, hdagli/iStock, robertharding/Alamy; pág. 149 Jorge Villalba/iStock; pág. 150 MarkRubens/iStock, MarkRubens/iStock, TheresaTibbetts/iStock, Hanna Perelygina/iStock, artisticco/iStock, saemilee/iStock, halepak/iStock, boonsom/iStock, Tatyana Guskova/iStock; pág. 151 imageBROKER.com GmbH & Co. KG/Alamy, pág. 152 Emmanuelle Grimaud/iStock, pág. 153 TCGPHP/Alamy, clu/iStock; **unidad 9:** pág. 155 SewcreamStudio/Getty; pág. 156 Pódcast Malestamos: el reto de afrontar el sufrimiento colectivo; pág. 158 Diario Público, pág. 159 Nataliia Nesterenko/iStock; pág. 160 designer491/Getty; pág. 161 Pantomima Full; pág. 165 mixetto/iStock, BraunS/iStock; pág. 167 David Marfil/iStock; pág. 168 PeopleImages/iStock, Olezzo/iStock, svetikd/iStock, eclipse_images/iStock, Benjamin Stansall/Alamy; pág. 169 fizkes/iStock, jacoblund/Getty; pág. 170 leaf/Getty, demaerre/Getty, Carlos Barquero Perez/Getty; pág. 171 Francisco Javier Martínez Navío/Alamy; **MÁS EJERCICIOS unidad 1:** págs. 10-11 philsajonesen/iStock; **unidad 2:** pág. 32 ZUMA Press, Inc./Alamy; págs. 184-185 bortonia/iStock; **unidad 3:** pág. 87 eddtoro/iStock; **unidad 4:** pág. 194 Album / Oronoz, MARIA MORENO/Album, TELEVISION ESPAÑOL/Album; pág. 200 Emely/iStock, FreshSplash/iStock; **unidad 5:** pág. 201 AaronAmat/iStock; pág. 204 simonapilolla/iStock; **unidad 6:** pág. 213 wundervisuals/iStock; pág. 214 fotoVoyager/

iStock, Ridofranz/iStock, pixelfit/iStock Alejandro Tapia/iStock; **unidad 7:** pág. 215 Album; pág. 216 Yulia Gusterina/iStock, Martina_L/iStock, SL_Photography/iStock, KatarzynaBialasiewicz/iStock sergio-pazzano/iStock, talevr/iStock; pág. 217 vintagerobot/iStock, abzee/iStock, Abykov/iStock, olegbreslavtsev/iStock, Wirestock/iStock; pág. 218 EunikaSopotnicka/iStock, narvikk/iStock; pág. 221 Album/Oronoz; **unidad 8:** pág. 222 design56/iStock, Savany/iStock, tirc83/iStock, MahirAtes/iStock, mayakova/iStock, MahirAtes/iStock; p. 224 Dimitris66/iStock, taviox/iStock, denphumi/iStock, Jaromila/iStock, Beeldbewerking/iStock, Ekaterina79/iStock; p. 225 bhofack2/iStock, pilipphoto/iStock, ac_bnphotos/iStock, Natikka/iStock, ruizluquepaz/iStock, t_kimura/iStock; p. 226 Tanya_F/iStock; **unidad 9:** pág. 230 SolStock/iStock; pág. 231 kdshutterman/iStock